编辑委员会

朱桐辉　艾佳慧　刘　晗　毕洪海　尤陈俊　夏小雄
于佳佳　成协中　丁晓东　胡永恒　郭剑寒　缪因知

本辑主编

缪因知

声　明

本刊的各篇文章仅代表作者本人的观点和意见，并不必然代表编辑委员会的任何意见、观点或倾向，也不反映北京大学的立场。特此声明。

《北大法律评论》　编辑委员会

中文社会科学引文索引(CSSCI)来源集刊

北大法律評論
PEKING UNIVERSITY LAW REVIEW
第9卷·第2辑(2008)

《北大法律评论》编辑委员会

图书在版编目(CIP)数据

北大法律评论·第9卷·第2辑/《北大法律评论》编辑委员会编.—北京:北京大学出版社,2008.7
ISBN 978-7-301-14081-9

Ⅰ.北… Ⅱ.北… Ⅲ.法律-文集 Ⅳ.D9-53

中国版本图书馆CIP数据核字(2008)第109900号

书　　名：北大法律评论(第9卷·第2辑)
著作责任者：《北大法律评论》编辑委员会　编
责 任 编 辑：王　晶
标 准 书 号：ISBN 978-7-301-14081-9/D·2098
出 版 发 行：北京大学出版社
地　　　址：北京市海淀区成府路205号　100871
网　　　址：http://www.pup.cn　电子邮箱：law@pup.pku.edu.cn
电　　　话：邮购部 62752015　发行部 62750672　编辑部 62752027　出版部 62754962
印 刷 者：北京飞达印刷有限责任公司
经 销 者：新华书店
　　　　　787毫米×1092毫米　16开本　17.75印张　333千字
　　　　　2008年7月第1版　2008年7月第1次印刷
定　　　价：31.00元

未经许可,不得以任何方式复制或抄袭本书之部分或全部内容。
版权所有,侵权必究
举报电话：010-62752024　电子邮箱：fd@pup.pku.edu.cn

"大道理"与"小道理"
——庆祝《北大法律评论》创刊十周年

吴志攀[*]

在十年前,几个北大法学院的学生,创办了一个学术刊物,叫《北大法律评论》。当时办刊的条件很艰苦:编辑部没有办公室,没有经费,甚至连一台计算机也没有。同学们白手起家,在法学院老师们的支持下,通过同学们的集体努力,今天刊物已连续出版了十年,在专业领域创出一片天地。

在庆祝创刊十周年的时候,我作为一位忠实读者和支持者,特别要感谢编辑部的全体人员的努力,特别要感谢每期的执行主编的辛劳。在此,其他说过的话语我也就不多重复了。但看到这十年来编辑出版历程,有一个关于"大道理"与"小道理"关系问题的联想,在此愿意与大家分享。

法学研究的方法,简单说来是如何讲道理的方法。从过去到今天已经发展了很长时间了。这里面有方法的问题,也有观点和立场的问题。从历史到今天,研究方法已经发生了较大的变化,已经发展到了一个多学科知识交融,实地调研,创造性地解决现实问题的时期。

研究法律就是要讲道理。道理分为"大道理"和"小道理"。什么是"大道理"呢?就是能在全国,乃至全世界讲都能说得通的道理。"大道理"之所以重要,还在于能使局外人听得懂,也能使媒体有信服力,更有普及法律常识的意义。

但是,要真正解决现实问题的往往不是大道理。因为问题都是具体存在的,要解决问题都涉及具体的人、财、物,都需要具体的时间或空间等,所以,研究法律的学者在讲大道理的同时,还要更多地关注"小道理"。什么是"小道

---

[*] 北京大学法学院教授、金融法研究中心主任,北大党委常务副书记。

理"呢？这就是在一个地区讲得通的道理，或在一个工作单位能讲得通的道理，或对少数人能讲得通的道理，或在一个家庭才能讲得通的道理。

讲"小道理"时，采用具体的个案分析，具体解决方案设计，具体的"专用工具"方法，就可以讲得通。这些多是法律工作者采用的专业研究方法。在某种程度上说，讲"小道理"更贴近生活，更结合实践。

讲小道理的研究方法，也可以通过"现场式"的研究来实现。从事"现场式"研究，研究者要深入发生问题的现场，或材料所在的现场，或有生活经历者生活的现场，或有工作经验者工作的现场。研究者要到现场实地研究。躬行于野，采集资料，露宿风餐，整理访谈笔记。一边面谈，一边观察，一边梳理资料，一边思考。如同考古工作者田野工作，或社会学工作者做的社会调查，或像文化工作者现场采风，或像政治学工作者深入民众社区拜访，或像医务工作者临床寻证，探究病因。法律研究者把社会当实验室，把家庭、企业组织或金融机构当作观察对象，把市场作为检验研究样本的平台，将市场参与者作为研究对象。

除非我们的腿走不动，就不会在书斋里"冥思苦想"，除非我们的嘴不能言语，就不会在房间里"闭门造车"。法律工作者从事的研究工作，80%在现实调研中完成，只有20%在后期整理加工环节完成。后者应该是研究报告的文字润色阶段，现在都在计算机上进行。

这种"现场式"的研究方法，可使法律人将法学理论结合社会实际，容易让我们理解现实问题存在空间的复杂性，其受到外部因素影响的多样性，以及解决问题的灵活性。这些也许可以从别人的书中阅读到，但是，如果不是后来亲身体验，阅读的理解不会同于切身感受。切身感受才能从理性的高度再上升到更高层次的感性。

北大法学院的编辑们，培育出了《北大法律评论》，他们的"编辑部的故事"不为人知。他们付出了时间和精力，也收获了宝贵的工作经验。做与不做不同，会做与不会做也不同，做得好与做得不好更加不同。编辑部的同学们不仅做了，而且会做了，更重要的是，他们还做得很好。他们刊发的文章中，既有对大道理的严肃深刻的思考，也有通过实证研究对小道理的精确拿捏。而编辑自身踏踏实实地工作，也体现了他们对大道理和小道理的掌握：他们提出专业的编辑意见，证明了他们在大道理上的学识素养；他们通过实际的工作，为社会打造了一个高质量的学术交流平台，也表明了他们已经对种种实践中的小道理的领悟。这是北大法学院教育的成功，也是我们所乐见和希望发扬光大的。

十年磨剑，今日成功。

《北大法律评论》第 9 卷·第 2 辑(总第 17 辑)

目 录

编者按语 …………………………………………………………（279）

论文

王文宇　信托法的分析架构及可行的发展方向
　　　　——以台湾地区法制为例 ……………………………（283）

李颖芝　衡平法外的受信义务
　　　　——析董事于新《公司法》下之"忠实义务"……………（310）

马克·J.洛　谈萧　译　朱慈蕴　校
　　　　法系渊源、政治与现代股票市场 ………………………（328）

何远琼　示范合同的制度考察 ………………………………（378）

张江莉　论反垄断法对政府行为的豁免 ……………………（399）

赖骏楠　建构中华法系
　　　　——学说、民族主义与话语实践（1900—1949）………（416）

评论

贺　欣　离婚法实践的常规化
　　　　——体制制约对司法行为的影响 ……………………（456）

吴英姿　司法过程中的"协调"
　　　　——一种功能分析的视角 …………………………………（478）
凌　斌　现代性危机与政治实践：托克维尔的历史救赎 …………（497）
韩　涛　司法变奏的历史空间
　　　　——从晚清大理院办公场所的建筑谈起 ………………（515）

北大讲坛

菲利普·库尼希　卢白羽　译　王世洲　校
　　从宪法角度看社会行动者对国家决定的影响 ……………（537）

编后小记

　CSSCI 后的《北大法律评论》：回想与展望 …………………（547）

《北大法律评论》主题研讨（第 1 卷至第 8 卷）……………………（549）

Contents

Editors' Notes ·· (279)

Articles

Wang Wen-yeu
   An Analytical Framework for Taiwan's Trust Law and Reform
      Proposals ·· (283)

Rebecca Lee
   Fiduciary Duty without Equity: "Royalty Duties" of Directors under
      the Revised Company Law of the PRC ································ (310)

Mark J. Roe   Translated by Tan Xiao   Proofread by Zhu Ci-yun
   Legal Origins, Politics, and Modern Stock Markets ···················· (328)

He Yuan-qiong
   Institutional Review of the Government Model Contract ················ (378)

Zhang Jiang-li
   On Exemption of the Government from Antimonopoly Law ·············· (399)

Lai Jun-nan
   Constructing Chinese Legal System: Doctrine, Nationalism and
      Discursive Practice (1900—1949) ···································· (416)

Notes & Comments
He Xin
> Routinization of Divorce Law Practice in China: Institutional Constraints'
> Influence on Judicial Behavior ·· (456)

Wu Ying-zi
> "Coordination" in Judicial Process: A Perspective of Function
> Analysis ··· (478)

Lin Bin
> Crisis of Modernity and Political Politics: A Tocquevillean Redemption ······
> ·· (497)

Han Tao
> Historical Space of the Judicial Variation: From the Perspective of the
> Building of the Supreme Court in Late Qing Dynasty ·················· (515)

PKU Forum
Philip Kunig   translated by Lu Bai-yu   proofread by Wang Shi-zhou
> Constitutional Aspect of Social Actor's Influence upon State's
> Decisions ··· (537)

Afterword ·· (547)

Topic of Symposinm (Vol. 1—8) ·· (549)

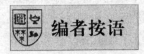

编 者 按 语

　　本辑《北大法律评论》首先为大家在商事与经济法律领域推出几篇有独到价值的学术论文。

　　由于传统大陆法系截然划分"债权/物权"、"契约/组织"等概念，如何在大陆法框架内认识作为商事法律的重要组成部分的信托法？一向是商事法律中复杂难解的课题。中文学界的信托法权威王文宇教授的近作《信托法的分析架构及可行的发展方向——以台湾地区法制为例》系统地总结和发展了他主张的从经济面与功能面加以阐释此问题的观点。文章首先以中国台湾地区《信托法》为例，说明信托法律关系各当事人间的基本权利义务关系；然后再采取一个整体性的分析架构，分别从契约法、物权法与组织法三个面向，说明信托法结合多重法律关系的核心内涵。文章认为，从信托法的一般原理可以看出，台湾地区信托法制提出可以往如下五个方向发展：（1）信托财产的主体性；（2）信托财产登记制度；（3）受托人之忠实义务；（4）有限责任法则之运用；（5）任意规定与强制规定之调和。值得注意的是，文章的立足点在于从整个信托法一般原理的角度来认识分析问题，而非强调台湾地区的特殊经验，同时也结合中国《信托法》予以讨论。

　　另一篇关注原本属于普通法范畴的概念在大陆商事法律体系运作的论文来自于香港大学学者李颖芝向我们的投稿。她的《衡平法外的受信义务——析董事于新〈公司法〉下之"忠实义务"》指出，2006年1月开始实施的新修《中华人民共和国公司法》将董事"受信忠实"的概念第一次引入到中国法中，但这一根植于英国衡平法法学的"受信理论（fiduciary doctrine）"对于中国的大陆法系传统思维而言还比较陌生。本文着眼于评估将一个衡平法概念移植到大陆法系司法区域的现实可行性并分析该过程中可能出现的问题。通过对新修公司法中"禁止董事与公司进行自我交易"这一具体规定进行分析可发现,我国的法规往往缺乏能供法官在审判中有效应用的明确指引,而前述法律移植过程中所可能遇到的困难亦不止于此。尽管如此,本文认为,发展出一套既呈现出衡平法系统应用技巧又同时与中国大陆法系传统相融合的"受信"理论并非不可能。在提出一系列旨在精炼这些新引入"受信"概念的建议之后,本文认为我国立法机关与司法部门在处理现有法律规定的模棱两可之处时,采取一种积极主动的态度和做法是发展与完善"受信"理论的关键所在。这是普通法教育出身的学者对大陆法的一次认真评判,也值得内地读者认真参考。

美国著名公司法学者洛(Roe)的近作**《法系渊源、政治与现代股票市场》**则从另一个宏大的角度对公司治理、股票市场发展等问题予以讨论。文章反对当下许多现代经济学著作所认为的法系渊源决定着一国证券市场的实力和公司所有权结构的观点。他认为法系渊源并不是证券市场的基础,现代政治学为不同的所有权结构和发达国家证券市场发展状况的差异提供了另一种解释。20世纪残酷的事实——许多重要国家被完全摧毁,而其先前的许多制度也遭到破坏,很好地预示了战后现代证券市场的实力,并与发达国家在战后政治及政策上的差异有着密切关系。在20世纪,几乎每个核心的大陆法系国家都遭受过军事侵略和占领,这种整体动荡甚至摧毁了强大的制度,然而核心的普通法系国家并未在这种灾难中垮掉。世界上最发达的各个国家中占主导地位的利益和意识形态以及这些国家的基本经济任务在20世纪后半期各不相同,这使得一些发达国家乐于发展证券市场,而另一些发达国家则对其保持冷淡或敌对。这些政治经济学思想比法系渊源观念能更好地解释西方发达国家证券市场不同的实力。文章横跨法学、经济学、历史学、统计学等多个学科,但在译者、校者和编辑的共同努力下,相信中文读者可以获得一个可靠的文本。

何远琼的**《示范合同的制度考察》**同样是从社会的、宏观的角度对民商事活动的一项重要事物——示范合同进行了分析。其使用的主要方法是谱系考察和功能分析,揭示了该制度是政府通过合同进行治理的产物,具有历史语境下的合理性和制度创新色彩。示范合同在当前语境下,仍具有满足当前社会需求的制度功能。但由于参与主体效用函数和博弈策略的变化,实际上面临着随政府合同行政管理角色弱化而逐渐消亡的可能。鉴于此,本文提出要认真分析和对待示范合同制度的制度功能,正视并推动其积极效用的发挥。

我国《反垄断法》将于2008年8月1日起实施,这是我国民商经济活动中的一件大事。但框架性的结构之下,还有很多需要进一步思考的问题。例如,尽管促进竞争是压倒性的主流话语,但事情往往并非只是那么简单。张江莉的**《论反垄断法对政府行为的豁免》**指出:限制和促进竞争是政府不可或缺的两种权力,反垄断法对政府限制竞争行为的豁免制度确定了这两类国家力量的基本界限。而文章的重点在于通过研究各国反垄断法的立法和实践,集中关注反垄断法对政府限制竞争行为豁免的基本法律原则和具体内容,并指出中国反垄断法在具体实施的过程中,应当进一步关注的理念和细节。

美国哥伦比亚大学终身人文讲席教授刘禾博士的《跨语际实践》(Translingual Practice)一书,自中译本在2002年推出以来,在中国学界反响颇大。赖骏楠的《建构中华法系——学说、民族主义与话语实践(1900—1949)》一文,在很大程度上受其影响。该文将"中华法系"学说的演进过程,放置在近代中国不断兴盛的民族主义话语努力抵抗殖民主义话语的历史背景下予以考察,认为它是民族主义彰显的一个结果,且其本身便是民族国家话语建构工程之一部分。文章指出,伴随着民族主义话语的发展,"中华法系"学说大致历经"支那法系"、"中国法系"、"中华法系"三阶段,而国外相关学说——尤其是穗积陈重与威格摩尔的法系学说——对其演进有着明显影响。有意思的是,在引进国外学说的过程中,原著中的思想、意义常常在新的时空环境下发生流变,以便更好地服务于民族建构之目的,而"中华法系"学说在研究模式上偏重历史研究的趋向,正是服务于此。尽管殖民主义话语也在国外学术引进的过程中悄然流入"中华法系"学说的文本之中,但最终在某些时期,民族主义话语战胜了殖民主义话语,最终使得"中华法系"在一个现代中国民族国家的情境之下,成为民族历史想象的一个部分。

贺欣的《离婚法实践的常规化——体制制约对司法行为的影响》系基于深入的实地调查和广泛的访谈而成,文章表明对于具有严重争议的离婚案件,判决已经取代调解和好而成为法院处理此类案件的主要方式。具体而言,对于首次离婚请求,法官通常判决不予离婚。但对于再次离婚请求,法官通常判决准予离婚。这种转变与近来法院系统的司法改革,特别是评价法院及法官的标准有很大关系。文章认为,法院系统的这种评价标准以及其他体制制约极大地影响法官审判的决策过程,而体制制约的研究进路将开拓性地深化我国司法行为的研究。

同样立足于对司法过程中行为的考察,吴英姿的《司法过程中的"协调"——一种功能分析的视角》以一种功能主义分析的视角指出:协调在本质上是一种规避正式制度的非制度化行为,是法官对调解制度的变通运作。促使法官运用协调方式处理案件的主要原因包括:正式制度的缺陷、当事人和法官的理性选择、司法机能不足以及司法与其他纠纷解决机制分工不明等。当前,法院正积极推动协调的正式制度化。作者认为,协调具有使司法介入公共政策制定、刺激制度创新、导致公权力的可交易性、司法与行政界限模糊化、使非正式制度进入司法过程等潜功能。而为了控制协调的负功能,应当将之置于正式制度之下。

现代性危机是马克思、恩格斯和托克维尔那代思想家面对的共同问题,但他们的回答各自不同。凌斌的**《现代性危机与政治实践:托克维尔的历史救赎》**重点指出,托克维尔政治社会学思想的独特性在于:它不是从现代社会本身寻求对现代性危机的症结所在,而是将这一危机的原因、结果以及解救之道放入了几个世纪以来法国乃至欧洲的"旧制度"传统之中。作者认为,通过对法国旧制度与大革命之间潜在关联的深入剖析,托克维尔向我们表明,现代性危机的根源在于公民政治空间的萎缩和政治日常实践的缺失。

今人习惯以"器物层—制度层—思想文化层"三分渐进的模式,来诠释西学东渐背景下近代中国受西方影响的过程。但事实上,"器物"、"制度"和"思想文化"三者之间,往往是彼此纠缠,相互支撑,难以截然区分,中国法律近代化过程中所体现的历史面相亦是如此。韩涛的**《司法变奏的历史空间——从晚清大理院办公场所的建筑谈起》**一文,通过回顾晚清大理院办公场所的建筑过程、基本格局、建筑原因及历史命运,将作为司法设施之器物的大理院办公场所在外观上发生的有形嬗变,与晚清预备立宪背景下法律观念的变迁,以及司法制度层面的无形变革相互参照说明,令人耳目一新。尤其值得一提的是,这种以建筑视角探讨法学论题的尝试,即便是超越法制史领域观之,也仍然是一个甚少有人涉足但颇具价值的学术新域。

本辑"北大讲坛"刊登的是德国著名公法学者菲利普·库尼希的**《从宪法角度看社会行动者对国家决定的影响》**,该演讲在北京大学德国研究中心作出时,引起了与会中外学者的热切讨论。库尼希教授旨在通过分析"社会"、"国家决定"和"宪法立法"的概念,以德国法学思想区分国家和社会两个概念的历史。演讲者在当代德国宪法确立的"国家—社会"相分离的基础上,讨论了社会行动者对国家立法、行政、司法三方面决定的影响,着重从规范和政治评价的角度,分析与这些影响密切相关的机会和风险,表明宪法在维持机会和风险之间平衡中具有不可或缺的地位。本刊在此刊出,希望德国的经验对中国建设法治国家有所帮助,同时感谢北京大学法学院王世洲教授的推荐与亲自校稿。

信托法的分析架构及可行的发展方向
——以台湾地区法制为例

王文宇[*]

An Analytical Framework for Taiwan's Trust Law and Reform Proposals

Wang Wen-yeu

内容摘要：本文从经济面与功能面对信托法加以阐释。首先以台湾地区信托法为例，说明信托法律关系各当事人间的基本权利义务关系；然后再采取一个整体性的分析架构，分别从契约法、物权法与组织法三个面向，说明信托法结合多重法律关系的核心内涵。并认为从信托法的一般原理可以看出，台湾地区信托法制提出可以往如下五个方向发展：(1) 信托财产的主体性；(2) 信托财产登记制度；(3) 受托人之忠实义务；(4) 有限责任法则之运用；(5) 任意规定与强制规定之调和。而其中蕴含的原理具有普适性，同样适用于对中国大陆信托法的完善。

关键词：信托法　忠实义务　契约法　物权法　组织法　信托登记

---

[*] 台湾大学法律学院教授兼企业与金融法制研究中心主任。作者感谢《北大法律评论》编辑所提之修改建议，但文责由本人自负。

一、前言

台湾地区《信托法》自1996年1月26日公布以来，即未再加以修正。然其中不仅仍有众多观念有待强调并厘清，一些立法上的瑕疵尚待加以修正，有鉴于此，本文乃提出台湾地区信托法制未来的发展及修正方向。本文先简介台湾地区现行信托法规，接着从基本概念出发，先说明何谓信托法律关系及其定义，再说明针对信托关系应有的分析架构。而本文所采取的系"三位一体"之分析方法，亦即整个信托法律关系，至少具有三个不同面向，分别系契约、物权与组织法，而此三个面向分别有其特殊与重要性，对于说明与分析信托架构乃缺一不可，亦说明了信托乃复杂而且结合多重法律概念的特殊权利义务关系。

本文接续举出五点台湾地区《信托法》未来可行的发展方向。首先系关于信托财产之主体性的问题，为忠于信托之基本原理并达成信托之目的，本文认为信托财产应不仅仅是一"权利客体"，应承认其具有一定的主体性。接着是有关信托法制下的公示制度，本文认为，信托财产的公示制度与信托财产的独立性两者间，不具有必要的关系，亦即信托财产纵未经信托公示，并不当然丧失对抗第三人的对世效力。第三个探讨受托人的忠实义务，本文认为《信托法》作为规制信托法律关系的母法，应该对于受托人所受的忠实义务规范，作出明确而原则性的规定，并指出台湾地区《信托法》第34条的立法有其理论矛盾之处，同法第35条则有欠完备，并背离了忠实义务的真正核心内涵——追求受益人利益的最大化而非仅追求受益人单方利益。第四点则探讨有限责任法则的运用，台湾地区《信托法》对此似无明文规定。例如受托人运用信托资产从事投资，却不幸血本无归，甚至倒亏一笔时，债权人在无法向信托财产求偿的情况下，可否转向委托人或受托人求偿？实务上曾产生争议。最后则为有关强制规定与任意规定的区分，大体而言，纯就信托内部关系来说，契约法虽足以满足当事人之需求，而或不需求于信托法，但就各当事人与第三人间之外部关系，契约法却无以规范，而需借助于信托法规范，此时信托法即应选择以强制规定，作为保护第三人及调和当事人利益之手段，使信托的内部关系能贯彻于外部关系上。最后部分为结语。

二、台湾地区《信托法》简介

（一）信托之性质

1. 信托法施行前

关于信托之性质，在《信托法》施行以前，台湾地区实务上大多以民法之法理来理解及解释信托行为，例如1973年台上字第2996号判例即曰："所谓信托行为，系指信托人将财产所有权移转与受托人，使其成为权利人，以达到当事人间一定目的之法律行为。"而就委托人与受托人间之关系,以及信托之法律效果究竟如何,1987年台再字第42号判例有较详细的阐述:"所谓信托行为,系指委托人授予受托人超过经济目的之权利,而仅许可其于经济目的范围内行使权利之法律行为而言。就外部关系言,受托人固有行使超过委托人所授予之权利,就委托人与受托人之内部关系言,受托人仍应受委托人所授予权利范围之限制。"从而可知,此传统实务见解所建构出来的信托关系,是一种迁就于民法债权、物权区分的原则下不得不然的折中概念,在内部关系上,固然仍可用契约法的原理来运作当事人间的权利义务关系,但在对外涉及第三人时,便须屈从于物权法的拘束。

值得一提的是,过去为避免信托成为助长脱法行为的手段,台湾地区"最高法院"除在认定是否构成信托行为时,采取极为严格的认定标准外[1],针对"消极信托",亦即受托人仅有名义上的财产所有权,但自始不负有任何管理或处分义务时,认为通常多属通谋虚伪意思表示,而拒绝承认其合法性[2]。

2. 信托法施行后

《信托法》施行后,台湾地区"最高法院"过去之见解所建构的信托机制,与现行《信托法》的规定有许多不同之处,两者所指涉的信托,具有不同的内涵。1996年台上字第558号判决即明言:"按《信托法》于1996年1月26日公布前,民法虽无关于信托行为之规定,唯因私法上法律行为而成立之法律关系,非以实质民法有明文规定者为限,苟法律行为之内容,并不违反强行规定或公序良俗,即应赋予法律上之效力。斯时实务上认为信托行为,系指委托人授予受托人超过经济目的之权利,而仅许可其于经济目的范围内行使权利之法律行为而言。"明白指出过去实务之信托,有其别于信托法之机制与内容。

而依据现行台湾地区《信托法》第2条之规定,信托原则上应以契约或遗嘱方式为之,因此信托得依"契约"此种双方行为创设之,亦可依单方行为而创

---

[1] 参见1983年台上字第1036号判决。
[2] 参见1982年台上字第2052号判决、1994年台上字第3172号判决。
唯本见解是否恰当,仍有探究之处。信托因具有对世之效力,影响到受托人、委托人之债权人权利甚巨,仅因其具有促进资产管理之积极经济功能,才特允信托制度之存在,而承认其效力。相较之下,消极信托(例如借名登记)并不具备此种积极之经济功能,故无承认其有对世效力的必要。然而,无承认其有对世效力,并不当然导出无效的结论,盖有可能仍可承认其具有对人之效力或其他法律效力。有学者即认为,若当事人之一方系基于纯粹隐藏财富或分散所得之合法目的,而与他方订定消极信托者,由于该契约与台湾地区"最高法院"实务见解就信托之定义,或与信托法之规定均有不符,根本不成立信托,此时似应解释当事人意思表示之真意,认为其所欲订立者,并非信托契约,而是其他可达目的之契约(如委任),并依民法之规定定其效力(参照1992年台上字第364号判决)。且既然过去判例均认为信托仅具有债权效力,则承认消极信托具有对人效力,亦符其说理,且基于债之相对性,并不影响委托人或受托人之债权人的交易安全。
参见约翰逊林:"信托之基本问题——'最高法院'判决与信托法规定之比较分析",载台湾《律师通讯》1996年第204期,第63页。

设。唯自功能面来看，信托关系多涉及委托人与受托人间意思的合致，实质上已具有契约的性格，因此功能上与第三人利益契约并无重大差异。是故，信托在功能上可被视为一种"契约"，并可作为分析信托法律关系的基础。这里要强调的是，此处虽采取"契约式"的分析架构来探讨信托法律关系，但并不表示他完全等同于"契约"；事实上信托是具有某种程度的对世效力，但又具有信托财产独立性、所有权割裂等特征，多少打破"处分权应归于一人"的铁律，而不具物权那样的"绝对性"与"完整性"，故其绝非单纯的债权契约，也并非吾人所了解之物权行为。其乃各当事人与债权人间所设定的一系列特殊债权债务关系；或可谓债权与物权的混合体，但它其实并不适合被归类为大陆法系下的"债权"或是"物权"。

（二）信托当事人的内部关系

1. 委托人、受托人与受益人之内部关系

就当事人内部关系而言，台湾地区《信托法》施行前之传统实务见解下的信托机制，系以委托人及受托人为规范对象，受益人的角色隐而不显。事实上此一结果并不意外，盖当实务见解无法导出信托得具有对世效力时，自然也就无法处理受益人及受益权的问题。当然，在大陆法系的国家问题并不大，因为借由委托人及受托人于信托契约中的特约条款，搭配利益第三人契约的概念，仍可妥善安排受益人的存在以及其权利义务内涵。唯一有疑义者在于受益权受侵害时，受益权之性质为何以及受益人应如何主张回复信托财产。本文认为受益权应以具有某种程度的类似对世效力或物上追及效力，才是对受益人保护较周到的方式。但若依照传统实务见解，纵得依契约约定引入受益人的角色，受益人仍仅能以债权请求权主张权益，而有保护不周之虑。

而《信托法》施行后，可分为三个面向说明。第一，就委托人与受托人间而言，信托法的主要作用是提供一套标准化的规定（如委托人与受托人间之权利义务等），加诸于当事人的信托契约中，其中最重要的系受托人之"受托义务"或"受信义务"（fiduciary duty）。第二，就受托人与受益人之法律关系方面，赋予受益人有直接请求受托人履行其信托义务的权利；该"受益权"系受益人于信托关系中依信托法之规定可得享有之权利，其非单纯向受托人请求给付信托利益之权利（《信托法》第17条），还包括在信托关系中促使受托人忠实处理信托事务、以善良管理人之注意义务管理信财产及分配信托财产所生利益之权利（《信托法》第22条），请求受托人报告信托事务进行之状况，并提供相关数据之权利（《信托法》第32条、《民法》第540条）以及赋予受益人得采取适当的手段，在事前制止、防止受托人违反其义务（《信托法》第12条第2项、第16条第1项、第28条第2项等规定参照），在事后得以请求受托人负起民事责任（《信托法》第18条第1项、第23条、第24条第2项、第35条第3项、第36条第1项等规定参照），以保全其受益权。第三，受益人与委托人间的法律关系，则通常系信托基础法律关系以外之原因关系。[1]

2. 受托人之注意义务与忠实义务

信赖义务为信托关系之核心，具体而言，又可分为注意义务与忠实义务两种。所谓"注意义务"（duty of care）系指：受托人系基于特别之信赖关系，为受益人之利益，管理、处分信托财产，故其应尽相当高程度之注意义务，处理信托事务，以实现信托之目的。此等注意义务，根据台湾地区《信托法》第22条之规定，即为善良管理人之注意义务。另有加以具体之规定，请参阅第24、25、31、32条等。

所谓"忠实义务"（duty of loyalty）乃是受托人达成信托目的之关键。由于受托人享有信托财产之名义上所有权，并对信托财产有处分管理之权限，如不针对受托人处理信托事务时，自己或第三人之利益与受益人利益有所冲突之情形加以规范，将有害于受益人之权益，并违背信托行为之本旨。因此受托人于处理信托事务时，须以受益人之利益为唯一考虑，而不得为自己或他人之利益管理、处分信托财产，此即忠实义务之主要内涵。台湾地区《信托法》于第34条与第35条中将数种利害冲突之情形加以禁止或限制，然欠缺对于受托人忠实义务原则性之规范。虽然有论者主张从台湾地区《民法》第106条禁止自己代理及双方代理之规定，推导出禁止利益冲突之法律原理，而成为忠实义务之一环。[2] 然是否能将其适用于信托行为，对受益人提供充分之保障，仍有相当疑义。

综上所述，就信托法律关系当事人间的内部关系而言，信托法所提供的标准化条款一方面可以节省当事人的缔约成本，另一方面又赋予受益人直接请求受托人履行信托义务的权利。虽有助于协调当事人间的内部关系，但此等功能大致上与大陆法系之第三人利益契约类似，因此无法突显信托法的真正功能，非信托法的精髓所在。真正的重点，在于考察当事人（与信托财产）的对外关系。

（三）当事人与债权人的外部关系

根据台湾地区《信托法》施行前"最高法院"之见解[3]，最关键之处应在于信托财产所有权归属之认定，由于此时信托财产之名义所有权归属于受托人，而传统民法法理尚无法处理实质所有权与名义所有权区分之概念，将信托财产论为由受托人所有也就不令人意外。既然受托人为所有权人，其违反信托本旨而为之一切处分行为均属有权处分，完全有效，委托人仅得依照信托契约对受

---

[1] 可区分为自益信托与他益信托。
[2] 赖源河、王志诚：《现代信托法论》，台湾五南图书出版公司1996年版，第106页。
[3] 参见1977年台再字第42号判例。

托人主张契约责任的损害赔偿,而无法本于所有权为请求。[1] 受托人之债权人亦可将信托财产视为受托人之责任财产,而对信托财产声请强制执行,委托人不得对其提起异议之诉。[2] 如此一来,在实务见解下的信托财产完全不具有独立性,因此自然也就无法发挥最重要的资产分割的功能,而使得信托机制的运作实效势必大打折扣。

当然,台湾地区"最高法院"上开见解有其时空背景,当时《信托法》尚未施行,相关的公示等配套措施亦未出现。本文稍后将提及(见下四(二)),有关的公示机制(不论是固有的登记或前所提及"以交易关系为基础的"公示机制[3])乃信托财产独立性及对世效力的重要配套措施,否则交易相对人将难以判断究竟受托人系以本人身份,或系以受益人之代表人身份进行交易,亦难以区分哪些是可以用来满足其债权的责任财产。

唯台湾地区《信托法》施行后,依其第 12 条第 1 项规定:"对信托财产不得强制执行。但基于信托前存在于该财产之权利、因处理信托事务所生之权利或其他法律另有规定者,不在此限。"而为避免委托人逃避债权人强制执行而利用信托行为来脱产,并使债权人对于委托人债信之评估有所担保,现行台湾地区《信托法》第 5 条除对于信托目的有所限制外,第 6 条第 1 项并赋予委托人之债权人撤销权。至于委托人之债权人可否执行受益人之财产,则举重以明轻,委托人之债权人既然无法对信托财产执行,更不应该使委托人之债权人执行受益人个人之财产。

至受益人之债权人,由于《信托法》第 12 条未对规范主体加以限制,故债权人原则上亦不得执行信托财产。不过,由于《信托法》第 64 条第 1 项规定:"信托利益非由委托人全部享有者,除信托行为另有订定外,委托人及受益人得随时共同终止信托。"以及《信托法》第 63 条第 1 项规定:"信托利益全部由委托人享有者,委托人或其继承人得随时终止信托。"因此有认为,在自益信托的情形,债权人始得以受益人非以信托财产不能清偿债务的理由,声请法院命受益人(即委托人)终止信托后,而就该信托财产声请强制执行。反之,如于他益信托的情形,则仅能就受益人之受益权为声请强制执行。

另受托人破产时,受托人之债权人自可执行受托人之个人财产,但就信托财产之执行,在《信托法》施行前,依前开台湾地区"最高法院"之见解,受托人之债权人亦可将信托财产视为受托人之责任财产,而对信托财产声请强制执

---

[1] 参见 1973 年台上字第 2996 号判例。
[2] 参见 1979 年台上字第 3190 号判例。
[3] 王文宇:"信托之公示机制与对世效力",载《民商法理论与经济分析(二)》,台湾元照出版社 2003 年版,第 213 页。

行,委托人不得对其提起异议之诉。[1] 唯《信托法》施行后,依据《信托法》第12条之明文规定,其答案为否定。至可否执行委托人之个人财产,涉及委托人对于信托财产是否负有补充义务。易言之,原则上肯定委托人对于信托财产仅负有限责任,而此亦带有消极资产分割之色彩。此外,受托人破产时,信托财产不属于其破产财团(《信托法》第11条)。受托人死亡时,信托财产不属于其遗产(《信托法》第10条)。

(四) 信托财产与其债权人之关系

此处所指之债权人,系指与信托财产本身有交易关系之一般债权人,当债权无法从信托财产得到满足的情形,委托人、受益人与受托人有无什么责任?首先,委托人并不为信托财产之债务负个人的责任,因为委托人对于进行中的信托事务及信托财产并没有支配力。其次,美国《信托法》也规定受益人不需为信托财产之债务负其个人之责任。简单来说,信托法对受益人的免责规定,可以补足契约法与代理法规范上的不足。

至受托人的责任则要视情况而定,原则上如其已尽善良管理人之注意义务与忠实义务,且已将受托关系对外予以明示,则不需就信托财产之债务向第三人负责。简言之,《信托法》建立了一套有限责任与公示制度之规范,使得受托人可以清楚地向第三人揭示他事实上只是一个财产管理人,且第三人仅可以就所指定或标示的信托财产为债权之担保。

最后,要强调的是,如能灵活运用信托法律关系之"有限责任"此一基本商业法则,则委托人得如公司法上有限责任之股东一般,仅就信托财产范围负物的有限责任。这是商业信托交易中重要考虑因素。

(五) 信托财产与其受让人间之关系

依台湾地区《信托法》第23条规定:"受托人因管理不当致信托财产发生损害或违反信托本旨处分信托财产时,委托人、受益人或其他受托人得请求以金钱赔偿信托财产所受损害或回复原状,并得请求减免报酬。"此乃因在受托人违反受托义务时,信托财产的受让人通常是一个较受益人为低成本的监督人,来监督、察觉受托人是否有违反信托义务移转信托财产。其理由在于,受让人在买受或受赠时,在契约成立或履行的过程中,其与受托人之接触通常较受益人为频繁,且其注意义务亦较受益人为高,应该有较多机会去察觉系争标的物是否为一信托财产。若无信托法,须回归到以契约方式约定受益人对受让人拥有回复请求权,则实际上是不可能的,盖此种约定对于契约当事人以外之第三人应不具有可资对抗之效力。

---

[1] 参见1979年台上字第3190号判例。

三、信托法制的分析架构

(一)信托法律关系之定义

现代社会中,人们对于"授权管理他人财产"此一制度的规范需求乃日益殷切,但此需求端赖法律制度所设定的各种法律关系方能予以落实。传统法制所设定的法律关系,如民法上的委任契约或代理行为,多半仅涉及财产的消极或事务性管理。此类法律关系的优点在于:原财产所有人或授权者对于被授权者仍维持相当程度的控制权,因此可能较不易发生权力滥用的弊端。然而,传统法制所预设的诸多类型化法律关系,随着经济发展的越趋分工与专业化,已难以满足人们的需求。准此,"信托"(trust)此一法律关系便因而出现:借由增加被授权人对于管理财产的权限——甚至完全让与财产的管理处分权或名义上的所有权——以享受其所带来的便利与经济上之成果。唯可想而知的是,此举极可能带来多种弊端,如权力滥用、财产流失等。因此,法律制度于设定此种型态的财产上法律关系时,就必须兼顾兴利与防弊的双重要求,信托法乃应运而生。

有关信托法律关系之定义,我们可以以国际公约来做参考,其中最著名的就是《海牙信托公约》(Hague Trusts Convention),该《公约》第2条规定:"依据本公约之宗旨,信托关系是指由委托人所创立,为了受益人之利益或其他特定目的,以生前移转或遗嘱指定之方式将财产置于受托人控制下的一种法律关系。信托关系具有下列特征:(1)信托财产组成独立之基金,且此基金并非受托人固有财产的一部分;(2)信托财产之权利,是以受托人之名义或受托人代表人之名义所有;(3)受托人依据信托条款及法律所课以之特别义务,有负责管理、使用、处分信托财产之权利及义务。至于委托人仍保有信托财产之部分权利,或受托人本身即是受益人之情形,均非必然地与信托关系之概念冲突。"[1]

此外,为了调和信托法原理与欧陆法基本体系,欧盟国家于1999年初研拟公布了《欧洲信托法八原则》(Eight Principles of European Trust Law)。该原则第1条对信托法律关系定义为:"(1)在信托关系中,被称为'受托人'之人拥有与其自身私人财产独立分离之财产,并必须为被称为'受益人'者之利益或为达成某一目的而管理该财产(信托基金);(2)受托人及受益人均能为多数,受托人同时身兼受益人;(3)信托基金的独立存在,使该基金能排除受托人之配偶、继承人及债权人之权利请求;(4)关于独立存在之信托基金,其任何一部

---

[1] See generally Emmanuel Gaillard & Donald Trautman, "Trusts in Non-Trust Countries: Conflicts of Law and the Hague Convention on Trusts", 35 *Am. J. Comp. L.* (1987).

分违法转让于受托人个人或第三人时,受益人得以个人权利或所有权对抗该受托人及第三人。"[1]

综合《海牙公约》与欧盟对于信托的定义,"信托法律关系"应具有所有权与管理权分离、信托财产独立、免于受托人破产风险等特征,因此与大陆法体系下的法律概念(如委任或代理)迥不相同。而由于信托法律关系具有这种特征[2],它可以弹性且灵活地应用于许多的财产管理关系。至于"信托法"的出现,则为信托法律关系提供了一套标准化的契约条款,如当事人借由信托法来协商信托法律关系,将可以大幅降低缔约的交易成本,此即信托法的经济功能。

(二) 三面向的分析架构

1. 信托法之债权(契约)法面向

(1) 委托人、受托人与受益人之内部关系

就信托各当事人间的内部关系而言,如前所提及,可从三个面向来说明。

第一,就委托人与受托人间而言,信托法的主要作用是提供一套标准化的规定,加诸于当事人的信托契约中,其中最重要的系受托人之"受托义务"、"受信义务"或"信赖义务"。"信赖义务"为信托关系之核心,具体而言,又可分为注意义务与忠实义务两种。所谓"注意义务"系指:受托人系基于特别之信赖关系,为受益人之利益,管理、处分信托财产,故其应尽相当高程度之注意义务,处理信托事务,以实现信托之目的。此等注意义务,根据台湾地区《信托法》第22条之规定,即为善良管理人之注意义务。所谓"忠实义务"乃是受托人达成信托目的之关键。由于受托人享有信托财产之名义上所有权,并对信托财产有处分管理之权限,如不针对受托人处理信托事务时,自己或第三人之利益与受益人利益有所冲突之情形加以规范,将有害于受益人之权益,并违背信托行为之本旨。因此受托人于处理信托事务时,须以受益人之利益为唯一考虑,而不得为自己或他人之利益管理、处分信托财产,此即为忠实义务之主要内涵。台湾地区《信托法》系规定于第34条与第35条,系透过受托人享有信托利益之绝对禁止规定与受托人取得信托财产、对信托财产设定权利之相对禁止规定来落实忠实义务之规范。

值得一提的是,祖国大陆《信托法》对于委托人的地位和权利有详尽的规定,其第21条、第23条、第40条规定,委托人可以要求受托人变更信托财产管理办法、解任受托人、选任受托人的权利,且其权利之行使不一定要通过法院的

---

[1] See David Hayton, *The Development of the Concept of a Segregated "Trust Fund" in Civil Jurisdictions*, paper presented at international conference on comparative private law, June 3, 1999, at 4—12.

[2] 虽然《海牙公约》与欧盟对于信托法律关系的定义并不完全相同,例如海牙公约规定,委托人得保有信托财产之部分权利,此点为欧盟原则所无。但这些差异并不影响两者在定义上的共通性。

介入,更能促进受托人履行注意义务和忠实义务。同时,祖国大陆《信托法》更加强化受益人的地位,特别规定"受益人或者受益人范围不能确定的,信托无效"(第11条)。

第二,就受托人与受益人之法律关系而言,赋予受益人有直接请求受托人履行其信托义务的权利;该"受益权"系受益人于信托关系中依信托法之规定可得享有之权利,其非单纯向受托人请求给付信托利益之权利(台湾地区《信托法》第17条),还包括在信托关系中促使受托人忠实处理信托事务、以善良管理人之注意义务管理信财产及分配信托财产所生利益之权利(台湾地区《信托法》第22条),请求受托人报告信托事务进行之状况,并提供相关数据之权利(台湾地区《信托法》第32条、台湾地区《民法》第540条)以及赋予受益人得采取适当的手段,在事前制止、防止受托人违反其义务[1],在事后得以请求受托人负起民事责任[2],以保全其受益权。

第三,则是受益人与委托人间的法律关系,则通常系信托基础法律关系以外之原因关系,于信托法区分自益信托与他益信托下有所不同,在自益信托时,由于委托人与受益人同为一人,当无所谓其他的原因关系,而在他益信托时,则可能系基于私益之赠与或基于公益之捐助关系或其他原因关系等。

(2)内部关系类似第三人利益契约

就信托法律关系当事人间的内部关系而言,信托法所提供的标准化条款,一方面可以节省当事人的缔约成本,另一方面又赋予受益人直接请求受托人履行信托义务的权利,与民法上利益第三人契约具有类似的特征。从而,虽然信托法有助于协调、整合当事人间的内部关系,但此等功能大致上与大陆法系之第三人利益契约类似,因此无法突显信托法的真正功能,非信托法的精髓所在。真正的重点在于考察当事人(与信托财产)的对外关系——尤其是对世效力。

2. 信托法之物权法面向

(1)信托财产之独立性与主体性

由于就信托各当事人与第三人间之外部关系而言,系契约法所无法规范,因而必需借重信托法之规定。盖欲透过契约法来拘束外部第三人必有困难,其难处即在于采用契约机制所产生的高"交易成本"。故信托法则采纳某些强制规定,使信托法律关系能具有法定的对世效力。由此可见,信托系兼具债权与物权两者之特殊法律关系。

在台湾地区《信托法》下,系将信托财产之所有权归属于受托人(台湾地区《信托法》第9条),受托人不仅于外观上占有信托财产,更是名义上的信托财

---

[1] 参见台湾地区《信托法》第12条第2项、第16条第1项、第28条第2项等规定。
[2] 参见台湾地区《信托法》第18条第1项、第23条、第24条第2项、第35条第3项、第36条第1项等规定。

产所有人,但真正享有利益的所有人是受益人。台湾地区虽未如英美法制揭示所谓"双重所有权"之概念,但由于受托人是法律上的所有权人,亦不能漠视受益人之利益,尤其在受托人并无资力之情形,受益人仅有的损害赔偿请求权势必落空,故必须寻求另一层的机制保障受益人的权益,加以同时又涉及交易市场上的第三人,因此信托制度即要求信托财产必须具备一定之独立性。

为了确保信托财产为信托目的而独立存在,与各信托当事人之固有财产互相分离,并使其债权人不能对信托财产有所主张,台湾地区《信托法》亦制定有配套措施,以贯彻信托财产独立性之原则。如遗产之排除(台湾地区《信托法》第10条、第45条)、破产财团之排除(台湾地区《信托法》第11条)、强制执行之排除(台湾地区《信托法》第12条)、抵销之排除(台湾地区《信托法》第13条)、混同之排除(台湾地区《信托法》第14条)等。[1]

(2) 信托之公示机制与对世效力

在承认信托财产具有一定之独立性后,即会遭遇到一项难题,即与信托财产交易之第三人,如何区分受托人之固有财产与信托财产之不同?此即涉及信托财产的公示制度问题。详言之,倘若第三人无从得知其所交易的客体为信托财产,或其交易对象名下的财产是信托财产,即令该财产具有一定之独立性,对该第三人将造成不可预期之不利益,更有害于交易安全。故信托法必须建立一套机制,使第三人在与受托人交易时,知悉其交易客体为何,而定责任归属。

与信托财产交易之第三人,究竟如何能区分受托人之固有财产与信托财产之不同?此涉及信托财产公示机制的设计。传统财产权之对世效力的正当性,多建立于固有的公示制度(如不动产登记),然而应注意者,法律关系之公示机制未必应以此为限。举例言之,信托法规定受托人应将信托财产与自有财产分别管理,且受托人应将信托财产为适当之标示,若受托人违反"区隔财产"之相关规定,信托法将课以严厉处罚。然后信托法再将此种内部机制予以外部化,使潜在之债权人自可区分交易之客体、对象为何,并且据以评估交易所可能产生之风险。关于此部分更进一步的说明与评析,见下文关于登记制度公信力与对世效力的论述。

(3) 信托之物上追及效力

在台湾地区《信托法》下,"受益权"的性质到底为何,即为一个值得探讨的问题。信托法施行前之传统实务见解下的信托机制,系以委托人及受托人为规范对象,受益人的角色隐而不显。事实上此一结果并不意外,盖当实务见解无法导出信托得具有对世效力时,自然也就无法处理受益人及受益权的问题。然

---

[1] 就物权法面向而言,祖国大陆《信托法》同样建立有完善的制度,如遗产排除、破产排除、强制执行排除、抵消排除,并且第10条要求"设立信托,对于信托财产,有关法律、行政法规规定应当办理登记手续的,应当依法办理信托登记",同时规定受益人也享有撤销权(第49条)。

而在大陆法系的国家可借由委托人及受托人于信托契约中的特约条款,搭配利益第三人契约的概念,仍可妥善安排受益人的存在以及其权利义务内涵。唯一有疑义者在于受益权受侵害时,受益权之性质为何,以及受益人应如何主张回复信托财产。若依照传统实务见解,纵得依契约约定引入受益人的角色,受益人仍仅能以债权请求权主张权益,而有保护不周之虑。故本文以为,关于受益权之性质,应从信托关系之基本结构以及功能加以分析。信托是为他人管理财产之机制,且与其他管理财产制度相较,最大特质即在于信托制度在赋予财产管理人管理权限之同时,亦对享受该财产权利益之人提供充分之保障,一方面赋予信托财产独立性,使委托人、受托人以及受益人之债权人均不得有所主张;另一方面赋予受益人追及之权利,而于受托人违反信托本旨处分信托财产时,得以回复该信托财产。

根据这些特征,如将受益权解释为纯粹之"债权",对受益人所提供之保障较为有限(如受托人将信托财产移转于第三人时,受益人仅能向受托人请求损害赔偿,却无法回复该信托财产;又由于受托人系名义上之所有权人,其处分信托财产之行为并非无权处分,则似乎无论受让人为善意或恶意,均可以取得信托财产之所有权)。但一种非物权之权利如何能产生类似对世或某种物上追及之效力?事实上大陆法系国家在立法政策上可依其需要与理念,来规范信托法律关系下受益人的物上请求权,而不必拘泥于英美法上之衡平所有权与法律所有权的二分概念,盖纵无衡平所有权之概念,仍可设计出一些处理该等问题之机制,例如台湾地区现行《民法》第244条,此种撤销权即具有某种形式的对世效力。换言之,从较为宽广的制度层面来看,灵活弹性的信托法律关系应可兼容各种不同的受益权内容,重点在于对该等物上请求权之内容与条件作宽严不同的设计。

3. 信托法之组织法面向

此部分与资产分割的概念有关。所谓"资产分割",系使从资产持有者独立分割出来后新成立的法律主体,得以自己之名义(新法律主体的名义)持有资产,而且该法律主体的债权人对于该法律主体的资产,相对于该法律主体之股东的债权人有优先地位,如此才能达到资产分割以隔绝破产风险的目的。一般而言,有所谓积极性资产分割与消极性资产分割,此系因分析角度不同而作之概念区分。

倘自对法律主体资产之受偿优先级之角度分析:由于资产分割要求法律主体之资产必须与股东之破产风险隔离,故股东之债权人不得对法律主体之资产有所主张,从而吾人可谓法律主体之债权人相对于股东之债权人,对于法律主体之资产有优先地位,此即为积极性资产分割。倘自对股东个别资产之受偿优先级角度分析：资产分割原则上要求股东资产亦应与法律主体之破产风险隔离[1]，从而法律主体之债权人，原则上不得对股东之个人资产有所主张，吾人亦得谓股东之债权人相对于法律主体之债权人，对于股东之资产有优先权，此便称为消极性资产分割。

就信托法律关系而言，在委托人破产时，委托人之债权人可以执行委托人之个人财产自不待言，而对于信托财产部分，由于台湾地区《信托法》第12条文意并未对其规范主体作明确限制，故应认定该条所称之强制执行应包括委托人之债权人所提起之强制执行。事实上从资产分割的角度观之，本应不得对信托财产为执行。盖就信托制度的实质目的来看，其本意即在于使信托财产与委托人之资产分离而具有独立性，亦即使信托财产能脱离原委托人之债务关系而具有确实安定性。为便利信托目的之确实达成，自不应再允许委托人之债权人介入信托关系，此即带有积极资产分割之色彩。而为避免委托人逃避债权人强制执行，利用信托行为来脱产，并使债权人对于委托人债信之评估有所担保，台湾地区现行《信托法》第5条除对于信托目的有所限制外，第6条第1项并赋予委托人之债权人撤销权。至于委托人之债权人可否执行受益人之财产，则举重以明轻，委托人之债权人既然无法对信托财产执行，更不应该使委托人之债权人执行受益人个人之财产。

至受益人之债权人，由于台湾地区《信托法》第12条未对规范主体加以限制，故债权人原则上亦不得执行信托财产。不过，由于台湾地区《信托法》第64条第1项规定："信托利益非由委托人全部享有者，除信托行为另有订定外，委托人及受益人得随时共同终止信托。"以及《信托法》第63条第1项规定："信托利益全部由委托人享有者，委托人或其继承人得随时终止信托。"因此有认为，在自益信托的情形，债权人始得以受益人非以信托财产不能清偿债务的理由，声请法院命受益人（即委托人）终止信托后，而就该信托财产声请强制执行。反之，如于他益信托的情形，则仅能就受益人之受益权为声请强制执行。

而值得顺带一提的是，在《信托法》施行前，实务之见解向来认为信托的基础乃在当事人间之信赖，性质与委任相似，故多类推适用民法上委任之相关规定，例如类推适用台湾地区《民法》第550条，认为信托关系可因当事人一方死亡而消灭[2]；或类推适用《民法》第549条，认为任何一方当事人均可随时终止信托契约[3]。在《信托法》有明文规定后，上开实务见解自无适用之余地。

---

〔1〕 消极资产分割并非资产分割必要之因素，盖有时为了加强法律主体在交易上之信用强度，法律会要求股东必须对于法律主体之债务负连带责任，而非将股东资产隔离于法律主体之破产风险之外，此时即无消极资产分割可言。

〔2〕 参见1992年台上字第364号判决。

〔3〕 参见1981年台上字第4450号判决。

1997年台上字第3454号判决曰:"在信托人终止信托契约前,受托人并无返还受托物之义务。必俟信托人终止信托关系后,始得请求受托人返还信托财产,受托人仅负有将信托财产返还予信托人之义务。"在现行《信托法》制度下,委托人并不当然有终止信托之权利,须其同时为受益人,才有终止权;且若尚有其他受益人,终止权之行使仍须共同为之。又信托重视永续性,故原则上应尊重设立信托之本旨,若信托订有期间而该期间尚未届满,或终止违反信托本旨者,应认为受益人仍不得终止信托关系。

另受托人破产时,受托人之债权人自可执行受托人之个人财产,但就信托财产之执行,依据台湾地区《信托法》第12条之明文规定,其答案为否定。此外,受托人破产时,信托财产不属于其破产财团(台湾地区《信托法》第11条)。受托人死亡时,信托财产不属于其遗产(台湾地区《信托法》第10条)。

4. 小结

从现代法制来看,信托法律关系应如何定性?它是一种契约?或是一种物权?依台湾地区《信托法》第2条之规定,信托得依契约或遗嘱创设之。反之,在英美法国家中,信托法律关系之定性究竟为何,在学理上则有相当之争议。[1]唯本文以为,自功能面来看,信托关系多涉及委托人与受托人间之意思合致,方由受托人为受益人之利益管理、处分信托财产。从此意义来看,委托人与受托人间有意思合致之存在,实质上已具有契约性格,是故,信托在功能上可被视为一种契约(且其内部关系类似于第三人利益契约),并可作为分析信托法律关系的基础。但由于信托法律关系中,仍带有相当之物权色彩,因此信托法律关系并非一般之债权契约,也非我们所了解之物权行为,它乃是信托各当事人与债权人间所设定的一系列特殊债权债务关系。

简单来说,从大陆法体系来看,信托的外部关系乃具有相当强的对世效力,因此自信托之整体法律关系而言,它并不等同于大陆法体系下的"债权"概念。而由于其具有信托财产独立性、所有权割裂等特征,多少打破"处分权应归于一人"的铁律,因此信托概念与传统物权概念亦不无矛盾之处。以此观之,虽然就实质效力而言,信托法律关系可谓系债权与物权的混合体,但它并不适合被归类为大陆法体系下的"债权"或是"物权"。

本文认为,吾人在探讨、分析信托法律关系时,必须跳脱概念法学的束缚,至少从三个面向来一窥其全貌。就债权法律关系面向而言,依信托本旨及目的管理信托财产之债务,具有债权之效力。就物权法律关系面向而言,从信托财产之移转及其他处分来看,具有物权效力,并透过特殊之公示机制,使受益权具

---

[1] 参见王文宇:"信托法原理与商业信托法制",载《台大法学论丛》2000年第2期(第29卷)。

有物上追及效力。就组织法律关系面向而言，借由资产分割原则，赋予一定集体财产独立性，借由有限责任法则之运用，与信托财产主体性相呼应，达成信托本旨之目的。执此以观，信托法律关系可谓系兼具"债权"、"物权"与"组织"法律关系之三位一体[1]。

综上所论，自立法论而言，定位信托法律关系之重点，即在于如何一方面使当事人保有对于信托关系内容之决定自由，一方面又可以使其具有一定之对世效力，并同时取得资产分割之功能。如此一来，一方面能确切掌握信托制度结合资产分割与契约自由功能之特性，一方面又不至于全盘推翻债权与物权分离之基本建置。因此，于台湾地区《信托法》制度下，不妨仍维持契约关系之基本定位，但应同时赋予适当的对世效力与组织效力，唯有如此，方能建构完备之信托法制。以下便立足于此处之观点，对台湾现行《信托法》提出相关评析与建议。

四、台湾信托法可行的发展方向

（一）信托财产之主体性

在讨论此问题之前，先举加拿大魁北克省的立法过程为例。[2] 加拿大魁北克省，系加拿大所有联邦中唯一采取大陆法系之省份，因此当其尝试引进信托制度时，一方面必须使其与现有法律体系兼容，另一方面又须使其与英美信托法发挥类似功能。自理论上言，有五种可以替代英美法下双重所有权之方法：(1) 将所有权归于受托人；(2) 将所有权归于受益人；(3) 将所有权仍归于委托人；(4) 赋予信托财产独立之人格，使其享有类似财团法人之地位；(5) 受益人与委托人分别享有附条件之所有权。最后魁北克省将信托财产视为独立财产，规定不属于任何人所有，而受托人又被赋予对信托财产完全的管理与处分权限。本文以为，虽然此种规范方式相当特殊，而且在理论上亦有未尽之处，但只要其规范架构下之法律关系能够顺畅运作，学说理论之争议或许并无太大实益。是故，我们在探讨信托法律关系的本质时，仍应回归基本面的思考。

祖国大陆方面于此亦有相关争议，依祖国大陆《信托法》第 2 条规定："本法所称信托，是指委托人基于对受托人的信任，将其财产权委托给受托人，由受托人按委托人的意愿以自己的名义，为受益人的利益或者特定目的，进行管理或者处分的行为。"然此种立法实际上回避了信托所有权的问题。尽管学者多

---

[1] 有关信托法律关系之"三位一体"论述，参见王文宇："信托法应如何定位三位一体之信托法律关系"，载王文宇：《民商法理论与经济分析（二）》，台湾元照出版社 2003 年版，第 117—162 页。

[2] 有关加拿大魁北克省对于信托财产性质的争议，see Hon Madam Justice Beverley McLachlin, *A Comparative View of Trust Concepts at Common Law and at Civil*, paper presented at International Conference on Comparative Private Law 1999, June 3, 1999.

认为祖国大陆的信托法将信托财产的所有权仍归于委托人享有。有学者认为这种立法模式存在两个缺陷,一是没有界定遗嘱信托情形下信托财产所有权的归属,二是没有为委托人处分信托财产提供依据。[1] 有学者认为这种立法模式削弱了信托财产的独立性,不利于受益人利益的保障和受托人权能的发挥,是立法理念不够成熟的体现。[2] 也有学者认为信托财产的归属应当由受益人享有所有权。[3]

回到台湾法来说,将某一个信托关系所生之信托财产作为一个整体,是否可认为属于一个法人,此问题在大陆法系下,似乎相当匪夷所思。然而在美国传统信托实务上,信托财产之名义所有人为受托人,若不承认信托财产具有一定之实质性,将产生许多不合理之法律效果[4]。例如法院认为受托人签发给信托之票据并非信托财产,盖受托人既为财产之名义所有人,自然不可能同时为该票据之权利人与义务人[5]。此外,传统上法院亦认为受托人不可能以信托"财产"之管理人资格被诉或起诉,因此当第三人对信托财产所生之债务起诉时,是对受托人本人起诉,受托人再向信托财产请求补偿。此等见解显然忽略了信托关系中资产分割的功能,受到美国学界的批评。而事实上美国法院亦逐渐注意到信托关系中信托财产法律主体性之问题,而这种变动可见于美国信托法第三次重述之中。

美国第三次信托法重述修订了前两次重述中广为法院引用之定义。第三次信托法重述说:"所谓信托,系指一与财产有关之信赖关系,此关系因意思表示而成,而此意思表示之内容系创造此种法律关系并课获得系争财产所有权之人以为慈善或一个以上之受益人之利益处理系争财产之义务。上述受益人至少有一人非单独受任人。"[6]

法院认为信托不是一个"法人"的见解亦有一些显著的改变。在前述的诉讼问题上,于税法之领域,典型的信托关系早已被认为是立于受任人之外独立

---

〔1〕 参见张淳:"《中华人民共和国信托法》中的创造性规定及其评析",载《法律科学》2002年第2期,第113页。

〔2〕 参见盛学军:"中国信托立法缺陷及其对信托功能的消解",载《现代法学》2003年第6期,第141页。

〔3〕 参见温世扬、冯兴俊:"论信托财产所有权——兼论我国相关立法的完善",载《武汉大学学报》2005年第2期。

〔4〕 See Edward C. Halbach, Jr., Uniform Acts, Restatements, and Trends in American Trust Law at Century's End, *California Law Review*, Vol. 88, at 1882 (2000).

〔5〕 Restatement (Second) of Trusts § 87 (1959).

〔6〕 Restatement (Third) of Trusts § 2 (2003). (Restatement (Third) of Trusts § 2 (T. D. No.1, 1996)).

法人[1],而在第三次信托法重述中,认为第三人得对受托人的"代表地位"起诉,也就是说,对"信托财产"起诉,这种转变宣告了至少在诉讼程序上已将信托财产赋予一定之法人格地位。

而就大陆法系的台湾而言,要承认信托财产具有一定法律主体之法人格地位,似乎仍有其困难,但亦非不可能之事。按所谓财团法人,即一定财产之集合体,其成立之基础在捐助财产,将系争捐助财产脱离捐助人之财产而分离,且亦与管理者(即捐助成立后之董事)之财产分离,在法律上赋予其独立之法人地位,因此在大陆法系下承认特定之"财产"作为权利主体,并非不可想象。

就实务之操作而言,吾人可举不动产证券化有价证券的发行,来说明现存之问题。虽然不动产信托之信托财产委托人系另有其人,而银行乃居于受托人之地位,为不动产证券之发行机构。然此作法却可能使一般大众直觉地认为银行方为真正的主体,以及实质上提供财产之人,产生混淆与误认。其实,实际上该不动产投资信托之信托财产并非银行之自有资金,两者分别独立,互不相干。一般投资大众可能因信赖发行机构(银行)之自有资金及资产信用,而投资其发行之不动产有价证券,但实际上该自有资金并不提供该不动产投资信托任何的担保,即使日后该不动产信托发生破产等情事,发行银行之自有资金对此亦不负任何责任。

可能的解决之道有二,其一,在于直接赋予信托财产某种独立性与主体性,放宽有价证券发行人之限制,毕竟一般大众关心的仍系在其所投资之财产质量与回收可能,而非发行人究竟为何者。然直接赋予信托财产主体性,或将对现行民法体系产生极大的冲击,此乃因在传统架构下,享有权利能力者仅自然人与法人,除非以财团法人之形式发行,否则财产概念纳入法律主体并无余地。其二,相对于此,将信托财产间接并列为主体之方式或许较可行。发行者之认定,除了何人实际上进行募集发行的工作、依据信托契约管理信托财产外,谁承担了发行证券之风险、相对的获取因此而生的利益亦为关键。显而易见的,受托机构之财产并未负起任何责任,信托财产本身才是盈亏直接所及之标的。总的来说,考虑现行体系下,除了揭露受托机构外,将信托财产之名称与状况并列揭示,亦有相同的重要性,如此不仅可厘清投资人之疑虑,亦将帮助不动产证券化制度之推行。[2]

综上所述,详言之,若不能了解信托之基本精神,乃系以一法律关系将单一或多数财产权"整体地"自委托人财产中分离,划归一独立账簿下,类似公司财

---

[1] See Edward C. Halbach, "Trusts in Non-Trust Countries: Conflicts of Law and the Hague Convention on Trusts", 35 *Am. J. Comp. L.* (1987), at 1882 (2000).

[2] 参见王文宇:"论不动产信托与不动产证券化之分际",载台湾《法令月刊》2004年第55卷第4期,第63—71页。

产般整体而独立地受受托人管理,则很难在处理信托法制上之问题时,切中信托法律关系之核心。质言之,为忠于信托之基本原理并达成信托之目的,本文认为信托财产应不仅仅是一"权利客体",应承认其具有一定之主体性。

(二) 信托登记制度

1. 登记机关之审查与公信力

关于登记机关应否对登记之信托契约加以实质审查并赋予公信力一事,可能的做法有三种:第一,贯彻现行法之权利登记制精神,仍采实质审查并赋予公信力;第二,引进法国契据登记制,只需形式审查,且无公信力;第三,将信托登记制度与不动产登记制度分离,即信托登记不登于土地登记簿,另有所谓"土地参考信息文件"[1]。从法律经济分析的角度来看,即是政府与交易当事人对交易成本分担之问题。如采第一种做法,则国家之登记制度将吸引绝大部分之交易成本。反之,若采第二种制度,则买方另需花费征信之交易成本,国家之登记制度在该交易中只是扮演辅助之手段,当事人之充分征信手段才是确保交易安全的主要角色。

然之所以要求信托契约应予登记,不过是使受让人有预见信托契约内容之可能性,借以增强其债权物权化之正当性基础,故此时登记制度不过是作为公示方法的一种,而不带有确定财产权与表彰财产权的功能。仅不过是国家提供一个集中管道,使信托契约当事人能将信托契约公之于世,进而取得对世效力。然而,这种对世效力并不当然意味着国家必须保证该信托契约内容毫无瑕疵,国家不必使该信托契约之登记具有公信力。是故,信托登记之登记机关所扮演之角色,仅为方便信托契约之公开,并且方便受让人集中审阅以节省交易成本之公示方法而已,并不介入当事人间法律关系以确定产权或表彰产权之功能。由此可知,宜采取上述第二或第三种解决方式。

唯台湾现行的信托登记制度尚不完备,除了土地信托登记外,其他财产权似仍欠缺公示方法。因此在立法政策上,可以考虑将非应登记或注册之财产权,仿照动产担保交易法之规定,将动产担保交易之标的物范围予以明示[2],制定交易标的物类表,并规定登记程序,以利此类财产设定信托时有公示制度可循。另在立法技术上,可将此类财产权之信托公示制度准用动产担保交易法之相关规定,再依其性质或目的之不同加以调整,或另行订定信托法施行细则或信托标的物类表来加以规范。然此种信托登记制度所费不赀,是否值得或必要,仍有疑问与讨论余地。从而,既然建立全盘性之信托财产登记制度,将会窒碍难行,此时值得讨论的问题,即为若信托财产未经信托公示,信托财产是否即

---

[1] 参见罗光宗:"民法物权编修正草案有关他项权利登记之实务探讨",载《民法物权编修正之探讨与响应》,第11页。

[2] 参见台湾地区《动产担保交易法》第4条。

丧失对抗第三人之对世效力？

2. 信托公示与对世效力

若信托财产未经信托公示，信托财产是否即丧失对抗第三人之对世效力？亦即是否信托公示制度为信托财产独立性之必要要件？有认为信托财产未为公示者，不论其信托关系成立于信托法施行前或后，均无台湾地区《信托法》第12条之适用，关于该信托财产之强制执行，仍得继续援用台湾地区"最高法院"之判决见解，似认为未经公示之信托财产即无独立性，因而丧失对世效力[1]。亦有认为无论信托财产是否得为信托登记，受托人之债权人原则上均不得"追及"信托财产，换言之，享有信托利益之受益人就信托财产之地位优于受托人之一般债权人，此亦趋近于物权之优先性，似认为未经公示之信托财产，仍具有独立性而得适用《信托法》第12条具有对世之效力[2]。此外，亦有折中看法，认为依台湾地区《信托法》第18条第1项及第2项第3款规定，如信托财产系属无法定公示方法之财产权，则受托人违反信托本旨处分信托财产时，需相对人及转得人明知或因重大过失不知受托人的处分违反信托本旨，受益人始得行使撤销权。就此而言，在解释上，当受益人以无法定公示方法之财产设定信托时，似可类推适用第18条之规定区别债权人为善意或恶意，来决定是否得以对抗第三人。[3]

本文认为，信托财产公示制度与信托财产之独立性不具有必要的关系，以目的解释而言，台湾地区《信托法》第4条之规定，其公示目的不外是易于举证、保护交易安全与流通性考虑（有价证券部分）。而第12条之规定，其目的则在保护委托人与受益人之利益，而非受托人之债权人，基于信托财产独立性之要求，第12条之立法目的应优先于第4条立法目的而考虑，就未经公示之"非"应登记或注册之信托财产仍应赋予对抗第三人之效力，盖第4条之立法目的其规范客体应仅限于法定公示之财产及有价证券，第12条则无限制。[4]至于否定说，则过分强调公示制度的绝对性，而忽略了信托法制的真谛，如贯彻此说，则信托制度的功能将无法充分发挥。

论者或许认为，如采肯定说，将使债权人可能因缺乏公示制度保障而招致不测之损害。应注意者，《信托法》规定受托人应将信托财产与自有财产分别管理。此外，受托人应将信托财产适当"标示"（earmarked），表明系信托财产而

---

[1] 约翰逊林："信托之基本问题——'最高法院'判决与信托法规定之比较分析"，载台湾《律师通讯》1996年第204期，第66页。
[2] 方嘉麟：《信托法之理论与实务》，台湾月旦出版社1996年版，第223—234页。
[3] 赖源河、王志诚：《现代信托法论》，台湾五南图书出版公司1996年版，第55页。
[4] 文意解释方面参见王文宇："信托法原理与商业信托法制"，载台湾《台大法学论丛》2000年第2期，第46—47页。唯笔者以为，根本解决之道仍系透过修法，使文意更加精确，以杜争议。

非自有财产,且受托人不得将信托财产与自有财产混合,并负有义务分别造具账簿、妥善保管。[1] 而受托人如有违反这些有关"区隔财产"(segregation)的规定,《信托法》亦课以相当处罚[2],因此一般受托人多会遵守这些规定。受托人如切实遵守,对潜在债权人而言,受托人所持有的财产,哪些是信托财产(即受托人破产时不能就其强制执行的财产),哪些是可以满足其债权的责任财产,债权人自得加以区辨,而仅就受托人的自有财产来评估交易所生之信用风险。

此外,现代市场中商业信托的重要性已逐渐超过传统信托,而商业信托多以金融机构(如银行或信托公司)担任受托人。由于商业信托多涉及巨额资产与众多投资人之利益,因此无论主管机关或投资人,均乐于选任信用卓著且财务状况佳的金融机构担任受托人,而且各国金融主管机关多有严格的金检制度,包括信托账户与账册的分别管理,是故与其往来的债权人多可轻易查核其资产状况。在此情况下,赋予信托财产某种对世效力似无不当,因此肯定说可资赞同。

当然,如认为由于台湾信托制度及概念上不如英美法制下之成熟,受托人与交易相对人可能不谙信托法制的运作方式,容或有受托人疏于标示或债权人不知区别的个案发生,因此或许应避免对信托财产的对世效力,采取"全有"或"全无"的极端立场。为匡正这个弊端,上述"折中说",即以善意或恶意之标准来决定信托财产是否具有对世效力,某种程度兼顾债权人与信托人(含受益人)双方的利益,不失为一项权衡利益的实务方案,或具参考价值。唯仍有待法律条文之明确修正,以杜争议。

(三) 受托人之忠实义务

"忠实义务"乃是受托人达成信托目的之关键。关于忠实义务应如何定义,有认为忠实义务可以定义为:是指被信赖托付的一方对他方所应尽的忠诚且笃实的义务,是一种以他人利益优先于自己利益而行为的义务,而所谓忠实义务人,则系指因事务的性质,使其就事务有关的事项,大体上是为他人利益而行为的人。[3] 也有认为在信托关系下的忠实义务应可定义为:基于信托关系所必然发生之、要求受托人依据信托目的管理财产而必须使受益人之利益与自己之利益不至于发生冲突、以受益人之利益优先于自己利益而行为的义务。[4]

唯无论如何定义,重点咸在于,由于受托人享有信托财产之名义上所有权,

---

[1] 参见台湾地区《信托法》第31条。
[2] 参见台湾地区《信托法》第24条。
[3] 谢哲胜:《信托法》,台湾元照出版社2007年第2版,第53页。
[4] 林郁芬:"信托关系下利益冲突之研究——以忠实义务规范为中心",台湾大学法律研究所硕士论文2006年7月,第58—59页。

并对信托财产有处分管理之权限,如不针对受托人处理信托事务时,自己或第三人之利益与受益人利益有所冲突(conflict of interest)之情形加以规范,将有害于受益人之权益,并违背信托行为之本旨。因此受托人于处理信托事务时,须以受益人之利益为唯一考虑,而不得为自己或他人之利益管理、处分信托财产,此即为忠实义务之主要内涵。

台湾地区《信托法》于第 34 条与第 35 条中将数种利害冲突之情形加以禁止或限制,唯欠缺对于受托人忠实义务原则性之概括规定。虽然有论者主张从台湾《民法》第 106 条禁止自己代理及双方代理之规定,推导出禁止利益冲突之法律原理,而成为忠实义务之一环[1]。然是否能将其适用于信托行为,对受益人提供充分之保障,仍有相当疑义。本文以为,信托法作为规制信托法律关系的母法,应对于受托人所受之忠实义务规范,作出明确而原则性之规定,不仅使规范架构更加完备,亦确保信托关系中信托目的之贯彻及受益人权利保护的核心概念。

除了应增加原则性之概念规定外,本文以为,就台湾地区《信托法》第 34 条之规定,其立法意旨在于避免受托人因管理义务与受益权之冲突而为有违信托本旨之行为。因此受托人原则上不得兼任受益人,但有其他共同受益人时,由于该受托人受到其他受益人之监督,故可避免利害冲突之情形,而例外予以允许[2]。然此推论似有矛盾之处。事实上,如受托人为唯一之受益人时,将无利害冲突之问题,因为其处理信托事务之利益将完全归属于该受托人(同时为唯一之受益人),因此该受托人将尽最大之努力管理、处分该信财产。反之,如该受托人与其他受益人共同享有信托利益时,受托人反而可能就自己与其他受益人之信托利益为不合理之分配或为其他差别待遇,而产生利害冲突之情形。美国法方面则系对受托人规范有"公平对待所有受益人之义务"(duty of impartiality)[3],如此一来,受托人无论在其兼有受益人身份,或有其他多数受益人之情形下,均有应公平对待所有受益人之义务。此一规定甚有参考价值。

另台湾地区《信托法》第 35 条虽列举出"经受益人书面同意,并依市价取得者"、"由集中市场竞价取得者"、"不得已事由经法院许可者"以及"于受托人因继承、合并或其他事由,概括承受信托财产上之权利时"等四项例外规定,但事实上仍仅规范少数利益冲突之交易型态,就受托人就该信托财产成立租赁关系或借贷行为等,均未加以规定。此种方式不仅可能出现挂万漏一的规范瑕

---

〔1〕 赖源河、王志诚:《现代信托法论》,台湾五南图书出版公司 1996 年版,第 106 页。
〔2〕 陈春山:《信托及信托业法专论——理论与实务》,财团法人金融人员研究训练中心 1999 年增订 2 版,第 78—79 页。
〔3〕 Restatement (Third) of Trusts, P. I. R. § 183 (1992); Restatement (Second) of Trusts § 183 (1959); Restatement (Third) of Trusts § 79 (2007).

疵,也背离了忠实义务的真正核心内涵——追求受益人利益的最大化而非仅追求受益人单方利益。因此台湾地区《信托法》应进一步认许具有利益冲突、从事利益冲突交易之受托人得以谨慎地从事并追求受益人利益之最大化作为抗辩上的诉讼主张,亦即一位并非依循受益人之单方利益以管理信托财产的受托人,原则上将受到未能追求受益人之最佳利益的推定。但受托人可借由举证系争之交易行为系谨慎地在追求受益人最佳利益的目标下公平地作成,以推翻此一推定。[1]

(四) 有限责任法则之运用

1. 问题源起

本部分要讨论的是信托法律关系的一个重要课题,即"有限责任"。在祖国大陆,其《信托法》第37条和第34条则有明确表示出有限责任法则,台湾地区《信托法》对此似无明文规定。如受托人运用信托资产从事投资,却不幸血本无归,甚至倒亏一笔时,债权人在无法向信托财产求偿的情况下,可否转向委托人或受托人求偿?依据英美信托法之规定,原则上委托人就信托财产所生之债务,并不对债权人负担保责任;同样的,原则上受益人也不需为信托财产之债务负其个人之责任,如此规定自然与信托财产之处分权已移转与受托人有关。至于受托人之情形,则要视情况而定,不过原则上如受托人以尽其善良管理人注意义务与忠实义务,且已将受托关系对外予以明示,即不需就信托财产之债务项第三人负责。以下进一步分别说明信托财产与各信托当事人间责任之关系。

2. 信托财产与委托人之责任

在英美信托法下,委托人并不为信托财产之债务负个人的责任,尤其在委托人并非受益人时尤其明显,这是因为委托人对于进行中的信托事务,并没有支配力,对于信托财产亦同[2]。易言之,委托人并不对债权人就信托财产所生之债务负担保责任。若没有信托法,而只有契约法或代理法来运作,欲使委托人在信托关系中免其个人责任是困难的,尤其如果以受托人为委托人之代理人,由受托人所订定之契约,其法律效果将归属于委托人。虽然这样的法律效果或法律责任,可以借由委托人在所有受托人订定之契约中,以放弃声明或免责约定的方式来加以排除,但是这种个别契约处理的方式,对于委托人而言,可能并不可靠,对于受托人言将须付出较高的交易成本,且欲在所有契约中做这

---

[1] 林郁芬:"信托关系下利益冲突之研究——以忠实义务规范为中心",台湾大学法律研究所硕士论文2006年7月,第207—214页。

[2] Restatement (Second) of Trusts § 200 cmt. b (1959).

种放弃权利的声明,亦不容易实现。[1]

3. 信托财产与受托人之责任

依美国《信托法》之规定,受托人似乎被认为,在信托事务之管理期间,须以其个人责任负担所有契约上与其他义务。[2] 然而,受托人可以在契约中约定免除这样的义务,当签订契约时,其可以受托人之地位为之而非以其个人之地位为之[3],约定仅在信托财产的范围内负责,超出部分则不以其个人地位负起责任,而非契约上的义务部分,将只会在受托人从信托契约中可获得利益之范围内加诸于受托人身上[4]。

上述做法值得赞同。盖在一般交易中,只要债权人知道他们正在与信托财产交易,欲使受托人以其个人责任为系争交易行为负责,可能是没有效率的,因为若以这种方式处理信托财产之债务,其所减少的交易成本,通常将被处理受托人个人交易所生债务而增加的成本所抵销,这是因为监督债权债务关系所递增的复杂性将加诸于所有债权人,导致交易成本的提高。因此一个有效率的方法,应该是使一个尽责的受托人在其权限范围内,不需为第三人对信托财产之债权负担个人责任。

此外,如果受托人的有限责任不配合信托财产公示制度的话,债权人将可能误信受托人是以其个人地位而非受托人的地位与其交易,因而扩大信用,大于他们发现不可以受托人之个人资产为担保所容许的信用。因而,信托法所设计的受托人有限责任与明确之公示制度,将使债权人确保他们所能信赖的资产为何,受托人只需在契约中说明"为某某之受托人,而非为个人"即可。[5] 简言之,信托法在这里建立一套有限责任与公示制度的规范,使受托人可以清楚地向第三人揭示其事实上只是一个财产管理人(即委托人),以节省交易成本,且第三人仅可以所指定或标示的信托财产为债权之担保。[6]

4. 信托财产与受益人之责任

美国《信托法》也规定受益人不需为信托财产之债务负其个人之责任。[7] 盖在信托法下,受托人的角色有如受益人之代理人,无论交易相对人是否知悉受托人系为受益人之利益而为交易,受托人为受益人利益所订定之契约都与受

---

[1] See Henry Hansmann and Ugo Mattei, "The Functions of Trust Law: a Comparative Legal and Economic Analysis", *New York University Law Review*, Vol. 73, May 1998, at 461—462.
[2] Restatement (Second) of Trusts § 261—262 (1959).
[3] Id., 263.
[4] Restatement (Second) of Trusts § 265 (1959).
[5] Restatement (Second) of Trusts § 265 cmt. a. (1959).
[6] See Henry Hansmann and Ugo Mattei, *supra* note 1, at 459—461.
[7] Restatement (Second) of Trusts § 274—277 (1959).

益人有着密切关系。[1] 如同前述,此时信托法对于受益人的免责规定,正可以补足契约法与代理法规范上之不足。

此外,就一般债权人的角度而言,在减少交易成本这方面,《信托法》如是的规范亦似乎是有效的。第一,虽然受益人从信托财产获得信托利益,但他对信托财产仍无支配力,因此欲以受益人为受托财产债务负责,其效果将是有限的。第二,因为信托财产是在受托人的名义之下而非受益人的名义,欲扩大信用与信托财产的人,不太可能会考虑到受益人的情形如何而以受益人的个人资产来满足其债权,并不会以受益人的资产来作出适当的信用调整(且受托人如欲免责亦当向交易相对人为财产范围之表示)。第三,配合着委托人之有限责任,受益人之有限责任可能使相关债权人对信托财产及受益人之偿还能力的监督成本极小化,信托财产之债权人仅需注意到信托财产之增减是否会影响到其债权的满足与否,而不必费心于受益人资产之增减,同样地,受益人之债权人仅需注意到受益人个人之资产是否足以清偿其债权,而不必将信托财产列入债信的评估范围,因此,可以降低相关债权人与信托财产或受益人发生债权债务关系时的交易成本。[2]

(五) 任意规定与强制规定

物权法与债权法系财产法中的两大领域,两者功能及型态并不相同,台湾学者传统上多以绝对权及相对权将之划分。若以规范层面来检视物权与债权之差异,债权允许相当的自由创设空间,可任由交易关系人自行决定彼此的权利义务关系,换言之,契约法的规范多是"预设规定"(default rule),以任意规定的型态存在。[3] 反之,物权法则要求关系人遵循标准化的强制规定,此类规定已将关系人之权利义务关系作基本的设定,而且不允许当事人以合意推翻。[4] 其背后所代表的是不同价值的取舍,以及对于资源有限的现实所作出之反应。依此理念,我们应以不同的机制来使用并控管有限资源,两相对应的排他与管理机制,落实至规范层面,所反映出来的即是强制规定与任意规定的配合。

值得探讨的问题是,信托法是否与一般契约法相同,可以适用当事人自治之原则呢?这涉及信托法律关系之定性,以及认为其是否应具有强制性。

首先我们必须先了解为何有任意规定存在。若从经济分析的角度观察,不难发现其主要是基于交易成本的考虑。我们不能假设每一个人都是法律专家,

---

[1] Restatement (Second) of Trusts § 140, 144, 186 (1959).

[2] See Henry Hansmann and Ugo Mattei, "The Functions of Trust Law: a Comparative Legal and Economic Analysis", *New York University Law Review*, Vol. 73, May 1998, at 462—463.

[3] 有关预设规定之概念、功能与种类,参见王文宇:"论契约法预设规定的功能——以衍生损害的赔偿规定为例",载台湾《台大法学论丛》2002年第31卷第5期,第87—120页。

[4] See Thomas W. Merrill and Henry E. Smith, "The Property/Contract Interface", *Columbia Law Review*, Vol. 101, 2001, at 776.

若任由当事人自行研拟契约内容,而欠缺一参考准则,恐怕会产生专业性不足或是内容残缺之结果。再者,此亦将衍生许多谈判成本与信息成本,这不是当事人所乐于见到的。职是之故,现代国家多会视交易类型(如买卖、租赁等)之不同,预先设想当事人所欲缔结契约之内容,以制定各种标准化的契约条款,供当事人参考,以节省交易成本。但另一方面,国家仍然尊重当事人自治之基本原则,允许其以特约变更这些标准化之条款。盖从经济效率的观点来看,经由当事人自由交易所缔结的契约,乃最具有效率且符合当事人的主观期望。[1]

反之,强制规定之存在,则是基于公共利益及社会价值之考虑,国家仍会制定一些条款,其内容不得依当事人之意思变更之。此外从经济观点而言,当市场失灵产生时,法律及必须积极介入与以匡正之。一般来说,法律需介入甚且干涉当事人间契约自由的情形,约莫有两种:其一是缔约当事人间发生"信息地位不平等"(information asymmetry)时;其二是当契约条款会发生"第三人效力"(third-party effects)时。此时,为调和各利害关系人间的利益,法律乃制定某些强制规定以保障一方当事人或是其他第三人,而信托关系即具有这种对世效力。

由此看来,本文认为,信托法律关系下的"内部关系",或许以契约关系即可解释之,但信托法所创设之法律关系很明显的外于契约法,而无法纯以委任或是代理代之,最主要的原因即在于,信托法律关系在外部关系上即具有上述第三人效力或是对世效力。纯就内部关系言,契约法虽即足以满足当事人之需求,而或不需求于信托法,但就各当事人(委托人、受托人与受益人)与第三人间之"外部关系",契约法却无以规范,而需借重于信托法。此系因为就外部关系言,不难想见当事人必定希望能将有关"信托财产"的管理、处分等约款,能对契约以外之当事人产生相当之拘束力,然而,欲透过契约法来拘束外部第三人必有困难,其难处即在于采用契约机制所产生的高"交易成本"。故此时信托法即能发挥重大功能,使信托法律关系中的某些"外部关系"能具有对世效力。简单来说,由于信托法律关系中,往往与第三人之利益有所牵扯,此时信托法即应选择以制定强制规定之方式作为保护第三人及调和当事人利益之手段,使信托的内部关系能透过一定之机制,贯彻至外部关系上。

这里举常见争议中的"自益信托之终止"为例,台湾地区《信托法》第63条第1项规定:"信托利益全部由委托人享有者,委托人或其继承人得随时终止信托。"问题在于本条并无"除信托行为另有订定外"(如台湾地区《信托法》第64、65条)等文字之存在,是否即意味着本条系强制规定,而禁止信托当事人得

---

[1] See generally Cooter & Ulen, *Law and Economics*, Addison Wesley Press, 1997, pp. 20—30.

约定在一定期间内委托人或其继承人不得终止信托？本文以为，自益信托之所以得随时终止为原则，系着眼于该信托利益系全然归属于委托人所有，故允委托人或其继承人得随时终止信托关系，对第三人之利益原则上并无损害之可能，亦即此处所涉及的乃系内部关系——契约法之问题，以信托本身的弹性设计角度来看，允许受托人与委托人约定在一定期间内委托人或其继承人不得终止信托，应无不可。从而本条应属任意性法规，唯为求明确，修法时仍应仿同法第64、65条规定，增列"除信托行为另有订定外"等文字为当。[1]

此外，信托法固为民法之特别法，故在解释与适用信托法条文时，仍应自一般民事法原则出发，然信托制度具有独特的之规范目的，具有如信托财产的独立性、名义所有权与实质所有权区分等特性，用以发挥资产管理的功能，且信托本发源于英美衡平法，与发源于普通法的契约法具有不同的背景，因此台湾地区法院在适用上便必须特别注意依民事法理解释的结果，是否反而可能会悖于信托机制的目的。例如民事契约法上的规定大多为任意规定，但信托法的若干规定却往往不仅仅是预设规定，而是为了改变现行法律的框架，例如在传统债权、物权二元区分下，以法律的特别规定设计出受益人的撤销权、信托财产不可强制执行等规定，以达到如同英美信托法的机制，是故此类规定便可能须解释为具有强行效力，而是强制规定，或者借由信托法之立法目的出发，为妥适的类推适用。例如台湾地区现行《信托法》并未明文规定受托人的忠实义务，但仍得由信托法理或借由第34条、第35条作为受托人忠实义务的依据，已如前述，当受托人违反忠实义务时，纵非第35条之情形，仍应得类推该条第三项或第24条第三项规定，对受托人行使归入权，将其因违反忠实义务所获得之利益归于信托财产。

五、结语

台湾地区《信托法》立法至今已愈十载，实务在操作上始终存有其问题与困境，本文认为法院除不应在局限于过去的实务见解，而应把握现行法条文义及立法精神，为适当的解释适用外，法院作为促进社会运作的重要一环，更应自制度目的出发，为前瞻性的解释、适用与类推适用，填补漏洞、降低交易成本，以符合现代工商活动对于资产管理的需求，以完备台湾地区信托法制之架构。因此本文目的乃希望将台湾地区《信托法》上的相关争议及可行的发展方向予以说明及厘清。其中对于信托法律关系的基本概念，其重要性自不待言。盖若能够正确认知信托之基本概念，其他相关之争议必能迎刃而解，立法技术上亦能

---

[1] 同样看法参见王志诚："信托法之二面性——强行法规与任意法规之界线"，载台湾《政大法学评论》第77期，第191—192页。

得心应手。

关于信托财产之主体性问题,为忠于信托之基本原理并达成信托之目的,本文认为信托财产应不仅仅是一"权利客体",应承认其具有一定的主体性。公示制度部分,本文认为信托财产的公示制度与信托财产的独立性两者间,不具有必要的关系,亦即信托财产纵未经信托公示,并不当然即丧失对抗第三人的对世效力。至于受托人的忠实义务,本文认为《信托法》作为规制信托法律关系的母法,应对于受托人所受的忠实义务规范,作出明确而原则性的规定,另台湾地区《信托法》第34条的立法理论有其矛盾之处,第35条则有欠完备,并背离了忠实义务的真正核心内涵。

有限责任法则的运用部分,台湾地区《信托法》对此似无明文规定,恐生疑义。最后有关强制规定与任意规定的区分,大体而言,就各当事人与第三人间之外部关系,此部分系契约法所无法规范,而需借重于信托法之规范,此时信托法即应选择以制定强制规定之方式作为保护第三人及调和当事人利益之手段,使信托的内部关系能透过一定之机制,贯彻至外部关系上。

总之,信托法律关系的独特性,乃在于其系复杂而且结合多重法律概念的特殊权利义务关系。唯有采取此种不同面向的角度来分析并理解信托制度,方能窥其全貌。无人否认传统法律体系所建构的各种类型与概念,系人类社会长期以来所孕育的智慧结晶。但是为适应复杂多变的现代社会,我们应该以更宏观的角度,从功能面来体察变化多端的法律关系,如此方能使法体系活化并且与时俱进。唯有如此,我们方能揭开信托法的神秘面纱,正确地掌握与建构信托法制。

(初审编辑:夏小雄)

衡平法外的受信义务
——析董事于新《公司法》下之"忠实义务"

李颖芝[*]

Fiduciary Duty without Equity:
"Royalty Duties" of Directors under the Revised Company Law of the PRC

Rebecca Lee

内容摘要：修订后的《中华人民共和国公司法》于 2006 年 1 月开始实施，其目的在于给投资者营造更为有利的法治环境，并进一步落实相关法律责任的追究与相关法律执行的透明度。新《公司法》将董事"受信忠实"的概念第一次引入到中国法中。"受信"概念源于普通法系中的衡平法系统，但普通法系统与衡平法系统在法学与管辖上并存之双轨制度在中国大陆法系中却不存在。本文将由此探究以单纯书面立法的方式引入衡平法中"受信"概念的可行性。本文认为，只要在这个概念被转化为一个法律概念前对其作出详尽的定义，"受信"理论的衡平法特性并不会真正阻碍其转化为我国的法律概念。为对上述

---

[*] 香港大学法律系助理教授。笔者感谢《北大法律评论》审稿人对本文提出的宝贵意见，并陈坤及陈旻同学所提供之翻译上的帮助。本文仅代表笔者个人观点，文中有任何错误或遗漏，均由笔者负责。

观点作出阐释，文章以新《公司法》中"禁止董事与公司进行自我交易"这一具体规定为参照，结合案例讨论了通过对境外司法实践的借鉴、立法机关衡平法技巧的培养，以及更仔细地考察现行的国内法则，来帮助弥补单单引入一个空洞的"受信"概念不足的可能性。

关键词：公司法　董事忠实义务　衡平法　比较法学

一、引言

我国《公司法》于1993年颁布至今已超过十个年头。[1] 其间我国政府为了改善公司法结构框架并为投资者营造一个更为有利的法治环境，曾分别在1999年与2004年对《公司法》进行了修订。但是，随着中国经济的不断增长，企业管理者滥用职权的行为日见增多。在企业丑闻如挪用公司资产、做假账等频频见诸报端的同时，市场发展与企业治理之间的矛盾亦相应加剧。一场对《公司法》的全面修订势在必行，而中国的入世亦最终为这场《公司法》的全面改革提供了加速性的动力和时机。在这一背景下，我国以优化企业治理结构、保护小股东权益为主要目的，对原《公司法》进行了详尽的修订。在各方努力下，最新修订的《公司法》在2005年10月颁布，并于2006年1月1日起开始实施。

本文将就"董事义务"这一主要修订进行探讨。本文第二部分将简要描述新旧公司法下"董事义务"这一主题，然后提出关于董事"受信忠实义务"（fiduciary obligation of loyalty）这一被引入新《公司法》的全新概念。讨论指出，由于"受信"理论（fiduciary doctrine）根植于英国衡平法法学，而英美普通法系（Anglo-American Common Law system）中普通法系统（common law regime）与衡平法系统（equity regime）在法理和管辖上双轨并行的状态对于中国大陆法系传统思维而言却是完全陌生的。因此，在没有同步吸纳并建立衡平法系统的情况下，《公司法》尚未能够充分明晰与实践"受信"理论。所以，本文着眼于评估将一个衡平法系统中的概念移植到大陆法系司法区域的现实可行性，并分析这一过程中可能出现的问题。本文第三部分会以《公司法》下"禁止公司董事与公司进行自我交易"这一规则为参照，进一步阐释上述法律移植过程中可能遇到的困难。不难发现，我国的法规往往缺乏细节性的明确指引以供法官在审判与法规应用中作有效的参照。尽管如此，本文认为，发展出一套既呈现出衡平法系统应用技巧又同时与中国大陆法系传统相融合的"受信"理论并不是一件不可能的事。本文将就此提出一系列旨在精炼这些引入在新修法规下的"受信"概

---

〔1〕《中华人民共和国公司法》，由中华人民共和国第八届全国人民代表大会常务委员会第五次会议于1993年12月29日通过，并分别于1999年、2004年修正，2005年全面修订。

念的建议。最后,本文认为立法机关与司法部门在处理现有法规模棱两可之处时,采取一种积极主动的做法是发展与完善"受信"理论的关键所在。

二、新《公司法》下的董事"受信忠实"的概念

原《公司法》(1993)并没有为"董事义务"与其相关司法救济划出专门篇章。关于"董事义务"的条款分散于整部法规之中。根据第 59 条第 1 款和第 123 条,董事只被要求"忠实履行职务"。这似乎意味着董事必须在行为上诚实,并在履行职务时具有真诚良好的主观意愿。原《公司法》的第 59 条至第 62 条[1]罗列了一些关于"董事义务"的具体规定,包括不得利用职权为自己谋取私利或收受贿赂,不得挪用公司资金,不得从事与公司相竞争的商业活动,不得与公司进行未经授权的交易,以及不得泄露公司秘密等。

尽管原《公司法》的第 59 条第 1 款和第 123 条有空泛无用之嫌[2],但最起码已经具备了与普通法系中"受信"义务相对应的概念雏形。[3]

被誉为中国经济改革中一座意义深远的里程碑的新《公司法》带来了方方面面的实质性变革。例如,减少设立公司的最低注册资本;准许成立一人(自然人或法人)公司;容许小股东累积投票权、信息获取权、股东大会召开权,甚至衍生诉讼权以加强对他们的保护。而在企业管治方面,新《公司法》则以引入并明晰"受信"概念的做法来加强对企业管理者的监督。

与原《公司法》只要求公司董事"忠实履行职务"不同,新《公司法》的第 148 条第 1 款则首次要求公司董事担负专门的"忠实义务"。[4] 适当理解"忠实"义务的本质及其理论基础是具有实际意义的。譬如,虽然新《公司法》原则上只适用于境内投资公司,但是在相关的外资法规没有作出明确规定的情况下,它的适用范围则将延伸至外资企业。[5] 因此,由于现行管制外资企业的法规没有董事"忠实义务"这一主题下的相关规定,新《公司法》中的相关"忠实义务"条款理应适用于外资企业。如此一来,"忠实义务"条款的影响力将会远远

---

[1] 这些义务中绝大部分还适用于监事、经理等此类职务人员。
[2] 和董事义务相关的诉讼往往会从法规第 59 条到第 62 条中的具体规定中提出,而"忠实履行职务"这一总的义务概念虽然存在于法规第 59 条第 1 款和第 123 条,却几乎不会被调用。参见时建中:《公司法原理:精解、案例与运用》,中国法制出版社 2006 年版,第 6 章中诉讼于具体规定的典型案例。
[3] See Michael I. Nikkel, "'Chinese Characteristics' in Corporate Clothing: Questions of Fiduciary Duty in China Company Law", 80 *Minn. L. Rev.* 503 (1995); Ian Tokley & Tina Ravn, *Company and Securities Law in China*, Sweet & Maxwell, 1998, para. 6.24—6.25.
[4] 《公司法》(2005)第 148 条第 1 款:"董事……应该负有对公司的忠实义务和勤勉义务"。在这里,新修公司还引入了董事"勤勉义务"的概念。在普通法系下,"勤勉义务"指"作出在类似情形下一个具备知识和经验的合理的人也会作出的应有努力"这样一个主动的义务概念。这一方面的董事责任将不在本文中进行论述。
[5] 《公司法》(2005)第 218 条。

大于新《公司法》中的其他许多条款。值得一提的是,新《公司法》中的"忠实义务"条款还间接引发了大量关于进一步加强企业治理的规则修订。比如说,在2006年3月,中国证监会就在其《上市公司章程指引》2006修订版[1]第97条中引入了一个相类似的内地上市公司董事之"忠实义务"的概念。这一同样的概念亦在中国证监会于2006年7月颁布的《上市公司收购管理办法》第8条中出现。[2] 所以说,"忠实义务"这一概念在国内法律中的广泛使用要求我们必须对这一义务的本质进行深入的探讨。

本文认为,与原《公司法》对"董事义务"仅限于描述性理解的条款不同,新《公司法》在第148条中引入了"受信忠实义务"这一总概念并在一系列条款中使其细化明晰。关于新法引入了更为细化之"受信"概念的这一观点,本文认为可以通过以下分节加以论证:

(1) 吸纳有关"受信"理论中的定义性义务;
(2) 囊括各项具体的"董事义务"于此定义性义务之中;及
(3) 引入关于违背"受信"标准后惯例性可获得的救济。

上述每一节都将在以下作出详尽的说明。

(一)董事的"忠实义务"

修订以后的《公司法》在"公司董事、监事、高级管理人员的资格和义务"这一主题上投入了整整一章的笔墨(第6章)。这不仅标志着"董事义务"这一主题在新《公司法》中的重要性,而且在其具体内容上也作出了更为清晰的定义,并由此使董事的问责性得到加强。

第148条是这一章中最为重要的条文。它在改进旧有条款第59条第1款和第123条的同时,第一次明确地表述出董事是担负"忠实义务"的。正如英国上诉庭大法官Millett在 Bristol & West Building Society v. Mothew 一案[3]中所评论的,"忠实义务"是"受信义务"中最与众不同的部分。他指出:

> 委托人有权利要求其"受信人"为其履行一心一意的"忠实义务"。这一核心义务具有若干组成部分。例如,"受信人"必须在真诚良好的主观意愿下行动;"受信人"绝不可以从其"受信"事务中谋取私利;"受信人"绝不可以置身于一个其自身利益与已有"受信义务"可能会相互冲突的立场;"受信人"不可以在未经委托人同意的情况下为自身或第三方寻求利益。这些组成部分都是作为一个"受信人"的定义性特征。[4]

---

[1]《上市公司章程指引》(2006修订),由中国证监会于2006年3月16日颁布并实施。
[2] 新修订的《上市公司收购管理办法》,由中国证监会于2006年7月31日颁布,于2006年9月1日起施行。
[3] [1998] Ch 1 (CA).
[4] Id., p.18.

类似的评论也出现在澳大利亚高等法院的许多判词中。例如有判决曾经论述道:"法律在'受信'关系中所唯一坚决要求的是'忠实',这往往是一项不能受到任何削弱的义务。"[1]

根据《关于中华人民共和国公司法(修订草案)的说明》[2],最新修订的公司法将把"忠实义务"与"诚信义务"一起施加于董事以进一步明晰董事的法令性义务。遗憾的是,这部新《公司法》并没有明确这项"忠实义务"的本质究竟为何。[3] 在英美普通法系中,"受信义务"的概念与"信托"制度紧密相连;而在包括中国在内的大多数大陆法系国家中,对"董事义务"性质的分析常常建立在"公司代理"的基础上。加上对于在 2001 年才引入《信托法》的中国而言,"受信义务"这个概念仍是较为新鲜的。[4] 本文认为,虽然"代理"理论普遍流行,董事的"代理"身份与其"受信"本质并非不可调和。譬如,我国已经承认董事与公司之间的代理关系是建立在双方"信任"的基础上,并且作为代理人的董事在行动中要以公司利益为出发点。[5] 结合两种流派来看,董事其实是负有"受信义务"的公司代理。承认公司董事同时亦为公司的"受信人",新《公司法》只不过是确认了董事的酌情决定权应该得到监督从而防止被滥用。

(二)"忠实义务"的具体化

除了给董事订出"忠实义务",新《公司法》亦同时通过第 148 条第 2 款和 149 条将这一义务的多项具体内容进行罗列,诸如不得收受贿赂,不得挪用公司资金,一般不得谋取属于公司的商业机会[6],一般不得与公司进行自我交易[7],一般

---

[1] 参见 Breen v. Williams, (1996) 186 C. L. R. 71 (HCA), p.93, Dawson 和 Toohey 法官引用 P. D. Finn, The Fiduciary Principle, in T. G. Youdan (ed), Equity, Fiduciaries and Trusts, Carswell, 1989, p.28。

[2] 国务院法制办主任曹康泰 2005 年 2 月 25 日在第十届全国人民代表大会第十四次会议上的报告。可见中国人大网 http://210.82.31.30/zgrdw/common/zw.jsp? label = WXZLK&id = 343120&pdmc = rdgb。

[3] 比较台湾地区《公司法》的第 12 条和第 192 条,当中就指出董事负有忠实义务,并且除法律另有规定外,公司和董事之间的关系是委任关系。同时参见王文宇:《公司法论》,中国政法大学出版社 2004 年版,第 25—27、527 页。

[4] 根据《中华人民共和国信托法》第 25 条,"受托人"被要求为"受益人"的最大利益处理信托事务并且履行诚实、信用、谨慎、有效管理的义务。

[5] 江平、李国光主编:《最新公司法条文释义》,人民法院出版社 2006 年版,第 369 页。又见许安标主编:《中华人民共和国公司法释义》,农村读物出版社 2005 年版,第 200 页。相类似的,可参见在美国 Restatement (Second) of Agency § 387 (1958)中,代理关系被理解成为对委托人负有忠实义务的受信关系:"除非另行商定,代理人在与代理相关的一切事务中必须单单为委托人的利益行动。"

[6] 这是一个类似于英美法系下"公司机会理论"(corporate opportunities doctrine)的新概念。例见美国 Guth v Loft Inc., 5 A.2d 503 (Del. 1939); Broz v Cellular Information Sys Inc., 673 A.2d 148 (Del. 1996);和英国 Bhullar v Bhullar, [2003] EWCA Civ 424; [2003] BCC 711 (CA)。

[7] 《公司法》(2005)第 149 条第 4 款:"董事……不得:(4) 违反公司章程的规定或者未经股东会、股东大会同意,与本公司订立合同或者进行交易。"

不得与公司业务发生竞争[1]以及不得擅自披露公司秘密。

条文对各项具体规定如此细致的囊括使"董事义务"这一主题与其在其他大陆法系国家的法令规例下的存在状态形成了鲜明对比。一般而言,大陆法系中的公司法并不将公司董事的权利义务进行细致罗列;当公司法没有作出明确规定的情形时则由民法典作出基础性规限。譬如,台湾地区《公司法》就只是要求董事遵守公司章程和股东决定并且忠实地执行业务。[2] 在德国,虽说撷取自《德国商法典》的关于规限股份公司的法律在《德国股份公司法》(Aktiengesetz/AktG)下得到了单独编写,但后一部法规也仅仅规定在"双会制"的管理制度下,理事会(Vorstand)有运营公司的义务而监事会(Aufsichtsrat)则必须监管业务行为,同时与会会员必须承担"一个勤勉慎重的业务执管者"所具备的谨慎标准。[3] 虽然台湾地区《公司法》第 209 条以及《德国股份公司法》第 88 条也对董事义务作出了一些专门规定,诸如关于不得竞争的约束以及自我交易的管制,但是似乎没有任何一部上述公司法规将董事"忠实义务"的具体内容作出如现行中国公司法般细致的开列。

在董事"忠实义务"内容的具体细分之余,新《公司法》还添加了一个普遍适用的款项(catch-all provision)来涵盖其他所有与"忠实义务"相违背的行为。[4] 这让我们有更充分的理由相信第 148 条第 2 款和第 149 条所列出的只是违背了"忠实义务"的一部分情形而已。这一普遍适用款项的引入及与其相伴而来的"忠实义务"这样一个分离独立的概念,意味着即便一桩个案在没有被某个专门条款所涵盖时,法院仍然可以在判决某一董事是否违背了"忠实义务"时采用一种更为灵活的手法,从而突破专门条款所固有的束缚。而这也正强调出"忠实义务"是"董事义务"的基本内容这一特点。

(三)董事违反"忠实义务"时的救济

在原《公司法》下,就违背"董事义务"后的补救而言,董事的赔偿义务只有在给公司造成损害时才会产生。[5] 这样的补救显然是不足够的,因为在许多情形下,董事对"忠实义务"的违背并不会给公司带来任何损失——甚至还有可能带来收益。在英国有关受信义务的经典案例 Regal(Hastings) Ltd v. Gulliver[6] 中,

---

[1] 值得注意的是不同于原《公司法》(1993)第 61 条中绝对不得竞争的限制,新修《公司法》在获得股东同意的前提下放松了这一禁令。

[2] 台湾地区《公司法》(2001)第 23,193 条。

[3] 见 Aktiengesetz AktG,《德国股份公司法》(1965), § 93(1)。

[4] 《公司法》(2005)第 149 条第 8 款:"董事……不得:(8)有违反对公司重视义务的其他行为……"。

[5] 《公司法》(1993)第 63 条。新修《公司法》也有包括了一则类似条款:见《公司法》(2005)第 150 条。

[6] [1967] 2 AC 134 (HL).

原告公司并没有能力取得为了某交易继续进行而必须的股份。上议院法院判定,即使公司没有遭受任何损失,原告公司中以个人名义购买并随后出售这些股份的被告董事,仍有义务将所得利益上报并归给公司。

与此相关,新《公司法》不仅引入了董事的"受信义务",同时还提供了诸如"退还所得利益"(disgorgement of profits)这样的"违反受信义务"的补救。新《公司法》中第 149 条规定"董事……违反(149 条)规定所得的收入应当归公司所有"。这似乎就是在要求董事将一切因违反 149 条中所列之"忠实义务"而取得的利益报账上缴。

简言之,新《公司法》第 148 条和 149 条虽然没有清楚说明是否意在将英美法系中的"受信"概念引入中国,但我们却至少可以认为这些条款的明确规定,的确可以产生这种引入的效果:第 148 条中所引入的"忠实义务"这一概括性的概念包含了董事"受信忠实义务"的概念。这会是一个强而有力的概念。它不但可以为新公司法下董事权利义务的全盘规划奠定理论基础,同时还可以让条文中的具体规定因为"忠实"这个基本义务得到更为宽泛的阐释,从而将"董事义务"框架的发展从着重于对董事义务作出具体规定转向对"(受信)忠实"这一总体性义务的强调。

(四)脱离"衡平法"支持的"受信忠实"义务?

虽然新《公司法》中"受信义务"作为与英美普通法系下的"受信"理论在意义上相称的一个概念,对其理解似乎仍存在着法理上的障碍。中国的大陆法系传统在法律分类上并不承认一个与普通法系中直接对等的衡平法系统的划分。此外,中国的立法风格,包括这部新《公司法》在内,倾向于较为笼统并缺乏细节性指引。而且,我们同时也缺乏案例汇编可供法官在决定"受信义务"的内容或进行有关条文诠释的分析时作为参考。不过即便是在进行条文阐释时,国内的法官仍会倾向于采用一种更为局限性的诠释手法。而且不同于英美普通法系法院有权作出具有法定约束力的条文阐释,我国奉行的是立法至上(supremacy of legislation)的理论。也就是说,在没有明确规定的情况下,法院原则上倾向于将字面之外的"违反"争议解读为不在法律规定的范围之内。

然而,这种严格而僵硬的手法与"受信"理论的历史渊源并不协调。"受信义务"的概念起源于英国法制中的衡平法系统。[1] 从历史发展的角度观察,衡

---

[1] 受信义务起源于衡平法是一般英美普通法系的理论通说,但亦有学者认为董事的"受信忠实义务"是民法中的"诚信原则"在公司法中的逻辑顺延:参见曹晓宁:"民法诚信原则与公司董事受信义务的展开",载《民商法网刊》2008 年第 4 期,http://www.civillaw.com.cn/;或"诚信原则"与衡平法有密切关系,参见王利明:"论诚实信用原则",载王利明:《民商法研究》第 4 卷,法律出版社 1999 年版,第 19—37 页。本文认为"诚信原则"多应用于合同关系,而诚信/善意(bona fides)与忠实(loyalty)也有本质上的分别:参见 Peter Birks, "The Content of Fiduciary Obligation", 16 Trust L. Int'l 34 (2002). 故此本文采纳并建基于前者理论。

平法是通过不断缓和普通法系统固有的严苛与其下补救的不足而逐渐演变而来的,并慢慢发展成立了英国的衡平法法庭(Court of Equity)——而"信托"制度乃是衡平法系统这一演变中最为伟大的创造。[1] 在"信托"制度中,"受托人"承诺并担当起为受益人利益而进行信托资产管理的行为义务。不过,正由于"受托人"(trustee)被授予了能够产生对"受益人"(beneficiary)不利的酌情决定权,法律因此也将一定义务施加在"受托人"身上来控制其权利的施行。"受托人"和"受益人"之间的关系被认定为具有"受信"的性质。像这样答应为他人利益而行动的人便成为"受信人"(fiduciary)。[2] 正因为"受信"的概念起源于衡平法系统的"信托"制度,所以"受信"理论也便与衡平法系统有着千丝万缕的关系。例如,公平和良知是构成"受信"理论的基础,而它们同时也是衡平法的基本教义。

与之类似,在一间公司的情形下,公司所有权和运营权的分离使得公司董事获得了更大的权能和自由度来掌控公司。这可以让他们轻而易举地通过实行对公司的运营权来达到将公司资产转移至个人名下的目的。而这就解释了为什么要让董事担负类似"受托人"一般的"受信义务"。[3] 因此,法律所要求的董事"忠实义务"就在"受信"原则的基础上由"受托人"义务类推而来,并在衡平法系统中得到发展。在普通法系中,董事担负本着善意而为公司最佳利益行动的基础性义务(fundamental duty to act in what he in good faith considers to be the best interests of his company)。这一义务被描述为"忠实义务",并成为英国法律中的"受信"原则。[4] 由这一核心义务衍生出两条主要法则,即"受信人"有不处于其自身利益与委托人利益相互或可能相互冲突之立场的义务("不冲突"法则);和不利用其所居职位为自己谋求利益的义务("不获利"法则)。[5]

(五)"衡平法"对"受信"理论的贡献

脱离了衡平法系统管辖的"受信"概念也脱离了衡平法原则的支持。从理论上来说,这是不健全的。因为这一脱离意味着立法与衡平法法理之间失去了连接。而从实践角度分析,衡平法是通过引入细节性和灵活性来缓和普通法所固有的严苛。另外,在将英美法系传统中衍生的法学概念移植至大陆法系时采

---

[1] F. W. Maitland, *Equity: A Course of Lectures*, Cambridge University Press, 1936, p. 23.

[2] See *Bristol & West Building Society v. Mothew*, [1998] Ch 1 (CA), p. 18.

[3] 不过值得注意的是,公司董事并不是"受托人":公司资产并不归属于董事,而是归属于公司。董事只是担负像"受托人"一般的义务。

[4] See *Item Software (UK) Ltd. v. Fassihi*, [2004] EWCA Civ 1244; [2005] 2 BCLC 91 (CA), paras. 41, 44, (Arden 法官); *US Model Business Corporation Act* (2002), §8.30.

[5] See *Chan v Zacharia*, (1983—1984) 154 CLR 178 (HCA), pp. 198—199; *Bray v. Ford*, [1896] AC 44 (HL), p. 51.

用的常规方法是"全盘引入"。那么,"受信"理论会是一个例外吗?换句话说,董事"受信忠实"的概念在没有同时引入衡平法系统的中国会是一个可行的概念吗?本文认为,这一问题的答案取决于能否辨析出"受信"概念所运用的衡平法技巧以及这些技巧能否在国内找到合适的替代。本文主张,衡平法技巧与灵活性相关,即"受信"理论在实体内容上的灵活性(substantive flexibility)和程序运用上的灵活性(procedural flexibility)。

首先,衡平法关注个体案件的具体情节。衡平法的起源告诉我们,原告所寻求的救济的性质和纠正错误时原本能获得的补救的类别都不能对衡平法的应用构成局限。只要是合适的,衡平法就会主动创造出普通法法庭中不可获得的补救。因此,衡平法最重要的技巧正归功于其随机应变的特性。正如上议院大法官 Upjohn 在 *Boardman v Phipps* 中所评述的:"由于衡平法法则要被应用于如此纷繁多样的情形之中,所以这些法则在被陈述时只能用最概括的语言,但在应用时却要对每一个案件的确切情形加以特别的关注。"[1]

故此,"受信"概念作为衡平法的产物也就与其共有了这一多变的特质。虽然根植于衡平法的"受信"概念是一个流动的概念,但同时,它内在的灵活性却早已随着几个世纪以来衡平法法学的发展变得确切,连贯一致和可预测了。

其次,衡平法通过认可更大程度上的程序性灵活来获取其实体性灵活。例如,像举证责任倒置这样的技巧在衡平法中就被广泛使用来帮助原告:比如在建立衡平法中"不当影响"(undue influence)这一类讼案时,在原告已经证明了若干先决条件的情况下,举证责任就会转移至被告,被告会被要求去证明不当影响未曾被施加。[2]

概括来说,既然法律把董事描述成担负"忠实义务",就必然要引发对这一义务性质的考察。不过,即便认定了这一义务的"受信"本质,如果"受信忠诚"这个概念在运用时不能体现出"衡平法"原则,那么这种表面的认定仍然是不足够的。没有了"衡平法"技巧做支撑,"受信"概念就仅仅是包含了一些僵化的规条。必须知道,正是这些"衡平法"技巧才能使"受信忠实"这个概念免于沦为空洞。关于引入没有"衡平法"做支撑的"受信义务"的不足之处,本文会在下一部分以"禁止自我交易"这一新《公司法》下的具体规定为参照,做进一步论证。

三、"衡平法"之外:强化董事"受信忠实"义务

(一)禁止董事与公司进行自我交易的成文规定

董事应该要为公司的最大利益行动。不幸的是,董事们的个人利益并非总

---

[1] [1967] 2 AC46 (HL), p. 123.
[2] *Bank of Scotland v. Etridge* (No. 2), [2002] A. C. 733, para. 14.

与公司的利益保持一致。考虑到人性的脆弱,新《公司法》建立了一套"受信"义务机制来监督董事,以确保他们不会被自身利益左右。"禁止自我交易"便是这套义务机制中的一项。这项规则的基础是"受信人"不得将自己陷于自身利益与对委托人之义务有可能相互冲突的境地这一原则。[1] 我国也有对董事自我交易的法令规定,例如原《公司法》第61条第2款[2]规定:"董事、经理除公司章程规定或者股东会同意外,不得同本公司订立合同或者进行交易";在新《公司法》第149条第4款中也有类似的规定:"董事……不得……违反公司章程的规定或者未经股东会、股东大会同意,与本公司订立合同或者进行交易。"

虽然公司法已经将禁止董事自我交易这项规则编入成文法则,但其应用状况仍不尽如人意。可以用最近的一个案例来说明这种状况[3]:2003年9月23日,原告承建商("承建商")与被告公司("公司")签署了一份装修合约。贾先生曾是公司的董事。合同约定承建款项会按工程进展支付。在承建商承担装修后,公司支付了第一和第二期工程款项,但是拒绝付清剩余7700元人民币的款项。承建商告公司违约。案件由北京第一中级人民法院听审。

在审判中,公司以贾先生的妻子是承建商的股东之一为由,辩称公司与承建商之间的合同违反了《公司法》(1993)第61条第2款中对董事不得在未经准许下与公司签订合约或进行交易的规定,故而当属无效。

虽然审判庭承认贾先生的确在承建商中享有"间接利益",但是审判庭认为《公司法》(1993)并不禁止董事在此种情形下与承建商进行交易。因为第61条第2款仅仅只是禁止董事自己与公司进行交易,但装修合约并不是由贾先生与公司签署,而是由承建商与公司签署。因此,此案并不属于61条第2款的禁止范围,故该项条款对本案不适用,上诉庭维持原判。

(二) 强化董事"受信忠实"义务

本文认为,在贾先生一案的审理中,审判庭和上诉庭在诠释原《公司法》第61条第2款时采用的方法太过局限,并且在导出结论的过程中对于案情的分析也过于草率。需要说明的是,由于原《公司法》第61条第2款现已被实质相同的新《公司法》第149条第4款取代,本文将使用第149条第4款的措辞来显示应该如何在总体的"受信"理论上和"禁止自我交易"这项专门规则上进行细

---

[1] See John Mowbray et al., *Lewin on Trusts*, Sweet & Maxwell, 2000 (17th ed), para. 20—60; John McGhee (ed), *Snell's Equity*, Sweet & Maxwell, 2005 (31st ed), para. 7.38.

[2] 第61条第2款下的规定已被理解成为法律中"禁止自我交易"的法则:参见北京市中级人民法院民四庭主编:《公司法审判实务与典型案例评析》,中国检察出版社2006年版,其中"自我交易"这一被短语用来描述第61条第2款中的相关禁止。

[3] 本案案情摘选自北京市中级人民法院民四庭主编:《公司法审判实务与典型案例评析》,中国检察出版社2006年版,第380—390页。

化应用,从而使得这项条文既体现衡平法技巧又能与中国大陆法系传统相协调。

1. 借鉴外国司法实践

虽然我国有关"受信义务"的法令条文比较笼统并缺乏细节性指引,而且在引入"受信"理论的同时也没有对衡平法系统进行相应移植,但是法院仍然可以参照英美法系的司法案例来体会衡平法原则对"受信"理论作出的补充。例如在日本,一条源于美国的董事忠实原则被移植到其原有商法典[1]之中。但由于大陆法系中的法官并不擅长阐释相对模糊或开放的标准,结果使得这条法令性原则不能得到充分运用,以至这样的移植最终只取得了有限成功。[2] 日本这一经验显示出,法规的实际意义决定于立法机关和司法部门在多大程度上愿意为创造出有利并且可调用"受信忠实"原则的法律基础配套做好准备以便法规可以被有效运用。因此,去认知相关"受信忠实"原则在境外(包括普通法系)如何被理解、阐释和发展就成为这一准备过程中不可或缺的步骤。

(1) 在法规不清晰时

首先,在法令条文缺乏具体规定时,法院可以从境外的类似案例中寻找启发。比如有关"受信人自我交易"的情形,早在 1854 年英国上议院法院就已在 *Aberdeen Railway Co. v. Blaikie Bros.*[3] 一案中确立了董事不得与其所在公司签订合同的规定。案中,Blaikie 先生作为董事,代表其所在公司签订了一份购买铁椅的合同。上议院法院判定合同为无效(voidable)。这是因为 Blaikie 先生在商业行为中所担负的为公司商议最佳合同条款的义务与其因合伙人身份而在椅子供货商中所拥有的个人利益发生了冲突,以致违反了其对公司的"受信义务"。Cranworth 大法官兼上议庭庭长裁决道:"……没有一个要履行(受信)义务的人可以被允许进入到一个其所拥有或所可能拥有的利益会与其应该要维护的利益相冲突或可能相冲突的约定中去。"[4]

在贾先生的案例中,虽然没有关于装修合同是否是由贾先生代表公司协商这一事实的充分认定,但是正如 Blaikie 先生自我交易的行径导致了其相关合同的无效,"受信忠诚"的概念也意味着贾先生的行为尽管从严格的字面上讲没有违反规则,但仍有可能已经使其为公司获得最低合同价的义务,与其在交

---

[1] 旧《日本商法典》的第 254 条第 3 款规定董事对公司负有按照法律,公司章程及股东决议,忠诚履行职务的义务。由于日本一度进行了大量的公司法改革并且最终在 2005 年 6 月制定出公司法典,故而旧商法典下的第 254 条第 3 款被废除并由新《日本公司法典》下的第 355 条所取代。

[2] Hideki Kanda & Curtis J. Milhaupt, "Re-examining Legal Transplants: the Director's Fiduciary Duty in Japanese Corporate Law", 51 *Am. J. Comp. L.* 887 (2003). 作者们评论道,旧商法典的第 254 条第 3 款自打被移植起就沉寂大约四十年之久,见第 888 页。

[3] (1854) 1 Macq 461 (HL).

[4] Id., p.471.

易对象中所拥有的个人利益之间产生了冲突。新《公司法》在将董事"受信忠实"概念引入的同时也可以说是为更宽泛地去诠释第149条下的诸多专门细则（包括"禁止自我交易"的法则）铺平了道路：即便案情并不明确违反某项专门细则，"受信忠实"这一总原则仍会适用。

说得更详细一些，虽然第149条第4款表面上是规限董事与公司间直接进行自我交易的情形，但事实上这条规则的范围是否如此有限仍有待明确。譬如这条规则能够用来质疑公司与董事拥有个人利益在内的第三方之间进行的交易吗（比如，董事是交易对象的主要股东或合伙人）？又或是，这条规则又是否延伸至董事以外的其他人，比如董事的妻子呢？在贾先生的案例中，尽管法院确认了贾先生在其妻子的公司中拥有"利益"，但是法院没有进一步去说明这一"利益"中究竟牵涉了些什么[1]，这一"利益"的存在是否是由于其在其妻子公司中所任的任何董事职务，又或者这一"利益"的存在是否会对"禁止自我交易"这条规则的应用产生任何的影响。即便是假设贾先生作为公司董事没有在承建商中拥有任何直接或间接的经济利益，像本案这样的情况或许仍然需要仔细研究。英国有一个与本案类似的案件或许能带给我们一些启发。[2]

在 *Newgate Stud Company v. Penfold*[3] 一案中，Penfold 先生是原告公司 Newgate 的董事和经理。原告是一家经营马赛和纯种赛马业务的公司。原告公司以 Penfold 先生向一家由其与其妻子建立的合伙商行售卖某些传种母马从而违反了"禁止自我交易"法则为依据，对他提出了诉讼。法院判定，Penfold 先生作为原告公司的董事，受"禁止自我交易"法则的规限。在判决书中，法院对"禁止自我交易"法则的范围进行了明晰。丈夫与妻子的情形并不会导致法则的绝对适用，但举证责任将落在 Penfold 先生身上，他需要去证明相关售卖为公平交易。事实上，正如 Richards 法官所评论的，在任何一桩牵涉夫妻关系的案情中："'受信义务'的履行都有被个人考虑所影响的潜在可能。如果一个董事促使他的公司进入一桩与其有密切关系的交易，那么极有可能这个董事会因为想要优待交易对象而在交易中妥协。"[4]

以此类推，虽然新《公司法》第149条第4款没有说明"受信义务"的范围，

---

〔1〕 法院有提及贾先生是承建商的董事，但是没有进一步指出其是否在承建商中占有任何的股份利益。参见北京市中级人民法院民四庭主编：《公司法审判实务与典型案例评析》，中国检察出版社2006年版，第381页。

〔2〕 在美国，法院不会将受自我交易影响的合同自动推定为可使无效，假如该交易是公开及得到无利益关系董事的批准；或是公开及得到股东的批准；或是公平的。由此可见，法院会详细审视该等合同，并在发现其对公司造成不公平时将其作废：参见《特拉华州普通公司法》（Delaware General Corporations Law）第144条。有关美国的相关立法和判例，可参看罗伯特·C. 克拉克：《公司法则》，胡平等译，工商出版社1999年版，第130—157页。

〔3〕 [2004] EWHC 2993 (Ch); [2004] All ER (D) 372.

〔4〕 Id., para. 240.

但参照外国衡平法司法实践来看,似乎在贾先生的案件中,法院至少可以对贾先生是否在与其妻公司进行交易的过程中具有妥协公司利益的重大倾向这一关键事实作出更为全面的调查。尽管单纯的书面立法不可能将几个世纪以来的案例法法理全盘引入,但是贾先生的案件生动地说明了借鉴境外司法实践在发展我国对"受信忠实"的理解过程中的价值。

(2) 在立法空缺时

事实上,除了为明晰现有条文中的模糊之处外,内地的法官们还可以更进一步,在尚没有条文规限的情形下也借鉴英美法学来处理手中的案件。对于这一点,可以用两个相关情形来加以说明。

第一个情形是关于董事在辞职的情形下所担负的义务。在英美普通法系下,董事对公司的"受信义务"始于其接管董事职位之时。但是这样的义务承担并不会在其辞职之际就立刻终止。举例来说,英国法院已经承认董事的"受信义务"即便是在董事任期终止之后也仍有可能在有限的范围内继续存在。在 *Industrial Development Consultant Ltd v. Cooley* 一案中,为追求一项商业机会而假称生病辞职的董事被判定有义务将从商业机会中所得之利益报账上缴。[1] 这个判决的政策取向是防止董事利用辞职来逃脱其"受信义务"。与此相较,新《公司法》在董事"受信"义务的持续时间上并没有作出明确规定。尽管如此,考虑到新《公司法》包含"受信忠诚"这一概念的状态已相对明确,法规中缺乏对于董事辞职后行为的条文性约束应该不能阻碍内地法院根据相关原则去填补此项立法真空。[2]

第二个情形是关于判断"受信义务"时应遵循的准则。虽然新《公司法》现在既包含一项总的"忠实义务",也在第 148 条和第 149 条中囊括了对董事义务的具体规定,但是法规并没有指明法院应该如何辨析某一个董事的行为是否符合上述的种种要求。相反,美国的法院普遍采用"商业判断法则"(business judgment rule)来检查某个董事的决定,比如某一董事是否进行了自我交易。这条法则下的假定将有利于董事,即假定董事是在有根据的基础上行动,并带着真诚良好的主观意愿,诚实地相信他们的行动符合公司的最佳利益。根据这条法则,除非上述假定被推翻,否则法院会听从董事的商业判断。[3] 这就允许了

---

[1] [1972] 1 WLR 443; *Canadian Aero Services Ltd v. O'Malley*, (1974) 40 DLR (3d) 371 (SCC), p. 382 指出董事不得以辞职来篡取或转移一个待将成熟的公司商业机会。

[2] 注意,根据国务院原证券委员会和原国家经济体制改革委员会于 1994 年颁布的《到境外上市公司章程必备条款》的第 118 条,董事的忠实义务并不一定因其任期结束而中止(下称"必备条款")。

[3] *Aronson v. Lewis*, 473 A. 2d 805, 812 (Del. 1984). 虽然"商业判断法则"被调用最常见的情况是用来评估某一企业董事是否履行了谨慎义务,但是此项法则也被用作违背"受信忠实"案件中的义务标准。

符合义务但带一定冒险性的企业行为。类似的,英国法院普遍采用"常理性"原则(common sense principles)来判断董事在实行酌情决定权时是否主观(而非从法院的角度)真心地认为行为是符合公司利益的[1],不过最近有案例显示,这种判断方法可能会被一种更加客观的评判标准所取代。[2] 现时,新《公司法》没有规定出判断"受信义务"时应遵循的准则。"受信忠诚"是一项开放式的行为标准。它要求董事实行利他主义,关注公司而非自己的利益。由于利他主义在实践中也许会存在文化的差异[3],因此中国也完全可以制定出适合自身经济和文化需要的行为标准。这无疑需要一定的时间。而在过渡期当中,顺应英国近期发展取向的这种更加强硬的评判方法是值得被建议和采纳的,特别是考虑到国内如专项司法技术的缺乏等现实情况,阐释美国的"商业判断法则"或许会给内地的法官带来更大的困难。再者,这种更为客观和强硬的评判方法也可以更加有效地应对国内存在的董事失当行为。

总而言之,董事"受信忠诚"是一个需要法院不断细化并精炼出其准确内涵的概念。因此在司法实践中,国内的法官可以以一种更加积极主动的姿态深入到卷帙浩繁的案例中去探索和思考"受信义务"这一在英美法学中更为成熟的概念。

2. "衡平法"技巧的法令性体现

我国关于董事受信义务的条文往往是提纲性的,缺乏具体的可操作性标准。没有衡平法原则和案例的辅助,法院在执行条文时便可能会遇到困难。因此,除了法官在判决时可以借鉴境外的司法实践经验,内地的立法机关若通过将衡平法技巧纳入法规的方式来引入更为细化的规定从而完善"受信"规则,亦不失为一项可取的方案。

如上所述,衡平法通过对案情的情节给予细致的关注,而非将某一条法则严格套用于某项案情之上来提升法律的实体性灵活。在"禁止自我交易"这一法则的背景中,这种灵活性便体现在衡平法对于可调用这项规则的各类情形的细节关注中。举例来说,董事也许可以因为交易获准而得到免责。而且在此类情形中,衡平法就符合条件的"准许"(consent)作出了关于其性质的具体指引。

在这一方面,第149条第4款也并没有绝对禁止董事与公司的交易。根据

---

[1] *Re Smith & Fawcett Ltd.*,[1942] Ch 304 (CA),p. 306.

[2] 例如,在 *Item Software (UK) Ltd. v. Fassihi*,[2004] EWCA Civ 1244;[2005] 2 BCLC 91 (CA)一案中 Arden 法官就采用了一种客观诠释事实的手法,从而判定董事为了履行"受信忠实"义务而必须要透露自己的错误行为。见第 44 段。

[3] Lynn A. Stout, *On the Export of U. S. -Style Corporate Fiduciary Duties to Other Cultures*:*Can a Transplant Take?*, in Curtis J. Milhaupt (ed), *Global Markets, Domestic Institutions*:*corporate law and governance in a new era of cross-border deals*, New York:Columbia University Press, 2003, p. 46.

这一条款,进行交易的董事可以在两种情形下免责:(i) 交易被公司章程所允许;或者(ii) 交易得到股东的同意。可惜,该条款对第(ii)种方式只作出了笼统的表述。虽然这样的表述也许与法令性规则的高度概括性相一致,但却缺乏对需要符合的相关正式程序的具体指引,缺了衡平法原则,这样的表述则会有空洞之嫌。譬如,"同意"的取得应该是在事前还是事后呢?"同意"的给予又是否必须在"知情"的基础上呢?

在贾先生一案中,法院并不认为贾先生的行为属于规则严格的字面范围内。因此,法院也就没有必要去考虑"股东的同意是否已被获得"这个议题。不过,即便是要应用第149条第4款,困难依然存在。因为条文没有规定"同意"必须要在"事前正式透露了冲突"的情况下方能取得。与此相较,英国衡平法中"禁止自我交易"的法则会令"受益人"有权使这样的交易无效而不计该交易的公平程度[1],除非案情属于有限的例外之内,如"受托人"从其所有的"受益人"处获得了完全知情下而给予的同意(fully-informed consent)。[2] 英国法院也已经将这条法则的应用延伸到阻止公司董事在未获得股东完全知情基础上的同意下与公司进行交易。例如英国《公司法(1985)》第317条把在一切建议与公司进行的交易中声明利害关系的积极义务施加于公司董事,不论其相关利益是直接还是间接。在英国政府于2005年11月公布的公司法改革草案中,还包括了将上述声明是否会被要求的交易情形进行细分的相关条款。[3] 这些规定都对将衡平法技巧纳入我国法规具有重要的参考价值。

除了实体性灵活以外,如前所述,"衡平法"还能为与当事方提供更为灵活的程序规则。由于"禁止自我交易"法则的潜在原则是董事不得将自己处于利益冲突的立场,因此衡平法便在情形可疑之时将举证责任倒置,即董事在可豁免法则的严格应用前,有义务举证其相关交易为公平交易且符合公司利益。Richards法官在Newgate v. Penfold一案中就强调了这一点:"…在'受信人'没有个人利益存在于交易之中,但是事实却显示利益和个人忠诚有发生冲突的实际可能的情况下,'受信人'有义务证明交易是明显符合公司或者其他负责对象的最佳利益的。"[4]

本文认为,在没有采纳衡平法系统的情况下,上述的程序性灵活是可以通过在新《公司法》中明晰"自我交易"情况时的举证责任来得到体现的。

---

[1] *Tito v. Waddell* (*No.* 2), [1977] Ch 106, p.241.

[2] See *Re Thompson's Settlement*, [1986] 1 Ch 99, p.115.

[3] 见英国公司法改革草案(2005年11月)草拟条款的B8至B20,http://www.dti.gov.uk/files/file25411.pdf。

[4] See *Newgate v. Penfold*, [2004] EWHC 2993 (Ch); [2004] All ER (D) 372, para. 242.

3. 我国现有法则规章的启发

最后，即使全盘移植英美法法则是引入外来法律概念的可行途径，但在将"受信"概念引入到具有大陆法系传统的中国时，该做法也并非唯一的选择。事实上，上述所讨论的若干衡平法技巧已经在我国的一些法则规章中得到了体现。因此我们完全可以通过参考我国现有法规来完善"受信"概念。

在"禁止自我交易"这一类情形中，下述情况为如何能将英美普通法系中的"受信"法则相似地复制到书面立法中提供了启发性实例。首先，如前所述，第149条第4款只包含了与董事有关的情形。不过，内地许多法则规章已经显示此法则的范围并非如此有限。比如《到境外上市公司章程必备条款》第120条就将禁止延伸到了与"相关人"进行的交易上。[1] 类似的，新《公司法》第21条禁止董事利用其"关联关系"损害公司利益，不过法规并没有定义出何谓"关联关系"。[2] 尽管这样的手法仍嫌粗疏（比方说事实上会有配偶或其他家庭成员间并非相互为名义人（nominees）的情形存在），但这至少表明了即便没有境外法律或衡平法原则的借鉴，新《公司法》仍然可以通过借鉴其他法规来得到明晰与延展。

同样，一些境内法则规章对"自我交易"规则中所需"同意"的性质作出细化。比如《到境外上市公司必备条款》第116条第5款规定除由股东大会在知情的情况下另有批准外，董事不得与公司进行交易。[3] 另外，有利害关系的董事也被要求在董事会上透露其相关利益的性质和程度；同时，有关董事将不被计算在讨论相关交易的董事会会议法定人数中，其投票亦不作数。[4] 所以说，"知情下的同意"在中国法下其实并不是一个外来的概念。

由此可见，中国证监会已经试图通过引入更为常见的普通法法则和理论来细化许多的境内法则规章，从而改进企业法治的整体框架。可惜，类似这样的严格要求竟全然不见于公司法，而只能在这些权威性较弱并仅适用于若干类型公司的法律来源中寻得。新《公司法》未能借鉴上述这些现有的境内法则从而为我国引入一个能够像其普通法对应概念那样灵活可用但又不失与大陆法系传统相协调的"受信"概念，是有些令人失望的。而实际上，通过汲取这些境内

---

[1] "相关人"在《必备条款》第117条中被定义为包括董事配偶及其未成年子女。事实上，有评论已经提议新修《公司法》中第149条第4款中关于"董事"的表述应该包括董事的关联人，即董事配偶或配偶的父母或同胞兄弟姐妹；董事的父母，同胞兄弟姐妹，子女，孙子女或他们个人的配偶：见北京市中级人民法院民四庭主编：《公司法审判实务与典型案例评析》，中国检察出版社2006年版，第387页。

[2] 《公司法》(2005)第21条："……董事……不得用其关联关系损害公司的利益"。

[3] 注意，在关于印发《上市公司章程指引(2006年修订)》的通知中（由中国证监会于2006年3月16日发布），境外上市公司仍要遵守《必备条款》。

[4] 《必备条款》，第120条。

规则的经验,也许法规就能够为如何在将"受信"理论引入并细化的同时又不致无视大陆法原则提供重要的示范。此外,对公司法中的"受信"法则作出这样的细化也会促进内地立法自身的协调一致,这将有助于在保障最具原则性的司法回应的同时给中国尚未成熟的法律架构带来最小的冲击。

4. 小结

上述所讨论的这桩关于"自我交易"的案例似乎显示出内地法院不大愿意为可能违背公司法的行为界定具体规则和标准。本文对英美法系下"受信"概念作出提述与参照并不意味着本文认为内地法院会与英国或美国的普通法法官得出相同的结论。事实上,考虑到中国不同的市场条件和企业文化,内地的法官作出不同回应的可能性将会更大。

更确切地说,正如在对第 149 条第 4 款作出的分析中所阐释的,尽管脱离衡平法的"受信义务"听起来在理论上有些不健全,不过有效移植一个衡平法"受信"概念却并非不可能。境外司法实践的借鉴,衡平法技巧的培养,又或者实际上去更仔细地考察现行的国内法则,都可以帮助弥补单单引入一个空洞的"受信"概念的不足。而且,对"受信"概念的运用作出细化,可以使其能够更加合乎人意地被接受,继而明晰董事在维持企业运作的同时亦必须遵循的若干规则。

四、结论

毫无疑问,新《公司法》的大规模修订很快就会在中国企业治理改革的进程史中显出其里程碑式的意义。董事义务的加强以及相伴而来的更为广泛的民事补救,例如,违责董事利益的上缴,外加董事"受信忠实"概念的引入,都是值得肯定的。然而要将一整套"衡平法受信理论"完全地进行条文编纂还存在太多的实际困难。因此,新《公司法》所体现的"受信忠实"原则也就难免因为只作出笼统性描述而流于空洞和缺乏实际操作性。

不过,这并不等于说对董事"受信忠实"概念的引入一定需要同步移植英国的衡平法系统。表面看来,英美普通法系和大陆法系的区别似乎与大陆法系传统不可相融。但实际上,这些冲突并非不可调和。透过对外国司法实践的借鉴,衡平法技巧的培养,或者对现有法律框架作出更仔细的考察,便可以将衡平法对"受信"理论的贡献同步引进。如此,现有的关于引入"受信"概念的法律障碍并不会也不能排除用法规来将该概念引入的可能性。

与此同时,祖国内地法官有充足的机会去发展和阐明"受信"概念的准确意义及其内容,并将现阶段中国的经济发展状况与其他国情考虑在内。不过,祖国内地立法机关和司法部门是否愿意对董事的"受信义务"作出明晰和诠释还未可知。为了确保"受信义务"的概念可以在中国企业治理标准的发展中扮演一个有意义的角色,并为中国的法律和监管框架增添信心,企业治理的相关改革要用更为肯定的措辞来确认董事"受信义务"的存在而非停留于若干具体规则的制订之上。因此,"受信义务"必须被赋予实质内容及理论基础,这对我国的法律建设提出了新的挑战。故此,立法机关和司法部门在处理由遭受损失的个人和公司所提出的诉讼时应采取一种更为主动积极的态度,进而确保新《公司法》能成为中国企业治理史上一部具有开拓意义的法规。

(初审编辑:郭剑寒)

法系渊源、政治与现代股票市场[*]

马克·J.洛[**]

谈 萧[***] 译 朱慈蕴[****] 校

Legal Origins, Politics, and Modern Stock Markets

Mark J. Roe

Translated by Tan Xiao

Proofread by Zhu Ci-yun

内容摘要: 许多现代经济学著作认为,法系渊源决定着一国证券市场的实力和公司所有权结构,发达国家更是如此。然而,本文认为法系渊源并不是证券市场的基础。现代政治学为不同的所有权结构和发达国家证券市场发展状况的差异提供了另一种解释。20世纪残酷的事实——许多重要国家被完全摧毁,而其先前的许多制度也遭到破坏,很好地预示了战后现代证券市场的实力,并与发达国家在战后政治及政策上的差异有着密切关系。在20世纪,几乎每个核心的大陆法系国家都遭受到军事侵略和占领,这种整体动荡甚至摧毁了强

---

[*] 本文原刊于 120 Harvard Law Review 460(2006)。本文的翻译已经获得作者许可。
[**] 哈佛大学法学院 David Berg 法学教授。
[***] 谈萧,男,山东大学法学院博士生、宁波大学法学院副教授、硕士生导师。译者感谢《北大法律评论》编辑对译文提出了中肯的校订意见,当然文责概由译者承担。
[****] 清华大学法学院教授、博士生导师。

大的制度,然而核心的普通法系国家并未在这种灾难中垮掉。世界上最发达的各个国家中占主导地位的利益和意识形态以及这些国家的基本经济任务在20世纪后半期各不相同,这使得一些发达国家乐于发展证券市场,而另一些发达国家则对其保持冷淡或敌对。这些政治经济学思想比法系渊源观念能更好地解释西方发达国家证券市场不同的实力。

关键词:法系渊源　股票市场　政治　LLSV

引言

源自普通法系或大陆法系的法系渊源,很大程度上决定着资本市场发达与否吗？在过去十年大量有影响力的文章中,许多金融经济学家已断言:法系渊源的确是关键。[1] 据称普通法制度有效地保护了外部股东;大陆法制度则没有。这种保护外部股东的不同法律能力,解释了为何一些富国的资本市场强大而其他国家的弱小。

这种观点的影响力不仅仅停留在学术层面。发展中国家和国际机构被告知"移植正确的法典(如普通法)会促进经济发展"[2]。这种新的法系渊源观在关键领域将如下观点晾在一边:(1) 经济功能驱动股票市场:当科技要求产生大型企业并且资本需从多方得到筹集时,证券市场得以发展,这一过程在(2) 政策制定者或私人市场参与建立支持证券市场的制度以及(3) 有足够的政治支持使得政治制度不敌视金融时,才会完成。这里最后一个因素——国家政治能够限制政策制定者的制度构建,已不断获得理论支持和证据证明。在本文中,我对何种方法——法系渊源或政治经济学——才是将来更好的研究方法作出了评价,并论证了关于发达国家的政治和政策理论如何解释这些国家所经历的20世纪早期混乱的系统性差异。在20世纪后半叶,西方发达国家的公司融资差异的原因可能更多在于早期世界大战的不同后果,而更少在于大陆法和普通法的细微差异。

有一个强有力的规范性理由支持着这种评价的正确作出。许多政策制定者和一些学者将发达的金融市场看做是经济发展的驱动器。[3] 因此,如果我

---

〔1〕 例如, Rafael La Porta, Florencio Lopez-de-Silanes, Andrei Shleifer & Robert W. Vishny, "Law and Finance", 106 *J. Pol. Econ.* 1113 (1998),以下的论文,有些是这些作者的,更多是其他作者的。我在下文注释中引用了一篇代表性论文。至于重要的相反观点,见本文第三部分的第二小部分。

〔2〕 Daniel Berkowitz, Katharina Pistor & Jean-Francois Richard, "Economic Development, Legality", and "The Transplant Effect", 47 *Eur. Econ. Rev.* 165, 166 (2003)(总结和批评法系渊源理论); Ross Levine, "Law, Finance, and Economic Growth", 8 *J. Fin. Intermediation* 8 (1999).

〔3〕 例如,*The State, The Financial Systems And Economic Modernization* (Richard Sylla et al. eds., 1999); Frederic S. Mishkin, *Is Financial Globalization Beneficial?* 3 (Nat'l Bureau of Econ. Research, Working Paper No. 11891, 2005), http://www.nber.org/papers/w11891.pdf(金融系统就像经济的大脑:它是一种调节机制,将资本分配用于建造工厂、房屋和道路……职业道德不能弥补错误的资本分配)。Joan Robinson 提出了相反的观点:工业结构促进金融。Joan Robinson, *The Rate Of Interest And Other Essays* 86(1952)("在这里企业引导,金融跟随")。

们更好地理解是什么促成了发达的金融市场,我们就能更好地理解该如何促进经济增长,或者至少能更好地理解应该提供怎样的必要手段。国际发展机构的重要政策制定者,比如世界银行——配备有受法系渊源重要性之新思想训练的经济学家[1]——抨击大陆法式的制度构建,例如规制(regulation)、法典编纂和公共执行。然而,由于接受了强调传统普通法手段力量的学术思想,他们可能错过与传统普通法没有联系的其他必要手段。而且,如果金融市场仅在有着支持性的政治制度的地方成功,那么在敌对性的政治制度中建立法律体制将会浪费资源并有失败之虞。将发展资金花在其他任何地方可能会更好。

这并不是说对公司法的关注就不重要。它恰恰是重要的。但是,在恰当的条件下它才是重要的。首要的条件是有一个支持资本市场的政治制度。唯有如此,法律才会变得重要,如果这一条件不存在,法律制度的建立则会变得昂贵。在美国获得合适的公司法是重要的,并且也与其受到的关注相称。在这里公司法是重要的,是因为美国政治制度支持资本市场。在其他的国家,即使富裕者如法国、德国和意大利,在战后的几十年里它们的政治制度并不支持资本市场。当这种政治制度得到变革而能支持市场、尤其是资本市场时,政策制定者就能够使金融友好型的规则逐渐被理解,而两种主要法系渊源中的任何一种都不会阻止这些规则成为有效的规则。法系渊源并不阻碍一个国家发展制度、法律或其他资本市场需要的东西。当我们看到一个国家没有这样做时,这并不是由于其法系渊源阻碍了它这样做,而是由于其他的东西在起作用。

为此,本文主要关注的是西方发达国家,需要解释的问题是为何一些国家成功地发展了良好的金融市场,而另一些国家没有。我认为理所当然,但是一些人会表示质疑的背景性的理念是更好的企业融资机会更容易促进经济增长。如果企业难以获取外部资本,经济发展就会受到阻碍。

我们首先必须理解法系渊源支持者的观点。法系渊源为何能影响金融?据说一种方式是普通法通过利用受信义务(fiduciary duty),比大陆法能更好地保护外部投资者。这种普通法特性在灵敏的法官和陪审团的运用下,能够集中、及时地考虑保护方式。还有人更进一步地认为,大陆法制度过度地规制经济和证券市场,从而阻碍了二者的发展,然而普通法制度却能尊重市场和私人契约。保护投资者或者尊重市场的法律途径无论哪一个出错,都会使金融发展陷入困境。根据法系渊源理论,这种缺陷可能是可以克服的,但必然会涉及太多法律制度。法系渊源理论的应然性暗示是发展中国家应该寻求一些有效手

---

[1] Ass'N Henri Capitant Des Amis De La Culture Juridique Francais, Les Droits De Tradition Civiliste En Question, *À Propos Des Rapports Doing Business De La Banque Mondiale*, pp.14—15 (2006), at http://henricapitant.org/IMG/pdf/Les_droits_de_tradition_civiliste_en_question.pdf(描述了法系渊源思想的影响,尤其是在世界银行中的影响)。

段——如由法官利用普通法式的受信义务裁决市场导向式的私人诉讼——以建立市场。另一方面,他们还需要抛弃不能很好起作用的手段——如过多建立在规则基础上的规制。

也就是说,数世纪以前法律体系的最初创制,创造了直到今天还在促进或阻碍市场成果的法律和决策体制。依赖于法典、有限司法干预、高度规制和市场指令而不是市场解决的大陆法,阻碍了金融市场的发展。依赖于具有适应性的法官、广泛司法裁量、低度规制和私人契约的普通法,促进了金融市场的发展。一个通常未经阐明的推论是:一旦确立了一种法律体系,那么是否法典化、是否采取广泛的司法形式,是否高度规制,是否更青睐市场等倾向就不会轻易被改变。法系渊源理论也许会让步说,某些特征也许会稍有变化,但这并不足以造成大的金融差异。两个主要法律体系的这些特征——看起来在法系渊源理论中持续至今——足以解释全世界的金融差异。同样重要的是,这一理论将政府体制上的后续影响——例如现代革命、内战、新宪法以及对经济和战时破坏的深刻社会反应——看成是与法系渊源相关的体制性倾向后果的标志。

我认为定性分析与法系渊源理论大相径庭。不是受信义务不重要,而是因为即使是普通法制度,也利用规制者保护少数股东。这里存在替代性制度。而且,虽然19世纪的美国法官限制经济事务上的立法,但是在如今的时代司法却不再限制经济规制,如今的时代是立法至上的时代。正如人们所言,我们生活在制定法时代。普通法系国家的立法机关规制;大陆法系国家的立法机关也规制。立法机关选择如何进行规制更多反映了立法政策决定、投票偏好以及利益集团的权力,而不是得追溯到罗马帝国、中世纪和拿破仑法典等已经消退的法系渊源的历史印痕中去。

虽然当代许多金融结果看似与法系渊源有关,但是我们知道这种关系并非因果关系。一方面,法系渊源理论提供的因果关系非常之弱。另一方面,西方发达国家的法系渊源也与其他历史特征相联系,例如20世纪早期西方国家经历了怎样的战争和破坏。现代历史强大的政治经济结果对金融和其他市场影响甚大。为了支持这种替代性解释,我利用法系渊源论者利用过的国别差异定量分析方法来证明:20世纪的历史、政治和法系渊源一样,可以解释金融差异,并且在结果上比法系渊源有更强的定性联系。在法系渊源起源的国家,政策变量——立法者和规制者的领域——有力地预示了基本的金融制度事实。这些政策差异看起来要比法系渊源中的遥远差异更能与战后政治中的差异相匹配。例如,一个规避风险的政治制度,或者一个有着左右对抗的政治制度,不会乐意重建强大的金融市场。不要忘记在二战后的十年中,抵制共产主义在西欧和东亚很大程度上是国内政治议程的中心任务。在整个20世纪80年代,仅是这种反共的议程就极大地影响了西欧和东亚国家的资本市场政策。事实上,

20世纪早期令人厌恶的世界大战和国内战争带来的不同影响,在揭示20世纪后期西方发达国家金融市场的发展状况上,提供了与法系渊源同样多的解释力。

在第一部分,我梳理了将法系渊源和金融结果相关联的理论,并将有关大陆法和普通法典型差异的法学观点付诸应用。首先,据说普通法制度仅作较少的规制,它们更喜欢市场解决方法和私人契约,而不是中央集权和集中规制。其次,普通法法官运用普通法基础上的受信义务,更好地保护了外部融资者,尤其是少数股东。与此相反,大陆法法官则受制于僵化的法典。再次,由于法系渊源的形成远在当代金融结果产生之前,所以市场不能决定渊源。由于普通法系国家比大陆法法系国家更好地保护投资者,渊源似乎在理论上极大地促进了金融市场的发展。

但是,这种关联似乎更多出于偶然而非必然。渊源和投资者保护的本质联系似乎是微弱的,缺少这样的联系,就会失去这一理论的关键,这意味着大陆法和弱金融市场的强因果关联就可能不存在。法学界的许多人认为,在政策需要引导着各国进行规制和法典化的现代经济中,大陆法和普通法的典型差异并不十分重要。而且,虽然普通法开放式的受信义务有着事后力量,但是大陆法体制也同样能够运用且的确运用着开放式的事后调查,只是它们并未被贴上受信义务的标签。此外,普通法制度只是更多地运用了受信义务。许多普通法的投资者保护措施来自事前规制(想想美国证券交易委员会和它赖以工作的厚厚的证券法规汇编吧),这不是普通法关键的制度优势。再者,并不是法律不重要,而是一旦支持资本市场的首要政治条件成就,任一渊源都能创制金融市场需要的法律制度。

在第二部分,我描述了20世纪全世界的制度变迁。规制随处可见;立法者至高无上。相对于规制者而言,法官在经济决策中的重要性已逐渐消减。在美国,我们不仅同时利用着证券规制机构和受信义务,而且在规制预算和人力投入等方面,比我们的大陆法系兄弟更密切地规制着金融。我们通常利用规制来建立市场保护手段:美国证券法典是厚实、具体且详细的。因此我们寻求的保护外部投资者的功效可以通过多种方式实现,问题主要不在于法律工具的选择,而在于政治意愿。坚定的政治制度能够轻易克服法律体制上持续存在的细微差异。

在第三部分,我检验了一些数据。虽然法系渊源预示着证券市场的实力,但简单的象征性立法政策也会做得如此之好。虽然人们可以对国别回归分析的结果表示怀疑,因为还有相当多的相关国家未被纳入进行精确的统计分析,但我还是首先考察了曾被考察的27个国家,它们的金融差异曾被法系渊源论者认为是由法系渊源引起的(然后我考察了更多的国家)。我认为,20世纪上半叶发达国家经济遭受的相关破坏可以很好地解释这种金融差异。有些国家遭受破坏,有些幸免于难,只有少数繁荣起来。那些遭受最严重破坏的国家甚至在它们用别的方法从早期破坏中恢复经济之后,在随后几十年里其金融市场依然比其他国家的更脆弱。这种相关性是比遥远的法系渊源理论更有说服力的现代政治经济学理论的立论基础。

在第四部分,我考察了源自现代政治学的另一些理论。政治经济学方法关注政治制度如何与偏好相互影响以创造政策成果。在西方发达国家,有些立法者不想要动荡的证券市场,因为它们的政治制度不支持亲市场的政策。二战后的政治问题——左右对抗的劳工政策、贸易壁垒、资本股份已被破坏的国家的中位投票者——在寻找解释金融结果的研究上是比法系渊源更有希望的进路。例如,同共产主义进行国内外斗争——请记住这在二战后的西欧和东亚是核心议程——的国家,有理由严密地保护劳工市场而忽视资本市场。它们这样做,往往不管当届政府是否拥有本土的左倾或右倾意识形态。政治经济学方法是简单的,因为政治比法系渊源更重要;它也是复杂的,因为确定哪种政治理论在总体上最为有效并不容易。

最后,我总结了四点结论。第一,对有关法系渊源的法律文献的持续分析表明,在 20 世纪普通法系和大陆法系国家都不断加强对规制工具的利用。第二,各种法系渊源是否具备某种的典型工具,不如一国是否意欲建立资本市场来得重要。第三,利用与 20 世纪上半叶国家经历上的差异相关的政治理论,政治学解释建立资本市场的意愿差异。第四,发展机构对普通法核心工具的信任,因而可能是被误导的。

一、考量法系渊源

毋庸置疑,法系渊源理论来自一个重要的知识运动。一些论文的标题甚至都宣称了法系渊源的重要性,例如《法系渊源为何重要?》[1],或者直接是《法系渊源》。[2] 但是,被许多法律学者仅视为司法形式之技术方面的渊源,能决定证券市场的实力吗?

法系渊源文献是相当丰富的,要总结它们是困难的,也难免有失公允。早期的法系渊源论者的观点已有所发展,与最初相比他们现在更强调不同的制度特征。并不是所有的论者都赞同其他论者的每一个观点。但是,存在这样一种有影响的观点,即认为法系渊源不可避免地与国家体制有着紧密的联系。这里

---

[1] Thorsten Beck et al., "Law and Finance: Why Does Legal Origin Matter?", 31 *J. Comp. Econ.* 653 (2003). 这是与世界银行有关的重要论文之一。

[2] Edward L. Glaeser & Andrei Shleifer, "Legal Origins", 117 *Q. J. Econ.* 1193 (2002).

我总结一下其主要原理。[1]

(一) 典型的差异

首先,法律学者将什么看成是法系渊源之间典型、关键的差异呢?

大陆法系进行法典编纂。查士丁尼大帝汇编罗马法,当公元533年汇编完成时,他禁止将来的决策者参考法官著作以及不参考其法典而援引权威人士的观点。所有的法律都反映在他的《民法大全》中,没有反映的都是无关紧要的。[2] 拿破仑寻求法兰西革命后的法官控制,就像1791年那些革命者所寻求的一样——如果立法文本不明确或无记载,就要求法官向立法机关询问其含义——公布了他的著名法典。[3] 普通法刚好相反,伴随着法官判例和先例的发展成长起来,无须法官去援引一个核心法典。法典集中权威;普通法则分散权威。

一般认为,大陆法系法官和普通法系法官阅读管治性(governing)法典文本的方式不同。大陆法系法官阅读其通常的含义;如果文本是不完善的,一般而言典型的大陆法系法官不会像普通法系法官那样去填漏补缺。[4] 因此,大陆法系法官笨拙地阻止着不适当的公司内部安排,而灵活的普通法系法官不断适应情势变化以制止监守自盗。普通法系法官遵循先例,因而由下至上建立起一套有凝聚力的法律制度。大陆法系法官则相反,不遵循先前的见解,通常并不写下其论证过程,也不将他们的判决同案件事实紧密连结起来。

大陆法倾向演绎思维——"制订计划,预先规制事物……制定规则并将其系统化"。[5] 相反,"英国人临时处事,直到必须作出决策时才进行决策……唯

---

[1] 正如一个出色的重述所言:"法律传统的差异引起财产权的差异"。Ross Levine, *Law, Endowments, and Property Rights*, 3 (Nat'l Bureau of Econ. Research, Working Paper No. 11502, 2005), at http://www.nber.org/papers/w11502.pdf. " La Porta、Lopez-de-Silanes、Shleifer 和 Vishny ……认为……法系渊源……天马行空地解释了金融发展中的差异"。Menzie D. Chinn & Hiro Ito, *What Matters for Financial Development? Capital Controls, Institutions, and Interactions*. 2 (Nat'l Bureau of Econ. Research, Working Paper No. 11370, 2005) (emphasis added), available at http://www.nber.org/papers/w11370.pdf; Juan C. Botero, Simeon Djankov, Rafael La Porta, Florencio Lopez-de-Silanes & Andrei Shleifer, "The Regulation of Labor", 119 *Q. J. Econ.* 1339, 1340 (2004)(声称不止一个国家的当前政治,"一个国家的法律的历史渊源塑造了其劳工和其他市场的规制")。

[2] John Henry Merryman, *The Civil Law Tradition*, pp.6—7 (2d ed. 1985).

[3] John P. Dawson, *The Oracles of the Law* p.263 (1968); Mary Ann Glendon et al., *Comparative Legal Traditions* 67 n.1, pp.375—376,378—379,387(2d ed. 1994)(法兰西王室法院的……对所有变革的……抵制……使得它们成为革命怒火的最初目标……);前引 Beck 等文,pp.657—658,660。将整个法兰西分裂的法律体系一起来,拿破仑法典也是为国家建立目的而设计的。

[4] Antonin Scalia, *Common-Law Courts in a Civil Law System: The Role of United States Federal Courts in Interpreting the Constitution and Laws*, in a Matter of Interpretation 3, pp.16—17,23—25,29—30 (Amy Gutmann ed., 1997).

[5] Konrad Zweigert & Hein Kötz, *Introduction to Comparative Law*, p.70 (Tony Weir trans., 3d ed. 1998)(1977).

有经验才重要……因此他们未被赋予抽象的法律规则。"[1]大陆法计划,普通法回应。

(二)法系渊源与金融发展

根据法系渊源理论,大陆法系与普通法系的这些差异引起金融法上的差异,金融法上的差异进而导致金融结果上的差异。

法系渊源和金融市场的第一个关联,据说是法律体系如何保护小投资者。"普通法系国家比大陆法系国家尤其是法国民法系国家更好地保护投资者。"[2]如果小投资者担心内部人掠夺他们,他们就不会投资内部人控制的企业。如果外部人不购买,那么股票市场就不会深入发展,大的业主——创业家族和其继承者——就会被束缚。[3]通过法官创制的受信义务,普通法体系很好地保护了少数股东[4],而大陆法体系则被认为过于僵化而不能保护少数股东。正如 Rafael La Porta、Florencio Lopez-de-Silanes、Andrei Shleifer 和 Robert Vishny(LLSV)所言:

> 对于为何普通法比大陆法能更好地保护投资者,(有一种)"司法"解释……普通法体系中的法律规则通常是由法官在先例基础上并由一般原则如受信义务或公平原则的引导来创造的。人们期待法官利用这些一般原则处理新的情况,即使具体的行为在成文法上尚未被规定或禁止。[5]

而且,"这些规则(保护投资者)随着法系渊源的不同而呈现出系统性变化。"[6]

---

[1] Konrad Zweigert & Hein Kötz, *Introduction to Comparative Law*, p.70 (Tony Weir trans., 3d ed. 1998)(1977).

[2] Simeon Djankov, Edward Glaeser, Rafael La Porta, Florencio Lopez-de-Silanes & Andrei Shleifer, "The New Comparative Economics", 31 *J. Comp. Econ.* 595, 610 (2003).

[3] 将法律和所有权的分散作出最为精确的联系的模型不是通过法系渊源完成的。Lucian Arye Bebchuk, *A Rent-Protection Theory of Corporate Ownership and Control*,. 23—30 (Nat'l Bureau of Econ. Research, Working Paper No.7203, 1999), available at http://ssrn.com/abstract=203110.

[4] 例如,Simon Johnson et al., *Tunneling*, 90 (Am. Econ. Rev. Papers & Proc. pp.22,23—24,26 2000). Edward L. Glaeser & Andrei Shleifer, "Legal Origins", 117 *Q. J. Econ.* 1193 (2002). 该文认为:(明线规则)(指那种过于黑白分明、故而容易被规避的规则——译者注)在不能阻止公司内部人掠夺投资者的不受欢迎行为方面声名狼藉……(明线规则)在此领域不能奏效,是因为以掠夺投资者为目的而设计的花样繁多的行为能"规避这些规则"……普通法体制……在投资者保护上……比大陆法做得更好。

[5] Rafael La Porta et al., "Investor Protection and Corporate Governance", 58 *J. Fin. Econ.* 3, 9 (2000).

[6] Rafael La Porta et al., "Legal Determinants of External Finance", 52 *J. Fin.* 1131 (1997). 这是法律与金融研究文献中的一篇基础性论文。关于受信义务的深入讨论——集中讨论减少自我交易的程序——Simeon Djankov et al., *The Law and Economics of Self-Dealing*, (Nat'l Bureau of Econ. Research, Working Paper No.11883, 2005), available at http://ssrn.com/abstract=864645.

大陆法系与普通法系国家经济的金融差异的第二种主要解释,是大陆法体系过度规制,在证券市场发展之前就将其扼杀。"在大陆法系国家中,国家在规制商业上,比普通法系国家起着更大的作用。"[1]普通法体系多分散,而少规制。它们促进了允许证券市场繁荣的私人、市场交易。[2]

一位法系渊源论者认为:如果任一种进路——通过普通法受信义务的金融保护或者大陆法本质上的过度规制——是决定性的,那么法系渊源著作(包括这位论者自己的著作)的意思就是法国和意大利"(应该)移植与其对抗的普通法体系,而抛弃其大陆法体系"[3]。虽然这个观点是一剂猛药,但在这里这个结论的得出是自然的,而且在法系渊源文献中已经不算很激进的观点了。一些主要的论者的确认为法系渊源解释了为何一些国家保护财产,得到发展并变得富有。[4]

那么,法系渊源上的那些差异对于今天西方发达国家的金融差异依然非常重要吗?或许并非如此,我将在下文中进行讨论。关键的差异可能容易被夸大。而答案并不在此。

1. 通过受信义务保护少数股东

在普通法中,内部控制对于外部股东存在着受信义务。当外部股东确信法官将保护他们免于内部人欺诈时,他们会更放心地购买股票。虽然几乎所有人都认为法律保护是重要的,但是法系渊源论试图进一步指出:普通法——通过其受信义务——在体制上比大陆法更适宜保护外部股东。

受信义务进路对于法系渊源论而言有其弱点。首先,美国既利用受信义务也利用证券规则进行规制。大陆法系国家如果乐意,也会建立保护少数股东的制度。而且,一些学者认为美国普通法法官的保护十分无力[5]:美国证券交易

---

[1] Rafael La Porta et al., "Investor Protection and Corporate Governance", 58 *J. Fin. Econ.* 3, 9 (2000)., at 12; Rafael La Porta et al., "The Quality of Government", 15 *J. L. Econ. & Org.* 222, 224 (1999).

[2] 最近一些有趣的法系渊源论文提供了第三种解释——普通法在本质上喜欢市场、透明和合同。例如,前引 Djankov 等文;Rafael La Porta et al., "What Works in Securities Laws?", 61 *J. Fin.* 1 (2006)(以下简称 La Porta 等,*What Works*?)。法系渊源争论中的领导者也许——就像他们转向市场友好的全面偏好——发现他们自己也强调政治因素而忘记法系渊源,特别是当一些大陆法系国家从二战后对市场的厌恶中走出来时。

[3] Dennis C. Mueller, *The Economics and Politics of Corporate Governance in the European Union*, 28 (European Corporate Governance Inst., Law Working Paper No.37/2005, 2005), available at http://ssrn.com/abstract=730366. 但是,作者进一步指出中等范围的改革是有益的。

[4] Thorsten Beck, Asli Demirgüç-Kunt & Ross Levine, "Law, Endowments, and Finance",70 *J. Fin. Econ.* 137, 138 (2003). 虽然不是每一个法系渊源论者都赞同其他法系渊源论者的每一个观点,但是这里引用和总结的观点是代表性的,而不是极端的。

[5] Lucian Arye Bebchuk, "Federalism and the Corporation: The Desirable Limits on State Competition in Corporate Law", 105 *Harv. L. Rev.* 1435, 1441 (1992)(认为州在处理"自我交易、篡夺公司机会……内部人交易"和"私有化以及母子公司挤出(freeze out)规制"等问题上提供良法的动机不强,而这些问题正是能摧毁股票市场的内部人诡计)。

委员会(以下简称 SEC——译者注)前主席 William Cary 的一篇论文——该文为美国最著名的公司法论文之一——对法官不愿保护外部少数股东进行了激烈的批评。[1] 以 20 世纪 60 年代和 70 年代为例:私有化交易使得由内部人来决定他们从公众股东处购买股份的价格。许多类似交易被看做是丑闻,然而我们的法院还是听其自然,即便控制股东剥削外部股东的问题成为足以破坏股票市场的主要问题。SEC 批评法院,人们呼吁新的立法——一些评论者认为是这些威胁,而不是普通法本身的发展,促使法院着手处理内部人问题。[2] 另一个例子是:在 20 世纪早期普通法受信义务太过微弱,以至于需要制定新的联邦规则。例如,内幕交易在大多数州的普通法上是合法的。[3]

因此,虽然普通法受信义务可以并且在美国通常也的确是保护股东的关键,但是它却并非总像被吹捧的那样强大。[4] 然而,人们依然会有这样的印象,美国比大陆法系国家(也可能比其他的普通法系国家)更多地利用受信义务。有这样的一些批评:美国的受信义务本应更有力,或者仅依靠受信义务不足以保护投资者。

的确,普通法和以受信义务为基础的保护从类似 SEC 的规制机构、股票交易所和立法机构那里得到了很多帮助。事实上,不管遭受怎样的批评,美国普通法法官在公司法中依然非常重要,但是法官在保护美国股东方面并不是单独起作用的。即使普通法法官起到了核心重要(且不只是非常重要)的作用,在断定普通法司法在建立金融市场上比大陆法具有内在的体制优势之前,我们要知道:其他法域的规制者们不可能将工作做得和美国的规制者一样好。实际上,在另一个主要的普通法法域英国,法官就似乎没有将少数股东保护好。[5]

很多股东保护的重要手段不是由受信义务带来的。受信义务不为外部股

---

〔1〕 William L. "Cary, Federalism and Corporate Law: Reflections upon Delaware", 83 *Yale l. J.* 663,670,672,681—684 (1974). 相反的观点 Ralph K. Winter, Jr., "State Law, Shareholder Protection and the Theory of the Corporation", 6 *J. Legal Stud.* 251 (1977), and Roberta Romano, *The Genius of American Corporate Law*, pp. 19—21 (1993).

〔2〕 例如,Ronald J. Gilson & Bernard S. Black, *The Law and Finance of Corporate Acquisitions*, pp. 1254—1256,1256, n. 40 (2d ed. 1995)。

〔3〕 例如,Goodwin v. Agassiz, 186 *N. E.* pp. 659,660—662(Mass. 1933)(认为如果缺乏内部董事和个人股东之间的默契,内部人对内幕交易就不会承担责任,这会使股票市场中的买家可以追诉的手段变得更少——甚至根本没有);William T. Allen & Reinier Kraakman, *Commentaries and Cases on the Law of Business Organization*, pp. 577—578 (2003). 15 U.S.C. § 78p(b)中 16(b)部分的明线规则直到 20 世纪 60 年代才出现,当时 SEC 加大了内部交易责任。

〔4〕 Lucian Arye Bebchuk, "Federalism and the Corporation: The Desirable Limits on State Competition in Corporate Law", 105 *Harv. L. Rev.* 1435, 1441 (1992).

〔5〕 Brian R. Cheffins, "Does Law Matter? The Separation of Ownership and Control in the United Kingdom", 30 *J. Legal Stud.* 459, 469—470 (2001)(英国股票交易所的重要性);John C. Coffee, Jr., "The Rise of Dispersed Ownership: The Roles of Law and the State in the Separation of Ownership and Control", 111 *Yale L. J.* 1, 41—42 (2001)(英国立法的重要性)。

东免受经营失误或经理忽视股东利益的损害提供保护。因为经营判断规则抑制(这是适当地抑制,我可以说)了这种诉讼,美国股东必须依靠其他制度来免受经营失误的损害。因此,如果在某些企业或国家里,经理不受约束并且不如其他企业或国家的经理那样以股东利益为重,那么控股股东就不大容易将其股票出售给外部股东,因为股东价值会大大降低。[1]

因此,如果普通法和大陆法的区别以受信义务为基础,这种区别将是很小的,虽然受信义务对普通法而言一直非常重要。但是,现代美国公司法并不仅仅以受信义务为取向,同时也在很大程度上由规制者 SEC 创制。为实现保护外部股东的目标所需要的多种工具,在两种法系渊源都能够找到。将这种定性分析解读为是告诉我们唯有以司法为基础,以受信义务为工具才能促进金融和经济发展,也许是错误的。

2. 规制过度的金融市场

John Coffee 让法系渊源理论重整旗鼓,他认为大陆法过度规制证券市场。如果让股票交易所顺其自然,不去干预之,股东就会得到保护。但经济统制论者认为:集权的大陆法系国家不会顺其自然,它们阻止股票市场的出现,取缔保护少数股东的私人力量。美国低度规制的环境允许股票交易所出现并保护少数股东,交易实践因而得以融入良好的证券法之中。[2]

金融学者吸收了 Coffee 的规制过度理论[3],并将其扩展运用于普通法系国家对市场和私人契约的选择上。[4] 这种规制过度理论包含三个方面的假设:首先,普通法司法机关限制其立法机关的过度规制倾向;其次,大陆法体系过度规制证券市场;再次,大陆法有导致经济规制过度的秉性,而普通法则促进市场繁荣。

在第三个方面,渊源理论与一个制度对市场偏好和增加透明性的披露规则

---

[1] 我在另一篇文章中阐释了这一观点,Mark J. Roe, "Corporate Law's Limits", 31 *J. Legal Stud.* 233 (2002), and in Mark J. Roe, *Political Determinants of Corporate Governance*, pp. 159—196 (2003).

[2] John C. Coffee, Jr., "The Rise of Dispersed Ownership: The Roles of Law and the State in the Separation of Ownership and Control", 111 *Yale L. J.* 1, 9 (2001) Paul Mahoney 认为虽然法系渊源不影响公司法,但是大陆法系国家中弱财产保护阻碍了它们的经济增长。见 Paul G. Mahoney, "The Common Law and Economic Growth: Hayek Might be Right", 30 *J. Legal Stud.* 503, 523 (2001).

[3] Edward L. Glaeser & Andrei Shleifer, "Legal Origins", 117 *Q. J. Econ.* 1193, 1194 (2002). ("法国民法法系国家……比普通法系国家表现出更强的规制,而财产权更没有保障");前引 La Porta et al., *The Quality of Government*, pp. 231—232("大陆法系传统……建立制度推进国家权力")。

[4] 例如,Rafael La Porta et al., "What Works in Securities Laws?", 61 *J. Fin.* 1 (2006),14,28(普通法"强调市场规则和私人诉讼")。

的倾向性相关。[1]一国的制度是支持或反对市场规制是重要的,但是将其归因于法系渊源会受到两个方面的限制:首先,相对于一种法律体系的制度性质而言,我们所讨论的更多是国家对结果的偏好——支持(或反对)市场、透明度和私人签约。正如我们在本文第三和第四部分中所看到的,对国家偏好还有其他颇具说服力的解释。其次,当代两种法系渊源都能以任一方式运行。美国通过了2002年萨班斯—奥克斯利法案[2],这一法案相当具有指令性[3],同时德国也在建立市场偏好、增加透明度的"遵从或解释"规则,这种规则并不强加规制[4],而是要求不遵从该规则的企业解释为何选择不遵从。

正如我们在下文将看到的,大陆法系国家在其经济中发挥重要作用是20世纪的现象,并无长久的历史。同时,在国家起重要作用的金融市场上,经由法典和规制机构,普通法系国家利用很多措施,比大陆法系国家更严厉地规制着证券市场。在本文第二部分,我们会继续探寻过度规制的线索,但首先让我们看看两大法系渊源之间的那些典型差异在今天是否明显。

(三) 差异消退

前文阐明了典型差异可能不是决定金融差异的首要因素。接下来我们会看到这些典型差异今天在金融法上表现并不明显。

诚然,我所谓的典型差异——大陆法的法典化倾向以及其司法机构不愿新创矫正不法行为的新方法——是有争议的。大陆法学者将这些差异的判断看做是普通法学者偏见的反映,而不是他们国家司法制度的实际状况。[5]但是在这一部分,我从表面上来理解这些典型差异(或偏见),首先,这些差异从来都不足以决定金融市场的内部差异(因为两个法系的核心工具都能实现投资者保护的目标);其次,这些典型差异大多已经消失,以至于无论何种现存的细

---

[1] "Does Law Matter? The Separation of Ownership and Control in the United Kingdom", 30 *J. Legal Stud.* 459, 469—470 (2001) Mark J. Roe, "Corporate Law's Limits", 31 *J. Legal Stud.* 233 (2002), and in Mark J. Roe, *Political Determinants of Corporate Governance*, pp. 159—196(2003)。这种解释与 Coffee 的过度规制解释是不同的。

[2] *Pub. L. No.*107—204, 116 *Stat.* 745(成文法散见于美国法典第11、15、18、28 和29 部分)。

[3] Roberta Romano, "The Sarbanes-Oxley Act and the Making of Quack Corporate Governance", 114 *Yale L. J.* 1521, 1529, 1594—1603 (2005)(严厉批评了该法案过于指令性)。

[4] *Gesetz zur weiteren Reform des Aktien-und Bilanzrechts, zu Transparenz und Pulizität* (公司信息披露透明度促进法案和会计法)July 19, 2002, Bgbl. I at 2681, art. 1, § 161; Bericht Derregierungskommission Corporate Governance(德国政府公司治理研讨小组报告) Rz. 8—10 (Theodor Baums ed., 2001)(介绍了"遵从或解释"规则)。这些规则的效果尚待观察。E. Wymeersch, "The Enforcement of Corporate Governance Codes", 6 *J. Corp. L. Stud.* 113, 113 (2006)(该文将这些规则看成是"进行适应性但不失有效性的公司治理实践的最佳手段")。

[5] 例如,Carl Baudenbacher, "Some Remarks on the Method of Civil Law", 34 *Tex. Int'l L. J.* 333, 357—360 (1999). But see Richard B. Cappalli, "At the Point of Decision: The Common Law's Advantage over the Civil Law", 12 *Temp. Int'l & Comp. L. J.* 87, 87—91 (1998)。

微差异都不能解释现代金融市场的差异。

今天大陆法系国家和普通法系国家都进行规制并制定法典。看看 Frederick Schauer 的评论：

> 甚至在普通法系国家,成文法模式似乎取得优势地位,普通法模式似乎在衰落……(典型的普通法)开放式的法律制定和规则制定现在是……稀有的,详细的成文法和规制目前远多于过去。[1]

这些典型差异与金融是怎样相关的呢？这些差异影响了司法活动,而不是证券规制,证券规制对美国金融市场而言是常见的。[2] 其实早在 35 年前,就有人总结了当时的法系渊源思想："(大陆法和普通法)不再有太多差异"[3],因为"由于(所有国家)相同的(制度)发展",这些差异在 20 世纪消退了,"……以满足相同的社会需求"[4]。

因此,第一,现代国家的规制需求超过了此前几个世纪大陆法或普通法传统引起的规制水平。发达国家在现代社会经济学意义上的相似性,也许迫使所有受影响的国家采取大体相同的新规制制度。

第二,大陆法法理学已经采用了普通法模式。大陆法系国家不再尝试综合性的法典编纂。[5] "法国商法典现在只是一个空壳……它不能为 19 世纪工业革命中出现的新制度提供充分的概念基础。"[6]

的确,大陆法法官也许曾经限制使用默示义务,限制以普通法方式考察事实,限制以普通法方式利用先例,但是现在这些典型差异不像以前可能有的那样明显。[7] 现代大陆法法官审视立法的功能,并根据功能来解释规则。他们在关键的领域发展了一种隐蔽的普通法；尽管他们将其法律创制与立法文本联

---

[1] Frederick Schauer, "The Failure of the Common Law", 36 *Ariz. St. L. J.* 765, 772 (2004).

[2] 最近的法系渊源文献认识到这一点,但是依然没有清晰地认识到它怎样破坏法系渊源理论的基础。例如,前引 La Porta et al., *What Works?*, pp. 15, 27—28。

[3] Joseph Dainow, "The Civil Law and the Common Law: Some Points of Comparison,"15 *AM. J. Comp. L.* 419, 434 (1967).

[4] 同前引 Joseph Dainow 文, at 420; 也可见 Basil S. Markesinis, *Learning from Europe and Learning in Europe*, in *The Gradual Convergence*, 1, 30—32 (Basil S. Markesinis ed., 1994); John Henry Merryman, "On the Convergence (and Divergence) of the Civil Law and the Common Law", 17 *Stan. J. Int'l L.* 357, 359 (1981) (发现了更多融合而不是分歧)。Dainow 责难认为两者丧失了许多传统差异的一般结论,但是他关注的是相关主题的立法而不是经济规制。前引 Dainow 文, p. 434。

[5] John Henry Merryman, *The Civil Law Tradition*, pp. 6—7 (2d ed. 1985), at 155.

[6] Denis Tallon, "Reforming the Codes in a Civil Law Country", 15 *J. Soc'Y Pub. Tchrs. L.* 33, 35 (1980).

[7] Katja Funken, *The Best of Both Worlds: The Trend Towards Convergence of theCivil Law and the Common System*, pp. 14—16 (July 2003), available at http://ssrn.com/abstract=476461。此外,有些大陆法学家说这些差异从来不是如此明显。

系起来,但是这种文本能够拥有义务类型(duty-type)、开放式(open-ended)的原则,例如诚实信用原则。[1] 一个"明显的例子是《法国民法典》第1382条,该条只是说任何人因其错误致人损害,必须赔偿损失"[2]。根据这种开放式的立法原则,侵权法产生了。[3]

德国的公司诉讼进一步阐明了现代大陆法体系的解释能力。当一家德国公司违背股东意愿向子公司转移资产时,股东可以提起诉讼。德国公司法典在文本上并不要求这种交易须获股东批准。法系渊源论者可能已预见到:由于缺乏立法指引,大陆法法官不会采取行动,听任德国股东处于无保护状态。

但事实并非如此。德国法院认为这种交易损害了股东利益,所以必须由股东大会来批准。因此,德国法院超越了立法文本,扩大了保护范围。[4] 这一原则持续下来,得以固定并调整。随后引发的有关该原则之范围界定的争论和司法动作,在我看来与特拉华州公司法法院一项重大的判决所引发的典型后果相似。当然,德国法院是否经常并很好地这样做,依然需要考量。但是,它们能够且确实利用了类似普通法受信义务的一些手段。

第三,具有讽刺意味的是,普通法法官经常感到受制于公司制定法规则——这恰好是大陆法法官的弱点。[5] 正如 William Bratton 的推论:"根据(特拉华的)独立法律意义原则(doctrine of independent legal significance),州法院有效地宣告没有任何实质原则表明对立法者制定的公司法典的运用,允许交易者随意地解释文本。"[6] 普通法法理学的那些文本主义理论,例如大法官

---

[1] Katharina Pistor, *Legal Ground Rules in Coordinated and Liberal Market Economies*, 19 (European Corporate Governance Inst. , Law Working Paper No. 30/2005, 2005), available at http://ssrn.com/abstract = 695763(德国……诚信原则……已被广泛应用……并已允许法庭超越民法典明确的苛求而发展广泛的"判例法")。

[2] H. Patrick Glenn, *Legal Traditions of the World*, p. 137 (2d ed. 2004); Basil S. Markesinis, *Foreign Law and Comparative Methodology*, p. 90 (1997)("虽然这不是一般条款[在该法典中],但是法院的判例法创制了这一规则")。

[3] 关于与开放式立法一起运作以建立法官造法的大陆法系国家司法能力的考察,前引 Beck et al 文,第 658—659 页。

[4] Marc Löbbe, "Corporate Groups: Competences of the Shareholders' Meeting and Minority Protection—the German Federal Court of Justice's Recent Gelatine and Macrotron Cases Redefine the Holzmüller Doctrine", 5 *German L. J.* 1057, 1057 (2004). 大陆法系国家司法中广泛的法律创制的另一个例子,前引 Baudenbacher 文, pp. 339—340, Baudenbache 注意到法国法院怎样创制和扩大产品责任侵权救济。但是前引 Glaeser & Shleifer 文,at 1212(认为"在大陆法国家……法官并不能过度地解释法典……")。

[5] 例如,*Hariton v. Arco Elecs.*, Inc. , 182 A. 2d 22, 25—26 (Del. Ch. 1962), aff'd, 188 A. 2d 123 (Del. 1963)(特拉华州法院拒绝超越制定法条款以承认一个事实合并)。

[6] William W. Bratton, "Gaming Delaware", 40 *Willamette L. Rev.* 853, 854 (2004); D. Gordon Smith, "Independent Legal Significance, Good Faith, and the Interpretation of Venture Capital Contracts", 40 *Willamette L. Rev.* 825, 827 (2004). *Schnell v. Chris-Craft Indus.*, Inc. , 285 A. 2d 437, 439 (Del. 1971)。

Scalia 提出的理论,是相似的:普通法法官应当受制于立法文本。[1]

第四,普通法体系将其金融法大量地法典化,因而已变得更具有规制性。过去一度可以说如果"普通法代表一切,但它缺少法典,而大陆法代表法典编纂"[2]。但是,美国的改革者在 1892 年就与统一法律委员会一起开始编纂法典。"(统一法律)委员会的努力极大地促进了美国各州的法律统一,尤其是在商法领域……"[3] 20 世纪 50 年代,美国已经有了《统一商法典》。1923 年,美国法学会(American Law Institute)就已经在以法典的形式重述美国法律。"在被抽象地阐述的规则的体系化结构上,(美国法学会的)重述与大陆法法典极其相似……"[4] 并且普通法法典往往比大陆法法典更为详细,给普通法法官留下更少的自由裁量权。[5]

而且,这里的法典编纂并不敌视市场。商业利益经常需要它,因为商人们认为普通法是模糊的,给了法律专业人士从商业交易中收取租金的太多权力。[6] 反对法典编纂的不是商业界,而是法律职业界。事实上,法学家有一个坚定的传统观念,那就是事前精确的法典编纂比事后司法一般判决造法会产生更好的商业预期。Jeremy Bentham 在这个方面是普通法的典型批评者:"在他看来,根本的不幸是普通法进化了数百年……它不清晰、不确定,并且充满着虚构和重复;法官是迟钝且不公正的。"[7] Bentham 推崇法典编纂。

假设调查一下担保借贷和证券化在美国如此发达的原因。人们可能立刻会提到《统一商法典》第 9 条——该法典起草得如此丰富,几乎没有为法官留下自由裁量权。人们也许会由此假定详细的法典编纂是美国的能力,它促进了担保借贷和证券化。人们也许还会认为规制性的法典编纂在美国证券法中发挥了类似作用。

虽然早期的法典编纂使得普通法判例系统化,但是"新的制定法(已)通常(被)认为是主要的法源。局限于忠实地解释这些制定法并且坚持立法至上的法院……(给了)它们为自己主张的权威"[8]。说拿破仑法典与美国法典编纂的真

---

[1] 前引 Scalia 文,pp. 16—17,23—25,29—30。

[2] R. C. Van Caenegem, *Judges, Legislators and Professors: Chapters in European Legal History*, p. 39 (1987); F. H. Lawson, *A Common Lawyer Looks at the Civil Law*, p. 47 (1953)。

[3] 前引 Zweigert & Kötz 文,p. 252(着重号是加上的)。

[4] Id. 这种重述本身不是法律。当被颁布时,统一法典就成为法律。

[5] Id., pp. 267—268(讨论英国法典)。

[6] Donald J. Smythe, *Transaction Costs, Contagion Effects, and the Diffusion of the Uniform Sales Act*, pp. 1906—1947, at 5 (July 2005), available at http://ssrn.com/abstract=799324。

[7] Gunther A. Weiss, "The Enchantment of Codification in the Common-Law World", 25 *Yale J. Int'l L.* 435, 476 (2000)。

[8] Guido Calabresi, *A Common Law For The Age Of Statutes*, p. 5 (1982)。Calabresi 法官批评司法遵从。

实差异在于前者先于后者,也许有些夸张,但是我们现在都是法典编纂者。

事实上,大量的美国公司法律是通过 1933 年《证券法》和 1934 年《证券交易法》[1]及其主要的立法修正如《威廉姆斯法案》[2]和《萨班斯-奥克斯利法案》以及 SEC 的监管规则,被法典化的。许多美国公司法律师并不援引受信义务判例,而直接运用 SEC 规则 S-K 中的详细规则。[3]

大陆法系与普通法系现存的较大差异在于大陆法的形式主义倾向、审判特性以及是否利用陪审团[4],这些差异不可能深刻影响金融。在美国,商业人士有时选主动择正式规则,因为喜欢它们的相对确定性。[5]虽然大陆法系国家通常不利用美国通常利用的陪审团,但是我们主要的公司法法院(在特拉华州)也在没有陪审团的情况下运作,而这却被看成是其优势之一。[6]

今天普通法系国家的立法机关进行规制。它们让行政机关起草补充立法机关一般指令的规则,从而减少法院的相对重要性。现今有价值的并非是方法而是内容,亦即政策。而且,政策并非就来源于规则制定者的起草,从这种角度来看,重要的是政治。

(四)法系渊源能将法律视为首要原因吗?

法系渊源考察的重要意义在于渊源能够怎样强化公司法在金融市场发展上的中心地位。也就是说,即使我们经常看到股票市场发达的国家的公司法"好",而股票市场不发达的国家的公司法"坏",我们也并不清楚究竟是什么造成了这种状况。可能是因为金融市场大多由于经济原因而产生,然后市场参与者促成了保护性的法律吗?

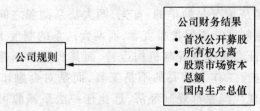

图 1 可能由于双向因果关系产生的关联

---

〔1〕 15 U.S.C. §§ 77a—77aa, 15 U.S.C. §§ 78a—78mm (2000).
〔2〕 15 U.S.C. §§ 78m(d)—(e), § 78n(d)—(f) (2000 & Supp. III 2003).
〔3〕 17 C.F.R. §§ 229.10—.702 (2006).
〔4〕 前引 Zweigert & Kötz 文,pp. 272—274。
〔5〕 例如,Lisa Bernstein, "Merchant Law in a Merchant Court: Rethinking the Code's Search for Immanent Business Norms", 144 *U. Pa. L. Rev.* 1765, 1769—1770 (1996)。
〔6〕 Marcel Kahan & Ehud Kamar, "The Myth of State Competition in Corporate Law", 55 *Stan. L. Rev.* 679, 708 (2002). 英国民事法院也在没有陪审团的情况下富有特色地运作。Neil Andrews, *English Civil Procedure*, p. 775(2003)("陪审团已经从大多数民事案件中被排除出去……显然是[由于]对一致性和可预见性的需要")。

法系渊源论者认为,基础良好的公司法和良好的金融结果在普通法系国家都存在,相反在大陆法系国家则并非如此。由于渊源形成远在现代市场之前,所以市场不能促成法系渊源,如图 1 所示。既然渊源导致好的(或坏的)金融法,那么根据法系渊源理论,金融法就使得市场繁荣(或者不繁荣),如图 2 所示。

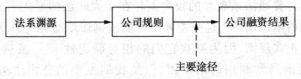

图 2　法律、金融以及法系渊源视角

法律很大程度上决定着金融结果。由于渊源和规则类型相关,所以因果关联大致是从规则到金融,而非相反。但如果打破图 2 中的顺序,就强化了其他关于法律和金融市场为什么以及如何相互作用的解释。法律、经济任务和政治不无可能是同时得到确定的。而且,如果这种顺序被充分地打破,正如我所认为的它必须被打破,那么对发达金融市场所做的一系列学术解释可能就是错误的,发展机构所做的一系列努力可能也是受到误导的。

这就是法系渊源论及其一些解释上的弱点。在下文我将进一步批驳它,论证 20 世纪的历史能够同样或者比中世纪的法系渊源更能解释相关数据,进而认为一种全面的考察应该将法系渊源放在一边,集中关注经济功能与政策制定者的政治动机和约束怎样相互影响。

基本的政治经济情况是简单的:首先,两大法系渊源之间的典型差异容易被夸大。重要的是制度能否保护投资者,而两大法系的制度工具都能发挥这一作用。其次,现代证券法围绕规制机构运转,而其利用并非普通法制度优势的综合性规制法典进行工作。重要的不是工具,而是对金融市场宽容的政治态度。再次,所有的现代国家都规制经济,远比任一法系渊源可能引起的规制要多。在两大法系中,立法机构都立法,规制机构都规制。重要的是立法机构制定什么样的法律:它是否保护或压制财产权和资本市场。立法机构及其规制性立法在界定经济权利上现在是至关重要的,然而界定法系渊源差异的却是司法。

法系渊源文献促使我们更深入地思考制度和市场是怎样相关的。但也许是现代政治问题而不是渊源推动着西方发达国家的制度差异。大陆法和普通法之间的差异大部分是司法形式的,但是法系渊源在太多人的观念里已和实质规制、规制者意识形态倾向、甚至投票者偏好捆绑在一起,而这些大多是现代政治经济学变量,法系渊源不应与它们搅和在一起。

20 世纪早期灾难的影响可能比司法形式和法系渊源的典型特征更为强

大。一些证券市场曾经发达,但 1914 年到 1945 年遭受到相当大的破坏和混乱的国家,到 20 世纪末其证券市场仍比较弱小。核心的大陆法系国家比核心的普通法系国家受到更严厉的破坏,因为大洋和海峡将后者与 20 世纪血腥的战场隔离开来。这导致的后果并不小。普通法系国家的制度幸免于乱,或多或少地保存下来;核心的大陆法系国家的制度被破坏,然后在二战后的政治环境中重建,在这种环境中它们不是非常喜欢金融市场。有些国家抵制股票市场,保护劳工市场,由国家分配资本;另外一些国家则没有这样做。是这些差异而不是法系渊源为西方发达国家不同的金融体制奠定了现代基础。

二、20 世纪的国家权力和法系渊源

我在第一部分主要讨论了受信义务论的弱点、两大法系对法典编纂的不断倚重以及规制机构的总体增加。在这一部分,我将主要讨论大陆法系和普通法系国家经济中国家介入的历史趋势。

首先,虽然世界上最富裕的各个国家的力量存在差异,但这种差异在历史上并不因为法系渊源的不同而显得不同。其次,今天世界各国在金融规制预算上的变化与纯粹的法系渊源两分法并不一致:普通法系国家在金融规制上花费得更多。

普通法限制国家权力的观点应被抛弃。一些法系渊源论者认为普通法制度限制政府权力并保护财产:"普通法在历史上站在私人财产所有者一边反对国家。普通法作为一种强大的对抗力,促进了私人财产权的保护,而不是成为国家的工具。"[1]在我看来,更好的见解是普通法是,或者可以成为,这种"国家工具"。在英国(美国或许也算)财产所有者长期统治着国家[2],促使其利用普通法法官保护他们;如果财产所有者得不到法官的保护,他们就会找到其他制度提供保护,如促使议会颁布一个法典,如果有必要的话。

很久以前美国法院的确曾阻止立法机关削弱既存的财产权,这一时期通常被称为洛克纳时代(Lochner era),这一名称来自 1905 年最高法院的一个同名判决。[3] 那时国会制定经济法(economic law)的权力比现在受到更多限制。宪法没有赋予国会在美国全面的经济统治权,国会的正式权力来自诸如商业条款(Commerce Clause)这样的条款[4],商业条款赋予国会规制州际商业的权力。

---

[1] Thorsten Beck et al., "Law and Finance: Why Does Legal Origin Matter?", 31 *J. Comp. Econ.* 653 (2003), 658.

[2] Barrington Moore, JR., *Social Origins of Dictatorship and Democracy*, p.19 (1966).

[3] *Lochner v. New York*, 198 U.S. 45 (1905); Laurence H. Tribe, *American Constitutional Law* § 8-2, -4, pp.1344,1350 (3d ed. 2000); William M. Wiecek, *The Lost World of Classical Legal Thought*, pp.152—154 (1998).

[4] U.S. CONST. art. I, § 8, cl. 3.

这种权力最初被认为具有的范围要比其后来在 20 世纪所具有的范围来得狭窄。在 19 世纪末随处可见国会利用其商业权力规制铁路,或者颁布反垄断法以规制从事州际商业活动的企业。但是直到 20 世纪早期,这种空隙还不完全是这样易渗透的[1](严格地讲,普通法甚至不是这里的推动力量。最高法院不是作为普通法法院而是作为宪法法院来运作的。对立法机关经济权力的司法限制在普通法中也不是固有的。英国法院并不这样限制议会权力[2]。在英国"没有什么特别的、'基本的'法律不能被议会废除或修改"[3]。有人甚至将美国的民主立法看做是财产保护的关键,而司法审查则是次要的[4])。

此外,财产和金融在法系渊源理论这种解释进路中的逻辑关系并不清晰。财产权保护投资者,反对国家侵占。一国可能强有力地保护财产免于国家侵占,却在保护外部投资者免受内部人欺诈方面十分脆弱,反之亦然。

普通法法官——或者至少是其宪法化身——在美国法律制定中依然是权威人士。但是,我们不能因为在某些领域中法官具有重要性,就以为法官在实际上已变成次要角色的另外一些领域中还具有同样的重要性。美国法官在社会政策问题上为立法者划定边界,例如堕胎、正向行动以及同性恋权利,而不涉及保护财产的权利[5]。尽管受制于立法者给了规制者何种权力的司法解释,现代规制型国家依然更多地由立法者而不是由法官来限定,而这不是一项普通法制度。

---

[1] William H. Riker, *The Development of American Federalism*, at x (1987)("一种双重的联邦制度同时防止了州和联邦规制工业")。有些法系渊源论者很好地理解了普通法法院在控制国会立法上的局限性。例如,Rafael La Porta et al., "Judicial Checks and Balances", 112 *J. Pol. Econ.* 445, 447 (2004)(美国最高法院很早就接受了政府征税和规制的权力……)。下一步是抵抗影响立法机关的政治力量。

[2] Jeffrey Goldsworthy, *The Sovereignty of Parliament* 10, p.235 (1999); Kenneth W. Dam, *The Judiciary and Economic Development*, 31 (Univ. of Chi., John M. Olin Law & Econ. Working Paper No.287, 2006), available at http://ssrn.com/abstract=892030.

[3] R.C. Van Caenegem, *Judges, Legislators and Professors: Chapters in European Legal History*, p.20(1987).

[4] 例如,William A. Fischel, *Regulatory Takings*, pp.139—140 (1995); Daniel H. Cole, "Political Institutions, Judicial Review, and Private Property: A Comparative Institutional Analysis", 15 *Sup. Ct. Econ. Rev.* (2007)(哈佛法学院图书馆文件中的原稿,第 51 页)。

[5] 在一份报纸列出的首席大法官 Rehnquist 33 年任期中的重大案件中,重要的案件并不是经济案件,而是有关联邦制度、司法权限、教会与国家的分离、民事权利、堕胎、死刑以及国旗焚烧的案件。*Significant Cases in a 33-Year Term*, N.Y. Times, Sept. 5, 2005, at A19. 当法院最近对财产征收权力进行裁决时,它服从了立法权。*Kelo v. City of New London*, 125 S. Ct. 2655, 2663 (2005).(对该案的评述可参见汪庆华:"土地征收、公共使用与公平补偿——评 *Kelo v. City of New London* 一案判决",《北大法律评论》第 8 卷第 2 辑,北京大学出版社 2007 年版——编者注)一些国家此后不久似乎考虑限制地方政府出于经济发展目的征收当地财产的权力。Christopher Cooper, "Court's Eminent-Domain Edict Is a Flashpoint on State Ballots", *Wall st. J.*, Aug. 7, 2006, at A4. 是政治而不是法官限制征收。

(一) 20世纪规制型国家的出现

今天,普通法系中的国家介入力度超过了历史上大陆法系中的国家介入力度。历史学家通常将第一次世界大战标记为一个转折点:古老的政府结构正是在这场战争之后崩溃的,经济统制机构出现了,人们对其政府提出更多要求,福利国家成长起来。一些国家转化成行政国家,这主要是通过法令、指令和规制实现的。

在一个世纪以前,当国会建立了州际贸易委员会并且选择由规制者而非法官制定法律时,美国就开始逐渐摆脱法官造法,甚至摆脱由立法机关制定、司法机关执行的法律。[1] 这一新政建立在规制机构的萌芽之上,洛克纳时代对行政规制和积极政府的怀疑论终结了。[2] 法院"不协调、分散的结构使得它们不适宜从事"现代社会和经济改革。[3] "它们甚至不能主动启动一项诉讼程序,(也)不太擅长手头事务的处理。结果,新政时期社会秩序体系的决定权从法院大规模的向规制机构和立法机构移动。"[4] "我们离开普通法统领、法官造法的法律体系,走向由立法机关颁布的法令作为主要法源的法律体系。"[5]

正如二十年前一位权威的政治学家所言:"国会(现在)总是选择通过设立代理机构来规制经济……生活……国会(通常)授予规制机构权力,而不是颁布法律并让法院监督它们的执行。"[6] 主要的经济事务,例如金融市场的体制,没有留给普通法法官去解决。

现代政治学经常赞美行政的优点,认为其胜过法官造法:因为法院必须被动地等待一项争议提交到其面前,所以如果经济规制主要依靠司法,我们就会面临拖沓、矛盾和分散行动。[7] 普通法制度不适宜处理许多现代经济问题。我们现在都是规制者的观点具有深入和持续的影响[8],并且在我看来这种观

---

[1] Morris P. Fiorina, *Legislative Choice of Regulatory Forms: Legal Process or Administrative Process?*, 39 Pub. Choice pp. 33, 35—40 (1982).

[2] *W. Coast Hotel Co. v. Parrish*, 300 U.S. 379 (1937).

[3] Cass r. Sunstein, *The Partial Constitution* 61 (1993).

[4] Id.

[5] Id., p.1.

[6] 前引 Fiorina, *Legislative Choice of Regulatory Forms: Legal Process or Administrative Process?*, pp. 33, 35。

[7] Id. p.43; Melvin Aron Eisenberg, *The Nature of the Common Law*, p.4 (1988)(证明了法院是被动的,唯有进行了个别辩论后才能作出判决)。

[8] 例如,Robert E. Cushman, *The Independent Regulatory Commissions*, pp.5—7 (1941); Gabriel Kolko, *Railroads and Regulation*, pp.1—6, 231—239 (1965)(指出改良主义者和铁路工业同样想要对铁路予以规制,因为普通法制度给他们造成了痛苦);James M. Landis, *The Administrative Process*, p.24 (1938). 规制俘获论者怀疑这种规制通常起因于来自利益集团的有害影响。例如,见 Richard A. Posner, "Theories of Economic Regulation", 5 Bell J. Econ. & Mgmt. Sci. 335, 350—351 (1974); George J. Stigler, "The Theory of Economic Regulation", 2 Bell J. Econ. & Mgmt. Sci. 3, pp.4—6, 17—18 (1971)。

点与法系渊源理论是不一致的。

(二) 国家权力

数据表明,规制型国家同时出现在大陆法系国家和普通法系国家,两者之间的国家角色差异是一个现代现象。

表1　政府的扩张,1870—1996年(政府支出占GDP的百分比)[1]

国家	法系渊源	约1870年	一战前（1913年）	一战后（1920年）	二战前	1996年
奥地利	大陆法	10.5	17.0	14.7	20.6	51.6
比利时	大陆法	数据缺	13.8	22.1	21.8	52.9
法国	大陆法	12.6	17.0	27.6	29.0	55.0
德国	大陆法	10.0	14.8	25.0	34.1	49.1
意大利	大陆法	13.7	17.1	30.1	31.1	52.7
日本	大陆法	8.8	8.3	14.8	25.4	35.9
荷兰	大陆法	9.1	9.0	13.5	19.0	49.3
挪威	大陆法	5.9	9.3	16.0	11.8	49.2
西班牙	大陆法	数据缺	11.0	8.3	13.2	43.7
瑞典	大陆法	5.7	10.4	10.9	16.5	64.2
瑞士	大陆法	16.5	14.0	17.0	24.1	39.4
澳大利亚	普通法	18.3	16.5	19.3	14.8	35.9
加拿大	普通法	数据缺	数据缺	16.7	25.0	44.7
爱尔兰	普通法	数据缺	数据缺	18.8	25.5	42.0
新西兰	普通法	数据缺	数据缺	24.6	25.3	34.7
英国	普通法	9.4	12.7	26.2	30.0	43.0
美国	普通法	7.3	7.5	12.1	19.7	32.4
平均	大陆法	10.3	12.9	18.2	22.4	49.4
	普通法	11.7	12.2	19.6	23.4	38.8
	总体	10.7	12.7	18.7	22.8	45.6

1. 20世纪国家权力的时间表

大陆法系国家和普通法系国家的政府支出在19世纪末都低,而在20世纪末都高。1870年和1913年每个大陆法系国家的政府支出都在20世纪末的普通法系国家的政府支出之下。普通法系国家政府在一战前的支出与大陆法系国家相同——或者更多。诚然,政府支出不能完全反映国家权力:国家在没有

---

[1] 数据来自 Vito Tanzi & Ludger Schuknecht, *Public Spending in the 20TH Century: A global Perspective*, pp.6—7 tbl.I.1 (2000). 即使除去1870年两个花费最大的国家——澳大利亚和瑞士——以维持大致的相等,1870年普通法系国家花费与大陆法系国家花费的比率依然接近1。

支出太多的情况下也能积极干预。我们不能精确地测量国家权力,但是这些数据表明大陆法并未促使国家对经济的高度介入。在一战前,大陆法系国家的政府在经济中有着审慎的角色[1],并且通常是政治保守的。它们对经济的预算控制(domination)是20世纪晚期的现象,并无百年历史。

表2 政府补贴和转移支付,1870—1995年(占GDP的百分比)[2]

国家	法系渊源	约1870年	1937年	1960年	1970年	1980年	1995年
奥地利	大陆法	数据缺	数据缺	17.0	16.6	22.4	24.5
比利时	大陆法	0.2	数据缺	12.7	20.7	30.0	28.8
法国	大陆法	1.1	7.2	11.4	21.0	24.6	29.9
德国	大陆法	0.5	7.0	13.5	12.7	16.8	19.4
意大利	大陆法	数据缺	数据缺	14.1	17.9	26.0	29.3
日本	大陆法	1.1	1.4	5.5	6.1	12.0	13.5
荷兰	大陆法	0.3	数据缺	11.5	29.0	38.5	35.9
挪威	大陆法	1.1	4.3	12.1	24.4	27.0	27.0
西班牙	大陆法	数据缺	2.5	1.0	6.7	12.9	25.7
瑞典	大陆法	0.7	数据缺	9.3	16.2	30.4	35.7
瑞士	大陆法	数据缺	数据缺	6.8	7.5	12.8	16.8
澳大利亚	普通法	数据缺	数据缺	6.6	10.5	16.7	19.0
加拿大	普通法	0.5	1.6	1.6	12.4	13.2	14.9
爱尔兰	普通法	数据缺	数据缺	数据缺	18.8	26.9	24.8
新西兰	普通法	0.2	数据缺	数据缺	11.5	20.8	12.9
英国	普通法	2.2	10.3	9.2	15.3	20.2	23.6
美国	普通法	0.3	2.1	6.2	9.8	12.2	13.1
平均	大陆法	0.7	4.5	10.4	16.3	23.0	26.0
平均	普通法	0.8	4.7	7.8	13.1	18.3	18.1
平均	总体	0.7	4.6	9.7	15.1	21.4	23.2

2. 政府预算、政府转移支付和金融市场的时间表

历史上大陆法系国家也不比普通法系国家在收入、财富和财产再分配上表现出更强的倾向。表2表明,20世纪末普通法系国家和大陆法系国家在政府补贴和转移支付的规模上,没有大的差异。表2显示了两种倾向:首先,在20世纪,全部发达国家都增加了补贴和转移支付。其次,直到20世纪下半叶,大

---

[1] Harold James, *Europe Reborn*, p.48 (2003)("[在一战前]有着实质水平的整合,通过几乎不受国家控制和规制的大流量的货物、资本和劳动……财产权被保护并被广泛理解为文明的基础。").

[2] 前引Tanzi & Schuknecht书为基础,p.31,II.4。

陆法系国家并不比普通法系国家有着更显著的再分配——并且通常是更少的分配。19 世纪末的数据符合许多保守的、有着财产保护取向的政权的大陆法系国家的状况。

表 3　1913 到 1999 年的股票市场（股票市场资本总额占 GDP 的百分比）[1]

国家	法系渊源	1913 年	1960 年	1970 年	1999 年
比利时	大陆法	0.99	0.32	0.23	0.82
丹麦	大陆法	0.36	0.14	0.17	0.67
法国	大陆法	0.78	0.28	0.16	1.17
德国	大陆法	0.44	0.35	0.16	0.67
意大利	大陆法	0.17	0.42	0.14	0.68
日本	大陆法	0.49	0.36	0.23	0.95
瑞典	大陆法	0.47	0.24	0.14	1.77
瑞士	大陆法	0.58	数据缺	0.50	3.23
澳大利亚	普通法	0.39	0.94	0.76	1.13
加拿大	普通法	0.74	1.59	1.75	1.22
英国	普通法	1.09	1.06	1.63	2.25
美国	普通法	0.39	0.61	0.66	1.52
平均	大陆法	0.54	0.30	0.22	1.25
平均	普通法	0.65	1.05	1.20	1.53
平均	总体	0.57	0.57	0.54	1.34

此外，根据 Raghuram Rajan 和 Luigi Zingales 的数据绘制的表 3 所示，大陆法系国家的股票市场和其他金融市场在一战前比二战后更为强大。表 3 中每一单元中的数值都是一国股票市场总市值占其国内生产总值的百分比。回溯到 1913 年，几个核心的大陆法系国家——比利时、法国、德国和瑞典——的股票市场，都比美国的要强大。1913 年到 1970 年间，大多数富裕的大陆法系国

---

[1] 数据来自 Raghuram G. Rajan & Luigi Zingales, "The Great Reversals: The Politics of Financial Development in the Twentieth Century", 69 J. Fin. Econ. 5, 15 tbl. 3 (2003)。他们的数据没有考虑流通股——这部分股份不属于处于控制地位的内部人所有。在相同的股票市场资本总额中，流通股可高可低。总体上，这种历史上的股票市场数据通常是不可靠的。根据数据来源重新计算 1913 年的数字，经济史学家认为表 3 少报了美国股票市场的规模，而多报了英国的规模。Richard Sylla, "Schumpeter Redux: A Review of Raghuram G. Rajan and Luigi Zingales's Saving Capitalism from the Capitalists", 44 J. Econ. Lit. 391, 401 (2006)（其数据来自 Raymond W. Goldsmith, Comparative National Balance Sheets, pp. 233, 301 (1985)）。虽然做了这样的调整，但并不会改变普通法系国家和大陆法系国家 1913 年股票市场资本总额的大体相似性。前引 Goldsmith 书，pp. 199, 209—210, 217—218, 225—226, 249—250, 255—256, 289—290。

家的股票市场的资本总额下降了,而大多数富裕的普通法系国家的则增加了。到1970年,大陆法系国家的这种趋势逆转了,每个大陆法系国家的股票市场资本总额都增加了;到1999年,大陆法系国家和普通法法系国家的情况看起来又开始变得相似了。

表1、2、3中的数据表明在20世纪发生了某些情况,这使得曾经似乎在相似的金融路径上的大陆法系国家和普通法系国家在二战后迅速地分道扬镳,而这种分歧在世纪末又消失了。

3. 规制金融市场和劳工市场

有些法系渊源论者认为大陆法系中的规制密度和强度是重要的。大陆法制度设置了太多呆板的证券规制措施,从而削弱了证券市场。[1] 在劳工规制上,大陆法制度同样如此,从而使得劳工市场僵化。[2] 1913年大陆法系国家繁荣的股票市场,在规制过度的重压下最终坍塌,这不过是或早或晚都会发生的事情。

但是在证券规制上并没有数据显示这种情形。在几乎不规制证券市场的大陆法系国家中,有许多国家对劳工市场进行高度的规制,在欧洲大陆创造了著名的劳工刚性。[3] 那里也有规制这种政策工具,但是它被用来保护在职劳工,而不是股东。政策不同;工具却是相同的。

有几种政治制度对边缘蓝领工人的保护程度高于对边缘股东的保护程度。表4列出了经济合作与发展组织(OECD)中较富裕国家的证券市场和劳工市场的规制指数。有的国家劳工市场规制度高,有的国家则低。但是,劳工市场高度规制并不伴随着证券市场高度规制。它们并不相关。[4]

---

[1] John C. Coffee, Jr., "The Rise of Dispersed Ownership: The Roles of Law and the State in the Separation of Ownership and Control", 111 *Yale L. J.* 1, 9—10 (2001).

[2] Botero, Simeon Djankov, Rafael La Porta, Florencio Lopez-de-Silanes & Andrei Shleifer, "The Regulation of Labor", 119 *Q. J. Econ.* 1339, 1340 (2004), pp.1339,1375—1380.

[3] Gilles Saint-Paul, "The Political Economy of Employment Protection", 110 *J. Pol. Econ.* 672, 696—699 (2002); Horst Siebert, "Labor Market Rigidities: At the Root of Unemployment in Europe", 11 *J. Econ. Persp.* 37, 39 (1997).

[4] 相关系数是 -0.52,t-统计量是 -2.89,在统计上非常显著($p<0.01$)。至于LLSV的27个发达国家(绝大多数是OECD国家),相关系数是 -0.58,t-统计量是 -3.51,甚至在统计上更为显著($p=0.002$)。OECD之外国家的数据也是可以利用的。全部49个国家的数据利用后,t-统计量是 -2.80,显著程度是 $p<0.01$。

表4 OECD劳工和证券披露规制的不相关性[1]

股东权利高的国家			股东权利低的国家		
国家	披露规制强度	劳工规制	国家	披露规制强度	劳工规制
美国	6.0	0.48	挪威	3.5	1.33
加拿大	5.5	0.46	瑞典	3.5	1.28
英国	5.0	0.47	墨西哥	3.5	1.17
法国	4.5	1.41	丹麦	3.5	0.99
韩国	4.5	0.99	西班牙	3.0	1.33
日本	4.5	0.79	荷兰	3.0	1.19
澳大利亚	4.5	0.72	芬兰	3.0	1.06
意大利	4.0	1.28	土耳其	3.0	0.88
瑞士	4.0	0.87	葡萄牙	2.5	1.46
爱尔兰	4.0	0.81	德国	2.5	1.31
新西兰	4.0	0.41	比利时	2.5	0.94
			希腊	2.0	1.00
			奥地利	1.5	0.86
高度披露国家平均	4.6	0.79	低度披露国家平均	2.8	1.14
			总体平均	3.6	0.98

那种认为大陆法过度使用规制工具的理论,在解释大陆法高度规制劳工市场而轻度规制资本市场的反差上显得比较牵强。也很难证明大陆法在本质上偏好劳工而反对资本,因为大陆法系国家19世纪的政治是反劳工的。[2] 法国

---

[1] 劳工规制指数将雇用指数和工业关系指数合并起来。雇用指数测量企业雇用工人的直接成本、解雇工人需要的程序、加班成本以及雇用兼职工人的自由。工业关系指数测量工会力量(立基于组建工会的容易程度以及雇主是否必须与工会谈判)和罢工权的力量。前引Botero等文,第1348—1349页,表1,第1353—1356、1362—1363页,表3。证券披露规制指数测量一个国家的证券法是否要求招股说明书必须提供给购股者,并披露内部人补偿、内部所有权、发行人的所有权结构以及内部人与发行人的交易细节。Rafael La Porta et al., "What Works in Securities Laws?", 61 *J. Fin.* 1 (2006),14,28 p.6,表I,pp.15—16,表II。

[2] 关于法国,David S. NewhalL, "Clemenceau", pp.254—261 (1991),该书描述了克列孟梭(Clemenceau)是怎样派遣法国军队镇压1906年矿工罢工的, Jean Sagnes, *Voies européennes du syndicalisme*, *Histoire du Syndicalisme Dans le Monde: Des Origines À Nos Jours*, pp.21,42 (Jean Sagnes ed. , 1994). 关于德国, *A Dictionary of Nineteenth-Century World History*, p.33 (John Belchem & Richard Price eds. , 1994),该书指出"[1878年德国的]反社会主义法起源于俾斯麦镇压新组建的社会主义政党的决定……这部法律禁止社会主义者的政治性政党活动和集会,禁止出版发表社会主义观点的报纸……许多社会主义者被监禁或流放"。 Klaus Tenfelde, Germany, *In the Formation of Labour Movements 1870—1914—An InternaTional Perspective*, pp.243,244 (Marcel van der Linden & Jürgen Rojahn eds. , 1990)("新的普鲁士——德意志国家不遗余力地对付劳工运动,轻则抚慰之,重则镇压之……压制措施直接对准罢工活动和结社活动。出于这样的考虑,社会主义法只不过是代表了政府反对劳工运动而采取压制政策的高潮")。

在1791年到1884年宣布工会是非法的,一直到1864年还禁止罢工。[1] 德国在19世纪大部分时间里禁止或限制工会,尤其是在其(反)社会主义法实施的1878年到1890年期间。[2]

有人可能会认为这里的劳工市场与资本市场规制之间的反向相关性恰好印证了法系渊源论:普通法制度利用强制披露规则规制证券市场,但是对劳工市场自由放任。大陆法制度规制劳工市场,但并没有利用其创设规则的能力在证券市场实施披露规则。这一观点的问题不在于相反结果之间存在匹配关系,而在于认为出现这种匹配关系的原因是法系渊源。对于证券市场规制(美国模式)和劳工规制(欧洲模式),规制者都必须制定并执行规则。两者都利用规制手段以达到这些不同的结果。虽然政策偏好不同,但是现今的政治经济因素比中世纪的法系渊源更好地解释了这种政策上的差异。

4. 工具和权力

总之,我们不应混淆法律工具和运用这些工具的权力。拿破仑法典束缚了法官处理国家事务的手脚。但是拿破仑的法典只是一个工具;重要的是其身后的强大的法兰西国家。法典是权力的工具,而不是权力本身。拿破仑如果未曾通过法典来控制法院,他就会建立行政机构;如果遇到持反对意见的典型的普通法式法官,他就会完全剥夺他们的权力。

与此相似,被夸大的英国法院真的是财产保护的驱动力量吗?或者只不过是一个附带现象?答案似乎是后者:到1688年权力已从国王处转移至辉格党(Whigs)及其商人成员。他们杀了国王,废黜了另一个,选择了他的替代者。他们要求保护他们的财产,并通过普通法法官这样做。如果法官曾拒绝这样做,辉格党就会制定、颁布、编纂新的财产权法典,将洛克的思想写进去。

在20世纪,基本经济条件范围内对于一国金融市场重要的不是立法者在作安排时拥有何种中世纪工具,而是权力安排在何处。资本所有者是占优势还是弱小的?国家迎合劳工利益吗?大企业内部的控制股东能很好地支配政治制度吗?政策制定者认为资本有益于国家福利吗?有权力的人想干什么?如果政治制度想利用法律工具来取悦市场,两套法律工具中的任何一套都会起作用。

---

〔1〕 前引 Sagnes 书,第42—43页。Sagnes 认为:[法国、美国和英国的劳工]法实质上存在相当的相似性,尽管其制定的过程反映了这些国家代表的法系之间的差异。谢普雷法(The Loi Chapelier),法国革命的产物,以及拿破仑刑法典禁止组建工会的所有条款,都与英国和美国普通法中的合谋原则在实质上有着极大的相似性。Frederic Meyers, *France*, in *International Handbook of Industrial Relations*, pp.169,170 (Albert A. Blum ed., 1981).

〔2〕 Philip Taft, *Germany*, in *Comparative Labor Movements*, pp. 243, 245—247, 253—254 (Walter Galenson ed., 1952).

(三) 哪种体系更多地规制证券市场?

证券市场的规制强度相差甚大。

1. 规制预算

Howell Jackson 建立了一个重要的金融市场规制数据库,通过人员和预算经费来测量规制强度。这个数据库表明普通法系国家与大陆法系国家相比,其规制经费更多地花在规制证券市场上。[1] 如图 3 所示。

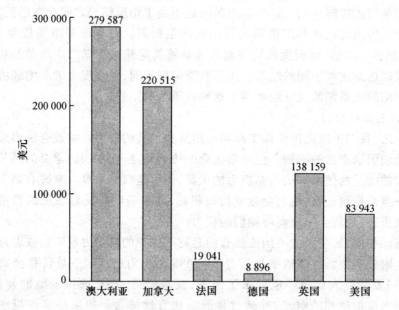

图 3 股票市场中每 10 亿美元股本所要花费的证券规制费用[2]

大陆法系国家比美国在证券市场规制上花费得更少。我在表 5 左栏中列出了高规制预算国家,在右栏中列出了低规制预算国家。普通法系国家在高花费栏中占了多数,大陆法系国家则在低花费栏中占了多数。定性分析的结果也与此类似。大陆法系国家对内幕交易制裁较弱。[3] 然而,表 4 显示了同样这些国家对强大劳工法的偏好。有些国家重视证券市场,投入财力和人力,典型

---

[1] Howell E. Jackson, *Variation in the Intensity of Financial Regulation: Preliminary Evidence and Potential Implications* 19—20 (John M. Olin Ctr. for Law, Econ., and Bus., Harvard Law Sch., Discussion Paper No. 521, 2005), available at http://ssrn.com/abstract=839250.

[2] 前引 Howell E. Jackson 文,第 19 页(资料来自 Fin. Servs. Auth., Annual Report 2003—2004 app. 5 at 100 (2004), available at http://www.fsa.gov.uk/pubs/annual/ar03_04/ar03_04app5.pdf)。有人可能会根据流通股来调整市场资本量占 GDP 比重,而不是总的资本量。但是有着许多控制股东的国家会需要更多的执行资源,而不是更少(规制者的政治影响可以解释为何一些国家的执行资源少)。

[3] Laura Nyantung Beny, "Do Insider Trading Laws Matter? Some Preliminary Comparative Evidence", 7 *AM. L. & Econ. Rev.* 144, 159 (2005).

的就是通过规制,促使证券市场运转。[1]

的确,表5表明花费与渊源相关。但在概念上,普通法应该不会导致高规制花费,大陆法系国家也不会更不愿意花费和规制。这种通常普遍的先见本来会预示相反的结果。然而,美国政治制度接受证券市场规制,尤其是当其扮演着保护小股东免于内部人欺诈的角色时。证券的更广泛持有有助于解释这种规制花费的意愿。

表5 普通法系高金融规制预算[2]

股东权利高的国家(地区)			股东权利低的国家(地区)		
国家(地区)	预算(每10亿美元GDP)	法系渊源	国家(地区)	预算(每10亿美元GDP)	法系渊源
卢森堡	$1043972	大陆法	丹麦	$92925	大陆法
中国香港	665801	普通法	芬兰	88199	大陆法
新加坡	483016	普通法	奥地利	86853	大陆法
美国	425827	普通法	葡萄牙	84615	大陆法
澳大利亚	413265	普通法	瑞典	83373	大陆法
爱尔兰	316872	普通法	瑞士	83301	大陆法
以色列	278641	普通法	挪威	83258	大陆法
英国	276788	普通法	法国	74533	大陆法
韩国	268509	大陆法	新西兰	73026	普通法
加拿大	148908	普通法	西班牙	53057	大陆法
荷兰	144031	大陆法	希腊	52023	大陆法
比利时	142715	大陆法	意大利	50648	大陆法
阿根廷	141473	大陆法	德国	45441	大陆法
			日本	32825	大陆法
高规制者的平均预算	365371	8个普通法系国家(地区)	低规制者的平均预算	70291	1个普通法系国家(地区)

2. SEC

SEC保护不参与公司管理的美国股东免受内部人的欺诈。它规制证券市

---

[1] 在证券规制上花费更多财力和人力的富裕国家有着更强大的金融市场,更多的首次公开发行以及更多的企业。Howell E. Jackson & Mark J. Roe, *Public Enforcement and Financial Markets*: *Preliminary Evidence*, p.2 (Oct. 23, 2006)(未刊稿,存档于哈佛法学院图书馆)。这种相关性不排除相反原因的可能性——也就是说,一个国家由于某些外在原因产生了良好的股票市场,然后持有股票的相关利益团体要求保护。

[2] Howell E. Jackson, *Variation in the Intensity of Financial Regulation*: *Data Updates for Selected Variables* (Nov. 2006)(未刊稿,存档于哈佛法学院图书馆)。

场。它根据联邦规则法典中的具体成文法实施其规制行为。当然,某些证券规则由法院创设。美国证券欺诈法律体系中的许多规则是由法官创设的。但是即使在这种情况下,法官仅在规制者——通常是 SEC,偶尔是司法部——行动之后创设规则。并且,SEC 的确通常拥有普通法风格。它与被规制者协商,因为它必须在《行政程序法》下工作。[1] 它通过威尔士提交(Wells submission),给予被指控者一个申辩机会。但是这里有规制上的细微差异。即使当证券法通过私人诉讼运作时,James Cox、Randall Thomas 和 Dana Kiku 也特别论证了 SEC 申请强制执行判决的诉讼通常是私人诉讼成功的基础。[2]

想想美国在最近的安然和世界通信丑闻是如何反应的,这两个丑闻使得人们开始对美国公司治理质量以及美国法律保护外部股东免受内部人欺诈的能力提出质疑。政治制度需要并得到改革。但是对普通法法官采取行动的要求并未被强调。[3] 取而代之的是,由立法机关进行立法,然后命令规制机关进行规制。2002 年萨班斯—奥克斯利法案赋予了 SEC 新的权力,要求它更好地保护投资者——通过法典编纂和指令性规制。[4] 立法机关支持的并非普通法制度,而是规制型的制度。[5]

三、数据复查:政治经济差异能更好地解释金融差异吗?

因此,无论是受信义务理论,还是历史都不能通过定性证据的支持,来有说服力的说明法系渊源进路可以造成各国拥有极其不同的金融制度。但是即使法系渊源论者尚没有找到从法系渊源到金融市场的路径,法系渊源和证券市场实力还是相关的。法系渊源论者或许认为正确的解释进路只是有待发现,这种理论不应被抛弃。但是在这一部分,我将不借助于法系渊源来解释西方发达国

---

[1] 5 U.S.C. §§ 551—559, §§ 701—706 (2000 & Supp. IV 2004)。

[2] James D. Cox, Randall S. Thomas & Dana Kiku, "SEC Enforcement Heuristics: An Empirical Inquiry", 53 *Duke L. J.* 737, 777 (2003). 双向因果关系再次不能被排除:SEC 行动的原因可能是因为害怕陷入窘境:如果它什么也没做,随后的私人诉讼却能证明了不当行为的存在。

[3] 例如 *Triumph of the Pygmy State*, *Economist*, Oct. 25, 2003, at 55—56; cf. Robert B. "Thompson, Corporate Governance After Enron", 40 *Hous. L. Rev.* 99 (2003)(表明国家行动缓慢)。并没有太多州法院岿然不动——它们其实采取了行动——但是立法者和规制者首先采取了最强烈的行动。对联邦化的畏惧能促成什么样的僵化司法的出现,见 Mark J. Roe, "Delaware's Competition", 117 *Harv. L. Rev.* 588, 601—606, 643 (2003); Guhan Subramanian, "Bargaining in the Shadow of Takeover Defenses", 113 *Yale L. J.* 621, 682 (2003)。

[4] 丑闻事件后提起私人诉讼的原告发现证券法比普通法受信义务更适合起诉。Robert B. Thompson & Hillary A. Sale, "Securities Fraud as Corporate Governance: Reflections upon Federalism", 56 *Vand. L. Rev.* 859, 861, 864 (2003)。

[5] 最近的重要的法系渊源论著中,证券规制并不缺席。Edward Glaeser, Simon Johnson & Andrei Shleifer, "Coase Versus the Coasians", 116 *Q. J. Econ.* 853 (2001); 前引 La Porta et al., *What Works*? 这些作者将 SEC 规制看成是普通法的产物,但是最好被看成是普通法法律创制的替代或补充。其也的确需要规制者——政府行政官员——来促使其运转。

家中的金融差异。较富裕的普通法系国家在 20 世纪的经历与较富裕的大陆法系国家不同：前者相对来讲没有受到 20 世纪早期破坏的多大损害，而后者则不然。战后的政策不尽一致，很有可能是因为这些国家此前截然不同的历史经历所致，就回归分析而言，战后政策中的这些差异能够和法系渊源一样有力地解释 20 世纪后半叶西方发达国家的金融差异，就性质关联而言，其解释效果比法系渊源更好。

第三部分的中心论题是现代政治经济学进路比中世纪的法系渊源更有力地解释现代金融市场。每一个可能合理的战后政治经济学进路都反映了来自现代政治理论的抽象概念——左右冲突、中位投票者定理，或者现存政治力量。

（一）对西方发达国家中作为所有权分离预示的法系渊源的再考察

1. 公司法、法系渊源和立法政策

在一个著名的考察中，La Porta、Lopez-de-Silanes 和 Shleifer 阐明了法系渊源既与一个国家的大企业所有权分离程度也与其公司法质量相关[1]（所有权分离——一个国家的大企业有着分散的所有者且没有控制股东的程度——大致表明外部人将其投资给公司内部人经营的意愿。[2] 本文中我只关注其所有权分离，在附录 1 的数据中我展示了有关其他通常的金融发展措施的相似结果）。

表 6 显示了这样的一些数据。法系渊源论在这里大有用武之地：其最初的受信义务视角和证券市场过度规制由来都派上用场。在所有权分离程度是一个问题的国家（有着大企业的富国）：法系渊源起源的国家中，有特色的大陆法和普通法制度往往是高度成网状的（highly reticulated）。

但是，不只是法系渊源与金融实力相关。劳工规制的强度比法系渊源更好地预示着公司所有权分离，为金融市场实力的政治经济学解释提供了基础。现代政策变量对所有权的分离有着很好的预示，我们有理由相信某些国家由于政策和政治原因支持劳工市场和忽视股票市场，大概是因为劳工利益支配或影响

---

[1] Rafael La Porta et al., "Corporate Ownership Around the World", 54 *J. Fin.* 471, 494, 506 (1999); La Porta et al., *Law and Finance*, at 1113—1152. 最近的论著集中讨论便利私人诉讼的普通法系国家证券法。前引 La Porta et al., *What Works?*, p.22（该文说：也许"我们[现在]发现了'真正的'进路，通过它法系渊源起着重要作用"）。

[2] 前引 La Porta et al., "Corporate Ownership Around the World"，该文考察了一国的所有权分离，以其中型公众公司是否通常有一个大股东为基础。他们考察股东权利——在表 6 左栏中的国家中较高，右栏中较低——通过考虑给予股东防范内部人的公司法具体救济措施。

所有权分离不是金融发展的最终措施：例如，强大的内部人会留在企业内部以监督经理。负债能替代外部平衡。分离只是一个大致的指数。其他通常的指数有股票市场资本总额、债权市场规模、首次公开发行量以及企业数量。每一个都提出了相似的概念问题，但是总体上它们告诉我们有关一国金融市场实力的某些东西。

着它们的政府,而金融取向的财产利益则没有这样做。既然规制股票市场较弱的国家强烈的规制着劳工市场,我们有理由相信这种政策措施组合——强劳工、弱金融——是影响金融的关键。表4显示了劳工与股票市场规制之间的负相关性。表7显示了劳工力量精确地预示着所有权分离。

表6 全球中型上市公司的控制[1]

股东权利高的国家(地区)			股东权利低的国家(地区)		
国家(地区)	所有权分离	法系渊源	国家(地区)	所有权分离	法系渊源
美国	0.90	普通法	瑞士	0.50	大陆法
爱尔兰	0.63	普通法	丹麦	0.30	大陆法
加拿大	0.60	普通法	韩国	0.30	大陆法
英国	0.60	普通法	比利时	0.20	大陆法
新西兰	0.57	普通法	芬兰	0.20	大陆法
新加坡	0.40	普通法	德国	0.10	大陆法
澳大利亚	0.30	普通法	以色列	0.10	普通法
日本	0.30	大陆法	荷兰	0.10	大陆法
挪威	0.20	大陆法	瑞典	0.10	大陆法
阿根廷	0.00	大陆法	奥地利	0.00	大陆法
中国香港	0.00	普通法	法国	0.00	大陆法
西班牙	0.00	大陆法	希腊	0.00	大陆法
			意大利	0.00	大陆法
			墨西哥	0.00	大陆法
			葡萄牙	0.00	
股东权利高的国家的所有权分离平均水平	0.38	8个普通法系国家(地区)	股东权利低的国家的所有权分离平均水平	0.13	1个普通法系国家(地区)
			总体的分离平均水平	0.24	

[1] 数据来自前引 La Porta et al., "Corporate Ownership Around the World", p.494,表3。表6中的27国正是这些作者使用过的27国。这些国家大多是较富裕的OECD国家。

表7 政策变量:劳工保护(高劳工力量;低所有权分离)[1]

劳工力量强的国家(地区)			劳工力量弱的国家(地区)		
国家(地区)	总体劳工力量	所有权分离	国家(地区)	总体劳工力量	所有权分离
葡萄牙	1.46	0.00	比利时	0.94	0.20
法国	1.41	0.00	阿根廷	0.92	0.00
挪威	1.33	0.20	瑞士	0.87	0.50
西班牙	1.33	0.00	奥地利	0.86	0.00
德国	1.31	0.10	爱尔兰	0.81	0.63
瑞典	1.28	0.00	日本	0.79	0.30
意大利	1.28	0.00	澳大利亚	0.72	0.30
荷兰	1.19	0.10	新加坡	0.65	0.40
墨西哥	1.17	0.00	中国香港	0.63	0.00
芬兰	1.06	0.20	以色列	0.60	0.10
希腊	1.00	0.00	美国	0.48	0.90
丹麦	0.99	0.30	英国	0.47	0.60
韩国	0.99	0.30	加拿大	0.46	0.60
			新西兰	0.41	0.57
劳工力量强的国家(地区)的平均水平	1.22	0.10	劳工力量弱的国家(地区)的平均水平	0.69	0.36
			总体平均水平	0.91	0.23

附录资料中的表9在技术上比较了证券规制和劳工政策对所有权分离的解释力。的确,更强的证券披露预示着更好的所有权分离,如栏(1)所示。但是劳工政策,在栏(2)中更好地预示着所有权分离。[2] 当这两者同时进行,如栏(3)所示,劳工政策是更强的预示者。一旦我们考虑一国立法政策是喜欢资本市场还是愿意保护在职工人,法系渊源甚至更不重要,如栏(4)和(5)所示。虽然现代劳工政策在理论上可能源自遥远的法系渊源[3],但是其更可能源自战后政策。

---

〔1〕 数据来源同上注,pp.1362—1363,表3;La Porta et al., *Corporate Ownership Around the World*, supra note 103, at 494 tbl.3. "总体劳工力量"集合了雇用Botero指数和集体协商法律。
〔2〕 劳工力量指数的内容在前面注释中有说明。
〔3〕 前引Botero等文,pp.1340,1365,1370(宣称法系渊源比政治更能"形成[一国的]劳工规制")。

这些回归分析几乎不能证明现代立法政策比法系渊源对金融而言更重要。不只是因为这种相关性本身不等于因果关联,而且既然所有的三种制度(法系渊源、劳工政策和证券政策)都相互关联,我们就不能确定哪一种是起主要作用的。理论上,法系渊源中的某些东西能够促使普通法系国家的人们更偏好股东,促使大陆法系国家的人们更偏好劳工。但如果是这样,可是(1)两类国家都利用大致相似的工具(规制机构),且(2)它们在19世纪末都没有这种偏好的措施,当时核心的大陆法系国家是反对劳工运动的。此外,一旦渊源理论不是构建在制度而是在国家偏好之上——认为一个渊源偏好市场而另一个则不,我们就会有更有力、更为近期的历史来解释相反的国家偏好。

2. 世界大战

这些20世纪后期的政策差异可能源于20世纪上半叶不同的国家经历。直到1913年,在大陆法系国家金融市场一直发展良好,每一渊源的核心国家中的国家介入力度并无不同。但是,核心的大陆法系国家在1914年到1945年间遭受到相互残杀的破坏,绝大多数遭受蹂躏和军事占领。这些骤发事件摧毁了制度,破坏了社会根基,增强了投票者的不安全感。相反,大洋或海峡将核心的普通法系国家与20世纪早期的混乱隔离开来,使它们的市场免受类似的破坏。

结果,二战后西方发达国家中的投票者对风险的态度不尽相同。强大的证券市场推动变革,受到惊吓的平民在其经济生活中可能不愿承担更多的风险。而且,由于不同程度的战时破坏和两次战争间的通货膨胀,平民的资本持有情况是不同的。如果一国中产阶级的金融积蓄首先被两次战争间的恶性通货膨胀和萧条破坏,接着其实物资产又被战争破坏,那么可能的情形就是,1945年以后的数十年,该国典型的投票者就不太会关心金融资本保护,因为他们拥有很少的金融资本,他们的福利更多的是与其人力资本相关。

为了弄清楚在西方发达国家,世界大战引发的灾难是否是我们所讨论的主要原因(而非法系渊源),我用1945年与1913年的GDP比率来测量一国在20世纪遭受的战争破坏。这个比率大致预示了二战结束后四十年的所有权分散,如图4的直观显示和附录数据表11中的技术性显示。对于20世纪90年代的GDP,它依然如此具有控制性:即使一个国家重建并变得更富有,战争破坏依然与弱现代证券市场相关。世纪中的破坏释放了社会和政治压力,这在随后数十年影响着证券市场的繁荣或者落后。作为大陆法系国家的瑞士比德国和法国拥有与美国和英国更近似的证券市场和所有权分离规模,我怀疑这并非偶然:

瑞士是在 20 世纪没有被破坏的核心大陆法系国家之一。[1]

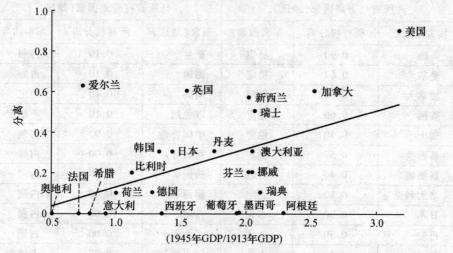

图 4　20 世纪中叶的经济崩溃预示弱所有权分离

所以,如表 3 中所示,直到 1913 年之前主要的大陆法系国家的金融市场的发展一直是良好的。20 世纪中叶的毁坏强烈预示着 20 世纪末金融市场的相关实力。它既可以解释二战后受破坏国家的强劳工规制,也可以解释这些国家证券市场的弱小。

3. 侵略和军事占领:20 世纪的中期的制度破坏

GDP 变化不是测量一国在 20 世纪受到的破坏的唯一方式。有些国家遭受侵略、军事占领和革命,所有这些大概比经济衰退更大地削弱了其制度。我们在表 8 中看到,一个国家是否在 20 世纪被占领、遭受内战也预示着 20 世纪 90 年代较弱小的证券市场。有超过一半的中等规模的公众公司股份被广泛持有的国家在 20 世纪都保持着稳定,没有遭受军事占领、内战和暴力革命。在 1995 年有着低度所有权分离的国家大多在早期遭受了动荡。而且,"总体破坏"将两种破坏数据——经济的和军事的——并入单一的变量,甚至更有力地预示着 20 世纪末的证券市场实力,如数据附录中的表 12 所示。经济和军事破坏一致地预示着 20 世纪末西方发达国家的弱金融市场,与法系渊源的预示相同,或者更好。

---

〔1〕 英国、美国、加拿大和澳大利亚在 20 世纪都没有被入侵。如果美国被入侵,亲英派的人可能会认为,我们的法系渊源将会使我们在战后更快地重建,迅速地建立起市场,并在适当的时候重建我们的金融体系。我在别处提出了类似的观点,但是把美国对大萧条的恢复能力在很大部分上归结于这个国家的政治稳定性和广泛分布的中产阶级财产,而不是法系渊源。见 Roe, *Political Determinants of Corporate Governance*, (2003) pp. 116—124; Mark J. Roe, "Backlash", 98 *Colum. L. Rev.* 217 (1998)。

表8　西方发达国家的现代国家历史与金融市场[1]

高所有权分离国家(地区)			低所有权分离国家(地区)		
国家(地区)	所有权分离	军事占领?	国家(地区)	所有权分离	军事占领
美国	0.90	稳定	荷兰	0.10	占领
爱尔兰	0.63	稳定	德国	0.10	占领
加拿大	0.60	稳定	瑞典	0.10	稳定
英国	0.60	稳定	以色列	0.10	不稳定
瑞士	0.50	稳定	中国香港	0.00	占领
新西兰	0.57	稳定	西班牙	0.00	内战
新加坡	0.40	占领	法国	0.00	占领
澳大利亚	0.30	稳定	墨西哥	0.00	内战
日本	0.30	占领	希腊	0.00	占领
丹麦	0.30	占领	意大利	0.00	占领
韩国	0.30	占领	阿根廷	0.00	不稳定
挪威	0.20	占领	奥地利	0.00	占领
比利时	0.20	占领	葡萄牙	0.00	政变
芬兰	0.20	占领			
高所有权分离	0.49	7/14 稳定	低所有权分离	0.03	1/13 稳定

战后的趋势线也表明战争比法系渊源更重要。如果渊源是关键的原因,那么其对金融结果的影响就会经久不变。如果世界大战是更重要的,那么其影响在随后的几十年就会开始消退,如表3所示,趋势线更好地与战后的政治结果而非法系渊源相吻合。

4. 战后与共产主义的斗争;忽视资本市场

欧洲大陆战后的基本政治事实是清楚的:政治组织安抚投票的工人,政治领袖经常不是转向市场而是转向政府以调动资本。[2] 在西欧和东亚,典型的战后政治是反对共产主义。一个在内外均反对共产主义的国家——战后法国

---

[1] 关于一国是否遭受了军事占领或内战的资料来自 *The Statesman's Yearbook* (Barry Turner ed., 141st ed. 2005)。四个国家的归类是不明确的。爱尔兰在20世纪早期的独立时期可以被归类为不稳定的,尽管20世纪大部分时间动荡发生在阿尔斯特,但阿尔斯特并没有成为爱尔兰的一部分(爱尔兰也可以被视为军事占领国,直到1922年)。墨西哥遭受过内战,这一内战于20世纪20年代结束,但是既然它曾经是稳定的,也有理由将其归类为稳定的国家。以色列和阿根廷难以归类。在回归中,出于显而易见的原因,我将以色列归为不稳定类,由于庇隆时期的政变,我将阿根廷也归为不稳定类。将这四个国家从回归中去除不导致结果的实质改变(何况,如果要1913年的GDP的话,以色列也可去除)。有着0.50或者更大的所有权分离的国家都是稳定的。

[2] Andrew Shonfield, *Modern Capitalism: The Changing Balance Of Public And Private Power*, pp. 84—85 (1969).

首次大选中共产党获得了超过四分之一的选票,共产党在意大利数十年也如此强大[1]——会采取与那些感到更安全的国家不同的政策。甚至当地右翼政治家也赞成对共产主义的追随者采取的安抚政策。[2] 大约从1948年到1989年,共产主义威胁既是国际政治的中心,也是国内政治的中心。正如法国保守派公共知识分子Raymond Aron所言:"20世纪中期的每一个行动,都预先假定并涉及采取应对苏维埃的姿态。"[3] 正如Tony Judt最近的回顾性阐述:

> 共产主义的吸引力是真实的。虽然意大利、法国和比利时的共产党(只)在执政联盟待到1947年5月,但是通过附属于他们的工会成员和群众示威,他们能够激发大众的怒火,从政府的失败中获利。当地共产党的选举成功,与不可战胜的红军的光环一起,使得意大利式(或法国式、捷克式)"通向社会主义之路"看起来是可能的、诱人的。到1947年,907000人加入了法国共产党。在意大利,这个数字是225万,远超过波兰甚至是南斯拉夫。[4]

这样,二战后世界上最富裕的国家有理由对劳工和资本市场采取不同的政策。各国如何经历20世纪的战争、占领和当地共产党的影响中的差异,的确似乎是战后对劳工和资本市场极其不同的政策的重要基础。

(二)为发达国家提供的基于政治的理论

基于政治经济学的理论似乎比法系渊源理论更为强大。在本部分,我简要地将其勾勒一下。虽然各不相同,但是这些理论共享一个核心——亦即,政治影响着政策制定者是否愿意或能够构建金融市场。

虽然在直觉上政治比渊源更重要,但是详细说明政治将政治偏好、制度与金融市场连接起来的精确路径却不容易。这是将来的工作任务,但是已经有了充满希望的开端。

第一个政治经济学解释进路认为军事占领全面削弱制度。当要重建时,政治组织在早期几十年中重建人力制度(human institutions),等到后来才建立股票市场。第二种解释进路将破坏和国内政治联系起来。受惊吓的投票者不愿

---

[1] Tony Judt, *Postwar: A history of Europe Since* 1945, pp. 79, 207 (2005).

[2] 当地右翼的欧洲政府有时偏爱劳工。见前引Botero等文, pp. 1348—1349, 1353—1356, 1362—1363。与共产主义的斗争能够解释其原因。在任何事件上,我们不应像Botero等人在左右政治谱系上那样排列政府,而最好是在绝对的范围上排列。德国的Helmut Kohl和法国的Charles de Gaulle是当地右派,但是在经济上他们比美国和英国的保守派更左派。他们安抚当地左派利益。

[3] 见前引Judt书, p. 197(引自Raymond Aron, *The Opium of the Intellectuals*, p. 55 (1955))(内引号省略)。Raymond Aron虽然一生反对共产主义,但是认可"马克思主义是这个时代最重要的一种思想:这个时代的世俗宗教"。同前引书, p. 401。

[4] 前引Judt书, p. 88。

意冒险,劳工是强大的,储蓄是不足的。这些背景政治条件不是市场友好型的。第三种解释进路是战后国际政治。许多国家的任务是抵抗共产主义扩张,这促使大多数西欧和东亚政府善待那些最有可能成为国际共产主义国内盟友的人们(指工人——译者注)。第四种解释进路认为受破坏的国家不需要从金融市场筹集大量资金。[1] 银行擅长将资本分配到已知技术中,而证券市场更擅长将资本分配到新的和未经尝试的技术中。[2] 二战后,重建很大程度上是一个非常适合银行的已知任务,银行或许比易变的股票市场更适合,它满足希望稳定、低风险地重建的政治组织的要求。

1. 左—右劳工政治

我曾在别的文章中提到欧洲社会民主主义没有提供证券市场需要的制度,因为其关注的重点不在于此。受到巨大劳工压力(来自企业内部或来自偏爱劳工的政府行动)的企业股东通常不愿意将其企业交给职业经理,因为害怕经理对不管理公司的股东不太忠诚。劳工对企业现金流有着强烈要求,集权的所有者可以抵制一些这样的要求。[3]

左—右劳工差异对于资本市场和公司所有权的潜在重要性,在最近关于德国最大的制造商戴姆勒-奔驰的争论中可以看出。Wolfgang Bernhard,曾是"该公司克莱斯勒分部著名的二号执行官",被提名管理该公司梅塞德斯分部。[4] 但是 Bernhard 的晋升"在最后一分钟被收回了……这是为在表面上安抚梅塞德斯的工人。(据说工人们被)Bernhard 先生认为梅塞德斯需要一次彻底改革的提议触犯了"。[5]

在德国,劳工参与管理。那里劳工的影响是强大的,集中的所有权能够持续充当一种对抗力量,因此股票市场发展得不够强大。而且,一些政治制度使得本来能将所有权分散企业中的经理与股东联结在一起的工具的作用受到抑制,例如激励性补偿、股东利益规范、敌意收购以及金融透明度。[6] 联系紧密

---

[1] 创业者20世纪50年代在战后破坏中建立新企业。一些企业成功了,在家族中运营一两代,接着就开始分散其所有权。在世界大战中未遭破坏的国家可能会看到更多的创业者更早地分散其所有权。

[2] 例如 Franklin Allen, "Stock Markets and Resource Allocation, in Capital Markets and Financial Intermediation", pp. 81,104—105 (Colin Mayer & Xavier Vives eds., 1993); Colin Mayer, "Financial Systems and Corporate Governance: A Review of the International Evidence", 154 *J. Institutional & Theoretical Econ.* 144, 161 (1998).

[3] Roe, *Political Determinants of Corporate Governance*, p.35; Mark J. Roe, "Political Preconditions to Separating Ownership from Corporate Control", 53 *Stan. L. Rev.* 539, 600—603 (2000).

[4] Mark Landler, "Dispute Disrupts Daimler in Germany", *N. Y. Times*, July 16, 2004, at W1.

[5] 同前引 Mark Landler 文。

[6] 透明度是复杂的:劳工可能要求利润透明度,但是管理企业的资本所有者可能不要求。不管理企业的资本所有者是矛盾的:他们需要透明度检查内部人,但是担心这会增加劳工对企业现金流的要求。

的所有者比分散的所有者为股东做得更好,因为联系紧密的所有者比联系较少的小股东能更好地控制经理的代理成本。这种代理成本在强大的劳工利益迫使经理忽视股东利益的企业中容易高涨。一些研究表明当所有者没有严格控制经理时,工资是怎样增加的。[1]

更直接地,在一些国家,经理扩张其企业,雇用更多工人,但如果这种扩张事后被证明是无利润的,走回头路并不很容易。当地劳工制度的僵硬阻碍企业轻松地缩小规模。但是不与股东绑定的经理——例如股权分散企业中面对很少的股东监督的经理——比具有所有者身份的经理更少地关心无利润扩张给他们自己带来的后果。与所有权分散企业的经理不同,具有所有者身份的经理的金钱处于风险之中。股权分散企业的经理可能更喜欢大型企业带来的权力和威望,希望避免劳工对抗的压力;他们不像具有所有者身份的经理那样有力地维护股东利益。因此,原始所有者发现比较难以分散所有权,因为企业价值在分散所有者手中比集中所有者手中更小。

图 5 显示了一国遭受的世界大战的破坏与随后的劳工力量强势之间的关联。二战后数十年中劳工问题上左右分离的根源可能有几个。生产组织曾是劳动密集型的。受战争惊吓的投票者不愿冒险,也缺乏需要保护的金融储蓄和资本。执政党——即使那些右派政党——会顺从当地劳工以削弱共产主义的吸引力。二战后出现左右分离的趋势,在数十年中,这在一些国家比其他一些国家更为强大。在其强大的地方,资本市场弱小。

2. 现有资本所有者

现在得势者不喜欢新的竞争者。已经成功的所有者通常不希望发展强大的资本市场,因为更好的金融市场会让新的竞争者力量壮大。既然现有者已经有资本——或者有获得资本的机会——他们喜欢弱的投资者保护,这样可以抑制新进入者筹集资本的能力。因此,现有者反对金融发展。[2]

---

[1] Marianne Bertrand & Sendhil Mullainathan, "Is There Discretion in Wage Setting? A Test Using Takeover Legislation", 30 *Rand J. Econ.* 535 (1999); Antoinette Schoar, "Effects of Corporate Diversification on Productivity", 57 *J. Fin.* 2379, 2381, 2399—2401 (2002)(数据表明所有权分散的企业付出更高的工资); Henrik Cronqvist et al., "Do Entrenched Managers Pay Their Workers More?" (Nov. 28, 2005), available at http://ssrn.com/abstract = 845844.有着敌对劳工关系的国家拥有更多的所有权集中企业。Holger M. Mueller & Thomas Philippon, *Family Firms, Paternalism, and Labor Relations* (Nov. 2006)(未刊稿,存档于哈佛法学院图书馆)。

[2] 前引 Rajan & Zingales, "The Great Reversals: The Politics of Financial Development in the Twentieth Century", 69 *J. Fin. Econ.* 5, 15 tbl.3 (2003), p.19。类似的观点,Mark J. Roe, "Rents and Their Corporate Consequences", 53 *Stan. L. Rev.* 1463, 1490 & n.47 (2001); Enrico C. Perotti & Paolo F. Volpin, *Lobbying on Entry* 1—2 (EFA 2004 Maastricht Meetings Paper No. 2277, 2006), available at http://ssrn.com/abstract = 558588(认为现任企业家将新来者堵在门外)。

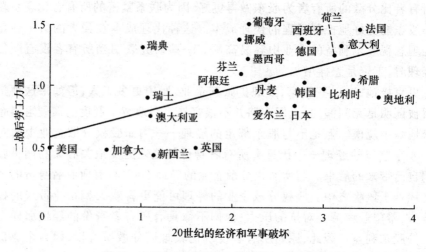

图5 20世纪的破坏预示战后劳工力量[1]

富有的现有资本所有者有资源来抑制竞争者,他们通过资助颁布规则阻止新的竞争者进入该行业的政治家来达到这样的目的。既然新来者(尚)没有财富,他们就不能像现有者那样容易地资助政治活动。[2] 现任者也有公司上的原因来反对金融进步。一旦现任者拥有能受益的体制,他们就不喜欢会破坏其利益的强大的金融市场。[3]

3. 贸易开放

然而,Rajan 和 Zingales 认为,当一个国家开放贸易,现有者的考虑因素以及他们的政治力量就会变化。现任者面临更激烈的产品市场竞争,他们本身也需要新的融资。[4] 当欧洲的政治领袖在二战后几十年中降低贸易壁垒——因为他们要在经济上统一欧洲大陆以避免未来的战争,现有者就没有多少理由来反对资本市场的壮大。

4. 中位投票者

现代政治学的核心是中位投票者定理:投票者被排列在左—右政治谱系上,并在一个中部隆起的标准曲线(a center-humped normal curve)之上分布。

---

[1] 这里的破坏以表3中用过的GDP比率为基础,若如表8所示被占领,就减去该国。美国被回置到0的中心位置,作为遭受最小破坏的国家。我在这里只使用表8中的27个国家,这些国家首先被法系渊源文献使用,以证明战后金融市场差异的另一种解释(由于缺少 GDP 数据,两个国家被去除)。这27个国家中的大部分是富裕的OECD成员国。

[2] Raghuram G. Rajan & Luigi Zingales, "Saving Capitalism From the Capitalists", p. 182 (2003).

[3] Lucian Arye Bebchuk & Mark J. Roe, "A Theory of Path Dependence in Corporate Ownership and Governance", 52 *Stan. L. Rev.* 127, 157—160 (1999).

[4] 前引 Rajan & Zingales, "The Great Reversals: The Politics of Financial Development in the Twentieth Century", 69 *J. Fin. Econ.*, pp. 36,42—43。

政治家寻找中位投票者,他们决定着选举和国家的政治。[1] Enrico Perotti 和 Ernst-Ludwig von Thadden 最近为金融市场实力提出了一个新的中位投票者假设:一些较富裕的民主国家的中位投票者比其他国家的中位投票者拥有更少的金融资本,或者拥有更多需要保护的基于劳动的人力资本。这些投票者不会投票支持发展资本市场——鼓励工业和金融变革会很快侵蚀中位投票者自身的人力资本。[2]

Torben Iversen 和 David Soskice 建立了这里的基准观念:"在技术上进行风险投资的个人需要保险,以避免这些投资的收入的可能损失。"[3] 此类个人是中位投票者的国家的政治制度会减缓由强大金融市场推动的快速工业变化。假定一个国家有着喜欢低风险的银行,雇员的收入和财富来自工资而不是储蓄和资本,尤其是如果雇员有着易受资本市场危害的特定企业技能,那么这些雇员就更喜欢低风险的公司所有权结构,而不喜欢会侵蚀现行工业的动荡的股票市场。现有的融资者——特别是银行——和现任雇员会一起抑制证券市场的发展。[4]

Perotti 和 von Thadden 认为,在以前被通货膨胀破坏的一些国家里,如奥地利、比利时、德国、法国和意大利,经济和金融上衰弱的中产阶级通过寻求稳定的治理结构和更强大的社会保障来应对大萧条。结果市场和社团主义(corporatist)经济的其他特征受到更大的限制。[5]

5. 核心的相似性

其他政治经济学进路也可能与本议题相关:Marco Pagano 和 Paolo Volpin 认为某些议会制度在封闭公司(closely held firms)所有者和劳工之间创制了一种社团主义类型的交易,从而产生了一种弱金融规则。[6] Dennis Mueller 认为

---

[1] Duncan Black, *The Theory of Committees and Elections*, pp. 16,18 (1958); Anthony Downs, *An Economic Theory of Democracy*, pp. 117—118 (1957). 这一定理依赖于有交叉偏好的投票者,这样大多数投票者都能被排列在单一谱上。

[2] Enrico C. Perotti & Ernst-Ludwig von Thadden, "The Political Economy of Corporate Control and Labor Rents", 114 *J. Pol. Econ.* 145, 169 (2006).

[3] Torben Iversen & David Soskice, An Asset Theory of Social Policy Preferences, 95 AM. POL. SCI. REV. 875, 875 (2001)(着重号省略)。"明确针对特定企业、工业或职业的技术性投资将其所有者暴露在风险之中,因此他们会寻求非市场的保护。相反,可带走的技术则不需要大范围的非市场保护……"

[4] 的确,无论是欧洲、亚洲还是美国的中位投票者不都拥有大量普通股,这使得纯粹的股份所有权基础上的中位投票者理论弱化。而且,拥有金融和其他财产的美国人在选民中所占的比例要比欧洲人大。欧洲国家选民中的这些人士的低份额使得政治家更容易诋毁资本偏好型的规则和制度(反向和双向因果关系再次成为可能。如果股东受到保护,普通人就更愿意持有股票)。

[5] 前引 Perotti & von Thadden 文,p. 168。

[6] Marco Pagano & Paolo F. Volpin, "The Political Economy of Corporate Governance", 95 *AM. Econ. Rev.* 1005, 1027 (2005).

分散的、单一成员的地区政治组织(single-member districit polities)在面对类似工会的集中利益集团时,比集中的、基于政党的议会(party-based parlimentary)政治组织更牢固。[1] Peter Gourevitch 和 James Shinn 比较了社团主义政治和自由市场经济:前者有着弱的证券市场,后者则有着强的证券市场。[2]

虽然这些政治经济学解释是不同的——政治理论家也很关注哪种理论更好地描述了现代民主政治,但是它们有两个共同点。在核心上,它们都是关于民主政策制定而不是关于法系渊源的理论。每一种理论都认为世界大战和两次战争之间的时期为 20 世纪末西方发达国家的政治经济差异奠定了基础。

因此,贸易政策在一种理论中是重要的。但是对于想开放贸易的国家而言,其政治制度必须能支持这种开放。在民主政体中,如果政治生活的其他成员反对,商业领袖不可能建立贸易壁垒。他们需要在投票者中建立联盟,一个左一右对立或者社团主义的政治构架已经对他们能否找到这种联盟有所说明。现有所有者需要现任工人,以便通过投票保护已建立的部门来避免贸易和竞争。

同样地,中位投票者理论依赖于重视人力资本甚于金融资本的普通投票者,这样在更保守的国家中构成左派的投票者就统领着中位。左一右派理论需要解释——当左派尽管强大却不在中位投票者所处的位置时——为何中位投票者会与左派结合,以及这将怎样影响企业和股票市场。

将政治经济学的解释全部联系在一起,如果一国有着外部原因促进自由贸易——历史倾向、国际联盟[3]——那么自由贸易就能挫败现任劳工和社团主义利益的力量。[4] 减少的贸易壁垒可以拆掉股票市场的障碍物。反之亦然;如果贸易被封锁,产品竞争弱,这个国家的政治制度就能比贸易开放的政治制度更容易地保护现任劳工。劳工在企业中有更大的话语权,竞争性市场的力量不足以对抗劳工目标,因此强大的所有者持续地充当着一种对抗性的平衡力

---

[1] Dennis C. Mueller, The Economics and Politics of Corporate Governance in the European Union 28 (European Corporate Governance Inst., Law Working Paper No. 37/2005, 2005) available at http://ssrn.com/abstract = 730366. pp. 16—22.

[2] Peter Alexis Gourevitch & James J. Shinn, Political Power and Corporate Control, p. 22 (2005); Peter A. Hall & David Soskice, Introduction to Varieties of Capitalism, pp. 1,8—9 (Peter A. Hall & David Soskice eds., 2001).

[3] Jeffrey N. Gordon, The International Relations Wedge in the Corporate Convergence Debate, in Convergence and Persistence in Corporate Governance p. 161 (Jeffrey N. Gordon & Mark J. Roe eds., 2004).

[4] Neal E. Boudette, "As Jobs Head East in Europe, Power Shifts Away from Unions", Wall St. J., Mar. 11, 2004, at A1.

量。这些政治学进路相互巩固,并且可以作为一个整体来运用。[1]

虽然这些政治理论在核心上不是不一致的,但是它们与任何强大形式的法系渊源理论是不一致的。而且,它们不描述不可变的政策和政治:一个世纪前,这些国家有很多都有着相反的政策和相对较成熟的股票市场。每一个理论都与建立在半个世纪的战争和破坏上的现代政治制度相吻合。

6. 英国和瑞士

英国和瑞士的经历说明了这里的议题。的确,英国最初似乎在表面上与这里的议题不一致,因为它在二战后有着左倾政治和相对成熟的金融市场。但是这些市场发展得较早,那时英国是保守的,并且不管英国政治如何,这些市场在20世纪70年代还在持续。瑞士与法系渊源视角不太吻合,因为它是一个大陆法系国家,在整个20世纪都有着持续僵化的金融市场。我将简要地对两者进行考察。

20世纪早期英国遭受巨大损失,二战后其政治一度完全倾向左派。工党政府在战后的第一个50年中执掌英国17年,主要是从20世纪60年代中期到70年代末期[2],且它们不像托尼·布莱尔那样采取促进市场发展的模式。

但是允当地说,英国是这里议题的一个例证,第一是因为它没有在经历左倾的同时发展金融市场。而且,英国在其处于保守的时期建立了股票市场和相关支撑制度;20世纪早期所有权与控制权开始分离,但是英国后来才出现左倾,此时它的金融市场已经建立起来了。[3] 在左倾时期,英国金融市场遭受打击但幸存下来。英国不可能在工党的战后全盛时期建立强大的股票市场制度,但是到那时它们已经存在。[4]

第二,英国战后政策表明法系渊源论的局限:当英国政治变革了,法系渊源没有阻止英国成为比以前或比稍后的撒切尔年代更具有规制性的国家。

第三,无论英国在战争中遭受多么大的损失,其制度连贯性依然比欧洲大陆更强大。伦敦城(The City)——他们的华尔街——一直存续;英国银行和财政部充斥着许多希望建立强大的英国资本市场、对政策制定影响非常大的人

---

[1] 前引 Roe, *Political Determinants of Corporate Governance*;前引 Roe, *Rents and Their Corporate Consequences*.

[2] *The Statesman's Year-Book* p.1299 (Brian Hunter ed., 134th ed. 1997).

[3] Julian Franks, Colin Mayer & Stefano Rossi, *Ownership: Evolution and Regulation* 21—28 (European Corporate Governance Inst., Finance Working Paper No. 09/2003, 2005), available at http://ssrn.com/abstract=354381. 早期的资料将20世纪80年代看作变迁时期。例如,Brian R. Cheffins, "Mergers and the Evolution of Patterns of Corporate Ownership and Control: The British Experience", 46 *Bus. Hist.* 256, 275 (2004)。

[4] 工党全盛时期在20世纪70年代,但是英国股票市场资本总额下降了约75%。Rajan & Zingales, "The Great Reversals: The Politics of Financial Development in the Twentieth Century", 69 *J. Fin. Econ.* 5, 15 tbl.3 (2003), p.15。英国金融市场甚至不能再承受10年的压力。

士。伦敦股票交易所在 1931 年 9 月 1 日关闭,在一周后的战争期间又开放。[1] 中产阶级的储蓄在战争之间的恶性通货膨胀中并未被剥夺,所以英国在战后仍然拥有储蓄者和投资者——中产阶级投票者。

第四,工党不试图以国家主导的资本分配取代业已发展良好的金融市场。相反在欧洲大陆,新的制度不得不被建立,大多数执政党希望国家控制资本分配。英国维持一个现存的私人资本市场,比欧洲大陆在战争废墟之巅上建立一个新的要更容易。

第五,英国的伦敦城本身是一个能够抵抗变革的强大利益集团,即使在面临一个不太友好的政治制度时。[2] 虽然战后政治环境能够阻止资本偏好型、金融偏好型制度和利益集团滋生,但是这些制度和利益已经存在。[3]

作为大陆法系国家的瑞士,在整个 20 世纪一直有着强大的金融市场。虽然世界大战的确影响了瑞士的经济——该国陆地被封锁(landlocked)并且在 20 世纪早期大部分时间被战争国所包围,但是这一时期它遭受的既非军事占领也非暴力革命。

回到前文提到的表 3。1913 年,瑞士股票市场资本总额与法国、德国和其他大陆法系国家相仿。但是,其股票市场资本总额在世纪中期并未像欧洲其他地方那样坍塌。到 1999 年,瑞士股票市场资本总额占其 GNP 的比例超过了英国和美国。[4] 瑞士真正的公众公司的指标比其他欧洲大陆国家更接近英国:如表 6 所示,瑞士 1995 年的所有权分离指数(50%)比法国(0%)或德国(10%)更接近英国(60%)。瑞士的劳工政策强度比平均水平稍微要低一些,它的证券市场的规制则稍微更强一些,如表 4 所示。在一战前,瑞士政府有着高于平均水平的经济介入程度,如表 1 所示,但是在二战后则低于平均水平。

瑞士的金融市场与其他大陆法系国家不相似。与它们中的大多数不同,瑞

---

[1] Ranald C. Michie, *The London Stock Exchange* pp. 288—290 (1999).

[2] "在[工党统治的]20 世纪 60 年代,伦敦城比政府有着更大的谈判杠杆。" Sue Bowden & Andrew Gamble, "Corporate Governance and Public Policy: 'New' Initiatives by 'Old' Labour to Reform Stakeholder Behaviour in the UK", 1965—1969, 5 *J. Indus. Hist.* 35, 40 (2002).

[3] 这种对英国经历的解释与 Mancur Olson 关于战争摧毁利益集团因而将政府和经济从这些集团破坏性控制中解放出来的观点有所不同。在我看来,战争破坏了保护欧洲大陆的金融和资本的利益集团。Mancur Olson, *The Rise and Decline of Nations: Economic Growth, Stagflation, and Social Rigidities*, pp. 77—87 (1982).

[4] 表 3。瑞士作为资本避难所的地位——由此资本可能大量地涌入瑞士金融市场——应当也是部分原因。

士在 20 世纪没有被占领。[1]

政治理论和法系渊源理论同样甚至有时更好地解释了西方发达国家金融市场的相关深度。图 6 从政治和经济视角展示了什么是金融的基础。战时破坏对二战后数十年西方发达国家的政治有着持续的影响,并且与新的政治理论相当吻合。占领国与非占领国之间以及大陆法系国家与普通法系国家之间的金融差异,1945 年以后在西方发达国家逐渐消退。既然战争对政治的影响应当随着时间消退,这种消退就与政治理论比较吻合。但是既然法系渊源是持续的,消退就不太与法系渊源理论相吻合。

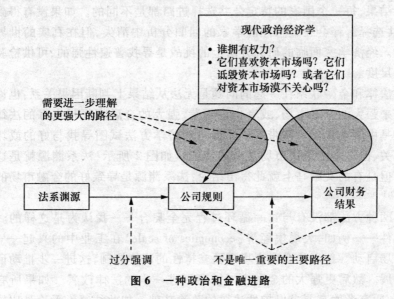

图 6 一种政治和金融进路

(三) 复查方法:工具变量和循环发展

典型的法学研究方式考察案例、制定法和它们的历史,然后得出结论。比较法学家长期关注语言的细微差别和规范的差异,这通常产生相似的功能性结

---

〔1〕 未被占领的另一个欧洲大陆主要国家是瑞典。虽然瑞典公司所有权——我们这里的主要标尺——是集中的,但瑞典金融市场是欧洲强大的金融市场中的一个,公众广泛的持有股权,绝大多数大企业依赖于外部资本——尽管它们大多有控股股东。大多数测量数据表明,二战以来瑞典和瑞士金融市场曾是欧洲大陆两个最大的金融市场。Jonas Agnblad, Erik Berglöf, Peter Högfeldt & Helena Svancar, *Ownership and Control in Sweden*: *Strong Owners*, *Weak Minorities*, *and Social Control*, in the Control of Corporate Europe, pp. 228,228 (Fabrizio Barca & Marco Becht eds., 2001); Peter Högfeldt, *The History and Politics of Corporate Ownership in Sweden* 25,32—34,54—58 (Nat'l Bureau of Econ. Research, Working Paper No. 10641, 2004), available at http://www.nber.org/papers/w10641.pdf.

果,正如 Detlev Vagts 所提醒我们的。[1] 金融经济学家减少对指标的比较,而利用基本的计量经济学方法详细考察金融市场的制度支持。

每一种方法都有优点和缺点。传统的比较法学家得到细微差别,这能产生一种比较有特色的理论。但是他们缺乏检验竞争性理论的强大工具。基本的计量经济学方法需要直接的理论对比来检验,但是调查者能够比较结果,从而抛弃假设,或者认定其成立。然而,这些方法在整理复杂的循环过程或者几种社会特征同时相互影响的过程时可能更不好。

而且,公共选择可能是至关重要的,但是单一的公共选择进路也许不能解释金融结果,每一个国家的特定公共选择进路都是不同的。如果没有得到同一性,公共选择解释会在金融经济学家的回归分析中消失,但在真实的世界中依然存在。经济学家面临的研究方法上的挑战是寻找普遍性强的、可供检验的公共选择尺度。

将法律和金融联系在一起的问题是无法从结果上判断因果关系:也许好的法律带来强大的金融市场,或者也许繁荣、强大的金融市场带来好的法律。也许二者是由工业化的经济带来的。计量经济学方法试图寻找与好的或坏的公司法相关、但不是由现代市场带来的特征。如图 2 所示,法系渊源就是这样的特征。但是有的文献马上就此得出结论:法系渊源是导致好的金融市场的主要原因。[2]

这两种方法都没有与这一循环过程完全契合——我认为是这样的。一些外部事件——例如,大规模经济(economies of scale)在工业中的兴起——使得股票市场启动。新兴的金融市场需要支持性的法律体制,这进一步推动证券市场的发展。然后更强大的金融市场需要更进一步的法律改善。如果所有权是分散的,所有者就有要求保护性法律的政治基础。如此往复。无论是比较法学家还是金融经济学家的标准方法论,都不能很好地解释这一反复(iterative)、双向的因果关系。

---

[1] Detlev Vagts, *Comparative Company Law—The New Wave*, in Festschrift Für Jean Nicolas Druey pp.595,595—596,605 (Rainer Schweizer et al. eds. , 2002); Paul Davies, Gerard Hertig & Klaus Hopt, *Beyond the Anatomy*, in The Anatomy of Corporate Law, pp.216—217 (Reinier Kraakman et al. eds. , 2004).

[2] 前引 La Porta 等,*Corporate Ownership Around the World*,第 505 页(认为法系渊源预示哪些国家更好地保护少数股东);前引 La Porta 等, *Law and Finance*,第 1126 页("我们对法系渊源的关注是重要的……如果我们发现不同法系的法律规则,以及不同法系的金融和所有权模式都存在实质差异,我们就有有力的例证,表明事实上是法系引起结果,而不同法系正是通过不同的法律规则体现出来的")(着重号是加上的)。当前一些与世界银行有关的重要分析利用了法系渊源作为一种工具,Simeon Djankov, Caralee McLiesh & Rita Maria Ramalho, "Regulation and Growth", 4 (Mar. 17, 2006), available at http://ssrn.com/abstract = 893321("法系渊源有着作为商业规制的好工具的特点。它……与商业规制的复杂性相联系")。在本文前半部分,我证明了法系渊源终究是一个软弱的工具变量,我们不能就此明确金融结果与法律之间的主要因果关系。

美国证券市场的发展可以为这一反复进退的过程提供一个例证:19世纪末美国的并购浪潮导致了对金融资本的需求,当时美国零散的金融体系不能直接提供这种资本,因为它们太弱小了。[1] 1910年股票市场规则提供了初步的支持,后来的民粹主义政治使得美国本来可以强大的金融体系过于弱小。[2] 再后来的股票交易所规则支持了20世纪20年代股票市场的扩张,这种扩张辅以股票市场的崩溃和经济萧条,为1933年和1934年证券法提供了政治动力。随后格拉斯—斯蒂格尔法案[3]再次确认了民粹主义者对强大金融的削弱。[4] 证券法成为二战后股票市场进一步拓宽的基础。

简而言之,我的观点是:总体经济下滑、战争、革命或者军事占领能够中断这种循环过程——并且在某些国家的确如此。但是在美国,没有这些动荡中断这一过程。

四、对发展中国家的政策启示

虽然战争破坏理论比法系渊源理论更好地解释了西方发达国家的现代金融差异,但是它没有(也不试图)直接解释这些发达国家的前殖民地的差异。在理解法系渊源在有着基本合同和财产权的国家中是否导致金融差异的问题上,我们不能很好地将这种考察扩展到有着更弱的基本制度的更贫穷国家。的确,法系渊源文献提出的、由27个大多为OECD国家组成的例证[5],对我们考察西方发达国家的金融而言是大致适合的。加入其他拉丁美洲、非洲和亚洲国家,就会减少以战时破坏为基础的回归的说服力,而在某些情形下法系渊源在统计上重新显示其力量。但是它们应当消失:我们这里使用的是一个适合欧洲和西方20世纪经历的变量,而不是发展中国家的。如果我们使用适合更多国家的更通用的变量——政治稳定,政治会再次战胜渊源。[6]

有很好的理由将这里的例证限定于富裕、发达的国家。这些发达国家是可以进行同类型比较的对象:在制度和经济结构充分发达,使金融市场显得重要的国家,用什么解释金融结果差异?并且,战时被占领可以用来衡量制度是否

---

[1] Mark J. Roe, Strong Managers, Weak Owners: The Political Roots of American Corporate Ffinance, p. 3 (1994); Cheffins, "Mergers and the Evolution of Patterns of Corporate Ownership and Control: The British Experience", 46 Bus. Hist. 256 (2004), pp. 257—258; Mark J. Roe, Rents and Ownership Separation, pp. 15—16 (Sept. 27, 2001) (未刊稿,存档于哈佛法学院图书馆).

[2] 前引 Roe, Strong Managers, Weak Owners, pp. 30,33—35,60—61.

[3] 12 U.S.C. § (2000).

[4] 这不是说许多金融法没有很好的公共政策动机。

[5] La Porta et al, "Corporate Ownership Around the World", 54 J. Fin. 471(1999) p. 492.

[6] Mark J. Roe & Jordan Siegel, (Oct. 20, 2006)(未刊稿,存档于哈佛法学院图书馆).

被削弱以及这一政治制度是否到 20 世纪中期以前都是风险规避的。在计量经济学看来,战后政治力量导致了差异,但是这种差异以这个国家属于富裕的民主国家为条件。[1]

但是,军事占领不是削弱一国制度和金融市场的唯一方式。例如,殖民遗产或者 20 世纪拉丁美洲的政治不稳定以及独立后的非洲,也能产生类似许多欧洲和东亚国家战时破坏的结果。许多更贫穷的国家直到 20 世纪一直遭受殖民主义的占领,然而很多在 19 世纪结束殖民地身份的国家承受了孕育着不稳定的政治结构负担。

这就是说,基于西方的破坏理论有助于我们为发展中国家评估法系渊源对金融发展的可能影响以及基于渊源的政策的有效性。既然法系渊源理论不能很好地解释这些制度起源的国家中的金融差异,它也不可能有力地解释移植这些制度的国家的差异。[2] 这里对发达国家的分析因而为发展中国家提供了另一种理论。在 20 世纪,政治不稳定[3]和政府政策——例如国家引导的资本分配战略在战后数十年中在许多国家通行,包括巴西和印度这样各不相同的国家,而这种战略使政府政策挤出了私人金融——很可能在解释金融市场怎样以及为何发展上很重要。

如果强式(strong-form)的法系渊源理论是正确的,那么一国就应采取普通法式的规则来促进证券市场的发展。但是既然这种理论更有可能是错误或次要的,那么受到渊源思想影响的政策制定者可能就会诱导发展中国家放弃好的选择。如果一种模式更容易建构和维持,那么国家将导致真正的成本。普通法

---

[1] 我在军事占领变量上正式地回归金融结果,获得混合结果,然后加入相互作用的变量——OECD 的成员(富国俱乐部)。相互作用的变量测量占领是否影响金融市场变量,如果这个国家是富裕的,则占领是否是影响金融市场变量。如表 13 所示。这些解释是直观的:有着好的制度的国家受到两次世界大战的消极影响;其他国家以坏的制度开始。交互作用变量的重要性证明了样本分离的必要性。利用相似方法分离一个交互作用样本的论文,Randall Morck et al., The Information Content of Stock Markets: "Why Do Emerging Markets Have Synchronous Stock Price Movements?", 58 *J. Fin. Econ.* 215 (2000).

[2] 的确,在脆弱的制度环境中,渊源会比在强大的制度环境中更重要。Thorsten Beck, Asli Demirguc-Kunt & Ross Levine, "Law, Endowments, and Finance", 70 *J. Fin. Econ.* 137, (2003). p.145(认为在法国发展的法律到了法国前殖民地国家却停滞了)。

[3] 前引 Roe & Siegel *Political Instability and Financial Development*。也许不稳定性源自殖民遗产,使得许多国家留下不稳定性,这与扰乱 20 世纪一些西方发达国家的那些遗产不太相似。有些殖民者破坏其本土固有的制度,而没有建立好的新制度。Daron Acemoglu, Simon Johnson & James A. Robinson, "Reversal of Fortune: Geography and Institutions in the Making of the Modern World Income Distribution", 117 *Q. J. Econ.* 1231, 1262—1265 (2002); Stanley L. Engerman & Kenneth L. Sokoloff, *Colonialism, Inequality, and Long-Run Paths of Development* 10 (Nat'l Bureau of Econ. Research, Working Paper No. 11057, 2005), available at http://www.nber.org/papers/w11057.pdf; Dani Rodrik, Getting Institutions Right 2—3 (Apr. 2004), available at http://ksghome.harvard.edu/~drodrik/papers.html.

制度倾向于私人救济,但是如果公共执行对于金融市场是重要的(或者由于其是好的,或者由于其即使在普通法系国家里也是需要的,正如美国 SEC 的核心地位所暗示的),那么发展中国家及其国际机构中的智囊团就会出错——可能是大的错误。

无论其源自何处,法律体制如果由于不协调的政治和社会基础而破碎、坍塌,那么发展机构就可能造成破坏。发展机构可能关注建构诸如完美的合同执行制度之类,而这些制度可能在一遭遇当权者时就会崩溃。保护财产的普通法法院和促进透明的规制者,在一个需要财产保护的政治制度中可能会做得很好。但移植这些法院和规制机构到一个相反的政治环境和政治制度中,这种司法和规制体制将会被适应环境的体制所取代。为了让普通法式的体制工作,现存的社会安排必须被改变。但是改变它们是不容易的。不仅很难达到足够的能够使私人体制繁荣的社会规则性和稳定性,而且这样做的努力也会超越发展机构的合法性范围或真实能力。[1] 与政治框架或社会稳定能力不协调的法律体制的建立,可能会浪费稀缺的发展资源。[2]

再者,即使普通法的受信义务是股票市场发展的一个必要条件——这也许是一个错误的断言,正如我们已经看到的——这种义务对于发展中国家而言可能也是不适合的。简单的规则应当比复杂的信义标准更容易被执行——如果没有政治干预的话。[3] 正如我在前文讨论过的,普通法的财产保护效应依赖于有同情心的立法者。但是如果立法者没有同情心,就不能确定到底是普通法法官还是有明确规定的法典会做得更好。不遵循有明确规定的法典的法官,比卑鄙且私下滥用原则的法官更为引人注目。软弱但独立的司法体系能够抵制某些压力,并能多少执行明确规定的法典规则,但是如果其具有的是某种标准所赋予的自由裁量权,则即使是在轻微的政治压力下也会坍塌。概括地说,类似法典的规则效果可能更好。[4]

因此在本质上,发展政策的启示应该是普通法与大陆法工具(例如法官造

---

〔1〕 "直到 1996 年,政治还是在[世界]银行中不能确定的变数……该银行的……章程要求其官员保持政治上的冷漠。" "A Regime Changes," *Economist*, June 4, 2005, at 65, 66(引用 Ajay Chhibber 的 1997 年世界发展报告作为这种传统的改变)。

〔2〕 这里有些思想的偏见可以互相抵消:普通法制度被看成是有益的并且是不太规制的。证券规制被(错误地)看成是一项普通法式的核心制度。因此,这种推论会在两个方面被质疑:一为大陆法是否本质上过于规制;二为证券规制者和证券规制是否为普通法制度核心的。但是通过这两个互相抵消的观念性错误,这些文献依然能够得到一个有用的阐释性结论,也就是证券规制机构和规制性证券市场被迅速建立时,就能促进证券市场的发展。

〔3〕 Richard A. Posner, "Creating a Legal Framework for Economic Development", 13 *World Bank Res. Observer*, Feb. 1998, at 1, 5.

〔4〕 也就是说,大陆法对于普通法而言就像规则对于标准。对于规则和标准的类似讨论,Louis Kaplow, *General Characteristics of Rules*, in 5 *Encyclopedia of Law and Economics*, pp. 502,508—509 (Boudewijn Bouckaert & Gerrit De Geest eds., 2000)。

法、法典以及规制机构)之间的差异可能并不重要。既然政治环境的背景是不可或缺的,那么发展机构就应该选择将其发展基金以及制度性建议赋予那些有金融发展必需的政治基础的国家。其他国家需要的应该是人道主义援助,而发展机构应该对这一想法保持警觉:他们可以通过设置一些促进金融市场发展的规则和法院来改变政治制度。

结论:公司金融差异解释中的政治经济学和法系渊源

我已评价了关于西方发达国家现代证券市场基础在何处的政治经济学理论和法系渊源理论。法系渊源的差异可能不足以很好地解释金融发展的差异。曾经的法系渊源差异大多已消退。普通法系国家也和大陆法系国家一样进行规制和立法。而且,有多种手段可以实现投资者特殊保护和一般财产权的功能。普通法系国家已经将很多职能交由类似 SEC 的规制机构承担。大量曾由法官和受信义务做的工作现在由立法者和规制者来做。最重要的是,即使在法官做并能做好的场合,他们也只是在立法者允许的范围内才能做。

如果法系渊源比现代政治学对西方发达国家的解释力更弱,那么政策错误就会产生:被渊源理论迷惑的政策制定者可以制定制度策略以发展和转变国家——例如诋毁公共执行和过分强调私人诉讼——这可能在其政治制度中并不奏效,并且比其他的策略效果更差。

法系渊源论者的数据也并不像它们看起来的那样有说服力。的确,渊源预示着最发达国家中的所有权分离。但是,利用法系渊源文献曾使用过的 27 个国家的同样有影响的数据,我证明了 20 世纪早期的经济破坏和国家占领指数,和二战后的立法政策指数一样,通常与法系渊源一样有力甚至更有力地预示了 20 世纪后半叶的金融成果。制度类型——工具——在较发达的国家里并不太重要,但是国家是否利用它们来支撑资本市场则是非常重要的。

如果是与政治制度相互作用的偏好和利益在起作用,那么这些偏好和利益的来源更有可能在现代历史中被发现。在 20 世纪上半叶的灾难中释放的政治和社会压力——世界大战的破坏和经济崩溃——比遥远、微妙的法系渊源更有可能是二战后政府讨厌繁荣的金融市场的根源。关于金融市场差异的基于世界大战和立法政策的解释,与基本数据的吻合度和基于法系渊源的解释是一样。在过去的十年,二战后重要的金融影响在西方发达国家的消退,告诉我们金融差异可能是地方性和暂时的,它们不是源自内含于法系渊源的持续特征,而是源自不同的战后政治、政策和经济任务。

附　录[1]

表9　所有权分离,如OECD国家的证券法、劳工力量和法系渊源所预示的
表10　OECD国家证券政策、法系渊源和劳工政策的相关性
表11　两次世界大战和大萧条
表12　20世纪OECD国家的侵略、占领和革命
表13　战争和国民财富的相互影响
表14　所有权分离与占领
表15　大宗溢价、劳工力量、IPO密度、国内企业数、私人债务与GNP的比率

数据来源清单(略)

（初审编辑：缪因知）

---

[1]　限于篇幅,附录部分的中文翻译此处未刊出,在此向作者、译者和读者致歉。这些表格内容较为繁杂,且需要必要的专门统计学知识才能解读。对此有兴趣的读者可以向本刊来邮索取。——编者注

示范合同的制度考察

何远琼[*]

Institutional Review of the Government Model Contract

He Yuan-qiong

内容摘要：本文通过示范合同制度的谱系考察和功能分析，通过细致的制度梳理工作，文章揭示了示范合同制度是政府通过合同进行治理的产物，具有历史语境下的合理性和制度创新色彩。其在当前语境下，仍具有满足当前社会需求的制度功能。但由于参与主体效用函数和博弈策略的变化，实际上面临着随政府合同行政管理角色弱化而逐渐消亡的可能。鉴于此，本文提出要认真分析和对待示范合同制度的制度功能，正视并推动其积极效用的发挥。

关键词：示范合同　谱系考察　功能分析　演化方向

> 人之好我，示我周行。
> ——《诗·小雅·鹿鸣》

> 修火之利，范金合土。
> ——《礼记·礼运》

---

[*] 北京大学法学院2004级博士生，电子邮箱：heyuanqiong@gmail.com。

一、前言

"汽车维修纠纷呈上升趋势……出台能保证修车人及汽修企业双方利益的示范合同成为当务之急。"[1]近年来,有关各行各业出台示范合同的呼声和举措的报道随处可见[2],示范合同俨然成了规范行业、消费维权的"法宝"。

在可查询的资料范围内,被称为示范合同的大致有四类:一是国际组织特别是国际贸易组织发布的有关国际贸易的合同文本;二是我国工商管理系统独立或联合其他行业主管部门发布的合同文本;三是民间组织或人士发布的建议型合同文本;四是企业组织为了方便交易、规范管理而发布并要求企业对外签署合同时统一使用的合同文本。这些示范合同都不强制当事人使用,只是因为合同文本的规范或权威而往往由当事人直接使用。其中,在中国语境下被人们寄予规范行业行为、进行消费维权厚望的"示范合同"无疑是前述第二种"政府"示范合同[3];而且,人们指望的不单是示范合同文本,更多的是示范合同背后整套的制度机制。[4]

综合有关官方介绍,示范合同制度系指为贯彻合同法规、规范市场秩序,提高合同履约率、维护消费者权益等目的,由工商行政管理机关独立或联合其他行业主管部门,根据国办发(1990)13号、国家工商局(1990)4号令等规章或规范性文件,制定、发布、印制、发放、推广内容比较详细、具体条款完备的合同文本,并促使当事人使用这些规范的具有指导性的示范合同文本的制度。[5] 在示范性合同制度中,政府机关通过提供内容比较详细的合同文本,介入了当事

---

[1] 参见窦红梅:"京汽车维修合同年内颁布专家:修车用假件要重罚",http://news.xinhuanet.com/auto/2007-11/22/content_7123826.htm。

[2] 由于民众更习惯将政府合同示范文本(或称标准合同文本)简称为示范合同,同时,学界考察合同示范文本的法律效力时也常常以示范合同的称呼将其与格式合同或称标准合同、定式合同,即 standard contract 相比较,因而本文将合同示范文本制度表述为政府示范合同制度。如没有特别说明,下文所言"示范合同"均指"政府示范合同"(为区别起见,称为 the government model contract)。

[3] 政府有广义狭义之分,广义政府往往包括行政、立法和司法机关,而狭义的政府仅仅指行政机关。本文指称政府示范合同时,为狭义政府,即行政机关,除此以外,除有特别说明,皆为广义政府。

[4] 我国推行示范合同制度的有关法律文件将其明确界定为一种制度。见《关于在全国逐步推行经济合同示范文本制度请示的通知》(国办发[1990]13号)以及《经济合同示范文本管理办法》(1990年国家工商局第4号令,1998年12月3日修订)。

[5] 参见北京市工商局网页对合同示范文本制度的介绍,http://www.hd315.gov.cn/gcs/htc/sfwb.htm;参见广州市工商局网页,http://www.gzaic.gov.cn/gzaicweb/SPXWDetail.asp?NewsId=574。也可参见林漓主编:《经济合同示范文本制度及其应用》,北京大学出版社1992年版。

人之间的意思自治领域。[1] 相对于许多现代国家崇尚合同自由、合同自治的合同理念和合同实践来说,这无疑是一项值得我们追问和深究的具有中国特色的制度。

然而,示范合同制度是如何形成的?它能否起到人们期望其发挥的作用,在当前语境下还会长期存在并朝我们可欲的方向演进吗?本文致力于回答这些问题。[2] 本文包括五个部分。前言之外,第二部分通过谱系考察,发现示范合同制度是我国政府通过合同进行治理时的偶然产物,是当时诸多力量挤压的结果,具有历史合理性并颇有制度创新色彩。经过对该制度功能的规范和实证分析,第三部分指出,该制度虽然潜伏着一些负面影响,但总体而言仍具有满足目前社会需求的制度功能。基于制度变迁理论,第四部分探讨随着参与主体效用函数和博弈策略的变化,示范合同制度实际上面临着逐渐消亡的可能。鉴于此,应该认真分析和对待这一颇具中国特色的制度,正视并推动其积极效用的发挥。

二、示范合同制度的谱系考察和语境解释

(一)示范合同制度的谱系考察[3]

1. 推动与推广期的示范合同制度

新中国成立初期,针对众多不法商人囤积居奇、哄抬物价的情况,为稳定和恢复国民经济,实现工商业的社会主义改造,国家专门成立并授权私营企业管理局对工商业界的合同进行合同备案、监督检查、鉴证等进行严格管理。在此

---

[1] 在可查询的范围内,除政府作为民事主体在市场上交易具体货物或服务时可能由政府针对其交易事项提供合同文本外,鲜有政府为其他民事主体间的市场交易行为提供由其制定或发布的合同文本。

[2] 每当有示范合同正式发布时,很多"愿意成为"公共知识分子的人纷纷接受媒体的邀请,对示范合同文本做一些蜻蜓点水似的点评,但真正针对示范合同制度的学术研究少得可怜。

[3] 借助谱系学方法,以时间为脉络,结合对制度进行描述性研究时关注的主要变量,考察示范合同制度字面目的、运作主体、运作机制、合同文本涉及行业以及文本内容等具体情况,考察其产生的时代背景、"具体场景"、"诸多力量"以及曲折反复,是为了揭示导致其诞生的诸多不起眼甚至上不了台面的原因,了解制度在特定时空环境下是如何形成和发展,从而有助于真实因果关系的展示和认识当前制度的实际功效,以及如何才能实现对制度的改善。为避免理论预设导致选择性观察,本人通过"北大法宝"中国法律检索系统先对以合同、文本为关键词查询的有关法律、法规、规章性文件、示范合同文本数据库等资料,按年度作了纯粹归纳性的梳理,得出有关示范合同制度形成的假设理论后,再收集新闻报道、学术研究成果、网民言论等资料来检验假设理论。若将这些资料按年度列表梳理,本文主张的许多结论一目了然。然而,鉴于这些数据的庞杂和本身的可验证性,为了表述和阅读的方便,此部分放弃了原本更有说服力的归纳描述范式,而主要采用演绎范式来描述示范合同制度谱系考察的结果。关于谱系学方法,请参见米歇尔·福柯:"尼采·谱系学·历史学",苏力译,李猛校,载《社会理论论坛》1998年5月总第4期,第4页。关于归纳范式和演绎范式,参见艾尔·巴比:《社会研究方法》(第10版),邱泽奇译,华夏出版社2005年版,第一章。

过程中，私营企业局出于工作的技巧和方便，有时会向私营企业主示范在合同行政管理工作中逐步完善并符合政府意图的加工订货、公私合营类的合同文本。[1] 此时，示范合同制度已初现端倪。[2]

中国共产党十一届三中全会后，随着以经济建设为中心的工作重点的确立，政府开始放松经济的计划性，并着力推动经济指标的合同化。但面临的现状却是：多数单位习惯了计划经济模式，缺乏签署合同的意识；吃大锅饭的相应人员缺乏改变交易习惯的外在激励，也缺少合同谈判和签署的相关知识；政法系统缺少经济纠纷的裁判经验也没有相应的法律法规来树立交易规则，从而难以遏制纠纷涌现。鉴于此，为了推动改革，政府只好在物资调配等交易频繁的行业重点推行承包经营制、人员合同制以及交易合同化的试点。随着经济搞活开放，试点行业不断增加，为解决随之而来的合同纠纷以及相应的合同管理分工，除了试点行业主管部门通过有针对性的合同管理规范性文件来予以规范和调整外[3]，政府开始推行具有下述特点的经济合同管理制度[4]：各级工商行政机关为合同综合管理机关[5]；各级业务主管部门负责系统内的合同管理；各级金融机关在业务范围内通过信贷和结算活动管理和监督合同。1981年的《经济合同法》专设"经济合同的管理"一章，在法律层面确认并沿袭这种行政化的经济合同管理制度，意在通过合同的管理来平稳放松计划经济。

中国共产党十二大到十四大期间，国家经济逐步从以计划经济为主、市场调节为辅向公有制基础上的有计划的商品经济转换。在此期间，因合同是经济活动的载体，计划调配与市场供求、国营企业与私营承包、国内基建与外贸出口上的冲突等制度转换中的问题，都首先以缺乏合同签署意识或合同签署不规范、合同履约率不高、合同纠纷日益增多、利用合同互串紧俏物资等合同问题暴

---

〔1〕 参见彭冰："中国50年代的国家与契约"，载《北大法律评论》第1卷第1辑，法律出版社1998年版。

〔2〕 从1962年12月1日中共中央、国务院联合发布的《关于严格执行基本建设程序，严格执行经济合同的通知》中可窥见一斑。

〔3〕 如1979年4月20日国家基本建设委员会公布的《关于试行基本建设合同制的通知》；1979年5月11日国家经济委员会、国家物资总局《关于抓好签订和执行1979年订货合同的通知》（(79)物计字247号文）指出，执行合同发生纠纷时，可"报请各级经委仲裁"。

〔4〕 1979年8月国家经济委员会、工商行政管理总局、中国人民银行《关于管理经济合同若干问题的联合通知》规定，为了加强合同管理，督促企业严格执行合同，提高企业经营管理水平，根据国家有关文件精神，确定了"对供货、产销、加工、运输等经济合同"，"分工进行管理"，标志着这种经济合同管理制度的初步建立。可参见王允武："试论我国的经济合同管理制度及其改革与完善"，载《天府新论》（1996法学专辑）。

〔5〕 从原来的私营企业管理局系统变身而来的工商行政管理局系统基于其经济合同管理的经验和其他由其享有的经济活动管理的职权带来的经济合同管理的便利，被赋予了合同归口管理职责，被认定为负责协调解决跨行业的合同管理及纠纷仲裁的综合性合同管理部门，在经济合同管理初期很大程度上还充当了立法机关和司法机关的角色。这从其发布的规章、规范性文件可见一斑。

露出来。在此情形下,根据经济合同法的规定,国务院有关部门和各省、市、自治区人民政府相继出台了一些合同管理实施条例或合同管理办法。[1] 在这些管理条例或办法中隐含有推行所谓合同参考文本而实质是强制性的合同文本的规定。[2]

与此同时,作为合同综合管理部门的工商行政系统成为当时最主要的经济合同纠纷调解或仲裁的管理机关。[3] 但工商行政系统对此也只是相对有些经验,也得从头摸索纠纷解决的实体和程序规则,包括对经济合同法或一些合同管理条例的解释、合同效力的认定、合同的仲裁等。[4] 然而事后纠纷的解决,不能缓解工商系统深陷众多合同纠纷的工作压力以及各种合同不规范现象带来的政治压力。为此,工商系统逐步推出了合同鉴证、公证等举措[5],想从源头上预防纠纷。但因等待当事人鉴证、公证的被动性和鉴证、公证工作中同类合同却面目各异的困难性,合同纠纷并未因此锐减。在此期间,广东等改革开放前沿地区的工商部门和业务主管部门在这双重压力之下,参照涉外交易中一些外方要求签署的合同文本,根据怎样约定才更规范、才能减少纠纷及损失的要求,总结出当时主要的交易种类的合同样本,并于1985年率先实行了合同示范文本制度。[6]

鉴于经济合同制度的重要作用和经济合同中暴露出的系列问题,国家工商行政管理局借鉴一些部委和地方政府推行示范合同的做法,在1990年向国务院提出《关于在全国逐步推行经济合同示范文本制度的请示》。在国务院办公

---

[1] 如1982年到1993年期间国务院颁发的财产保险合同、建设工程勘察设计合同、建筑安装工程承包合同、农副产品、加工承揽、工矿产品购销合同、粮油合同挂钩化肥指标、劳动合同等条例以及商业部、交通部、科委和一些地方省市发布的经济合同管理办法。

[2] 例如工商同字[1988]第132号《国家工商局关于加强企业承包经营合同、企业租赁经营合同管理的通知》(根据工商法字[2004]第98号已废止)。商业部等部委自己出台的合同管理办法都隐含有这样的规定。可参见熊汝波:"浅谈合同示范文本在实践中的应用",载《胜利油田党校学报》2003年第3期,第79—80页。

[3] 原因大致有三:(1)很多当事人是在政府推动下开始将经济活动合同化,发生纠纷时自会首先寻求推行此举的政府管理部门的救济;(2)人民法院经济审判系统还处于恢复和建设阶段;(3)当事人纠纷解决的路径依赖。

[4] 比如国家工商行政管理局在20世纪80年代曾先后出台《关于〈经济合同法〉有关条款执行问题的复文》、《关于违约金的使用和违约不诉如何处理的复文》、《关于〈经济合同仲裁条例〉有关问题的解释》、《关于确认和处理无效经济合同的暂行规定[失效]》、《关于无效合同确认等问题的复函》、《关于如何处理申请变更或撤销内容有重大误解或显失公平的合同案件的复文》等。

[5] 在1981年前工商行政系统便开始推行合同鉴证工作,自1983年起,工商行政系统以及各行业管理部门都尝试并推广合同鉴证、公证工作,先后独立或联合发布各种有关合同鉴证、公证的受理、适用范围、收费、鉴证或公证有误的责任等方面的管理办法。在经历自愿鉴证到强制再到无法控制、以工商为主导到工商司法联合工作到以司法系统为主导的历程后,通过司法系统与工商系统的联合发文和市场主体的自发选择,司法系统逐步替代了工商系统此部分的职责。

[6] "1985年在全国最早实行了合同示范文本制度,对各类市场加以规范",参见"合同连着你我他——广州市工商局副局长王晓玲答记者问",载《参考消息》1999年12月2日第13版。

厅转发该请示后,提出了八条具体贯彻意见[1],并于同年8月20日发布了《经济合同文本管理办法》,正式形成了示范合同制度:工商系统独立或联合发布合同示范文本;制订部门指定印刷并负责监制示范合同文本,但需向工商系统备案;工商行政管理机关或有关业务主管部门及它们指定的发放单位可按《关于收取经济合同示范文本工本费的通知》收取工本费后发放示范合同文本。

此后两年,一方面,部分行业主管部门和地方政府仍按原有的发布合同管理办法或某某合同条例的形式,推行当时所称的实际具有强制力的规章性的"标准格式合同";另一方面,国家工商行政管理局和部分部委发布了基建、承揽、承包、水电等领域的大约近二十份合同示范文本。这时期的示范合同条款较为简单,主要条款多为填空式样,未明确约定双方权利义务,缺少约定确定数额、比例或方式的违约风险分配条款。与此同时,许多地方政府也专门出台示范合同制度,或在地方性的合同管理办法中规定按合同示范文本管理办法执行。在实践中,许多地方政府都忽略了1990年请示中要求的"不搞强迫命令和一刀切",而全面强制适用示范文本。[2] 不仅如此,在国家工商行政管理局1992年《转发省工商行政管理局关于加强经济合同管理工作若干问题的报告的通知》,推广"重合同、守信用"评比制度后,各地工商系统几乎都把是否适用示范文本作为评比的标准之一。

2. 反思与反弹期的示范合同制度

中国共产党十四大提出建立社会主义市场经济后,在法学理论界出现了一种新观点,认为经济合同应是企业的民事行为,行政机关不应干预、监管企业的合同。我国既然搞市场经济,就应尽量"与国际接轨",逐步弱化工商行政管理部门监管企业合同的做法。[3] 然而,"为保障社会主义市场经济的健康发展,保护经济合同当事人的合法权益,维护社会主义经济秩序",1993年《经济合同法》修订时,仍保留了经济合同管理制度。只是在《经济合同法》以及随后的相关法律法规中对经济合同管理主体、管理手段和管理内容等进行了重大的改革,淡化了合同管理部门以行政手段管理经济合同的做法。[4]

随着我国工商行政管理机关合同管理职能的变化,1993年国家工商行政

---

[1] 1990年5月24日《国家工商行政管理局关于贯彻落实〈国务院办公厅转发国家工商行政管理局关于在全国逐步推行经济合同示范文本制度请示的通知〉的意见》(已失效)。

[2] 《经济合同管理办法》规定"实行经济合同示范文本制度后,当事人在签约时应使用经济合同示范文本",这与1990年请示内容有出入。

[3] 参见聂伟:"话说合同之二,合同应该怎么管",载《经济日报》1996年4月11日第6版。

[4] 在管理主体、管理手段、管理内容上都体现了合同行政管理的放松,特别是工商行政系统的合同鉴证制度明显消亡,合同效力确认权、仲裁职能也都转移到司法行政系统。可参见王允武:"试论我国的经济合同管理制度及其改革与完善",载《天府新论》(1996法学专辑)。参见国务办公厅1995年前后有关仲裁的系列法规。

管理局撤销了合同司,只在新成立的公平交易局里保留了合同处(现也已撤销),许多省市也相继撤销了相应的合同管理机构。[1] 与此相应,示范合同制度的推广与实行陷入了低谷。期间,国家工商行政管理局发布的示范合同数量急剧减少,而且发布的示范合同主要为国家推行房改政策后与商品房建设、买卖相关的合同。地方政府新出台或修订的经济合同管理办法在合同管理上也做了相应调整,尽管仍响应并强制推行合同示范文本制度,但期间由地方级别的工商系统和行业主管部门制订的示范文本很少。

1997年后,社会出现了"利用合同进行的违法行为日渐猖獗、合同履约率日益低下、合同信用出现危机";"不少企业因被合同欺诈、拖欠而深深陷入停产、半停产乃至破产的困境"[2];合同欺诈已成为社会公害[3]等系列问题。在以下几方合力之下,加强合同监督管理的呼声再次响起,合同行政管理制度从低潮中迅速复苏,工商系统的合同管理队伍也得到了恢复或增强[4]:(1)许多行业主管部门和地方政府将上述问题归因于过度讲究契约自由、放松合同行政管理,并为解决问题而强调要加强合同行政管理,加大推行示范合同制度的力度。(2)工商系统在机构精简、人员分流政策下余留的合同管理人员积极寻找充分的理由证明其机构存在的合理性。(3)合同当事人遭遇违约、欺诈等问题寻求司法救济后,却发现至今仍然存在的执行难问题让他们花了成本却事无补,因此也期望更有效的手段来保证他们的权益。由于此时工商系统已失去合同仲裁、效力认定等强有力的制约手段,示范合同制度作为其剩下的为数不多的正当措施之一得到了充分的运用。随着维护消费者权益、推动社会信用体系建设的社会需求兴起,工商系统因为拥有工商注册登记等信息而就势获得消费者权益保护和信用体系建设中主导政府部门的地位后[5],示范合同制度获得了更正当的理由,而且工商系统内部的合同管理职能部门利用工商系统这些内部的资源获得了更强有力的推进手段。从而,示范合同制度在我国重新大行其道。

此种情形下,1998年国家工商行政管理局根据《行政处罚法》的相关规定,修订《经济合同文本管理办法》时,未改变相关规定,仅仅对擅自制订、印刷、印

---

[1] 参见郑汉瑾:"强化合同监管刻不容缓",载《法制日报》1999年2月15日。
[2] 工商系统1997年的一项调查表明提早撤销了合同监管机构的设置,削弱了对全国工商系统经济合同监管工作的指导,使得北京等五大城市出现了企业合同平均履约率从1993年前的85%直泻到40%以下,而欺诈等违法合同占到了书面合同总数的3%。参见郑汉瑾:"强化合同监管刻不容缓",载《法制日报》1999年2月15日。
[3] 参见中国共产党十四届六中全会决议。
[4] 刘彦广、王薇薇:"在市场中探索工商合同管理的新坐标",载《参考日报》2002年11月29日。
[5] 1993年《消费者权益保护法》实施后,工商系统成为消费者权益保护和消协的主管部门。

制示范合同文本行为的处罚措施作了修订。[1] 1999年出台所谓统一合同法的几次立法草案中,学界指出,随着市场经济活动的多样化,"不可能对所有合同进行事前和事中的防范"[2],并强烈主张明确合同自由原则,削弱对合同的行政管理。但最终通过的合同法还是保留了工商行政管理部门和其他行业主管部门对合同的监督处理职责,并明确提及"当事人可以参照各类合同的示范文本订立合同"。

3. 盛赞与盛行期的示范合同制度

1999年的合同法保留了工商系统合同监督的职责,然而,随着中国法治建设的进程,原工商系统解释合同行为调整规范、鉴定鉴证合同效力以及仲裁合同纠纷的权力已逐步被司法系统所替代。[3] 工商系统需要在市场经济中探索工商合同管理的新坐标[4],在随后两年里,仍然有效的示范合同文本制度和"重合同、守信用"企业的评比制度,成为工商系统的主要借力措施。随着侵犯消费者权益的事情曝光度和影响度越来越大,负有消费者权益保护职责的工商系统和各行业主管部门面临的消费者投诉压力也越来越大。政府和消费者都认为商家的格式合同中,减轻商家责任的格式条款过多[5],推行相对公平地约定双方权利义务的示范合同是避免消费陷阱的有力措施。[6] 因而,在对示范合同制度的一片叫好声中,自2000年上海市出台《格式条款监督条例》以后,各地纷纷效仿,要求商品房、电力、电信等合同的格式条款向工商系统备案,倡导工商系统或行业主管部门制订并发布示范合同文本以取代商家的格式合同。自2004年工商系统推动企业信用评估制度后,各地工商管理部门更纷纷将企业、商家是否使用示范合同文本作为企业信用评分的一项考评指标。

可以看出,这一时期,示范合同制度的正式规定虽未变动,但在实际运作中却发生了诸多变化。一是地方化。地方工商推出的示范合同数量和所涉及的行业都远远多于工商总局,而且根据各地方的经济政治情形,对当事人的权利

---

[1] 1998年12月3日,国家工商行政管理局第86号令。

[2] 参见江平、程合红、申卫星:"论新合同法中的合同自由原则与诚实信用原则",载《政法论坛》1999年第1期,第2—11页。

[3] 从1981年到1999年期间的工商系统出台的、司法系统与工商系统的联合发文的、或最高院的司法解释可以一目了然地看出整个替代过程。

[4] 参见秦德继:"太原工商局小店分局是卫士,也是'保姆'",载《参考消息》2000年1月5日。

[5] 人们将此形象地称为霸王条款。

[6] 2002年,建设部提出规范住房市场五项措施,认为示范文本是关键。消费者也认为,示范合同是预防房产陷阱的有力措施。参见龚尚:"建设部提出规范住房市场五项措施",载《参考消息》2002年4月4日。

义务、风险分配条款等作了细致的规定。[1] 二是制订发布方式有所变化。行业协会成为示范合同制订的积极推动者和参与人[2]；示范合同制订方大都采取与业内主要企业、消费者代表和媒体代表集中讨论的方式，并大都在草案形成后公开征求各方意见后再发布。三是示范合同的推广机制发生了变化。尽管许多地方工商系统和行业主管系统在一度放开示范合同文本的印制监制后又收回了印制监制权，并调高了示范合同文本的工本费[3]，但随着互联网的兴起，示范合同文本大都已成为工商网站上公开的免费资源。在1999年《合同法》后，示范合同发布单位已不能强制使用示范合同文本，但工商系统或行业主管部门利用其掌握的相应职权，通过"重合同、守信用"的评比[4]、"信用制度"建设的评比指标、工商登记的优先权等奖惩机制不断地推动示范合同文本的使用。

示范合同制度在这一时期最重要的变化是获得了前所未有的正当性证明。[5] 1999年《合同法》修改时，法学理论界的主流观点是"合同自由"，政府不能干预合同双方的自愿交易。若非当时的合同管理部门、行业主管部门罗列合同管理很有实效的证据，恐怕很难在合同法中找到"示范文本"的字眼。[6] 而这一时期，消费者权益的保护、构建"诚信社会"的厚望，以及交易成本学说在中国的滥觞，示范合同制度获得了大众、政府、学者空前一致的盛赞。一度被学界视为政府干预合同自由的行政管理残留物，以更加光明正大的姿态盛行起来。

（二）示范合同制度的语境解释

对示范合同制度的谱系考察是对其形成与变迁的历史考察。然而，"鉴古以为知今"，若不将其与当下及未来进行更关切的勾连，历史考察将毫无意义。如何理解一项长期存在的法律制度，考察其历史意义并审视其与我们当下的相关性？借助苏力提出的语境论来"语境化地"解读示范合同制度，可以看出：

---

[1] 这与地方工商作为地方消协的主管部门以及地方工商大都还保留有专门的合同处有关。比如，从北京市工商局推出首份《北京市婚礼服务合同》可见一斑。参见胡媛："新人遭遇'婚庆门'"，载《法律与生活》2007年第1期。

[2] 可参见有关广东省装饰协会推动和推广其作为一方当事人的室内装饰装修工程施工合同的报道。参见"广东月内推出全国家装业首例三方合同"，http://coatren.cn/consumer/fitment/statute/20061212_7372.shtml。

[3] 比如2005年3月8日辽宁省物价局、辽宁省财政厅《关于调整经济合同示范文本工本费标准的复函》。

[4] 参见国家工商行政管理总局关于印发《关于深入开展"守合同重信用"活动的若干意见》的通知（工商市字[2006]第16号）。

[5] 制度经济学上有时会把制度界定为共识，而正当性证明正是共识得以形成的原因和得以体现的形式，它对某一项制度来说至关重要。参见青木昌彦：《比较制度分析》，周黎安译，上海远东出版社2001年版，第一章第二节。

[6] 参见江平、程合红、申卫星："论新合同法中的合同自由原则与诚实信用原则"，载《政法论坛》1999年第1期，第2—11页。

第一,示范合同制度同许多具有独特中国面貌的具体制度一样,不是从概念或某种意识形态中演绎出来的,也不是比照某个外国标准塑造的,而是一种诸多社会变量促成的实在。[1] 比如,时代背景下合同治理的需要;政府在合同交易知识上一度占有的优势;当事人解决纠纷的需求;工商系统官员维护自身利益的驱动;司法与行政在纠纷处理权与处理规则上的竞争;逐步复兴的学术界的表达诉求等。正是这些诸多不起眼甚至上不了台面的力量在当时的时代背景、具体的社会场景中经过曲折反复的斗争导致了示范合同制度的诞生和变迁。

第二,示范合同制度相对于当时的社会制约条件而言,具有历史合理性。在政府改变原有模式,自上而下地推动改革时(包括社会主义改造和计划经济市场化两个过程),因合同是交易的直接载体,自然成为政府治理的关键控制点;当事人路径依赖的生物性禀赋,也决定了其遭遇合同纠纷时首先想到推动改革的政府;政府出于维护其自身正当性和利益的驱动,也不得不想方设法去事前预防和减少交易纠纷。而政府在计划经济市场化初期相较于民间的交易知识和信息优势,使得政府成为主要的交易纠纷疏洪口和合同交易的示范者。这些社会制约条件塑造了示范合同制度,并赋予其历史合理性。

第三,示范合同制度是当时社会制约条件下对面临的社会问题的一种比较经济化的回应,而且是一种务实精神推动下的制度创新。在当时推动改革、规范交易、减少纠纷、稳定经济秩序的制约条件下,政府面临的社会问题首先是大国治理问题,即如何在大国范围内快速有效地推行政策;其次是纠纷解决问题,即在纠纷解决机构能力很薄弱的情况下如何有效地解决纠纷;再者是行为正当化问题,即如何减少政府政策和举措的摩擦力以顺利推行的问题;此外,还伴随着信息传递问题,即如何传递这些信息以增强共识形成新的惯习和制度。为"维护社会主义经济秩序"、"规范双方权利义务"、"保护消费者利益",政府主导拟定某类交易的详细内容、倡导签署更为规范的示范合同、并采取强制或通过评优、资源限制等示威性的措施推广的示范合同制度,正是对这些社会问题的比较经济化的回应。[2] 根据"公共选择学派"以及信息经济学等理论来重新解读示范合同制度的形成和变迁,我们发现示范合同制度是政府在当时语境下出于自身利益而采取的一种非常实用主义的选择。而且,示范合同制度虽然是在就事论事的务实精神下由具体的形势一步一步逼压出的制度,但相对于有些

---

[1] 可参照苏力对中国政党与司法关系的考察和分析时的思路和结论。参见苏力:"中国司法中的政党",载苏力主编:《法律和社会科学》(第一卷),法律出版社 2006 年版,特别是第 272 页。

[2] 制度是自发扩展的秩序,类似的情形往往会产生类似的制度。宋以后官板契式的推行和民间标准文约的流行,也是针对当时社会下类似常规问题的一种经济化的回应。参见梁治平:"故纸中的法律与社会",http://www.jus.cn/ShowArticle.asp? ArticleID = 1455。

国家有些行业的长期交易方为减少交易成本,期望通过共同协商方式达成并使用该行业示范性的合同文本以减少交易摩擦,但很难将之实现的情形[1],却是一种不可多得的制度创新。

(三)语境的转化与当下的问题

语境论虽然强调对制度进行更同情的解读,但是,只要制度所针对的问题改变了,或者是其他社会、自然条件变化了,原先具有正当性的制度也就可能会失去存在的正当性,需要有新的、更有效的制度予以替代。[2] 毫无疑问,导致示范合同制度产生的一些制约性条件在当下已经发生显著的变化:(1)市场化改革已呈现自下而上的趋势:很多市场新举措都由民间发起,而非由政府强力推动;(2)知识信息优势已显著逆转:当事人无论是从事国内交易还是国际交易,积累的交易经验已让其通过合同维护权利的意识和能力显著增强,乃至出现了由一方当事人提供的格式合同过于维护其自身利益的霸王条款;从知识总量上而言,分散的市场的知识信息已远远优于政府[3];(3)现代科学技术的发展和民间信用评估机构的兴起,使得民众获得更广阔甚至更有效的信号信息获取途径[4];(4)法律资源更是触手可得:在律师市场竞争激烈的情形下,有许多律师为了获得"明星效应"和"明星收入",在互联网或传统媒体上提供面面俱到的民间示范合同[5];(5)工商系统的合同纠纷裁决、无效认定、合同鉴证等权力和需求已完全被替代,司法系统早已获得其正统性,纠纷解决规则和机制已相当成熟;(6)互联网这个具有扩大效应的信号传递机制,让合同纠纷的私力救济空前有力,媒体的曝光和网民的点评对商家形象的影响已成为商家的软肋。[6]

因此,在现阶段,可以发现市场交易合同层面的问题已发生变化:(1)"维护社会主义经济秩序"的主要问题已从促进建立市场经济转变为规范市场失灵,即规范市场秩序、行业管理、市场主体行为减少其负外部性;(2)"维护当事人利益"的主要问题已从维护市场经济初期商业合同中双方当事人的利益转化为维护消费合同中消费者利益,即如何消除商家提供的格式合同中对消费

---

[1] 比如美国某建筑商协会竭力促成行业内达成建筑承包标准合同但发现很难实现。参见 http://www.trec.state.tx.us/formslawscontracts/forms/forms-contracts.asp.

[2] 参见苏力:《也许正在发生——转型中国的法学》,法律出版社 2004 年版,第 249—250 页。

[3] 关于市场与政府在知识信息上的分析,可参见哈耶克:《致命的自负》,冯克利等译,中国社会科学出版社 2000 年,第 11—12、96—100 页。

[4] 比如以 WEB2.0 形式经营的饭桶网等民间评论网站,就发挥着信用信号和评估的作用。

[5] 比如房产明星律师秦兵出版了《204 购房合同秦兵指南》。

[6] 如今众多的网民购物或消费之前总是习惯到各行业比较出名的点评类网站去了解一下商家的口碑和信息,比如饭桶网,乃至出现了商家招聘个别网民制造有利于其点评的软广告和人为的"口碑销售"的盛行。

者不利的霸王条款问题；(3)"减少合同纠纷"的主要问题已从市场经济初期减少因基本法律规则缺乏引发的合同纠纷，转变为目前因消费者与商家的信息不对称、消费者事前的选择范围受垄断限制、商家的事后道德风险等几方面原因而引发的纠纷。

这种情形下，示范合同制度在行业规范、消费维权上能起到人们期望的作用吗？这一制度会不会因为不适应当前的社会需求而被废除或替代？

三、示范合同制度功能的规范分析与实证分析

旧制度可能如某些河流，某些阶段会沉没地下，但可能又会在不太远的地方重新冒头，使人们在新的河岸看到同一水流。[1] 对示范合同制度"向后看"的历史解读和谱系分析虽然可以让我们更清晰地了解这一制度，但是，如果我们要展望制度的未来，期望能够扬长避短地利用这一制度，那么，"向前看"的制度分析更是不可或缺的。下文便首先对示范合同制度的功能做规范和实证的分析，并同其他替代机制作一比较，为后文探讨其将如何演化以及怎样演化更可欲做铺垫。

（一）示范合同制度功能的规范分析[2]

在正式制度层面，示范合同制度现阶段的宗旨正是致力于解决上文总结的当前问题。结合官方介绍和民间期望，示范合同的提供和使用，应该起到以下作用[3]：(1) 贯彻国家改革方针政策，发挥规范行业管理、规范商家行为以维护正常经济秩序的作用；(2) 减轻当事人撰写合同条款的负担，为当事人提供合同签署知识的辅导和帮助，可减少签约的盲目性和上当受骗；(3) 平等公平地规定各方权利和义务，可杜绝"霸王条款"等各种形式的显失公平的条款，可以防止出现违法条款；(4) 完备完善的合同条款，可以在合同发生纠纷时为举证和纠纷解决提供方便，有利于保护当事人的合法权益和国家和社会公共利益。

然而，相对于当事人自行起草和签署的合同（为表述方便，将其称为非政府示范合同）而言，示范合同制度，按新制度经济学强调的制度的功能来看，在规范意义上还应该具备以下几点：(1) 示范合同应比非政府示范合同更能规范

---

[1] 参见托克维尔：《旧制度与大革命》，冯棠译，桂裕芳、张芝联校，商务印书馆1996年版，前言部分。

[2] 按休谟的认识论来总结，规范分析进行的是"应是什么"的研究，而实证分析进行的是"是什么"的研究。但实际上很多研究都同时具有实证性和规范性，有走向融合的趋势。值得注意的是，本文是在此意义上进行规范分析，而非法学界常称的针对法律规范条文的那种法条主义研究。参见王晓林："经济学：实证的抑或规范的？"，载《经济学家》2003年第4期，第91—98页；泮伟江："走向规范性的法律实证主义——超越哈特与德沃金之争"，载《比较法研究》2006年第2期。

[3] 参见北京市工商局网站对示范合同制度的介绍，http://www.hd315.gov.cn/gcs/htc/sfwb.htm。

商家行为、规范行业管理;(2)示范合同在双方权利义务以及风险责任分配等具体内容上,应比非政府示范合同更有效率;(3)示范合同对当事人而言应是公平的、平等的;(4)示范合同制度相对于能起到类似作用的其他替代机制更有优势。只有这样才能让当事人更自愿地选择使用示范合同,示范合同制度也才更具有存在的合理性和必然性。

(二)示范合同制度功能的实证分析

从前文对示范合同制度的谱系考察来看,示范合同制度已针对语境的变化而有些细微的调整:(1)关注新兴行业的交易合同:最近几年从国家到地方发布的示范合同大都涉及房产、物业、中介、婚纱等新兴行业;(2)关注消费合同:相对于早期的商家与商家间的商业合同,最近发布的示范合同几乎全为消费合同;(3)合同内容注重约束商家行为,明确商家义务,并且竭力消除非示范合同中常见的一些貌似对消费者不利的、增加消费者义务的霸王条款。但调整后的示范合同制度在现阶段到底具有哪些功效,能满足人们对其的期望吗?这还需要细致的实证考察。

首先,示范合同制度实际上具备以下正面效用:(1)树立交易规则效用。合同法律、行政法规只能对当事人的权利、义务作原则性规定,示范合同针对该行业的特点,具体约定交易中当事人间的权利义务,起到了树立交易规则的效用,对还缺乏具体法律规范的一些新兴行业而言更是如此。[1] (2)质量标准要求及保证效用。示范合同中对商家提供的商品、服务质量的规定相对非示范合同更细致,而且政府在制订合同文本过程中一般会采取行业内相对可行的中间状态的质量标准,这就变相地起到了质量标准要求及保证效用。[2] (3)风险分配效用。有的示范合同对款项支付方式、违约金、维修保证、免责条款等原由双方协商确定的事项予以了明确约定,起到了风险分配效用。[3] (4)信号传递效用。示范合同在合同文本起草、征求行业、消费者等相关人员意见和推广使用过程中,发挥着一种合同双方权利义务界分、产品质量标准要求及保证、风险分配等内容的信号传递作用,而这都具有增强消费共识、行业自律及行业竞争的效用。[4] (5)减少交易成本的效用。如果当事人选择使用政府合同文本,一定程度上将起到减少当事人合同谈判、草拟签署、合同履行中的交易成

---

[1] 比如商品房买卖、物业管理的示范合同都是在城市房地产管理法、物业管理条例出台前就由政府发布,仔细比较,可以看出前者明显起到了树立规则的效用。

[2] 比如北京市商品房现房买卖示范合同中就约定了商品房质量、装饰、设备标准。

[3] 比如上海市汽车买卖示范合同约定"在车辆使用1年或行驶2万公里内(以先到为准,下同),同一严重安全性能故障累计修理2次(以修理单据和发票为准,下同)仍未排除故障,或关键总成因质量问题累计更换2次后仍无法使用,乙方有权退车"。

[4] 是否使用示范合同,或者使用的合同文本与示范合同有何区别,都能起到引导行业内商家向示范合同标准靠拢的自律作用和优于还是劣于标准的竞争作用。

本。(6)减少纠纷和便于解决纠纷的效用。如果当事人使用了内容较为完备规定较为仔细的示范合同文本,从条款约定和文本证据效力上都有利于减少纠纷和便于解决纠纷。[1]

但因以下几个原因,示范合同的上述功效实际上大打折扣。首先,示范合同并无要求当事人直接使用的强制力。因此,除了一些严重依赖政府资源的行业,比如电力、电信、房地产和一些明显具有品牌声誉效应的行业,示范合同实际使用率接近100%外,其他示范合同的实际使用率都很低[2],这就导致其实际效用难以发挥。而且,这种情况下,示范合同本身并不低廉的运作成本成为一种浪费。[3] 其次,由于政府相对于商家的信息劣势或者其被所涉及行业的主要商家"捕获",很多示范合同并未将影响消费者选择的隐形条款明朗化,也未明确约定或增加商家的相关义务。[4] 再者,即使示范合同书面规定很完全完备,但如果缺乏对商家违约的惩罚机制,也并不能如愿减少事前或事后的纠纷或有利于纠纷解决。[5] 可见,示范合同制度在当下离人们期望的消费维权功效还有很大的差距。不仅如此,仔细分析,示范合同制度在积极的正向效用下已嬗变出一些负向效用:

首先,示范合同可能成为一种虚假的质量、信用担保形式。现阶段的示范合同一般都明确了商家应承担的义务和违约后应承担的责任。政府和民众都倾向于将商家使用示范合同作为商家符合行业一般质量规范、有信用有担当的一种信号。比如,教育部公布的已采纳示范合同文本的留学中介在消费者感知上就是比未采纳示范合同文本的留学中介可靠。然而,在高度陌生化、流动化而信用体系又不健全的社会环境下,示范合同起到的质量担保效用可能反而是虚假的。比如,跟街头装修队差不多水准的装修公司就可能利用装修示范合同获得业主的信任,但在后期照样可以违约耍赖、"逃之夭夭"。而且,可能因为多数商家都使用同一面孔的示范合同,反而限制了商家通过真正的合同承诺竞

---

[1] 比如北京市固定电话入网示范合同中对电信运营商中断服务的赔偿金和消费者逾期支付通信费用的违约金都有明确约定,这促成了许多合同纠纷的当事人之间直接解决,大幅度地减少了纠纷解决成本。

[2] 比如留学中介的示范合同普及率不到50%,而最近一些地方发布的汽车销售示范合同纷纷出现被汽车销售商拒绝使用,普及率非常低的现象。参见《教育部有关人士就回答推广留学中介示范合同答记者问》(www.265ks.com/abroad/sd/hw/200408/84079.html)和《汽车买卖示范合同保护双方利益却遇冷》(www.auto18.com/news/html/2004-12-23/news)。而在那些因政府握有的牌照许可(各种行政许可)、土地审批、信用评估、登记优先等资源,将明显影响商家的经营行为的领域,示范合同的普及率都非常高。

[3] 示范合同的运作成本主要包括文本的前期调研、起草、征求意见、推广等环节的成本,当然还包括将资源投入示范合同而未投入其他公共服务的机会成本。

[4] 例如北京市固定电话入网合同中,对电信运营商应该提供和保证的对用户而言更重要的市话计费详单、计费独立性、准确性义务并未加以规定。

[5] 使用示范合同的"皮包公司"仍然是"皮包公司",仍能打一枪换一炮,继续骗人没商量。

争形成真实的质量担保效用。[1]

其次,示范合同可能变相地不利于消费者权益的保护。在竞争不充分的行业里,因为商家已使用示范合同文本,消费者对合同文本做修改或补充约定时的谈判力度可能反而明显降低[2];而且示范合同文本的制定者,包括政府与行业协会,更容易接受商家的利益诉求,在真正对消费者有利的关键环节上维护商家利益,只对一些对商家来说无关痛痒的条款上做些让步。在一些竞争充分但容易形成默示共谋的行业,比如干洗、底片冲洗行业,商家普遍使用统一了赔偿标准的示范合同文本可能反而限制了消费者在某些情况下获得更高的赔偿,或者为了避免低概率的损害发生而增加事前的防范成本。[3] 对于此点,已有人准确地将示范合同戏称为"披着羊皮的狼"。[4]

再者,示范合同中过多的政府干预可能不利于一些新兴行业的发展发育。如果政府通过合同管理对新兴行业干预介入过早、设置门槛过高、增加义务过多,将限制市场进入,扼杀市场活力,从而影响行业发展发育。

还有,示范合同可能降低了风险分配的效率。近几年来,一些在反对霸王条款浪潮下出台的示范合同文本,在未进行经济学分析和利弊衡量的基础上,就将某些原本应由消费者承担的风险改由商家承担。这些条款表面上保护消费者利益,实际上却造成了风险分配上的无效率,而且商家承担的成本可能最终转嫁到消费者身上,反而降低了社会整体的效用。同时,消费者会因使用的文本是示范合同而相信会获得有利于消费者的解释从而降低对应由自己承担的风险防范的注意,反而增加了损失的发生率。[5]

最后,示范合同可能并不能减少政府面临的纠纷量并且无形之中影响司法的独立和权威。许多示范合同的发布方都会宣传此类交易的合同纠纷众多是促使政府发布示范合同的原因之一。然而,经衡量各方利益制订的示范合同难免在有些事项的约定上比较原则和折中,这些约定反而容易引起更多的投诉。而且商家为了回避投诉,往往将消费者引向主导起草的政府机关去解决。与此

---

[1] 关于质量担保效用,可参见唐纳德·A.威特曼编:《法律经济学文献精选》,苏力等译,法律出版社2006年版,第十一章和第十四章。

[2] 进入任何一个房地产项目的业主论坛,几乎都能发现许多业主反映很难按某些业内专家建议的更能保护业主权益的民间示范文本与开发商谈成补充协议的议论。

[3] 比如北京市洗染服务合同规定:顾客对价值超过2000元的高档衣物可要求"保价清洗(染)",并按照双方议定的保价标准支付保价清洗(染)费;未"保价清洗(染)"的衣物,折价赔偿额最高不超过2000元。参见《北京市洗染合同》,http://www.baic.gov.cn/gcs/htc/sfwbdown/upfile/北京市洗染合同.doc。

[4] 可参见王明江:"披着羊皮的示范合同",载《上海工商》2005年第2期。

[5] 比如北京市固定电话入网示范合同中约定消费者逾期欠费时商家应在有效通知后才能中止、终止服务,部分消费者因认为电信运营商应让机主本人确实收到通知后才能中止、终止服务,因而未及时补缴欠费或撤销业务而蒙受了过多的违约金或电话号码被销户的损失。

同时,示范合同的政府性和制订时体现的民主性,在纠纷进入司法领域时,示范合同中对违约金等条款的明确约定,在中国目前司法本身独立程度不够的情形下,实际上很大程度上剥夺了司法对此的自由裁量权。而且,无论是商家还是消费者,都能引用政府部门对示范合同文本的某些解释来抵抗法官对己方不利的解释,甚至法官为了节省自己的投入或为了避免错案的可能,也倾向于就示范合同的争议征求或采信政府部门的意见,形成对政府部门的依赖。还有,即使某些法官敢于挑战示范合同文本背后的政府权威作出与政府部门原意冲突的裁量,也会因示范合同前期征求了各方意见,而法官只是一己之见而丧失权威性。[1] 这从长远来看,对司法独立和权威都可能有深远的负面影响。

（三）功效的偏差与比较的分析

对示范合同制度功能的规范与实证的分析,再次证明应然与实然之间往往存在明显的落差。然而,政府示范合同实质上是对非政府示范合同的一种替代,只要政府示范合同比非政府示范合同更为有效,或比其他可能具有类似功能的机制更有效或至少有其他替代机制不能完全替代的可取之处,那么它就是可欲的。

从目前来看,当下的问题最终都表征在非政府示范合同的签署、履行以及争议解决是否有效率上。非政府示范合同中的商业运作合同除合并、兼并等基本是讨价还价的以外,其他的商品合同或消费者合同基本是格式合同。对格式合同,传统的经济学证明在绝大多数情况下,市场力量会让格式合同提供方提供不仅在社会上富有效率而且对非起草方也有利的条款。只有在市场失灵的场合,提供格式合同方提供的格式条款才往往是非效率的。因而主张合同自由原则,主张格式合同格式条款应事先被假定为有效力有效率。[2]

然而,针对传统经济学完全市场和完全信息的假设前提,主张在有限理性、有限信息基础上分析和解释经济现象的行为经济学,借助一些心理认知学和社会实验结果,指出市场力量并不能完全促使卖家提供更有效率的条款,反而会提供对其有利的低效率条款;而且因诸多合同条款是事后责任问题,无法识别质量,因而很可能导致"柠檬"市场问题,即市场只生产低质量产品,即低质量

---

[1] 这类似于美国司法审查中面临的"反多数难题"(counter-majoritarian problem),虽然没有上升到宪政的角度,但的确在这细节的层次也存在这样的不能得到认同的合法性危机。参见强世功:《立法者的法理学》,生活·读书·新知三联书店2007年版,第9页。

[2] 参见 Eric A. Posner, "Contract Law in the Welfare State: A Defense of the Unconscionability Doctrine, Usury Laws, and Related Limitations on the Freedom to Contract", 24 *J. Legal Stud.* 283, 284 (1995)。

的合同条款。[1] 因而主张格式合同条款若为影响客户决策的显著因素，法庭应认定其有效力；而对非显著因素，则立法应该事前规制，法院应该事后救济。[2]

还有部分学者鉴于格式合同面临的诸多问题，比如消费者事前谈判能力有限、政府事前立法规制有限和事后司法救济有限，主张从保护消费者利益角度出发，应对格式合同进行全面的、向政府管理部门报备审批许可的行政规制，对通过报备的视为有效而对未报备的则原则上视为无效。[3] 为此，这些学者还从合同自由原则并不能天然胜出，合同法本身就是对所有当事人而言都无讨价还价余地的格式合同，而且已有立法例对格式合同做行政规制等角度来论证行政规制的合法性，并从对格式合同的行政规制实际的运作机制、运作成本和成功经验来论证行政规制的可行性。

在我国，对于格式合同的规范虽有原则上的事前立法规制[4]，但更多的是事后司法救济，同样存在以上学者所言的种种问题。基于这些问题，结合上文所述的示范合同的正面效用，可以看出，相较于由某一方当事人起草提供的格式合同，在以下几方面显然更具有有效性：（1）虽然有被"捕获"的可能和信息上的劣势，政府主导的并向社会各相关层面征求修改意见的示范合同文本无疑增强了消费者的谈判能力，加强了对商家的约束限制。（2）增强了对风险的事前预防，风险分配更有效率。在示范合同的起草发布过程中往往会征求各类消费者协会的意见，对于常见的投诉问题一般都采取了有针对性的事前约定，总结了投诉处理意见中的有效做法，并且往往从消费者信息有限、举证困难等角度尽量改变明显的免除商家责任的不公平风险分配条款，使风险分配在某些方面更有效率。（3）节省了更多的事前交易成本。格式合同合理性的一大支柱就是节省了当事人事前交易成本，而示范合同因为其公开性和使用的范围，更显著地减少行业性的事前交易成本。（4）提供了更多的救济方式并减少了救济成本。有明确约定而减少争议，而且发生争议后更有可能选择示范合同文本

---

[1] 因为消费者的有限信息，消费者实际上不可能比较全部因素或全部货比三家后再基于成本收益分析作出选择；消费者的有限理性，决定了交易标的物价款、外形等成为影响其消费决定的显著因素；对那些不会明显影响其选择的非显著因素，消费者会因忽视而不去阅读它；而这使得提供格式合同方在非显著要素条款上倾向于维护其利益，而非考虑效率。参见 W. David Slawson, "Standard Form Contracts and Democratic Control of Lawmaking Power", 84 *Harv L Rev* 529, 529 1971) 以及 George A. Akerlof, "The Market for 'Lemons': Quality Uncertainty and the Market Mechanism", 84 *Q J Econ* 488 (1970)。

[2] 参见 Russell Korobkin, "Bounded Rationality, Standard Form Contracts, and Unconscionability", *University of Chicago Law Review*, Fall, 2003。

[3] 参见 Larry Bates, "Administrative Regulation of Terms in Form Contracts: A Comparative Analysis of Consumer Protection", *Emory International Law Review*, Spring, 2002。

[4] 参见《中华人民共和国合同法》第39条对格式条款提供方做不利解释的条款。

发布部门解决,在此解决过程中救济方式更为灵活,相对于司法救济而言,成本也更少。(5)在程序和实质上都比仅由当事人一方提供的格式合同显得要公平、平等。此外,还具有上文所述的其他非政府示范合同制度根本不具有的树立交易规则、质量标准要求及保证、信号传递等正面效用。

针对于当下消费领域的合同问题,大体有六个方向的解决方案:(1)市场竞争机制迫使商家的经营更规范、合同更公平。比如,"居然之家"的先行赔付机制,比如个别开发商为证明自己的诚信愿意签署被视为维权圣经的一些民间示范合同等。(2)行业自律。行业协会通过自我约束、声誉约束或机会约束等机制建立行业自律,规范行业经营行为。(3)社会的他律。消费者协会、WEB2的消费者点评共享机制、媒体对侵犯消费者权益事件的曝光等等都会增强对商家的约束。(4)事前立法规制,强制商家经营行为及承担的合同义务、责任必须符合立法所定标准。比如商品房质量必须符合商品房质量标准,否则由开发商承担责任;电信运营商维修时限必须符合立法要求,否则承担相应已明确规定的违约责任。(5)事后司法救济。(6)直接的行政规制。这些措施,在单方面可能都比示范合同制度更为有效。然而综合来看,示范合同制度相对于这些替代机制具有不可替代的优势:(1)尊重了市场竞争机制,并提供了传递竞争优势的信号:比如对示范合同使用情况的公告;(2)吸纳了行业自律、社会他律的力量,并推动了相应机构作用的发挥:在示范合同起草、讨论、征求意见中都有这些机构的声音;(3)制订、试错、改进的成本都很低,还能根据示范合同的实际运作情况,作出及时适时的调整;(4)相对司法救济的事后、个案特点,示范合同制度具有事前预防和树立规则的优势;(5)行政规制会导致商家报备成本和政府执行成本过高、执行难度过大等问题,而示范合同制度中,政府的主动出击、择其重点、循序渐进都更为有效更为可行。

因而,从制度的实证和规范功能来看,示范合同制度都有其在当下的语境下继续存在的合理性,比较而言,示范合同制度还具有明显的创新性和有效性。相对于示范合同制度违背合同自由原则的学界意见,相对于其实际运作中种种潜在的负面效应,我们只能说这些问题顶多是瑕不掩瑜。

四、示范合同制度演化的可能方向与改善建议

语境的转化与效应的偏差,让示范合同制度的实际运作已发生微变。示范合同制度在今后将如何演化,是维持现状,还是逐步消亡,还是像一些人认为的那样会强制当事人使用?

对示范合同制度的功能分析揭示了制度往往因社会的功能需求而消长。然而功能主义的制度分析更多的是一种后果主义和现实主义的整体分析,并不能揭示制度产生和变迁的具体机理,比如为何满足类似社会功能的制度却面貌各异,为何具有类似功能的制度设计有的能生根发芽而有的则水土不服。在制度变迁的动力及变迁的模型上,新古典经济学、演化经济学、博弈论等都予以了关注。具体而言,人们需要制度的主要原因是为了达成合作并获取合作中的剩余;而制度就是人们为了避免冲突改善自身的环境,凭借重复博弈而获得的一种共识,是参与博弈的主体达成的一种博弈均衡,类同于哈耶克所称的自发扩展的秩序。随着技术、信息、比较等影响博弈主体效用函数的因素的改变,当博弈主体认识到改变其策略将改善其效用时,博弈主体之间策略的互动变化便开始导致从原有的博弈均衡点向新的博弈均衡点改变,而制度变迁就是沿着博弈均衡点的演进。[1] 在制度变迁过程中,原有博弈策略和有关文化认知限制导致了制度变迁中的路径依赖现象[2],而这又导致了解决类似社会功能需求而形成的制度却面貌各异的制度多元化现象和制度间的相互依赖的现象。

按此分析,博弈主体对其在制度功能下自身利益的认知以及认知后为调整利益而采取的策略的变化是制度变迁的根本动力。示范合同制度是在政府推动计划经济向市场经济转化而政府相对具有交易知识优势的语境下,政府、商家、消费者、司法机构等诸多博弈力量在纠纷预防及解决博弈中获得的一种共赢的均衡、一种互利的共识。而在政府从推动市场化转为解决市场失灵、商家从缺少交易知识到占据交易知识优势的当前语境下,各博弈主体的效用函数和相应策略都正在改变。

具体而言:(1)对商家而言,较少依赖政府资源的商家更愿意使用能维护自身利益的格式合同而非示范合同;对较多依赖政府资源的商家,虽然选择示范合同但在示范合同起草中往往会利用其交易知识信息的优势,尽量少披露对其不利的信息和少承担对其不利的风险,甚至会为此贿赂政府部门。(2)对消费者而言,当然希望示范合同内容更能维护消费者权益,希望示范合同在更广泛的范围内推行,乃至希望政府强制推行示范合同。但除了部分消费者会投入成本采取实际推动行动外,很多消费者往往都是搭便车者。(3)对行业协会而言,一方面要在政府和社会民众处争取得到合法性的认可,另一方面要在业内企业处得到实际的利益,因而在政府和社会对其监督不到位的情况下,往往选择成为企业的代言人甚至"帮凶"。(4)对政府而言,也要证明自己存在的必要性、突出自己的政绩,因而在设有合同管理处的基层工商系统更热衷于推行示范合同制度,而在没有类似机构的国家工商行政管理总局已很少主动单方地发布示范合同,而多是应相关行业主管部门的提议而联合发布示范合同。(5)对半官方性质的消费者协会而言,正处于说话无人听的尴尬地位,当然希

---

[1] 青木昌彦等:"沿着均衡点演进的制度变迁",载科斯、诺斯、威廉姆森:《制度、契约与组织》,刘刚等译,经济科学出版社 2003 年版。

[2] 诺斯:《经济史中的结构与变迁》,陈郁、罗华平等译,上海三联书店 1994 年版。

望大力推广示范合同,甚至希望强制推广示范合同和通过法律法规专门规范格式合同。(6)对法院而言,在缺少多审案、审好案的外在激励的情况下,恐怕是希望通过示范合同减少拥到法院的纠纷和提高纠纷解决的便利的。(7)对可能在观念上影响具体制度流变的学界而言,对示范合同这一具体而微小的制度的忽视以及从合同自由原则认为其早该废除的角度,很容易在某次机构调整或规章梳理咨询意见中建议废除这一制度。

鉴于消费者、消费者协会、法院以及学界因介入利益不深或搭便车的心理,很难主动有效地改变实际策略而推动示范合同制度的演变,在政府维持现状的情况下,商家因具有最强的改变策略的比较效用所以最有可能将上述新策略付诸实践。在这种情况下,示范合同制度很可能在维持一段时间后逐渐被束之高阁而慢慢消亡。

但影响示范合同制度演化方向的主导力量还是政府。该制度自诞生初期就源于政府的推动,到现在仍由工商行政系统和行业主管部门维续着制度的正式运作。在政府放松管制、关注市场失灵和逐渐注重管制的成本效益分析的今天,由于强制推广示范合同或事前要求商家报备格式合同从而对其进行规制的巨大成本和事实上的不可能,赋予示范合同强制力的可能性非常小。相反,政府如对自有制度的实际功效认识不足或受学界现有观念的影响,不仅政府机构变革中工商系统和行业主管部门的合同管理职能和队伍很可能消失,示范合同制度也很可能随着某次立法修订或规章梳理而消亡。

然而,正如上文分析指出的,尽管示范合同制度在实际功效中距离人们期望的功效还有一定的差距,甚至还存在着一些潜在的负效应,在当前的语境下,该制度却还发挥着显著的正效应。相较于许多单个规范格式合同、维护消费者利益的制度而言,示范合同制度还是一种综合性的、很便利有效的制度。因而,在没有更好的替代机制之前,我们应该考虑在现有的制度约束条件下,如何促使其克服负效应和更好地发挥其正效应。

第一,对严重依赖政府资源的行业重点推行示范合同。这些行业大多具有垄断性,"店大欺客"的色彩比较浓,而因其受政府资源的牵制,示范合同的实际使用率又很高,所以应该在这些行业重点推行示范合同。第二,对纠纷争议较多、行业还不规范的新兴行业及时推行示范合同,但应注意示范合同中对商家责任界定的适当性,避免过重而影响文本的普及和行业的发育。第三,制订示范合同文本应更加公开地征求各方面意见,特别是已逐渐成为消费纠纷处理主要渠道的消费者协会和所谓的维权专业户的意见,应将征求到的各方意见公之于众,并对予以采纳和不采纳的理由进行说明。第四,加强既有的和开创更新的示范合同的推广机制和制约机制,让过多的当事人了解示范合同并基于自身利益的考虑而愿意使用示范合同,以增强示范合同的信号传递效用和示威性适用。最后,开展示范合同的实证研究,并根据其使用率、使用效果、制约影响等实证的分析而适时调整示范合同。

五、结语

示范合同制度虽然是计划经济向市场经济转化过程中政府通过合同进行治理时诸多力量促成的偶然结果,但它在制度功能上满足了当时的社会需求,具有历史合理性。在具体语境已转变的今天,示范合同制度仍然具有满足目前社会需求的制度功能,具有存续的可能性。但目前,示范合同制度虽然盛行,对其呼声也很高,但随着参与该制度博弈的主体的效用函数和博弈策略的变化,这种制度存在着逐渐消亡的演化趋势。因而,在此情形下,在社会转型而引发大量制度转型、制度创新的过程中,我们要认真对待许多具体的制度,按语境论的进路来假定其事先的合理性,并仔细考察当前语境下其有无转型的需要并仔细思量如何改进制度功效。不能仅仅因某一制度不符合国际惯例或具体的语境已改变就轻谈革新,以免新的好处没得到,而旧的好处已失去了。这正是本研究的目的和意义所在。

(初审编辑:丁晓东)

论反垄断法对政府行为的豁免[*]

张江莉[**]

On Exemption of the Government from Antimonopoly Law

Zhang Jiang-li

内容摘要：限制和促进竞争是政府不可或缺的两种权力，反垄断法对政府限制竞争行为的豁免制度确定了这两类国家力量的基本界限。本文通过研究各国反垄断法的立法和实践，提出反垄断法对政府限制竞争行为豁免的基本法律原则和具体内容，并指出中国反垄断法在具体实施的过程中，应当进一步关注的理念和细节。

关键词：政府 限制竞争 管制 反垄断 豁免

在经济生活中，有很多政府行为对市场自由竞争具有限制的效果，这被人们称为"行政性垄断"或者"政府限制竞争行为"。这样的政府行为是否是反垄

---

[*] 本文没有采用"行政性垄断"这一用语，因为国家对竞争的限制并不止于"行政性"的，其在本质上是包括立法、行政、司法在内的整个国家的一类行为。这里的"政府"取一个较为综合的含义，它可以包括立法、行政、司法机关，更重要的是，它可以体现作为一类性质（限制竞争）的国家权力的整体性。

[**] 北京师范大学法学院讲师，法学博士。电子邮箱：zjlmasha0080@sina.com。

断法的调整对象,如果是,又如何调整,或者说哪些政府行为应当受到反垄断法的制裁,而哪些则不必,这在我国反垄断法的起草过程中一直是备受争议的问题。显然,在"国民情感"上,政府限制竞争普遍不受欢迎,"打破政府垄断"也成为反垄断制度建设中讨论的重点。但是,从政府层面来看,限制市场的自由竞争似乎也存在诸多必要的理由。我国2007年8月通过的《反垄断法》确认了对政府行为的反垄断规制,但是,如何有效地确认政府哪些行为应当受到调整,而哪些行为可以得到豁免,我国反垄断法还缺乏具体制度。政府对自由竞争的限制在世界各国都是无法避免的,但通过一定的法律制度可以将政府对竞争的限制控制在必要的范围之内。国家对经济的作用力,不可避免地分为促进竞争性质和限制竞争性质两类,这两类权力需要通过具体的法律机制来协调。这一具体机制就是反垄断法的豁免制度:对于符合特定条件的政府行为,即使具有限制竞争的效果,反垄断法也不予追究;此外的政府行为如果妨碍了市场竞争则应当受到反垄断法的审查和制裁。

一、政府对自由竞争的限制不可避免

近年来我国学界对政府限制竞争行为的讨论一直是从负面角度进行的,各种"条条垄断"、"部门分割"、"地区壁垒"、"指定交易"等做法都被视为"损害竞争并破坏社会主义经济秩序"的负面行径。[1] 的确,在改革的进程中,在市场经济的建设中,由于法治欠缺、决策不够科学,并受到旧体制遗留的影响,政府对经济的干预常常不合理地限制了竞争;尤其是在电信、航空等领域,在市场经济国家已经开放竞争,国内还在相当的程度上将其视为自然垄断行业,这对经营者和消费者都极为不利。但是,客观地看待政府限制竞争的问题就会发现,政府对市场竞争的限制是不可避免的,限制自由竞争是国家对经济干预的一类权力,它与国家促进竞争的权力是相对应的,二者均为国家权力不可缺少的部分。当前世界各国政府对于市场竞争所进行的限制,主要体现在如下领域:

政府对自然垄断领域进行管制,维持相关市场上的独占或寡占,并对产品进行定价。这是政府建立现代垄断性管制的最初领域。19世纪末美国在建立现代反垄断制度的同时,在一些特殊的自然垄断行业[2]——如电力、卫生服务

---

[1] 见郑鹏程:《行政垄断的法律控制研究》,北京大学出版社2002年版,第30页。作者对这类负面评价进行了一定的总结。

[2] 当时根据平均成本理论,自然垄断行业也指成本递减行业(decreasing-cost industry),即在这样的行业,随着行业规模的扩大,要素价格下降,因此生产的平均成本下降。成本递减行业的长期供应曲线是一条斜向右下方的曲线,这意味着随着产业供应量的增加,产品价格会降低。See Gorge E. Garvey, Gerald J. Garvey, *Economic Law and Economic Growth: Antitrust, Regulation, and the American Growth System*, Greenwood Press, pp.33—25.

系统、电车系统、电话产业等公用设施领域均属于成本递减的产业,以及某些"不变资本高、可变资本低"的重工业——建立起具有垄断特征的产业管制制度。随着经济学理论的发展,自然垄断后来以成本的可次加性(劣加性)作为主要性特征。鲍莫尔在其可竞争理论中将自然垄断定义为:如果由一个企业生产整个行业产品的成本比两个或两个以上的企业分别生产该产品的成本总和更低,这个行业就是自然垄断的。与平均成本理论相比,这一定义扩大了自然垄断的范围。因为即使平均成本上升,只要单一企业生产所有产品的成本小于多个企业分别生产这些产品的成本之和,由单一企业垄断市场的社会成本依然最小,该行业就是自然垄断行业。平均成本下降是自然垄断的充分条件,但不是必要条件。[1]

政府对金融市场上竞争行为的限制,主要是为了维护金融运行的稳定和整个金融体系的安全。牺牲一定的竞争与效率,对金融体系的结构进行控制的措施主要包括:对市场进(准)入的要求,如最低资本要求和项目财务考评(盈利性);限制金融机构业务能力,如限制金融中介的贷款项目和投资类型;价格管制,如对存贷款利率、服务费用的限制;对金融机构规模进行限制,避免超大规模金融机构的产生,防止金融产业过度集中带来的市场竞争的损害和效率的提高。1998年东南亚金融危机之后,维护金融安全,防范和化解金融风险再度引起各国政府的重视。[2]

在环境、药品等领域,政府的控制措施被称为社会性管制,主要是以保障劳动者和消费者的安全、健康、卫生以及保护环境、防止灾害为目的,对物品或服务的质量和伴随着提供它们而产生的各种活动制定一定的标准,或禁止、限制特定行为的规则。[3] 政府的具体管制措施包括对价格,市场准入、产品和服务标准的控制等,这些措施在一定程度上也会市场竞争进行限制,形成或者维持垄断。[4]

而知识产权领域一般被认为是反垄断法适用的例外,各国均对知识产权进行垄断性保护,其原因是赋予市场主体足够的利益激励从而鼓励创新,开发新技术的推动力,并且通过形成不同技术的结合促进技术的有效运用,创造新的

---

〔1〕 杨艳:"对自然垄断理论的评价与再认识",载《经济科学》2002年第2期,第81—84页。
〔2〕 尽管在金融监管发达的国家,金融监管的方式逐渐从市场限制型转向经营限制型,但减让竞争价值以维护安全的管制方式仍然在很多国家实施。见周子衡:《金融管制的确立及其变革》,上海三联书店、上海人民出版社2005年版,第114—122页。
〔3〕 植草益:《微观经济学》,朱绍文等校译,中国发展出版社1992年版,第22页。
〔4〕 蔡江南:"管制与竞争:美国药品市场中政府的作用",载《世界经济文汇》2004年第3期,第12页;陈雳:"环境保护中政府社会性管制的经济分析——以汽车尾气治理为个案",载《中国行政管理》2002年第10期,第30页;李明:"美国社会性管制制度变迁及发展趋势——兼论中国社会性管制制度的完善",载《郑州航空工业管理学院学报》2007年第5期,第86页。

技术及其产品市场,促进竞争主体的增加,推动竞争。[1] 只有当知识产权的行使违背了特定的公共政策或者形成权力滥用时,反垄断法才对超越知识产权合法保护范围的行为进行规范。

除此之外,国家还会因其他特定原因减让竞争价值,对自由竞争进行限制:例如为了保护国内产业,国家会对外来资本进行"次国民待遇",在某些领域限制其准入;为了吸引投资,国家也会对某些企业采取税收优惠,这会导致该主体市场竞争力的提高。在市场化程度不完善的国家里,尤其是转型国家,政府对竞争的替代相对更多,一方面,市场还没有完全建立起来,尽管政府之手存在诸多不足,很多问题仍然无法交给市场解决,而需由政府解决;另一方面,旧体制的影响尚未消除,还存在对市场的怀疑和排斥。

在我国,屡遭诟病的政府限制竞争行为,主要集中在传统的自然垄断领域和转型国家过渡期间的种种权宜之策和改革尝试。形形色色的市场准入、价格控制、特权授予、标准设置、补贴赋予时常遭受质疑。政府的干预到底是出于公益的合理管制,还是因部门利益、行业利益、区域利益或集团利益但以促进经济、增进效益为名对竞争的恣意限制,的确很难一一辨清,这在经济学理论上也颇具争议。允许政府限制竞争的市场范围曾一度较为清晰。19世纪末20世纪初,美国建立现代管制制度和反垄断制度时,按照产品的成本曲线界分形成"特别行业管制法与反垄断法"的规范领域,二者互不干扰、各司其职,独立发展达六十年之久。[2] 斯蒂格利茨指出政府管制制度和反垄断制度"宗旨、内容和实施手段均不同。前者以承认垄断为前提,而后者以否认垄断为前提;前者以警戒垄断恶果的出现为目标,而后者以禁止谋求和维持垄断为宗旨"。[3] 但随着经济、技术的发展,市场竞争性的确定也变得日益复杂。现代的竞争理论尤其是可竞争理论早已指出,尽管真正的成本递减的行业仍然存在,但20世纪的技术和产业结构使得更多的产业在环节上能够实现可竞争的条件,这些环节不再需要通过政府限制竞争来进行规范,竞争性和非竞争性的界限严重地细碎化了,并且在不断地变动。[4] 因此,减让竞争价值的理由尽管还存在,但是已经大大减轻。此外,对于政府管制经济的动机和效果也遭受到质疑。将公共利益作为政府管制的出发点的公共利益理论(Public Interest Theory of Regulation)曾经在长期内作为正统的理论在管制经济学中居于统治地位,司法对行政权表

---

[1] 王先林:"日本关于知识产权滥用的反垄断控制及其借鉴意义",载《知识产权》2002年第2期,第44—48页。

[2] 见 Gorge E. Garvey, Gerald J. Garvey, *Economic Law and Economic Growth*: *Antitrust, Regulation, and the American Growth System*. Greenwood Press, 1990. pp.39—43。

[3] 斯蒂格利茨:《经济学》,姚开建等译,中国人民大学出版社1997年版,第386页。

[4] Gorge E. Garvey, Gerald J. Garvey, *Economic Law and Economic Growth*: *Antitrust, Regulation, and the American Growth System*, Greenwood Press, 1990. p.96。

现出普遍遵从,反垄断法对政府的豁免处于扩张状态。[1] 但管制捕获理论的兴起使得一切变得可疑。该理论强调经济管制是无效的,并且主要不是政府对公共需要的有效和仁慈的反应,而是行业中的一部分厂商利用政府权力为自己谋取利益的一种努力[2],政府的支援导致的垄断比私人力量导致的垄断害处更多更难被排除掉。[3] 这些矛盾和质疑,使得政府行为的反垄断豁免,需要建立更加细节、准确和规范的法律制度和分析原则。

二、政府行为豁免的法律原则

政府对市场竞争的限制在现实的经济生活中无法避免,各种经济学说也为限制竞争的政府管制的利弊存亡提供了理论基础。政府的竞争政策最终通过具体的管制制度和反垄断法律制度得以体现。政府行为是否应当接受反垄断审查,就具体体现在这两类法律制度之间的协调和平衡。从近半个世纪反垄断法的实践来看,出于竞争的普遍价值和法治社会的要求,反垄断法对政府的限制竞争行为必须遵从"最小豁免"的法律原则。该原则最初明确出现在美国反托拉斯的判决中,在其他国家和地区的反垄断实践中也都有体现。事实上,反垄断法对市场主体行为和对政府行为的规范呈现着相反的趋势。随着经济技术的发展,市场的逐步完善,反垄断法对国内市场主体的垄断性行为呈现出越来越宽松的趋势,这意味着反垄断法越来越重视市场解决经济问题的能力,并逐渐将限制竞争的问题交给市场而不是政府去解决。因此,该理念仅仅是反垄断法对政府限制竞争行为的豁免原则,其意义和价值在于,尽量减少政府对经济不必要的干预,将政府限制竞争的负面效应降至最低。

可以说,政府限制竞争行为的"最小豁免"体现的是一种竞争价值观,那就是竞争应当普遍存在,竞争价值应当得到广泛认可,只有在极为特殊的情况下,为了实现更高的经济和社会目的,政府对竞争的限制才可以免除反垄断法的审查。"最小豁免"原则也体现了国家两种不同权力的内在关系,即尽管国家限制竞争权是必要的,但是它是国家促进竞争的权力体系之例外,而在两中权力之间进行划界,反垄断制度具有主动性和权威性。最后,"最小豁免"原则事实上还成为不同国家机构权限之间的划分准则,尤其是反垄断实施机构和专门的管制机构之间在涉及竞争的问题上的权力划分界限,只有获得反垄断豁免的案件才归属于其他主管部门管辖。

---

[1] Thomas W. Merrill, "Capture Theory and the Courts: 1967—1983", 72 *Chicago-Kent Law Review* 1039(1997), pp.1048—1051.

[2] 斯蒂格勒:"经济管制论",载 G.J.斯蒂格勒:《产业组织和政府管制》,潘振民译,上海三联书店1989年版,第210—241页。

[3] 米尔顿·弗里德曼:《资本主义与自由》,张瑞玉译,商务印书馆2001年版,第29—34页。

(一) 最小豁免原则的前提

反垄断法对政府行为的豁免应当为最小,这意味着反垄断法对政府行为可能豁免,也可能不予豁免,因此政府行为属于反垄断法的调整对象。国内有学者认为政府行为并不在反垄断法调整范围之内,或者认为反垄断法对政府行为的关注仅仅是源于中国特殊的国情,这同反垄断法的历史和世界经验并不相符。

世界上最早的成文反垄断法,即英国1623年《垄断法》就是一部以反对政府授予特权、特许权、独占权等垄断性行为为主要内容的法律。[1] 对此哈耶克指出:"当时的英国人要比现在的英国人更加懂得,对生产的控制永远意味着制造特权:所谓'允许彼得做不容许保罗做的事'(Peter is given permission to do what Paul is not allowed to do)。""特许生产任何产品的排他权利,乃是'对普通法及臣民自由的侵犯';自此以后,关于将法律平等地适用于所有公民的要求,便成了议会反对国王目的的主要武器。"[2] 而在成文法颁布之前,早在1599年就英国有判决指出"将某一贸易业或运输业指定给某一公司或个人专营并排除所有其他人参与的这种性质的规定,乃是违法之举"[3]。这一判决被1602年Darcy v. Allein案所援引,后者因为影响巨大而被视为"最早的针对特权管制的反垄断案"[4]。现代反垄断法的应用也同样是普遍地针对政府行为和私人行为的。例如,尽管美国《谢尔曼法》上规定该法仅适用于"人",但是在具体判例中反托拉斯法上的"人"具有极为广泛的含义,除了自然人、法人,也包括城市等政府主体。[5] 欧洲和独联体国家的竞争法更是明确地表明,政府行为是反垄断法规范的对象。因此,最小豁免原则是以承认政府行为应当受到反垄断法规范为前提的。

(二) 最小豁免原则在美国判例法上的体现

明确提出"豁免只能最低程度地实行"的是美国反垄断法的实践。最小豁免原则主要强调反垄断法要最大限度地实施,这在美国主要体现在两个方面:

---

[1] See the Statute of Monopolies 1623.

[2] 见冯·哈耶克:《自由秩序原理》,邓正来译,生活·读书·新知三联书店1997年版,第210页。

[3] D.O. Wagner, "Coke and the Rise of Economic Liberalism", *Economic History Review*, Vol. VI (1935—1936), pp. 30—42; D.O. Wagner: "The Common Law and Free Enterprise: An Early Case of Monopoly", *Economic History Review*, Vol. VII (1936—1937), pp. 217—220.
W.L. Letwin, "The English Common Law concerning Monopolies", *University of Chicago Law Review*, Vol. XXI (1953—1954). 转引自哈耶克:《自由秩序原理》,邓正来译,生活·读书·新知三联书店1997年版,第210页。

[4] 在著名的Darcy v. Allein一案中,王座法院裁决英女王特许其男仆拥有向英国进口扑克牌之垄断权为"恶"。见E.吉尔霍恩、W.E.科瓦西克:《反垄断法律与经济》(第四版),王晓晔注,汤树梅校,中国人民大学出版社2001年版,第10—11页。

[5] *City of Lafayette, Louisiana, ET AL. v. Louisiana Power & Light Co.*, 435 U.S. 389 (1977).

一是管制行业不能获得谢尔曼法的自动豁免。在美国,国家促进竞争和限制竞争的权力体系的对立和协调集中体现在反垄断制度和行业管制制度之间。由于在两种权力产生之初二者在经济原理上的分立[1],国家管制形成了反垄断制度的"自动豁免",反垄断案件中常常遇到这样的情况:被告认为其行为专属行业管制机构主管,而不受法院根据反垄断法的裁断。有学者曾经指出,当时对于管制机构的专家意见,司法机关就反垄断法的实施已经退化为"橡皮图章"。[2]直到20世纪40年代后,法院开始尝试用在政府管制领域实施反垄断法,并在一系列反垄断案中表明了反垄断法对管制"最小豁免"的立场。最高法院反复指出:管制产业"并非是谢尔曼法的自动豁免"[3],"放弃反垄断法的实施不受欢迎"[4],而"豁免只能最低程度地实行"[5]成为反垄断法对管制产业适用的总原则。反垄断法普遍适用于电信、邮政、天然气产品、发电和电力运输、国家银行、证券交易和日用品交易、广播等管制行业。[6]

二是严格遵守法律规定,"暗示不受欢迎"[7],即除了反垄断法以外,国家也颁布了容忍政府限制竞争行为的其他特别立法,但只有在这些特殊法律明确许可的情况下,才能豁免反垄断法的适用。因此,法院在判决中指出"根据管制成文法的暗示而放弃适用反垄断法十分不受欢迎,这种放弃只适用于反垄断法和管制条款间存在明显矛盾"时[8]。

(三)最小豁免原则在其他国家和地区的体现

在其他国家和地区,尽管没有明确地采用"反垄断法的最小豁免原则"这一用语,但是其反垄断立法和实践表明了同一理念和立场。例如在欧洲[9],现行《欧共体条约》第81—89条是欧共体竞争法的最高规范,确定了欧共体竞争的基本原则和政策。反垄断法对国家管制的最小豁免,在该条约中也有体现。如《欧共体条约》第87条规定,除非该条约有例外规定,国家所给予的或者利

---

[1] 即前文所述的"平均成本"理论。
[2] Louis B. Schwartz, "Legal Restriction of Competition in the Regulated Industries," *Harvard Law Review* 67 (January 1954), p.457.
[3] *Georgia v. Pennsylvania R. R. Co.*, 324 U.S. 439 (1945).
[4] *U. S. v. American Telephone & Telegraph Co.* 461 F. Supp. 1314 (1978); *Gordon v. New York Stock Exchange*, 422 U.S. 659 (1975).
[5] Id.
[6] *U. S. v. American Telephone & Telegraph Co.* 461 F. Supp. 1314 (1978), n23.
[7] *Silver v. New York Stock Exchange*, 373 U.S. 341, 375-62(1963).
[8] Id.
[9] 本文所称的欧洲是指加入欧洲一体化进程中的国家的总称。由于欧洲一体化进程中同时包含欧共体、欧盟等多种组织,因此以"欧洲"加以总括。欧洲一体化已经导致欧洲成为一个"准国家"实体,尤其是在经济领域,因此将其作为与其他国家并列的主体。See Hans W. Micklitz, Stephen Weatherill, *EC Economic Law*, Dartmouth Publishing Company Limited, Ashgate Publishing Limited, 1997, p.11.

用国家资源进行的任何方式的扶助,如果影响到成员国之间的贸易,只对某些企业或者某些产品有利而歪曲或可能歪曲竞争,则与共同市场不一致。[1] 条约所规定的例外仅包括针对消费者个人的具有社会性的扶助,并且扶助的发放对产品的来源没有歧视;对自然灾害和意外事件的补偿性扶助;以及对联邦德国特定地区经济的特定扶助。[2] 而其他的扶助,即使是为了够促进贫困地区或严重失业地区经济发展的扶助,为顺利实施为欧洲共同利益而进行的项目或者补偿成员国严重经济动荡的扶助,为发展特定经济行为或者经济领域而又不会对贸易条件产生违反共同利益性影响的扶助,为能提高文化和传统习惯而有不会对贸易条件共同体竞争产生违反共同利益性影响的扶助,都并不当然地被认为是与共同市场一致,而需要审视和考量。[3]《欧共体条约》还规定,成员国的整个扶助系统都必须接受审查(review)[4];即使是对于公有企业和国家授予特别权或独占权的企业,成员国的措施也绝不能违反第81条至89条的规定。[5] 在欧洲,欧洲法比欧洲各国的国内法具有更高的法律效力,因此,国家所采取的法规如果和欧洲法规相违背,则应当被排除,不能再被国家机关适用。为了真正认可欧洲法律的效力,在司法实践中,禁止国内法规违背欧洲法规还应当作广义解释,即国内法规不得明确地违背欧洲法规,也不得削弱欧洲法律的效力。[6] 这同"暗示不受欢迎"是完全一致的。这样,欧洲竞争法对成员国政府行为的最小豁免就得到了严格的施行。

在欧洲竞争法的实施过程中,反垄断的"最小豁免"也充分得到体现。例如根据对《欧共体条约》第86条的传统解释,国家出于普遍公共利益授予某个企业垄断权,以及一个企业取得特权或者专有权的事实本身并不违反条约的竞争规则。尤其是在国有企业方面,欧共体竞争规则仅适用于这种企业与第三方企业的关系,例如国家不得通过法律或者规则允许这些企业对客户索取不合理的费用或者订立不公平的交易条件,或者对具有相同交易地位的交易对手实施歧视性的待遇等。[7] 但是从20世纪80年代以来,这一传统解释发生了变化,在1986年的电信终端设备案(terminal equipment case)之后,《欧共体条约》第

---

[1] See EEC Treaty Article 87. 1.
[2] EEC Treaty Article 87. 2:"下列扶助被视为与共同市场相符……"
[3] EEC Treaty Article 87. 3:"下列扶助可能与共同市场相符……"
[4] EEC Treaty Article 88.
[5] EEC Treaty Article 86.1.
[6] 保罗·纽尔:《竞争与法律:权力机构、企业和消费者所处的地位》,刘利译,法律出版社2004年版,第205页。
[7] 在1974年Sacchi一案的判决中,欧洲法院指出,意大利政府出于普遍公共利益的原因授予一个企业垄断经营电视和广播业务的权利,这个事实本身不违反条约的竞争规则。根据这个判决,欧共体成员国有权向国有企业或者其他企业授予特权或者专有权。见王晓晔:《欧共体竞争法》,中国法制出版社2001年版,第268、290页。

86条不仅适用于垄断权行使的情况,而且还适用于垄断权的存在。只有为了普遍经济利益的目的而十分必要的情况下,成员国政府才能够授予企业垄断的权力,否则就可能构成违反条约的行为。[1]

俄罗斯遵循了同样的原则,俄罗斯《关于在商品市场中竞争和限制垄断行为的法律》、《保护金融服务市场竞争的法律》以及2006年新颁布的统一《俄罗斯竞争法》均规定,除了特定的联邦立法(法律)的规定,政府机关[2]及其职务人员的一切限制竞争行为,反垄断机构均有权指令废止[3],并且,对联邦立法和特定的规范性法律文件的豁免也不是绝对的,如果法律和某些特定规范性法律文件确实违反了宪法中的竞争规则,公民个人、反垄断机构和其他国家机关都可以提请俄罗斯宪法法院对其进行违宪审查。此外,俄罗斯《自然垄断法》[4]还特别指出,"如果在相关市场领域出现发展竞争的可能性,或者是出现对自然垄断者产品需求性质的改变,得撤销联邦自然垄断管制的行政机构",而《自然垄断法》的实施者正是俄罗斯反垄断局。[5]

三、反垄断法对政府行为豁免的内容

在坚持最小豁免这一指导性原则下,到底有哪些主体和行为可以获得反垄断审查的豁免,在不同的国家和地区,因实际情况和需要的不同反垄断豁免的具体内容是存在差异的。归纳总结这些不同的具体内容,大致可以分为如下几类。

(一)中央立法机关的豁免

出于法制层级的原因,中央立法机关的行为当然不受其制定的反垄断法的约束,这在各个国家和地区都是普遍的实践。一方面,反垄断法和其他法律一

---

[1] 此后,比利时电报电话公司案、希腊电视节目转播专有权案、热亚那海港装卸公司的专有权案等一系列案件巩固了该判决。参见保罗·纽尔:《竞争与法律:权力机构、企业和消费者所处的地位》,刘利译,法律出版社2004年版,第49—50页。

[2] 俄罗斯反垄断法中禁止的各类政府机关包括:联邦执行机构,联邦主体权力机构(包括立法、行政和司法机构),地方自治机构以及其他职能分支机构或者通过法律指定的政权机关的机构和组织,本文中统称"政府机关"。

[3] Закон РФ "О защите конкуренции на рынке финансовых услуг", Статья 6, 12, 13; Закон РФ "О конкуренции и ограничении монополистической деятельности на товарных рынках", Статья 7, 8, 11, 15, 17; Закон РФ "О Защите Конкуренции", Статья 15, 16.

[4] 俄罗斯《自然垄断法》将自然垄断界定为这样一种市场状况:由于特定的生产技术(随着产量的增加而单位成本降低)该商品市场在缺乏竞争的状况下能更为有效地满足需求,而自然垄断者所生产的该商品又无法为其他商品的使用而替代,因为在该市场上对自然垄断者生产的那种商品的需求比其他商品的需求更少地依赖于该种商品的价格变化。在此基础上《自然垄断法》确定了对自然垄断的联邦管制范畴:石油和石油产品的管路干线运输,天然气管道运输,电力和热能的传输,铁路运输,交通终站、海港和机场服务,电子和邮政通信的普遍服务。Закон РФ "О естественных монополиях", Статья 3, 4.

[5] Закон РФ "О естественных монополиях". Статья 9 (5).

样都是由国家代议机关制定的,都是属于同一渊源的法律,在效力上原则上是平等的;另一方面,由于国家对竞争的限制可以视为反垄断法下合理原则的例外,在同一级别法律渊源上则可遵循"特别法优于一般法"的法原则。[1] 例如美国国会针对一些特殊行业颁布的成文法——管制保险业的 McCarran-Ferguson Act,管制航空业的 Federal Aviation Act,管制对外贸易的 Webb-Pomerene Act,管制地面运输业的 Reed-Bulwinkle Act——都有排斥反垄断管辖的内容。[2] 反垄断法和其他法律之间,在法律层面上确定了竞争性领域和非竞争性领域间的大致界限,而这些"其他法律"事实上也构成了政府限制竞争的法治基础。

(二) 政府机关的豁免

原则上讲,政府机关的任何行为,包括其发布的规范性法律文件都应当遵从法律,因此其限制竞争的行为并不能当然地从反垄断法下获得豁免,除非"法律另有规定"。并且,根据"暗示不受欢迎"的要求,只有当容许垄断的特别立法有明确规定时,行政机关才能够获得反垄断法的豁免。例如《俄罗斯竞争法》明确规定:"禁止联邦行政机关、联邦主体权力机关、地方自治机关,其他实施前述机关职能的机关或者组织,以及国家预算外基金、俄罗斯联邦中央银行制定导致或者可能导致禁止、限制、摒除竞争的规范和(或)进行导致或者可能导致禁止、限制、摒除竞争行为(不作为),除非联邦法律另有规定。"[3]

不过,政府机关作为国家的权力机关,反垄断法对其的规制仍然面临一系列复杂的问题,例如,对高等级别或具有特殊地位的行政机关的行为进行处理需要进行特殊考虑,确认行政机关发布的规范性法律文件违反反垄断法需要启动专门的司法审查和立法审查程序等。这使得政府机关的行为尽管不会得到豁免,但反垄断主管部门有时会对政府机关的行为采取回避、迂回的办法或者其行为进行特殊处理。例如,对于特定的国家机关,如中央银行、各种特别行业的管制机关,因为其政策行为在传统上具有限制竞争的特点,以及其行政级别与反垄断主管部门间行政级别之间的关系等原因,这类政府机关的行为尽管不能得到反垄断法的豁免,但反垄断主管机关也很难直接对其进行处罚和处理,而是只能采用对其提出建议,要求其根据反垄断法制定规范,并(或者)停止该行为。[4] 在美国的放松管制运动中,一方面法院认为政府的垄断性管制已经不合时宜,另一方面又力图保持对政府管制尊重和信任,因此将反垄断法的实

---

[1] 根岸哲、舟田正之:《日本禁止垄断法概论》,王为农、陈杰译,中国法制出版社 2007 年版,第 35—36 页。
[2] U. S. v. American Telephone & Telegraph Co. 461 F. Supp. 1314, n15.
[3] Закон РФ "О Защите Конкуренции", Статья 15.
[4] 同上,23.

施集中指向管制下的产业是否应当适用反垄断法的问题,进而避免直接评述管制机关行为本身的合法性。台湾地区《公平交易法》的实施过程中,把行政机关的行为分为"公法行为"和"非公法行为(非公权力行为)"。按台湾地区《公平交易法》,其约束对象为"事业",而公平会发布的解释为:"'政府机关'为公法行为时,其主体并非公平法第2条之事业,因之'政府'对公立医院依法或依政策变劣预算予以补助,非公平法规范之范围",而"公权力机关从事'国库行为'(非公权力行为),受公平法拘束"。[1] 由于公法行为本身不在反垄断法调整范围之内,为了避免政府机关公法行为的反竞争后果,公平会则通过规范公法行为的后果来控制行政行为,例如,确认政府法令所导致的垄断为违法,并对垄断事业进行相应的处理。[2]

(三)对地方权力机关的豁免

地方权力机关获得国家反垄断法的豁免,主要见于联邦制国家,其主要依据是,在联邦制国家中联邦主体的独立主权不受到中央立法的管辖。但这并不完全绝对。在俄罗斯联邦,由于地区封锁十分严重,所以俄罗斯竞争法完全没有给予联邦主体权力机构(包括立法、行政、司法机关)任何豁免[3];而在欧洲,尽管其并未形成真正的国家,但是由于欧共体竞争法的目标偏重实现经济整合和创建共同市场[4],因此成员国也并未因主权和各自拥有国内反垄断法而获得相应的豁免,而是以是否影响到"成员国间的贸易"、"共同体的利益"为标准来审查相关行为是否违反欧盟竞争法。[5]

对地方行为给予豁免的行为主要在美国,由于国内市场的统一程度较高,中央反垄断法对地方给予了较多的自主权,从而形成了反垄断法下的"州行为豁免"(State Action Immunity)。[6] 该原则源于1943年的Parker v. Brown一案。[7] 根据该原则,即使州的行为影响到州际间的贸易[8],也可以获得反托

---

[1] 赖源河(审编):《公平交易法新论》,中国政法大学出版社2002年版,第86页。

[2] 同上注,第112—113页。

[3] ОЭСР(OECD): Доклад о роли антимонопольной политики в реформировании системы регулирования, 2004.

[4] Sandra Ferson Young, "An International Antitrust Dilemma: An Analysis of the Interaction of Antitrust Laws in the United States and the European Union", *The John Marshall Law Review*, Fall, 2002, 36 J. Marshall L. Rev. 271. p. 271.

[5] EEC Treaty, Article 86—87.

[6] 有的学者将该问题视为州管制与反垄断成文法之间的冲突。见 Ernest Gellhorn, William E. Kovacic, *Antitrust Law and Economics* (Fourth Edition), West Publishing Co., 1994. 本文认为,州行为豁免主要是同联邦制下的主权问题有关,所以不采"州管制"说。

[7] *Parker, Director of Agriculture, et al. v. Brown*, 317 U.S. 341(1943).

[8] 就在Parker案中,加州政府的限制竞争行为就影响到了葡萄干的州际贸易,但仍然适用了"州行为除外"。

拉斯豁免。[1] 一般来讲,州的立法机关、最高法院和行政机关等州的部门（arms of the state）的行为均可归属于"州"的行为从而根据宪法第十一条修正案[2]而获得反垄断审查的"自动（ipso facto）豁免"。[3] 州行为豁免原则曾经获得了扩张性的应用[4],20世纪70年代以后,法院开始对该原则的适用进行限制,即只有当州"明确表述"并"积极监管"实施其限制竞争的政策时,该州行为才会适用州行为豁免的原则。[5]

对于联邦主体以下的市政机关和行政部门,则一般不能获得反垄断法的豁免。但是,如果下级权力机关的行为能够明确地反映获得豁免的上级机关法令的内容,从而形成上级行为的合法延伸,则可能获得豁免。仍以美国为例,如果州下的市政部门的法令满足了"明确、肯定地陈述州政策"的标准,可以适用州行为豁免。[6]

（四）与政府豁免有关的特殊豁免

在政府限制竞争的活动中,必然会涉及市场主体的活动,因为政府行为的直接相对方仍然是市场主体。与政府行为紧密相关市场主体的活动主要存在如下几种情况：私主体游说政府采取对其有利,而对他人不利的行为；官商联合；政府直接批准的私人行为；根据政府规范性文件进行的私人行为。政府行为的豁免涉及私主体以后变得较为复杂,下面将逐一对此进行分析。

游说和请愿。市场主体为了获得竞争优势而向政府进行请愿、游说、甚至"捕获",要求特权或某项可能导致限制竞争或垄断结果的法律规范,一般来说,这些私人主体的活动不受反垄断法制约。尽管同反垄断法的目标相悖,这类行为基于言论自由的基本权利得以获得反垄断法豁免。就此问题,美国通过两个案件树立了美国反垄断法上的 Noerr-Pennington 学说（doctrine）,即企业或企业联合组织要求联邦政府或州政府采取措施限制贸易等游说行为获得反托拉斯法上的豁免。[7] 学者认为,Noerr-Pennington 学说是一种宪法裁决,它衡量

---

[1] 见郑鹏程："美国反垄断法适用除外制度发展趋势探析",载《现代法学》2004年第2期,第118页。

[2] 美国宪法修正案第11条规定："合众国司法权不得被解释为可扩大受理另一州公民或任何外国公民或国民对合众国任何一州提出的或起诉的任何普通法或衡平法的诉讼。"

[3] *Hoover v. Ronwin*, 466 U.S. 558 (1984); *Neo Gen Screening, Inc. v. New England Newborn Screening Program*, 187 F.3d 24 (1999).

[4] Steven Semeraro, "Demystifying Antitrust State Action Doctrine", *Harvard Journal of Law & Public Policy*, Fall, 2000. p.211.

[5] Thomas W. Merrill, "Capture Theory and the Courts: 1967—1983", 72 *Chicago-Kent Law Review* 1039 (1997), p.1102.

[6] *Town of Hallie v. City of Eau Claire*, 471 U.S. 34 (1985).

[7] See *Eastern Railroad Presidents Conference v. Noerr Motor Freight, Inc.* 365 U.S. 127 (1961); *United Mine Workers of America v. Pennington et al.* 381 U.S. 657 (1965).

了反垄断政策和宪法第一修正案[1]所赋予的请愿原则并认为后者更为重要。但受到游说的政府机关的行为和决策,并不能当然地获得反垄断法的豁免。[2]以俄罗斯为例,其大企业"捕获"政府的现象极为严重,但竞争法的发展方向是将规范重点从大企业的行为转向政府行为本身,从而事实上许可了企业"捕获"行为本身,又防止了"捕获"的不良结果。[3]

官商联合。市场主体单方的游说行为本身因为涉及宪法保护而得以豁免反垄断法的制裁,但是如果被管制者和管制者之间形成了"合谋",情况则需另当别论。俄罗斯竞争法规定,禁止俄罗斯联邦中央和地方的政府机关之间或其与市场主体之间的协议或者协同一致行为。[4] 美国的反垄断法判例也间接涉及这个问题。在 Omni 室外广告公司诉哥伦比亚市一案中,如果不是因为涉及"州行为豁免",市政府与 COA 公司将因"合谋"构成对《谢尔曼法》第 2 条的违反。[5]

政府批准的私人垄断。这类情况主要是,如果某个私人方案是违反反垄断法的,但又是经过政府批准和支持的,这样的行为能否因为政府支持而获得反垄断法上的豁免。美国在判例法上树立了这样的标准:如果私人行为要以政府批准为由获得豁免,必须满足(1)被诉的限制竞争行为作为一个管制政策必须被明确地说明、肯定地表述;并且(2)该行为受到了政府积极主动的监管。[6]

根据规范性文件进行的私人行为。除了政府的规范性文件本身有豁免问题以外,根据规范性文件进行的私人行为也存在能否豁免的问题。该问题的实质是,对政府规范性文件的豁免能否延伸到根据规范进行的私人行为上。如果政府的规范性文件本身并不能获得反垄断法的豁免,那么依据该规范进行的私人行为显然不可能获得豁免。但是,当政府的规范性文件属于反垄断法的豁免

---

〔1〕 美国宪法修正案第 1 条:国会不得制定关于下列事项的法律:确立国教或禁止宗教活动自由;剥夺言论或出版自由;剥夺人民和平集会和向政府诉冤请愿的权利。

〔2〕 Robert A. Zauzmer, "The Misapplication of the Noerr-Pennington Doctrine in Non-Antitrust Right to Petition Cases", *Stanford Law Review*, May, 1984. p.1252.

〔3〕 Всемирный банк: Собственность и контроль предприятий, *Вопросы Экономики*, 2004, № 8. с. 22; МАП: Доклад "О конкурентной политике в РФ (1999—2001 гг.)", с. 68, 87—88.

〔4〕 Закон РФ "О Защите Конкуренции", Статья 16.

〔5〕 *City of Columbia et al v. Omni Outdoor Advertising, Inc.* 499 U. S. 365(1991).

〔6〕 Cantor v. Detroit Edison Co. (1978); Rice v. Alcoholic Beverage Control Appeals Bd. (1978); *California retail Liquor Dealers Assn. v. Midcal Aluminum*, Inc., ET AL, 445 U. S. 97 (1980). 在原本的判例中因为涉及州行为豁免,其原文为(1)被诉的限制竞争行为作为一个州的政策必须被明确地说明、肯定地表述;并且(2)该政策要有州自身积极主动的监管。例如,在加州酒案中,加州政府支持了维持转售价格系统,因为州政府既没有具体设定价格,也没有审查实际中定价的合理性,也没有审查所谓的"公平合同",也没有审查市场状况或对该计划进行任何"既定的复查",因此没有满足"积极监管"的条件。

范畴时,并不意味着在该规范下进行的私人行为也能获得豁免,而需要具体分析:(1)如果规范性文件中有明确规定某种限制竞争的行为可以进行时,该私人行为可以获得豁免,例如国家立法明确授予某企业以垄断权,那么该企业对垄断地位的享有就不受反垄断法审查。(2)如果相关规范性文件没有明确的规定,那么"暗示"是不受欢迎的,例如,证券交易所有权发布规则约束其会员同非会员的关系,这得到证券交易法的普遍认可,但是只要证券法没有明确表示证交所的所有行为都豁免反垄断法,那么证券交易所对竞争有限制作用的行为仍然需要接受反垄断审查。[1] (3)在法律没有明确规定的情况下,满足特定的条件也可以构成反垄断的"默示"豁免,例如专门的管制机构对产业或其部分活动进行非常普遍深入的管制,以至于可以推定中央立法机关显然认为在该范围竞争对于公共利益是不合适[2],"默示豁免"的实质就是通过一定的分析将可豁免的政府主体意思明确化,从这个意义上讲,"默示豁免"是"明示豁免"的延续。(4)有时候,是否"明示"是很难区分的,如果说保险法明确规定"保险业"豁免反垄断审查,但是"保险业"本身的范围仍然存在可解释的范围,美国联邦法院就是通过不断地对"保险业"进行狭义解释来缩小保险业豁免适用谢尔曼法的范围,"最小豁免"始终是个案中的重要原则[3];如果法律中授权主管机关出于行业的特殊性问题进行对竞争"必要限制",那么相关措施是否属于"必要"范畴,应当由反垄断法的实施者来认定[4],因为从总体上讲国家对竞争的限制是普遍竞争之"例外"。

在既不存在可豁免的法律规范的明示规定,又不满足"默示豁免"的条件的情况下,相关行为就会受到反垄断法的审查。美国电信业的放松管制就是在这样的状况下进行。受到管制保护的美国电话电报公司 AT&T 在维持了多年的垄断地位以后被指控违反反托拉斯法,面临被拆分的命运。AT&T 申辩说其长期处于 FCC 的管制之下,应当豁免适用反垄断法。但法院驳回其申辩,认为,AT&T 没有获得明示的豁免;同时也不存在满足默示条款的情形,因为 FCC 从不涉及 AT&T 的内部结构问题,其管制规章虽然广泛但很薄弱,无法达到普遍深入的管辖要求。[5]

四、结语

2007 年我国颁布的《反垄断法》尽管对政府行为进行了专章规定,但这些

---

[1] Silver v. New York Stock Exchange, 373 U.S. 341, 375-62 (1963).
[2] United States v. National Association of Security Dealers, 422 U.S. 694 (1975).
[3] 郑鹏程:"美国反垄断法适用除外制度发展趋势探析",载《现代法学》2004 年第 2 期,第 117 页。
[4] United States v. National Association of Security Dealers, 422 U.S. 694 (1975).
[5] U.S. v. American Telephone & Telegraph Co. 461 F. Supp. 1314 (1978).

规定同原来《反不正当竞争法》中的规定相比,除了细化列举政府反竞争行为的种类外,并没有实质性的进步。相关的豁免制度、责任制度等具体的法律制度可能仍然需要在未来的法律实施和解释中进行具体探讨。通过整理世界各国在相关问题上的理论和实践,反垄断法对政府的豁免需要注意以下几个方面:

在理念方面,政府对竞争的限制无法避免,但反垄断法对政府行为的最小豁免是一个重要的原则。该原则意味着一种对竞争价值的普遍认可和尊重,政府对竞争的限制是竞争的普遍价值的例外。该原则不仅仅是反垄断的立法原则,同时也是反垄断法在具体实施中所必须坚持的原则,同时它也是不同机构权力界分的原则。

此外,应当注意的是避免对政府限制竞争行为进行行业性豁免。一方面,避免行业性豁免是"最小豁免"原则的延伸;另一方面,进行行业性豁免在竞争性质环节化的现代经济生活中除了阻碍反垄断法发挥应有的作用,没有任何其他实质性的价值。正如卡恩指出,公共政策的首要任务是,判定规模经济在哪些地方存在,哪些地方不存在,而这样的判定不能是对整个产业笼统的判定,产业内不同的部分和环节在新技术的影响下已经具有不同的成本条件,在判定竞争市场是否存在时,必须将产业环节化和局部化。[1]

考虑我国的实际情况,我国反垄断法对政府限制竞争行为的豁免可以考虑如下几个方面:(1)中央立法立法机关制定的法律和指令当然豁免。(2)国务院的行政法规和政府决定、命令可以得到反垄断法的豁免。从原则上讲,这些规范性文件都必须遵从反垄断法的规定和精神,但考虑到在经济领域情况变化多端,一一等候立法机关的处断太过于缓慢,并且国务院作为全国的行政政府,出现偏袒"部门利益"和"地方利益"、"行业利益"等集团性利益的可能性相对较小,它们应当可以获得反垄断审查的豁免。(3)国家各部委,中央银行不得排除反垄断法的审查。我国《立法法》规定,"国务院各部、委员会、中国人民银行、审计署和具有行政管理职能的直属机构,可以根据法律和国务院的行政法规、决定、命令,在本部门的权限范围内,制定规章;部门规章规定的事项应当属于执行法律或者国务院的行政法规、决定、命令的事项";"法律的效力高于行政法规、地方性法规、规章"。[2] 因此,国家各部委一级机构应当遵守反垄断法,其规定不得排除反垄断法的审查;不同部委之间也存在权力之争和利益之争,这也不适宜给予其豁免。(4)地方权力机构不能获得反垄断法下的豁免。

---

[1] Kahn, *Economics of Regulation*, 2:125. 转引自 Gorge E. Garvey, Gerald J. Garvey, *Economic Law and Economic Growth: Antitrust, Regulation, and the American Growth System*, Greenwood Press, p.94.

[2]《中华人民共和国立法法》第71、79条。

地方权力机构既包括地方行政机关,也包括地方立法机关。[1] 我国是单一制国家,因此不存在对地方"主权"的豁免;我国地方保护主义的消极影响严重,创造和维护统一的国内市场应当是我国反垄断法的重要任务;地方性法规和规章、自治条例和单性条例也必须遵守国家的基本法律,不得与法律和行政法规相抵触。[2] 因此,在我国,地方权力机关的行为、规范性文件、指令等,都不得豁免反垄断法。(5)与政府行为有密切关联的其他主体的豁免,可以基本参考其他国家和地区的经验,许可市场主体情愿和游说的权利和行动,但重点规范政府在请愿和游说下的行为结果;禁止官商间的联合,除非有法律和行政法规明示的豁免;对于政府批准的私人垄断,在法律和行政法规有说明并得到政府一贯积极监管的条件下可以豁免;对于规范性文件下的私人行为,在规范性文件本身具有豁免性并满足明示或默示条件时可以豁免。

还应当注意的是,反垄断豁免在协调国家限制和促进竞争两类权力过程中具有十分关键的作用,但是这并非是唯一的协调方式。豁免制度可以根据法制层级大致区分法律认可的竞争价值减让领域,而对政府行为的反垄断违法构成的判定、违法后果等制度同样重要。例如,国家部委发布的规范性文件不能够获得反垄断豁免,必须接受审查,但是其不一定构成反垄断法的违反,或者相关政府机关不一定承担强制性责任而只是接受反垄断主管机构的建议,这都会影响到两种权力之间的界分和互动。

需要更进一步指出的是,虽然基于竞争的普遍价值,可以通过反垄断法的实施和解释来规范政府行为,但这并不意味着反垄断制度的建设可以解决一切问题。如何将政府限制竞争的负面效应降至最低,并不能都可以归纳到反垄断体系的范畴。在对石油天然气行业、电信行业、电力业、铁路业、民航业等领域普遍强调打破垄断的同时[3],更需要重视对这些行业的科学、规范管制的建设。国家限制竞争权力体系本身的法治化、规范化和科学化的过程,也就是将政府限制竞争的经济、社会需要等各种价值判断法律化、合理化的过程。转型的中国尚未开始真正的经济管制[4],所以也还谈不上所谓"管制的黄昏"。[5] 只有当那些必要的限制竞争通过较高层级的法律渊源体现出来,才能具备法律

---

[1] 司法机关的行为的纠正所通过的途径较为特殊,因此一般对政府的规范问题都不涉及司法机关。

[2] 《中华人民共和国立法法》第 63 条。

[3] 见中国经济改革研究基金会、中国经济体制改革研究会联合专家组:《中国反垄断案例研究》,上海远东出版社 2003 年版。

[4] 张维迎:"中国:政府管制的特殊成因",载《21 世纪经济报道》2001 年 3 月 12 日第 21 版。

[5] 周其仁:"'管制'是否日近'黄昏'?",载《财经》杂志编辑部(编):《管制的黄昏——中国电信业亿万元重组实录》,社会科学文献出版社 2003 年版,第 291—295 页。

上的正当性。对政府行为的反垄断豁免制度体现的是政府两种权力体系之间的界分和协调。如果仅仅单方面强调通过反垄断制度打破垄断,而不注重对政府限制竞争的权力体系的规范性建设,那么反垄断法在规范政府行为时就无法有效地判定何种政府行为应当得到豁免,从而导致国家这两种权力体系界限不清,反垄断法也无法真正发挥它应有的作用。

(初审编辑:缪因知)

建构中华法系
——学说、民族主义与话语实践(1900—1949)

赖骏楠[*]

Constructing Chinese Legal System:
Doctrine, Nationalism and Discursive Practice
(1900—1949)

Lai Jun-nan

内容摘要：近代中国遭遇前所未有的重大历史变局，与此同时，民族主义话语不断兴盛，并努力抵制殖民主义话语。"中华法系"学说是民族主义彰显的一个结果，也是民族国家话语建构工程之一部分。作为"民族历史"乃至"民族未来"想象的一部分，其在某种程度上为民族统一提供了合法化契机。伴随民族主义话语的发展，"中华法系"学说大致历经"支那法系"、"中国法系"、"中华法系"三阶段。国外相关学说对"中华法系"学说的演进有明显影响，其中尤以穗积陈重与威格摩尔的法系学说影响最大。在引进国外学说时，原著中的思想、意义常常在新的时空环境下发生流变，以便更好地服务于民族建构之目的。

---

[*] 清华大学法学院法理学专业硕士研究生，电子邮箱：laijn07@mails.tsinghua.edu.cn。在本文的写作过程中，华中科技大学法学院的杨昂老师自始至终给予了宝贵的指导和帮助，在此表示最诚挚的谢意。

"中华法系"学说在研究模式上的偏重历史研究的趋向,也同样服务于民族建构之目的。在引进国外学说的过程中,殖民主义话语却也悄然流入"中华法系"学说的文本中。但最终在某些时期,民族主义话语战胜了殖民主义话语,在一个现代中国民族国家中,"中华法系"已成为了民族历史想象的一部分。

关键词:中华法系　民族主义　话语实践

一、引言

本文所做的尝试,是从学说史的角度对清末与民国时期的"中华法系"研究进行一次历史性的回顾。在这次回顾中,笔者发现,若将"中华法系"研究的经典性文本置于近现代中国的民族主义历史语境下予以解读,那么这些话语实践的内容、意义、兴起、衰落与复兴,就逐渐变得容易理解起来:"中华法系"研究,实际上正与近现代中国民族主义话语实践处于同步状态。更确切地说,"中华法系"研究本身就是民族建构工程中的一部分。

正因为本文研究的是"中华法系"学说,而非这一"法系"本身,所以,有必要区分有关"中华法系"这一概念的能指(signifier)与所指(signified)。需要强调的是,诸如"中华法系有两千多年的历史"这类提法,不过是今人以近代民族国家的眼光去观察其所见两千多年来中国及其附属国的法律制度及思想的结果,即"中华法系"概念目前被公认的所指。而实际上,"中华法系"四字作为一个概念被明确提出的时刻,距今不过七十余年。笔者所关注的,正是此能指层面上的"中华法系"的诞生、兴盛、衰落、复兴及其意义之流变(仅是在"中华法系"的意义层面上才涉及对此概念所指的关注)。

近几十年西方学界对民族国家与民族主义的大量研究,大都抛弃了一种根基主义(primordialism)或者说本质主义(essentialism)的进路,这种传统的进路将民族视作经由血缘、语言、文化等根基性纽带(primordial ties)而自然衍生的共同体。实际上,民族国家往往被当代学者们视为一个"想象的共同体"(imagined community),正如本尼迪克特·安德森所言:"它是一种想象的政治共同体——并且,它是被想象为本质上有限的,同时也享有主权的共同体。"[1]虽然安德森主张应将民族主义同一些大的文化体系,而不是被有意识信奉的各种政治意识形态联系在一起[2],但不容否认的是,民族主义的确具有强大的意识形态功能。哈贝马斯即指出,"民族主义是一种意识形态(Bewusstseinsformation),这种

---

〔1〕 本尼迪克特·安德森:《想象的共同体——民族主义的起源与散布》,吴叡人译,上海人民出版社2005年版,第6页。
〔2〕 同上注,第11页。

意识形态以一种对经过滤的文化传统的历史叙述和反省为前提"[1]，民族国家的成就即在于，它作为一种为代替宗教而产生的合法化形态（Legitimationsmodus），提供了更加抽象的新的社会整合（soziale Integration）形式。[2] 埃里克·霍布斯鲍姆则更是直截了当地写到："并不是民族创造了国家和民族主义，而是国家和民族主义创造了民族。"[3]

因此，从上述建构主义（constructionism）的进路来看，民族国家首先经历的是意识形态话语中的人为建构，这正如刘禾教授所言："民族统一在成为政治现实之前，是在话语的意义上被体验着的。"[4] 民族国家首先是一个由话语促成的想象，随后才有可能变成实在。所以，"中华民族"、中国民族国家，首先也正是在话语的层面上被经历的[5]，甚至直到现在，也没有人能断言中国民族国家已经建构完成，而"民族主义"已经完全落伍了。于是，"中华民族"的想象，就逐渐在话语实践中得到凝固，而笔者试图展示的是，在此民族建构的进程中，"中华法系"学说本身就成为这民族主义话语实践中的一个子项。

现代意义上的"法系"一词本身并未出现在古代汉语中，它无疑是近代史上西学东渐的产物。更确切地说，它来自于明治维新以后的日本，并很有可能是在日文汉字中先被创造出来，而后才被中国学者采纳并传播到了近代中国。与此相伴随的是，与"法系"有关的整套学说也被译介进了中国。而"中华法系"这一称谓的最早前身——"支那法系"，实际上也必须回溯到其时的日本。因此，研究"中华法系"学说史，必须引入"跨语际实践"（translingual practice）的概念，刘禾教授提出此概念的目的，是为了将她对中国与西方在20世纪初的历史性交往的研究落实在话语实践的领域里。[6] 她试图展现思想是如何在历史性场景中通过翻译等跨语际的实践，以复杂的方式运作着的。在"跨语际实践"这种略显特别的话语实践中，概念、观念、理论从一种语言被译介进了另一种语言，与此相伴随的是，跨文化的普遍性与通约性被人为地、重复性地、可变地建构起来。翻译——尤其是不同文化在初期"相遇"时候的翻译——不应再

---

[1] Jürgen Habermas, *Fakzität und Geltung, Beiträge zur Diskurstheorie des Rechts und des Demokratischen Rechtsstaats*, Suhrkamp, 1994, 4. Aufl., S. 635.

[2] Jürgen Habermas, *Die Einbeziehung des Anderen, Studien zur politischen Theorie*, Suhrkamp, 1996, S. 135—138.

[3] 埃里克·霍布斯鲍姆：《民族与民族主义》，李金梅译，上海人民出版社2006年版，第9页。

[4] 刘禾：《跨语际实践——文学、民族文化与被译介的现代性（中国，1900—1937）》，宋伟杰等译，生活·读书·新知三联书店2002年版，第264页。

[5] 参见沈松侨："我以我血荐轩辕——黄帝神话与晚清的国族建构"，载《"中央研究院"近代史研究所集刊》2000年第33期；沈松侨："振大汉之天声——民族英雄系谱与晚清的国族想象"，载《台湾社会研究季刊》1997年第28期。

[6] 刘禾：《跨语际实践——文学、民族文化与被译介的现代性（中国，1900—1937）》，同前注[4]，第114—115页。

被视为从双语词典中选择现成的等值关系,"我们并不是在对等词之间进行翻译,恰恰相反,我们是通过翻译在主方语言与客方语言之间的中间地带,创造着对等关系的喻说"[1]。刘禾教授指出,过去的学者往往对这个细节不予考虑,或认为它只具有次要意义,从而导致对跨文化交涉得出一种错误的结论,仿佛这些事件是以透明的交换方式进行的[2]。实际上,在历次的翻译过程中,都充斥着对暧昧的消解或对暧昧的创造,新语词、新意义、新话语在不断地生成和消退。同刘禾教授所论及的"国民性"、"个人主义"这些概念一样[3],笔者认为"法系"这个概念作为翻译的产物,并没有稳定的内涵和外延,然而,它在近现代民族国家理论内部却扮演着一定的角色,并且显得暧昧。而只有深入到历史的背景与细节中去,同时又从经典性文本的字里行间入手,才有可能对"中华法系"话语的真实意义,以及这种意义的复杂性、流变性,获致更深层次的理解。同时,关注文本并不是试图将历史简约为文本,但无可否认的是,文本本身即是一种社会事实,并可以为了意识形态的目的而加以运用[4]。在考察"中华法系"文献之前,先回顾一下法系研究以及这项研究的背景学科——比较法学——在19世纪及上世纪开端的状况,也许不无裨益。

二、"法系"概念的来源

(一) 比较法学与殖民主义话语

对19世纪的比较法学而言,一般情况下,比较只存在于"文明"国家的法律之间。若是将"非文明"民族或国家的法律拉入比较的框架中[5],则很容易就能联系上一种"进化"的观念,这正如亨利·梅因爵士得出的著名结论那样:"所有进步社会的运动,到目前为止,都是一个从身份到契约的运动。"[6]在这里,身份/契约这组范畴,隐隐地与野蛮/文明、传统/现代以及东方/西方这一系列殖民主义式的二元范畴相对应。

在那个时代,如果比较法学家的作品仅是对各地法律的民族志式的罗列或

---

[1] 刘禾:《跨语际实践——文学、民族文化与被译介的现代性(中国,1900—1937)》,宋伟杰等译,生活·读书·新知三联书店2002年版,第55页。

[2] 刘禾:"普遍性的历史建构——《万国公法》与十九世纪国际法的传播",陈燕谷译,载《视界》第1辑,河北教育出版社2000年版,第68页。

[3] 刘禾:《跨语际实践——文学、民族文化与被译介的现代性(中国,1900—1937)》,同前注[1],第75—140页。

[4] 同上注,第30页。

[5] 例如,在英国,自19世纪中叶开始,比较法学家就经常将自己的眼光放置在英帝国所属各殖民地国家的法律上,参见李秀清等:《20世纪比较法学》,商务印书馆2006年版,第239页。不过很显然,这是出于殖民主义政策的直接需要——研究成果往往是服务于枢密院司法委员会(大英帝国的最高上诉法院)的。

[6] Henry. S. Meine, *Ancient Law, Its Connection with the Early History of Society and Its Relation to Modern Ideas*, 10th edition, J. Murrary, 1920, p. 174.

荟萃,或者说仅是对各地法律差异性的强调,而不去归纳出一种普遍性的规律和因素,那么这种缺乏了"理性"和"真正的科学性"色彩的比较法学将丧失生存空间。因此,不论是在"文明"国家间还是在"文明"与"非文明"国家间的比较,都必须受到理性主义、普世主义这样一些观念的影响,比较的目的是为了寻找到"最正确的"解决方案。对此,一百多年后的意大利法学家鲁道夫·萨科(Rodolfo Sacco)不无讽刺地描述到:

> 在1900年比较法大会召开之前,比较法学家认为若一个问题有三种法典上的解决方案,则只有其中之一才是正确的,因为它是理性的,而其他两个则是错误的。学者们使解决方案成为一种证明,但他们不能使解决方案成为一种比较。很显然,每位法学家嘴上说的正确解决方案正是说话的法学家所属国采用的那条方案。[1]

"在1900年比较法大会召开之前"这一状语在引文中的出现,似乎给这种状况限定了一个时间上的界线,但实际上,即使在那次比较法大会召开之时乃至其后的一段时间,情况的改变似乎都不是那么明显。

关于在上一次世纪之交欧洲人是处于何种思想状态之中的问题,他们自己的历史教科书是这般回忆的:

> 欧洲人可以为自己的成就而自豪,满怀信心地展望未来,他们充满优越感,以为他们的生活方式是世界上最好的。一切都取决于伦敦、巴黎、柏林、维也纳和圣彼得堡,欧洲国家瓜分了几乎整个非洲和一大部分亚洲,建立了辽阔的殖民帝国。[2]

所以,在对现代、进步、美丽时代(belle époque)、欧洲中心以及追求世界统一的乐观信仰的驱动下,1900年,世界博览会、国际高等教育大会以及第一届国际比较法大会,几乎是在同一时间内于巴黎召开。[3] 会议中,两名法国学者——来自里昂大学的朗贝尔(Edouard Lambert)与来自巴黎大学的萨莱伊(Reimond Saleilles)分别提出的"立法共同法"(droit commun législatif)和"文明人类的共同法"(droit commun de l'humanité civilisée)的理论,就颇为耐人寻味。

朗贝尔在报告中丝毫没有掩饰自己的"西方优越"倾向。"立法共同法"是通过对不同国家的法律制度进行研究而得以发现的,但这里的"不同国家"必

---

[1] Rodolfo Sacco, "Centennial World Congress on Comparative Law: One Hundred Years of Comparative Law", 75 *Tul. L. Rev.* 1159, 1165 (2001).

[2] 德尼兹·加亚尔等:《欧洲史》,蔡鸿滨、桂裕芳译,海南出版社2000年版,第517页。

[3] David S. Clark, "Nothing New in 2000? Comparative Law in 1900 and Today", 75 *Tul. L. Rev.* 871, 875(2001). 经原作者克拉克教授的授权,该文已由笔者译成中文,并将发表在2008年出版的《华中法律评论》第2辑第1卷(总第3卷)上。

须是具有"同等文明水平"(这一类字眼在其报告中时常出现)的不同国家。[1] 换言之,如果两个国家不处在同一文明水平上,那么,很难通过对它们之间法律的比较研究而获得这两个国家法律体系的共同基础——"立法共同法","非文明"(亦即"非西方")国家的法律实际上根本不堪与"文明"("西方")国家的法律进行比较。[2]

萨莱伊报告中的殖民主义论调则没有这么明显,他主张一个能够取代自然法的人类文明的共同基础。与朗贝尔不同的是,萨莱伊主张对无论何时何地的所有法律体系加以考察,以便发现解释法律制度生成、发展和消失的普遍法则。这看似对非西方的法律给予了充分尊重,然而萨莱伊在具体论及如何形成一个"文明人类共同法"时,却主张首先使用比较的方法为某一特定的制度设计出一个或多个理想模式,用以指导在"社会条件充分类似"的不同国家之法律政策的方向。[3] 这里又回到了朗贝尔的观点上来了。结合萨莱伊在理论上的进化论倾向[4],仍然可以导出的一种暗示是:在通向"文明人类共同法"的道路上,不同民族间显然存在进度快慢上的区别,而且西方当然要快于非西方,所以,首先要在西方国家间实现这种"共同法"。并且,在实际的操作层面上,萨莱伊毕生的比较法研究实践就几乎都局限在对法德两国私法制度进行比较的范围。[5]

"野蛮的军事实力利用国际法的道德和法律权威来证明自己征服世界是一种殖民教化工程(oeuvre civilitrice),这样的合法性论证又将全球性的杀戮和

---

[1] David S. Clark, "Nothing New in 2000? Comparative Law in 1900 and Today", 75 *Tul. L. Rev.* 880 (2001).

[2] 不仅如此,朗贝尔甚至将英国法排除在其理论体系之外。朗贝尔给出的理由是:英国法中的陈旧保守精神是反对法典化的,所以英国法不曾或很少同欧洲大陆国家的法律制度发生联系。这里呈现出西方世界内部对殖民主义话语权的争夺:谁更能代表"文明世界"?谁更能引领非西方世界走向"进步"?世界是统一在英国周围,还是统一在法国或者德国周围?这种争夺更在一个充满戏剧性的事件中充分体现:1906 年,朗贝尔被任命为开罗总督大学法学院院长,但由于英国政府从中作梗(需要提醒读者的是,当时的埃及已经是英国的势力范围了),导致朗贝尔在埃及的日子并不是那么舒适,所以他只好于次年离开埃及返回法国。在朗贝尔眼中,英国当局无疑是在"阴谋剥夺"法国用以对埃及施加影响的最后一块"残存阵地"。See Christophe Jamin, "Saleilles' and Lambert's Old Dream Revistied", 50 *Am. J. Comp. L.* 701, 716(2002).

[3] David S. Clark, "Nothing New in 2000? Comparative Law in 1900 and Today",75 *Tul. L. Rev.* 871, 875(2001), p.884.

[4] Id., p.883;又参见李秀清等:《20 世纪比较法学》,商务印书馆 2006 年版,第 32 页。

[5] 萨莱伊一生中的主要作品有:1890 年出版的《德国民法典第一草案中的债权总论研究》、1901 年出版的《意思表示论》、1907 年出版的《动产占有论》、1910 年出版的《法人格论》以及 1904—1914 年出版的《德国民法典(法译本附注释)》4 卷等。参见李秀清等:《20 世纪比较法学》,商务印书馆 2006 年版,第 32 页。

掠夺变成一种高尚的事业"[1],刘禾教授正是如此看待19世纪国际法流通中隐含的殖民主义意味的。比较法学更是以这种方式把自己同殖民主义相联系——种族偏见以一种东方主义的眼光渗透进关于不同地区法律的巨大差距的神话中,从而为(西方的)法律、权力、武力在全球范围内的扩张披上了一件合法化的外衣。

(二)历史主义、进化论、穗积陈重与五大法族说

1876年8月,约21岁的穗积陈重转道美国赴英国留学,10月进入伦敦大学。这一年距梅因《古代法》的问世已逾15年,距离达尔文《物种起源》的出版则已经17年。1879年,穗积陈重在英国结束学业,转入柏林大学学习,在这里,穗积陈重主要学习了法哲学、民法和立法论等。1881年6月,穗积陈重返回日本,入东京大学担任教职,而后历任东京大学法学部教授兼部长、东京大学名誉教授、枢密院顾问官、日本学士院院长、枢密院院长,直至1926年4月去世。这期间,穗积陈重还被日本皇室授予了男爵称号。[2]

穗积转入柏林留学之际,已是萨维尼的《论立法与法学的当代使命》(下文简称《使命》)刊刻之后的第65年了,虽然萨维尼本人已经在1862年去世,但历史法学派在统一后的德意志民族国家内无疑获得了更为广阔的活动空间。实际上,罗斯科·庞德早已指出,虽然在19世纪有着各色的法律理论,但最主要的却无疑是历史法学:"在上个世纪(19世纪),历史法学派基本代表了法学思想发展的主流。萨维尼创立的历史法学派的兴衰史虽不构成整个19世纪的法学思想史,但它却是这个历史的核心和最主要的内容。"[3]就连在当年穗积赴英留学时途经的美国,萨维尼及其弟子理论的影响也是不容小觑。[4]

因此,穗积陈重《法律进化论》一书的问世,有其历史的必然性。历史主义与进化论的交汇,已导致了像《古代法》这类名著的产生,著者本人更是在很大程度上借着此书的成就而晋职印度总督的法律顾问。[5] 而穗积的规划相较梅

---

[1] 刘禾:《跨语际实践——文学、民族文化与被译介的现代性(中国,1900—1937)》,宋伟杰等译,生活·读书·新知三联书店2002年版,第73页。
[2] 何勤华:《20世纪日本法学》,商务印书馆2003年版,第53—54页。
[3] 罗斯科·庞德:《法律史解释》,曹玉堂、杨知译,华夏出版社1989年版,作者前言,第2页。
[4] 与1814年在德国发生的那场法学争论相类似,1880年代的美国纽约州也爆发了一场关于"纽约州民法典草案"的争论。最终如同几十年前大洋彼岸的那场争论一样,扮演类似于萨维尼角色的卡特一派获得了胜利,草案在1885年遭到了州议会的否决。See Mathias Reimann, "The Historical School Against Codification: Savigy, Carter and the Defeat of the New York Civil Code", 37 Am. J. Comp. L. 95, 98—107(1989).
[5] J. M.凯利:《西方法律思想简史》,王笑红译,汪庆华校,法律出版社2002年版,第311页。

因则要庞大得多,他原本的计划是要写作总计两部六卷十二册的巨著,遗憾的是他只完成了该书的一小部分。[1] 然而,即使只是这一小部分,却也已经使用了三册的篇幅。[2] 如果《法律进化论》全部创作完毕,那么仅就篇幅上看,梅因的《古代法》将沦为名副其实的"小册子"。另外,就方法论及著作所涉及学科而言,凭借着自梅因著作出版后的几十年内社会科学的大量新进展,穗积陈重甚至有些自鸣得意地写到:"法律进化论,以此可能性为前提,以各民族、各时代既知之法现象为资料,且借人类学、考古学、社会学、心理学、史学、言语学等之援助,以在动势之法现象为对象,而求进化之理法者也"[3],而在梅因的书中则没有出现这样的豪言壮语。

值得一提的是,穗积的法律历史主义与萨维尼显得保守的历史主义观念有所不同。萨维尼选择历史主义,是因为他首先是个民族主义者。按照凯利的看法,在18世纪末至19世纪初的德意志历史语境中,在抵制拿破仑对德国领土的占领和分离的爱国本能的驱使下,年轻学者中产生了一种新的意识,这种意识将学者的目光聚集到了自己的国家、人民与种族下。Volk一词,不仅仅拥有显然每个民族都拥有的历史,而且还具有某种超越民族现有道德及其外部历史事实的神秘本质和价值,"这种民族神秘感在学者中间唤起了真正的历史感和透视并理解德国历史的真挚感情:在学术和文学之间,无坚不摧"[4]。于是,萨维尼决心以历史浪漫主义来捍卫"民族精神"[5],因此历史主义只是民族主义的附庸——法律史只是民族史的一个部分,它不能脱离民族性话语而单独存在。与萨维尼用历史主义话语反对像法国人那样制定一部民法典的行为大相径庭的是,同样是历史主义话语叙述者的穗积却积极投身于明治民法典的制定之中。[6]

因此,相形之下,穗积则抱持着一种普遍主义的看法。在《法律进化论》的总论中,他就宣称,"法律学"的目的即为"法现象之普通素之知识",而"法律进化论"作为"法律学"中"法律动学"的一部分,其目的也在于阐明"法现象变迁中普遍的通素"[7]。然而,这种所谓"通素"果真存在?穗积首先承认到,法律现象不仅依国家、民族、人种而表现各异,即使在同一国家、民族、人种内,也是在不断变化着的。但随后他又乐观地认为,"世界人类"虽然各有不同,但"皆

---

[1] 何勤华:《20世纪日本法学》,商务印书馆2003年版,第61—62页。
[2] 同上注,第57页。
[3] 穗积陈重:《法律进化论》(法源论),黄尊三等译,中国政法大学出版社1997年版,第3页。
[4] J.M.凯利:《西方法律思想简史》,王笑红译,汪庆华校,法律出版社2002年版,第306—307页。
[5] Volksgeist,这个词并未在《使命》一书中直接出现,它实际上是由萨维尼的学生发明出来的。
[6] 何勤华:《20世纪日本法学》,商务印书馆2003年版,第56页。
[7] 穗积陈重:《法律进化论》(法源论),同前注[3],第1—2页。

为同种之生物,其身体组织,大体不差,所异者,不过身长、骨骼、皮肤毛发等之细目而已"。而且在经历详细观察之后即可发现,"同一环境中之民族"因有着共同的生活需要,常常呈现出许多相似性。而对"文化程度相同之民族"而言,他们的"法律生活程度"也是大抵相同的。所以,表面上纷繁芜杂的"法现象"背后却必然存在着"通素",这一"通素"不仅存在于静态"法现象",尚且存在于动态"法现象"中。[1]

可以断定的是,穗积的普遍主义信仰更多的是受到了达尔文和梅因的进化论的影响,同时,那个时代西方比较法学对普遍性的"乐观"信仰,对穗积的影响也不容忽视。与萨维尼试图在历史之维中寻找到异质性的动机不同的是,《法律进化论》同英国人的作品一样,都在努力地从历史维度中满足对普遍性的诉求。按照穗积的理解,法会随文化的发展而表现出世界化的倾向[2],"世界共有法"的理想则始终贯穿于其研究的整个过程。于是,萨莱伊和朗贝尔的旧梦在这里被重温:在通向"世界共有法"的道路上,各民族法律都将经历优胜劣汰的生存选择过程,而究竟谁能代表各国法律最终的发展趋势?穗积虽未予明确回答,然而他的研究却在显示:答案只能是西方国家的法律。[3] 普遍主义话语的背后,依然是那种驱之不散的西方优越论调。

现在让我们把时间回溯到《法律进化论》问世的 40 年前。明治十七年(1884 年),穗积在日本的《法学协会杂志》第 1 卷第 5 号上发表了《法律五大族之说》一文,首次提出了"法族"(legal family、family of law)的观念。在文章中,他认为,世界上的法律制度一般可以分为五大家族,即"印度法族、支那法族、回回法族、英国法族、罗马法族"五种,其着眼点在于法律乃是因民族而异的。[4] 穗积当时并未意识到的是,伴随着跨语际实践的扩散效应,他的这一学说将在几十年之后的中国学术界产生极其深远的影响:20 世纪的前三十年,在几乎所有中国学者的"法系"研究论著中,包括"中国法系"("支那"一词被绝大多数中国学者替换成了"中国")在内的五大法系说("法族"一词被替换成了"法系")都被奉为权威理论,其地位丝毫不可动摇。即使是在此之后,作为与威格摩尔(John Hr. Wigmore)十六法系说相对立的学说,也往往更受到学者的青睐。[5]

---

[1] 穗积陈重:《法律进化论》(法源论),黄尊三等译,中国政法大学出版社 1997 年版,第 3 页。

[2] 同上注,第 279 页。

[3] 李秀清等:《20 世纪比较法学》,商务印书馆 2006 年版,第 328 页。

[4] 穗积陈重:《穗积陈重遗文集》第一集,第 292—307 页,转引自杨鸿烈:《中国法律对东亚诸国之影响》,中国政法大学出版社 1999 年版,第 2 页。

[5] 例如杨鸿烈对穗积陈重五大法族说的评价是"其立说最精当而不移,简而扼要者也",而对威氏的十六法系说的评价则为"可谓大而无当,烦琐至极",见杨鸿烈:《中国法律对东亚诸国之影响》,中国政法大学出版社 1999 年版,第 2—3 页。

对于这一学说产生的原因,可以从比较法学方法论的角度去阐明。将漫无头绪的各国法律秩序(Rechtsordnung)加以划分归类,无疑为比较法学研究提供了方便,如果在划分的大集团中每个集团都有一至两个法律秩序作为该整个集团的代表,那么在一定前提条件下,便可集中力量对这些代表性法律秩序进行研究。[1] 在这种方法论的引领下,才有可能产生将以某一母国法律秩序为中心的数国法律秩序同归为一个"家族"的念头,穗积正是最早公布这种想法的学者。由于数世纪以来,欧洲人的视野中长期只存在一元而不是多元的文明,所以对于他们来说,以下想法将是不可思议的,即承认欧洲文明之外还存在"文明",进而承认其现存法律的合理性,随后将其归为若干个族类而与西方的法律相提并论,并进行等而齐之的互相比较与借鉴。所以,这个任务只能由欧洲之外的学者最先提出。

穗积的五大法族说显然让人觉察到其将各个"文明"同等对待的观念,相较当时充斥着殖民主义话语的欧洲学界,在今天看来无疑具有更为"进步"的意义。然而不容忽视的是,穗积的法族学说本身却也是其共同法理论的一部分,这种精神,实质上与十几年后的国际比较法大会的理念是一致的。[2] 历史主义、进化论、普遍主义等观念,自穗积早年留学之际,便开始对其此后的创作产生毕生的影响,而《法律进化论》无非是这类思想在法学领域的一个系统化应用。所以穗积在论述五大法族的关系时,才会用进化论的话语来诠释:这五大法族互相竞争、此消彼长,内中的规则正是优胜劣汰,而其中最典型的例子莫过于"支那法族"的解体。作为"支那法族"成员之一的日本,也正面临着这样的威胁,而要摆脱这样的威胁,就必须改革或改良本国法律。[3] 而改良的方向,则自然是以西方法律为典型代表的"共同法",最终,法族的划分又将在"共同法"语境下丧失立脚点,五大法族说恰恰具备了自我解构的诱因。

(三)"攻法子"与"支那法系"

根据笔者所掌握的材料,虽可断定在清末的众多留日学生中必然有人接触到了穗积陈重的法族思想[4],并可能在少数场合使用过这个字眼,但尚难以知晓的是:是否有留学生或学者曾系统地以"法族"为名介绍过穗积的这些思想,这些历史细节有待更有学力之人去进一步挖掘。在众多的中文文献中,最早出现的词汇便已是"法系"二字了。

---

[1] 李秀清等:《20世纪比较法学》,商务印书馆2006年版,第327页。
[2] 同上。
[3] 何勤华:《20世纪日本法学》,商务印书馆2003年版,第55页。
[4] 仅以清末浙江籍留日学生为例,这些人之中,在1903年就读于东京帝国大学法科的便有四人,而穗积陈重当时就在东京帝国大学担任法学部教授兼部长,可以想见的是,这些学生很有可能受到过穗积法族学说的熏陶。1903年留学东京的所有浙江籍学生的名录,参见"浙江同乡留学东京题名",载《浙江潮》癸卯年(1903年)第2期,附录。

光绪二十九年(1903 年),留日学生编辑的刊物《政法学报》(其前身是《译书汇编》)在该年第 2 期上刊载了署名为"攻法子"[1]的《世界五大法系比较论》一文,这是笔者目前所知的将"法系"概念引入中国的最早一篇文献。从标题即可看出,作者借鉴了穗积陈重的五大法族说。

在文章中,作者认为"今世之国家"正处于"法治国时代",并断定"世界未有法之不立,而能完成其为国家者也"。这种对"法治"的提倡,在清末呼唤变法革新的语境中已不罕见了。对"法治"的推崇很容易就会导致对"礼治"、"德治"这些观念的批判,因此,作者在对世界五大法系的形成、沿革、内容、特征与影响等方面作了较为详细论述后,接着对此评价道:

> 在上述五大法系中,罗马和英国两大法系不仅历史久远,而且生生不息,势力进入了全世界;印度及回回两大法系偏于宗教,与法律不相符合;支那法系只讲道德,不讲法律,不明权利为何物。故法律之效用,几于无存也。支那法系之存在,只在沿革而已,已无永久存在之要素。[2]

而作者对"支那"走向"法治国"开出的药方是:

> 处此法治国之时代,而据一要素不备之法系,欲以应今日社会之用,盖戞戞乎难矣。故吾敢断言曰:支那不言法治则已,欲言法治,则唯舍支那固有之法系,而继受罗马及英国之二新法系,然后国民法律之思想得以渐次发达进步,法典可期其完成也。[3]

在这里,"攻法子"对"支那法系"的前景判断同穗积一样,显然是悲观的。在该文作者的另外一些文章中,作者更为明确地指出:唯有输进"文明",学习

---

[1] 关于这位"攻法子"的真实身份,何勤华教授认为"生平事迹不详",见何勤华:"比较法在近代中国",载《法学研究》2006 年第 6 期,第 129 页。据笔者目前所知,当时所有署名为"攻法子"的文章有:"敬告我乡人"(《浙江潮》癸卯年第 3 期)、"论地方自治"(《四川》第 2 号)以及刊载于《译书汇编》与《政法学报》上的一系列法政类文章。其中《浙江潮》是清末浙江籍留日学生在 1903 年创办的一个进步刊物,上面一般仅刊载浙江籍留日学生发表的文章。对于在由浙江籍学生创办,读者亦多为浙江籍人士的刊物上发表名为"敬告我乡人"这一文章的"攻法子",我们从文章标题本身就可以推断其应是浙江籍贯。文章开头第一句话也印证了这个命题:"某谨白:以浙江同乡会员之一员,借杂志《浙江潮》之余白,窃欲有所贡献于我乡人,思之有日矣"。作者既然化名"攻法子",则必然所修专业是法科。又因"攻法子"将五大法学说介绍给国人,所以受穗积陈重的影响应该比较大。穗积陈重其时任教于东京帝国大学,由此可认为攻法子最有可能就读于东京帝大。综上,笔者推断这位署名"攻法子"的作者必须满足以下条件:(1) 浙江籍贯;(2) 1903 年之际正在日本留学;(3) 其时正就读于东京帝国大学法科。根据笔者所掌握的史料,符合这三个条件的人物有钱承志、吴振麟、章宗祥、王鸿年,参见"浙江同乡留学东京题名"。至于"攻法子"究竟是这四人中之何位,恕笔者学力疏浅,难以做进一步考证,因此尚待更有学力之士来完成。

[2] 攻法子:"世界五大法系比较论",载《政法学报》癸卯年第 3 期,转引自何勤华:"比较法在近代中国",载《法学研究》2006 年第 6 期,第 129—130 页。

[3] 转引自何勤华:"比较法在近代中国",载《法学研究》2006 年第 6 期,第 130 页。

西方国家的政治与法律,普及国民的政治思想,提高国民的政治能力,才能"新造吾国民"[1];且由政府编纂完备的法律,对内实行立宪政治,对外改正条约,中国就可以成为一个独立自存"完美无缺的国家"[2]。概言之,在"攻法子"眼中看来,"救亡图存"、"民族振兴"的目标,必须通过输入西方的法律和政治制度才能实现,而旧有的"支那法系"则与这些目标的实现格格不入,是必须革除的旧事物。

目前尚难以知晓"攻法子"将日文汉字"法族"置换成"法系"二字的具体原因,同样难以确定的是,在当时是否已有日本学者使用过"法系"这个词了。就穗积陈重而言,他在大正元年(1912年)出版的以英文创作的《日本新民法》一书中依旧在使用 family of law 这个词组。[3] 但如果我们不将"法系"中的"系"理解成"系统"之义,而是做"系谱"(genealogy)意义上的理解,那么"法系"与"法族"的实际含义就并非相差甚远。然而,当时的"攻法子"不可能意识到的是,这次跨语际的语词转换,竟为二十几年后的另一次有关"法系"的跨文化交涉提供了契机:相对于"法族"一词而言,将威格摩尔著作中的 legal system 翻译成"法系"无疑效果更佳,system 一词很难让人将其与"家族"这样的词汇相联系,实际上,它更容易让人联想到"系统"、"体系"这些词汇。跨文化的通约性(这次通约性的建构就跨越了美日中三国)就是在这样的历史性碰撞中渐次生成,尽管有时它显得模糊。

自"攻法子"首将"法系"一词引入汉语世界中后,这个词旋即开始了其传播历程。次年,其时亦身处日本,并阅读过《译书汇编》与《政法学报》的梁启超[4]在《中国法理学发达史论》一文中也使用了"法系"一词,当然,梁启超也有可能是受到了穗积陈重作品的直接影响。[5] 不过相较于"攻法子",梁任公

---

[1] 攻法子:"论国家",载《译书汇编》第 2 年(约 1902 年)第 9 期,第 9 页,转引自丁守和主编:《辛亥革命时期期刊介绍》(第一集),人民出版社 1982 年版,第 66 页。

[2] 攻法子:"论研究政法为今日之急务(续)",载《译书汇编》第 2 年第 10 期,第 3 页,转引自丁守和主编:《辛亥革命时期期刊介绍》(第一集),人民出版社 1982 年版,第 66 页。

[3] Nobushige Hozumi, *The New Japanese Civil Code as Material for the Study of Comparative Jurisprudence*, Chap. V, p.35, 转引自杨鸿烈:《中国法律对东亚诸国之影响》,中国政法大学出版社 1999 年版,第 2 页。不过根据穗积陈重之子穗积重远的回忆,早在 1904 年,其父在提交给首届美国国际比较法大会的报告中就已提出了比较法研究的"法系别比较法"(genealogical method),参见穗积重远、Roland R. Foulke:《〈法理学大纲〉与〈法律哲学 ABC〉》,李鹤鸣、施宪民译,中国政法大学出版社 2005 年版,第 72 页。该报告应是以英文撰就,但穗积陈重是否曾明确以汉字提出"法系"二字(以及若曾提出,则系何时提出?),尚待考证。

[4] 梁启超甚至对《译书汇编》给予了高度评价:"能输入文明思想,为吾国放一大光明,良好珍诵",见《饮冰室文集类编》,(东京)河过半五郎 1904 年版,第 794 页,转引自吕顺厂:《清末浙江与日本》,上海古籍出版社 2001 年版,第 36 页。

[5] 梁启超在此间写作的论文中,已经出现了对穗积陈重作品的直接引用,见范忠信编:《梁启超法学文集》,中国政法大学出版社 2000 年版,第 179—180 页。

对于"我国法系"之过去的评价却要高很多:"我以数万万神圣之国民,建数千年绵延之帝国,其能有独立伟大之法系,宜也。"[1]当然,梁启超认为处此新时代中,"我国法系"也必须进行改革,其改革的方向,也是所谓"法治主义":"法治主义,为今日救时唯一之主义。立法事业,为今日存国最急之事业。稍有识者,皆能知之。"[2]不过,在这篇体现作者深厚国学功底的论文中,"法治主义"学说的主体被解释成了管仲、尹文、韩非与李斯等人。[3]而且,虽然在其多篇文章中均出现了"法系"一词,然而并不能据以断定梁启超对法系学说已经非常熟悉,实际上,他并没有哪一篇文章系统地阐述了其所谓"我国法系"的定义、沿革、特征和范围等,亦即并没有创建一套完整的关于"我国法系"的学说。在其文章中,"法系"一词的用法明显非常随意,甚至如果我们用"法律"一词代替文中所有出现"法系"之处,实际上也并不会造成什么理解困难。

短短几年后,不仅是学者,甚至较为开明的清廷官员也开始使用"法系"一词,这与清末法制转型的时代背景是无法分离的。例如,为预备立宪做准备而奉清廷之命出洋考察的五大臣归国后(光绪三十二年,1906年),在其上给光绪帝的奏折中言及各国宪制里中央与地方关系时,就使用了"日耳曼法系"与"罗马法系"的字眼,戴鸿慈认为,就这两大法系而言,前者中央集权的程度弱于后者。[4]次年六月,时任大理院正卿的张仁黼在《奏修订法律请派大臣会订折》中也写到:"日本法律本属支那法系,而今取法于德、法诸国,其国势乃日益强。"[5]将日本视为原"支那法系"的一支,以及使用"支那法系"这一极具日本风格的措辞,疑是受到经由"攻法子"介绍的穗积陈重理论的影响。

三、从"支那法系"到"中国法系"

(一)"支那"一词意义的流变

"支那"一词不应被简单地视为源自日语的外来词,实际上,学界对于这个词汇的起源、传播、所见的语种与意义的流变,至今尚存争议[6],"支那"一词其实经历了一个非常复杂的跨越数个文化的历史性交流过程。以下的部分中,笔者将借助若干资料对"支那"一词的源起及意义变化做一次厘清的努力。

在刘禾教授给我们提供的"源自古汉语的日本'汉字'词语"一表中,我们发现唐代的义净和尚早已使用了"支那"二字:"且如西国名大唐为支那者,直

---

[1] 范忠信编:《梁启超法学文集》,中国政法大学出版社2000年版,第69页。
[2] 同上注,第71页。
[3] 同上注,第96—119页。
[4] 《清史稿·卷四百三十九·戴鸿慈列传》。
[5] 故宫博物院明清档案部编:《清末筹备立宪档案史料》,中华书局1979年版,第29页。
[6] 彭印川:"'支那'考综述",载《中国历史地理论丛》1994年第4期,第248—251页。

是其名,更无别义。"[1]有趣的是,在这句话中,"支那"也正表现为一个早期跨语际实践的产物:它是对梵语 Cinasthana 或 Mahachinasthana(这两个词汇是古印度对当时中国的称谓)的一个简化了的音译。[2] 随着佛学逐渐从中国传入日本,汉语佛经中的"支那"一词也被传播到了日本语言中。然而在很长一段时间内,如同在中国的情形一样,"支那"一词仅仅出现在各种佛教典籍中,一般日本人很少使用它来称呼中国,大部分人都宁愿使用"汉"、"唐"这些更为常见的汉字。而直到近代日本开始与西方产生接触时,翻译家们才产生了将西语中的 China/Chine 与"支那"联系在一起的念头。而西语中的 China/Chine 一词无疑也是复杂的跨语际实践的产物,笔者目前所知的最复杂的与此相关的语词流转的故事版本是:丝国(汉语)——Cinasthana/Mahachinasthana(梵语)——Chinistan(古波斯语)——Tzinisthan(古叙利亚语)——Tzinitza/Tzinista(古希腊语)——China/Chine(现代欧洲语言)。[3]

所以,当1713年日本儒者新井白石在译介荷兰语地理书籍的过程中首次将 China 译成汉字"支那"之时[4],可以肯定,这早已不是对地处东亚的那个大国的称谓问题所做的首次跨语际实践了。新井所做的,只不过是在两个更具时空分量的跨语际实践的产品之间进行一次等值关系的再生产,而跨文化的普遍性则正是在这一次次的等值关系的制造中得以人为的建构。随着西学之风渐起,在日本使用 China 及其汉字翻译"支那"的知识分子乃至普通平民才与日俱增。最初"支那"并不带有贬义的色彩,因此国人也愿意接受这个词汇,留居日

---

[1] 义净:《南海寄归内法传·师资道》,转引自刘禾:《跨语际实践——文学、民族文化与被译介的现代性(中国,1900—1937)》,宋伟杰等译,生活·读书·新知三联书店2002年版,第408页。

[2] Maha 为"大"的意思,而 sthana 这一后缀则是印欧语系诸语言里经常出现的字眼,正如英语中的-stan 一样,它可以被译作"国",而根据部分学者的观点,china 为"秦"的语音,因此 Mahachinasthana 可以意译为"大秦国"。然而唐玄奘等僧侣却并没有采取这种译法,而是直接使用了音译的方式,因此"摩诃脂那国"、"摩诃至那国"、"摩诃震旦"等词汇开始出现在各类佛教典籍之中。见周程:"'支那'与'sina'——亦谈新浪网域名的是与非",http://www.pku.edu.cn/academic/csss/teachers/works/sina.htm. 而到了义净手中时,Maha 与 sthana 这两个前后缀都被去掉了,他只取其中最关键的 cina 或 china 一词,将其音译成为"支那"。

[3] 参见刘兴诗:"China 释义新探",载《四川文物》1999年第1期,第56—58页。刘兴诗教授认为 China 一词的来源最早可追溯到位居"南方丝路"起点的古蜀国——"丝国"。又参见"'CHINA'来历又出惊人见解",载《华西都市报》2002年11月9日。

[4] 新井白石:《采览异言》,载《新井白石全集》第4卷,东京吉川半七1906年版,第817页,转引自周程:"'支那'与'sina'——亦谈新浪网域名的是与非",http://www.pku.edu.cn/academic/csss/teachers/works/sina.htm.

本的革命派与立宪派人士也都曾使用着这个词汇[1],上文提及的极可能是革命党人的"攻法子"就使用了"支那"二字。

然而,自甲午战争起,这个词汇就逐渐有了与此前不同的意味。"支那"的语音从"恰依呐"(与英语 China 发音相似)演变成了"希呐",这就导致了"支那"的语音与日语中的"木偶"、"物品"、"将死"同音或者谐音。[2] 难以确定的是第一个如此读"支那"的日本人是否有意为之,但在很短时间内日本国内都统一使用了这种读法却无疑是事实。战胜国的蛮横情绪,甚至能够使语言发生在外人看来是完全荒谬的演变,而这种改变只会使后来的"日支亲善"、"共生共荣"等口号的殖民主义色彩昭然若揭。

"支那"一词的意义伴随着语音的改变,也从肯定的一面走向了相反方向。"支那"变成了一个蔑称,甚至于一战前的荷兰字典中对"支那"的释义竟然是:"支那,即愚蠢的中国人,精神有问题的中国人等。"[3] 因此,当辛亥革命爆发后,日本政府拒绝采用"中华民国"的国号,而径直称中国为"支那"时[4],对于中国政府来说,这无异于一次公然的挑衅。对于日本政府的这种做法,中国的政府和公众却表现出了当时少有的默契:1913 年 10 月,当日本政府宣布正式承认中华民国时,却在递交给天皇的奏文中使用了"支那共和国"的称谓,北洋政府立即指示驻日代理公使与日方进行交涉,尽管这次交涉基本没有获得成功;而在前一年的 6 月,来自日本的邮件曾因贴有含"支那"二字的邮票,在中国宜昌遭到了民间有关方面的抵制;而在知识界,这种讨伐声则更是不绝于耳,当时正值留日的郁达夫、陈独秀等人纷纷撰文反对"支那"称谓,而国内的反对呼声也日益高涨。[5] "二十一条"事件及其后的巴黎和会,都加剧了国人对"支那"一词的排斥心态。

(二)"中国法系"

因此,20 世纪初"攻法子"还在使用的"支那"一词,在 1910 年代的历史语

---

[1] 例如,当时有一个具有革命倾向的杂志名字就名为《二十世纪之支那》。政治观念相对而言更显保守的梁启超也使用过这个词:"联合同志,共兴清议报,为国民之耳目、作维新之喉舌。鸣呼! 我支那四万万同胞之国民,当共鉴之;我黄色种人欲图二十世纪亚洲自治之业者,当共赞之",见梁启超:"清议报叙例",载《清议报》1 册,光绪二十八年十一月十一日,第 1 页,转引自沈松侨:"我以我血荐轩辕",载《"中央研究院"近代史研究所集刊》2000 年第 33 期。

[2] 实藤惠秀:"'支那'由产生到消灭",《中国留学生史谈》,日本第一书房 1981 年版,第 378 页,转引自周程:"'支那'与'sina'——亦谈新浪网域名的是与非",http://www.pku.edu.cn/academic/csss/teachers/works/sina.htm。

[3] 转引自倪建周:"'支那'源流考",载《教师博览》2004 年第 2 期,第 51 页。

[4] 川岛真:"'支那'、'支那国'、'支那共和国'——日本外务省的对中称呼政策",载日本《中国研究》1995 年第 571 号,第 3 页,转引自周程:"'支那'与'sina'——亦谈新浪网域名的是与非",http://www.pku.edu.cn/academic/csss/teachers/works/sina.htm。

[5] 参见周程:"'支那'与'sina'——亦谈新浪网域名的是与非",http://www.pku.edu.cn/academic/csss/teachers/works/sina.htm。

境中已经不合时宜了。"支那法系"的称呼必须改变,否则即是一种自我侮辱的行径。于是,"中国法系"就成为"支那法系"四字的替代品。1918年3月,卢复在《法政学报》的第1期发表了《中国法系论》一文。在创刊号上发表这篇文章,无疑表明了作者对自己理论原创性的高度自信,实际上,这也是笔者所知的国内明确使用"中国法系"一语的第一人(梁启超在1904年只是使用了"我国法系"的字眼)。[1]

文章分别从"中国法系"的沿革、法律的种类、学术、观念以及司法制度等方面,给读者展示了一幅"中国法系"的全景图。在文章中,作者明显不满于法律界"徒袭取他人之法义,置数千年来圣贤明哲所叙造之宪章于不顾"的现状[2],并试图为"中国法系"在当前时代努力寻找一个合法性依据。因此在法律渊源方面,作者认为"虞书所载象以典刑一节已具成文法之萌芽"[3];在法律种类方面,则认为"我国旧时法典虽公私不分、民刑混合,然察其内容则已各具法典之性质矣"[4],接着作者指出,古代的令、格、式实际上具有今日的行政法与各种单行法的意味,而对于律,作者更是将其中的各篇详细地做了现代性的解释,其中"名例"篇即是现在的刑法总则,"卫禁"篇则属于违警律与刑法的范围,其他的篇目则也被相应地解释进了官吏惩戒条例、税法、民法、诉讼法等范畴;对于法律学术,作者声称"大抵昔日所谓政治家者谓之法律家也亦可,是故周公政治家也,而所著周礼一书实为成周一代之成文法典矣"[5];甚至"司法独立"也首次出现在了关于"中国法系"的话语中:

> 我国古制地方法官虽多受行政官之监督,而按律折狱彼亦侵其权。高级法官除关于疑狱聚行政长官取决外,而执行一切司法事务凡百僚固不得越职言事矣。是以古昔执法森严不畏威不徇私者,传籍所载,传为美德。我国之重司法独立也,夫岂一朝一夕之故哉?[6]

在文章末尾,作者使用了当时罕有的相对主义话语来对罗马法系与英国法系的"文明性"与"世界性"提出辩难:

> 夫法律之文明与否以何者为准绳乎?以理论的编纂为文明乎?则罗马法系文明英吉利法系为不类矣。抑以不成文法为文明乎?则英吉利法系文明而罗马法系为不类矣。二者必居于一。胡为法出欧美均属文明法

---

[1] 况"我国法系"中之"我国"的具体称谓究竟是什么呢?"支那"乎?"震旦"乎?"中国"乎?任公对此却并未言明。
[2] 卢复:"中国法系论",载《法政学报》1918年第1卷第1期,第1页。
[3] 同上。
[4] 同上注,第2页。
[5] 同上注,第3页。
[6] 同上注,第6页。

出东亚概为野蛮乎？此其说之不足恃者一也。所谓世界性者，以欧洲大陆为限乎？以英美为限乎？抑以全球为限乎？罗马法系不能及于海洋诸国，英国法系不能及于大陆诸国，所谓世界的性质者果安在哉？此其说之不足恃者又其一也……国与国之习惯各殊，国与国之学说各异，即各国法律有各国法律之精神。文野非以欧亚分，世界非就欧美言。未可轻人而重己，尤不可轻己以重人。[1]

然而，卢复的这篇文章发表后，在很长一段时间内并没有引起学术界的共鸣。[2] 在笔者看来，原因在于，卢复将中国传统附会到现代标准中去的做法，在当时确实难以被接受，同时也在于其时学界普遍地对中国古代法律缺乏自信：这一时期诚如刘广安教授所言，中国法律史的研究尚处于"奠基工作"阶段[3]，大规模的史料挖掘与整理工作尚未全面展开，因此缺乏足够的证据去支撑对"民族法制史"的信心。

1929 年 9 月，时隔《中国法系论》的刊载 11 年有余，前一年刚从日本归国的薛祀光发表了《中国法系的特征及其将来》一文，这是一篇法哲学性质的文章。作者写作此文的目的是为了研究"中国法系自身有没有可以维持自己生命的要素存在"[4]，这看似要比十几年前的卢复低调很多。文章从探讨"中国法系"的特征入手，认为"中国法系至少要有两种特征和别的法系不同，尤其是和罗马法系不同，中国法系的法律和道德非常接近，这是它的第一种特征，中国法系的刑法非常繁重，这是它的第二种特征"[5]。作者认为这两个特征中或许有一个可以"维系中华法系尔后的生命"[6]，而这个特征即是"法律与道德接近"。

接着作者对这个特征做了法哲学上的探讨，以便证明"法律与道德接近"不仅是"中国法系"的一个特征，还应该是具有普适性的应然命题。作者得出的结论是：

中国道德思想虽以封建的社会为社会生活做背景的，我们是不能接受

---

[1] 卢复："中国法系论"，载《法政学报》1918 年第 1 卷第 1 期，第 7 页。
[2] 根据笔者所掌握的材料，自卢复《中国法系论》发表后直至 1926 年之前，与"中国法系"有较大关系的文章似乎只有一篇，即高维浚于 1926 年 4 月在《法学季刊》第 2 卷第 8 期上发表的《建设一个中国法系》一文，但它实际上并不属于本文的"中华法系"学说范围，作者眼中的"中国法系"并不是一个历史悠久、绵延至今的法系，而是一个尚待建设的、将在未来与英美与大陆两法系并立的新法系。换言之，高的文章缺少了一种对"民族历史"的想象。
[3] 李贵连主编：《二十世纪的中国法学》，北京大学出版社 1998 年版，第 68 页。
[4] 薛祀光："中国法系的特征及其将来"，载《社会科学论丛月刊》1929 年第 1 卷第 4 期，转引自杨鸿烈：《中国法律对东亚诸国之影响》，中国政法大学出版社 1999 年版，第 539 页。
[5] 同上注。
[6] 同上注。

的,什么礼不下庶人,刑不上大夫的法律思想,和旧律上"八议"制度,我们是要推翻的。但是古圣人留给我们几个道德的概念,什么'义',什么'诚',什么'仁',这等范畴总可以说是永久不变的。中国法系的法律和中国道德处在这同一范畴之下,道德范畴的内容随民生而变了的时候,法律思想就可以随道德思想而变。这一点应该是中国法系的生命所在,至少应是中国法系的时代适合性。[1]

于是,"中国法系"在这种诠释中便获得了为世界其他法系所不具备的特质,不仅不应被抛弃,而且或许还能对世界作出贡献。

四、威格摩尔的影响

(一)《世界法律系统大全》

1928年,时任美国西北大学法学院院长的约翰·亨利·威格摩尔(Dean John Henry Wigmore,下文或简称威氏)出版了三卷本的《世界法律系统大全》(这是民国学者对书名的中文译法)一书[2]。可以肯定的是,书中的大部分内容实际上已为威氏在平常的比较法教学中所采用——尤其是其中大量生动的照片[3],并且有部分内容在此前已被公开发表过了,而另外一部分也将在今后被单独发表[4]。

《世界法律系统大全》除了通过将大量的、有关各个"法系"的、包括照片、司法文书、法典条文等在内的第一手材料展现给读者,从而给读者造成对各个"法系"的深刻感官印象外,其中提出的将世界"法系"分为十六个之多的观点也看似空前绝后。这十六个"法系"分别是:"埃及法系、美索不达米亚法系、中华法系、印度法系、希伯来法系、希腊法系、海事法系、罗马法系、凯尔特法系、日耳曼法系、教会法系、日本法系、伊斯兰法系、斯拉夫法系、大陆法系和英美法系。"[5]而其中

---

[1] 薛祀光:"中国法系的特征及其将来",载《社会科学论丛月刊》1929年第1卷第4期,转引自杨鸿烈:《中国法律对东亚诸国之影响》,中国政法大学出版社1999年版,第543页。

[2] John Hr. Wigmore, *A Panorama of the World's Legal Systems*, Washington Law Book Company, 1928. 该书在1936年以简装合订本的面目再次出版,这个版本中的图片由原来的彩色变成了黑白模式。中译本即根据该书第二版译出。

[3] William S. Holdsworth, "Wigmore as a Legal Historian", 29 *Ill. L. Rev.* 448, 454(1934—1935).

[4] John. Hr. Wigmore, "A New Way of Teaching Comparative Law", 1926 *J. Soc'y Pub. Tchrs. L.* 6, 6—16(1926). 实际上该文的上半部分构成了《世界法律系统大全》的第十七章(法系的演进),而下半部分则构成了该书的第一章(埃及法系);该书第一版附录了一篇名为"法律地图"的论文,而威氏在1929发表的论文《世界法律地图》(John Hr. Wigmore, "A Map of the World's Law", 19 *Geographical Review* 114, 114—120 [1929])则与该书中所附录的这篇文章内容相同。

[5] 约翰·H.威格摩尔:《世界法系概览》,何勤华等译,上海人民出版社2004年版,第2页。

对于历史悠久、延展至今的"中华法系"(这里使用的是对 Chinese Legal System 一词的现代译法)的评价,则尤其让中国的学者感到愉快:

> 独具特色的是,它是唯一一个持续留存至今的古老法系——超过 4000 年的时间;与之相比,今日现行的其他法律体系只不过是孩童般而已。[1]

> 最早的中国法典传说远远先于哈姆哈伯王(King Harmhab),伟大的埃及立法者,现在仍然可以看到他的雕像,然而埃及的法律制度很久以前已被埋葬于尼罗河谷的泥沙之下了。恺撒和罗马元老院的议员们曾用来自文明中国的丝绸来装扮他们的妻子和女儿们,但罗马帝国很久以前已经消失了——只是历史长河中的一个插曲。然而中国的制度,不管朝代如何重复动荡和更替,仍然在一个拥有 4 亿人口的强大民族中存活了下来。[2]

但令人疑惑的是,在此后的民国时期乃至新中国成立后的大部分时间里,这部对"中华法系"的存在有着较好评价的美国比较法著作,却一直没有被翻译成中文出版。但可以肯定的是,至迟到 1930 年初,已有若干中国学者阅读到了威氏著作的原文。因为在这一年,马存坤在《法律评论》发表了名为《魏穆尔氏世界法律地图之研究》的论文,这是一篇对威氏著作附录部分内容进行检讨的文章,文中作者提出了一些不同于威氏的观点。[3] 而在同年早些时候,有着"一代国士"之称的李次山也发表了《世界法系中之中华法系》一文[4],虽然从标题上难以看出此文同威氏著作的直接联系,但该文的前半部分介绍的是除"中华法系"之外的世界其他法系的发展历程,这里采用的是威氏的十六法系说,并且就内容而言,它实际上是威书的精缩版本。而在此后民国学界几乎所有与法系有关的论文中,都会对威氏的十六法系说有所提及,即使撰文之人未必同意威氏的这种观点。如果十六法系说在文章中确实被置于否定性的位置,那么穗积陈重的五法系说作为与此相对应的更为"正确"的学说也时常会被论及。[5] 所以,威氏这部著作在民国法学界所造成的影响,无论是从正面还是反面来看,都是深远的。

(二) 法系、法律系统与 legal system

上文对威书中的"法系"一词加以引号,并非是无所事事的表现。在威书

---

[1] 约翰·H. 威格摩尔:《世界法系概览》,何勤华等译,上海人民出版社 2004 年版,第 110—112 页。

[2] 同上注,第 156—158 页。

[3] 马存坤:"魏穆尔氏世界法律地图之研究",载《法律评论》1930 年第 8 卷第 3 期,第 8—10 页。

[4] 李次山:"世界法系中之中华法系",载《法学丛刊》1930 年第 1 卷第 2—4 期。

[5] 例见杨鸿烈:《中国法律对东亚诸国之影响》,中国政法大学出版社 1999 年版,第 2—3 页。

的英文原版中,被中国学者翻译成"法系"的英语词是 legal system。而正是在对这个词的理解和翻译上,歧义、暧昧、模糊在循环往复般地产生和消解,跨语际实践中复杂深邃的一面在此展露无疑。而这种复杂性却正在被中国学者有意无意中加以利用,以致在某一特定语境——这时是民族主义的语境——之中,跨语际实践中的某些词汇间的等值关系仿佛牢不可破,甚至于将这层复杂性也掩盖掉了。实际上,legal system、"法系"、"法律系统"这些中英文词汇的意义,都由于屈就了民族主义的政治需求,以致受到了不同程度的"歪曲"。

legal system 这个概念的外延,究竟应否局限在一国家(或者说一民族)范围之内?威氏对这个问题仿佛保持着一种暧昧态度。[1] 在此书的前言里,legal system 似乎是与种族或者民族这类概念紧密相连,而且好像只有部分民族才配得上拥有似的:

> 虽然不同的种族和部落为了维持日常生活的秩序,都分别颁布了法令、制定了规则,同时也产生了大量的地方习惯法。可是,这些不断变化的地方习惯法、零零星星的法律规则、不甚严谨的法令,经过时间的洗礼和地方的变迁,最后,只有少数几个民族形成了清晰、完备、系统、连续的法律思想和法律方法体系,这就是本书所指的法系(legal system)。[2]

但是,在具体介绍某些 legal system 时(如伊斯兰、海事、教会法系),著者又使得 legal system 的外延超越了单个民族的范围。[3] 与此类似的是,当时的中国学者在将威氏的 legal system 翻译成"法系"的同时,却又对"法系"产生了不尽相同的理解。杨鸿烈显然将"法系"的外延拓展到了数个国家,在他的构想中,朝鲜、日本、琉球和安南都被包括进了"中国法系"的范围。[4] 但是更多的学者却表现出一种暧昧态度,虽然介绍的是"中华法系"(或"中国法系"),但却仅有对中国一国的法律发展的历史性回顾。对于当时的很多学者来说,"中华法系"仿佛成为"中华民族"专有财产。

威氏所给出的"法系"数量之多也加剧了这种想象,全世界共有十六个之

---

[1] 威氏在《世界法律地图》一文中试图澄清这层暧昧:"各种主要的法律系统,其中有三种除外,都是在种族血统渐趋淡薄或系统被移植之前,起源于特定的种族血统,并通常呈现出该种族的显著特性。三个例外——海事、教会和罗马——却是独立于种族而兴起的。第一种起源于地理,第二种起源于宗教,而第三种起源于知识分子",参见 John. Hr. Wigmore, "A Map of the World's Law", 19 *Geographical Review* 115(1929)。

[2] 约翰·H.威格摩尔:《世界法系概览》,何勤华等译,上海人民出版社2004年版,第1—2页。

[3] 同上注,第九、十三、十四章。

[4] 杨鸿烈:《中国法律对东亚诸国之影响》,中国政法大学出版社1999年版,第17页。

多的"法系"[1],而且往往是以国名或族名来命名,甚至在威氏对"中华法系"的论述中,空间上的范围也被限制在中国范围内。而这给人造成的印象就是:各主要民族都有属于自己的一个"法系","法系"是一个国家内部所有法律制度的总合。在这里,"法系"和(一国的)"法律体系"之间仿佛画上了一个等号。而巧合的是,这两个词汇的英语对应词也常常正是相同的——legal system。

客观地说,威氏将 legal system 理解成一个生命组织体[2],这种功能主义的理解,表明威氏自始至终是将 legal system 理解为一个结构紧凑的系统,而并非现代意义上的法系这种相似法律秩序的松散联合。虽然 legal system,诚如威氏所言,能够"时常扩展到其原生区域之外进而把远无关联的人民也包括进来"[3],因此在这个时候似乎存在着将这个词组翻译成"法系"的可能性,然而《世界法律系统大全》一书中所讨论的 legal system 并非全部都处于这种状况,实际上,一个 legal system 既有可能支配着多个民族,也有可能只支配一个民族。因此,将 legal system 翻译成"法律系统"显然是更为明智的作法。当然,一个"法律系统"显然不会永远只属于某一个民族,除非它是即将被淘汰掉的那种类型。

1929 年 1 月,威氏将《世界法律系统大全》中附录的那篇《世界法律地图》(A Map of the World's Law)单独发表在了该月的《地理评论》(Geographical Review)上。[4] 与威氏的那本书形成鲜明对比的是,这篇文章以在当时来说是快得异乎寻常的跨语际实践速度于一年后被翻译成了中文,并被发表在 1930 年 2 月的《东方杂志》上[5],这是一份在民国时期颇具社会影响的综合性杂志。在中文译文中,legal system 被刘虎如翻译成了"法律系统",应该说这是较符合威氏意愿的一种译法,因为与概念应用模糊不清的《世界法律系统大全》一书相比,这篇文章讨论的明显并非"法系"的划分,而只是讨论"法律系统"(legal system,有时是 system of law)的分类,以及各国法律分别处于何种"法律系统"支配之下。对于什么是"法律系统",威氏解释到:"一个法律系统是包含社会

---

[1] 十六法系说还远远不是定论,威氏后来还补充了某些已经消失了的"法系",如伊朗法系、亚美尼亚—佐治亚法系、美洲印第安法系、马达加斯加法系等,参见 John Hr. Wigmore, "Some Legal Systems That Have Dispeared", 2 *La. L. Rev.* 1, 1—30(1939—1940)。按照威氏的法系界定标准,这些曾经存在过但已经消失了的法系确实是可以照样被称作"法系"的。

[2] 约翰·H. 威格摩尔:《世界法系概览》,何勤华等译,上海人民出版社 2004 年版,第 950—951 页。

[3] John. Hr. Wigmore, "A Map of the World's Law", 19 *Geographical Review* 114(1929).

[4] Id., 114—120.

[5] John Hr. Wigmore:"世界法律地图",刘虎如译,载何勤华、李秀清编:《民国法学论文精粹》(第一卷),法律出版社 2003 年版,第 464—478 页。

生活根本制度的集合体,伴随着一个职业阶层的思想而发展,并借由一个特定的逻辑和社会连带而联合成一个有形的统一体。"[1]这个定义虽然没有刻意将"法律系统"的概念同民族国家的共同体形式相联系,但也没有明显地试图超越民族国家范畴的念头,所以,"法律系统"的意义与"法系"的"正确"意义间不致产生必然的重合。因此,结合现代的、较为"正确"的对"法系"概念的理解,威氏所指称的"法律系统"并不必然就是"法系",反之亦然。

然而,由于表示中文里的"法系"和"法律系统"意义的英语词都可以是 legal system,所以中国学者在理解中往往会产生一种混淆(既可能是有意也可能是无意),将文中的意为"法律系统"的 legal system 理解成了作为"法系"的 legal system,或者相反。而当着手进行译介时,也许还会出现以下更有趣的现象:将 legal system 翻译成了"法系",但却是在隶属于一国一族的"法律系统"的意义(一种被歪曲的意义)上理解它的,或者相反,将这个词翻译成了"法律系统",却把它理解成了"法系"(现代意义上)的意义,自然后一种情况是非常罕见的。于是,在高唱"民族复兴"的时代语境下,即便是把 legal system 译成了"法系",将"法系"理解成一个民族国家内部的法律制度的总和(即某些学者头脑中的"法律系统"或"法律体系")的观念也还是再次受到强化。甚至,抛开英语不谈,中文里"法系"也可以看成是"法律系统"简称,这更加剧了学者在这两者间画等号的念头[2]。语言以及不同语言之间的多重等值关系——一个英语词实际上有数个中文词与其对应,反之亦然——在这里和我们开了一个大玩笑。

于是,民族(nation、people、folk)、国家(nation、state、country)、法律制度(legal system、legal institution)、法律体系(legal system)、法律系统(legal system、legal economy)、法系(legal system、legal genealogy、legal family、legal group 甚至 legal tradition,这是梅利曼的用法)等这些意义模糊的中英文词汇,以及它们相互之间被人为地、偶然性地、历史性地建立起来的暧昧的多重等值关系,却为中国的译介主体(在这里是指法学家)提供了充分的自主创造的空间,从而使汉语阅读者只能看见被精心挑选出来的适合于中国语境的意义关联,而轻易地忽略了其他种种可能性。在经过挑选之后,legal system 被稳定地想象成了一个外延缩小了的、变了味的"法系"。久而久之,变质的味道早已散去,这两个语词间

---

[1] John. Hr. Wigmore, "A Map of the World's Law", 19 *Geographical Review* 114(1929).

[2] 当时有的学者对法系的定义更是清楚地呈现出了这种译介中生成的混淆:"所谓**法系**,就是具有特殊精神的**法律系统**,在内容与形式上,当然要自成**体系**"(黑体为笔者所加),见曹德成:"中国法系研究发微——研究的对象与任务",载《中华法学杂志》1948 年第 7 卷第 4 期(总第 64 号),第 15 页。"法系"、"法律系统"、"(法律)体系"等词语在这句话中同时出现,并且显然是作为可以相互替换的词语才出现的。

的等值想象却依旧存在,并最终体现在了威氏著作的一个迟到中译本的名称上——2004 年出版的《世界法系概览》,该书是《世界法律系统大全》一书第二版(简装的图书馆版)的中译本。

五、"中华法系"学说的兴盛

(一)"中华法系"四字绪端

与"中国"相比,"中华"一词不仅是一种地域概念,而且更代表着一种民族与文化类型。因此,当近代中国民族主义话语兴起之后,在采用何种名称来称呼新建构的民族这个问题上,"中华民族"的方案明显胜过了"中国民族"。[1]而辛亥革命后,又与哈贝马斯所称的从"国家"到"民族"的这种民族国家发展道路相类似[2],"中华民国"的国号的确定,也加深了对"中华民族"的认同与想象。"中华"这一兼具国号与族名双重性质的词汇,也开始在各类组织与事物的命名中出尽风头,"中华书局"、"中华职业教育社"、"中华银行"、"中华艺社"、"中华教育改进社"、"中华足球联合会"、"中华工业协会"等此类名称都成为这次话语浪潮的产物。[3]

因此,"中华法系"这一能指的诞生便显得合情合理,这一概念在 20 世纪 30—40 年代逐渐取代了"中国法系"的称谓。[4] 1930 年初由中华民国律师协会创办的《法学丛刊》的"使命"之一,如其发刊词所言,正是"树立中华法系"。这个法系,"乃三民主义的中华新法系是已",而《丛刊》则"愿为树立中华法系之先锋"。[5] 为了体现出这一"使命",《丛刊》连续三期总计使用了近百页的篇幅刊载了李次山的《世界法系中之中华法系》一文[6],李次山时任全国律师公会委员以及上海律师公会会长。这是国内第一篇受到威格摩尔著作影响而写就的文章,当然也是首篇将英语词组 Chinese Legal System 译介成"中华法系"的文章,虽然李次山在文中并未提及威氏本人及其著作,但他也如威氏那

---

〔1〕 黄兴涛:"现代'中华民族'观念形成的历史考察——兼论辛亥革命与中华民族认同之关系",载《浙江社会科学》2002 年第 1 期,第 129—130 页。

〔2〕 Jürgen Habermas, *Die Einbeziehung des Anderen*, *Studien zur politischen Theorie*, Suhrkamp, 1996, S. 128.

〔3〕 黄兴涛:"现代'中华民族'观念形成的历史考察——兼论辛亥革命与中华民族认同之关系",载《浙江社会科学》2002 年第 1 期,第 137 页。

〔4〕 但这并不意味着"中国法系"的称谓就退出了历史舞台,实际上,在这段时期"中华法系"与"中国法系"这两个称谓是并存的,例如程树德、杨鸿烈二人就依然在使用"中国法系"的提法。

〔5〕 程燎原:"中国近代法政杂志的兴盛与宏旨",载《政法论坛》(中国政法大学学报)2006 年第 4 期,第 11 页。

〔6〕 "世界法系中之中华法系"这一提法本身就暗示了一种民族性认同,这是一种对本民族/法系在"世界民族/法系之林"中的成员资格之自我肯定。

样将世界法系分为十六个。[1] 与威氏不同的是,李次山认为"日本法系"系由"中华法系"继受而来,因而不能承认其独立地位,但同时认为新生的"共产法系"则有扩大其影响范围的趋势,因此世界法系的数量仍然被维持在了十六个。[2] 同威氏一样的是,李次山也将"法系"视作一个生命组织体:"此十六种法系,各有其生物学的个性。各有其发生长成之历史"[3]。

接着李次山对除"中华法系"以外的其他各大法系发展历程进行了大篇幅的绍述,这些内容亦多与威氏著作类似。最终,在《丛刊》第4期该文的"再续"中,作者将目光聚集在了"中华法系"上。他提出,"中华法系"的发生与发达,可大致分为四期:"(一)萌芽期,自伏羲至陶唐;(二)成熟期,自陶唐至商纣;(三)发达期,自周初至战国;(四)因袭期,自汉至今"[4],然后作者按照自己的阶段划分标准给读者做了一遍中国法律史的回顾,接着又探讨了"中华法系"之所以形成的先天与后天背景。在文章的最后,作者给出了几点他眼中的"中华法系之特质"[5],例如"为农业生活的法系"、"为家庭单位的法系"等。他甚至使用了时髦的词汇来描述几个"特质":"为富有社会主义色彩的法系"与"为国家主义的法系"。[6]

这篇文章在对"中华法系"的全部论述中,其空间范围都仅仅局限在中国之内,这似乎也是受到了威氏对"中华法系"研究的影响。令人遗憾的是,李次山的这篇长文仅仅是对"旧中华法系"的介绍,尚缺少对"中华法系"未来走向的关注,因而"树立新中华法系"的宏旨实际上并未达到。

(二)"民族复兴"、"法系建设"与意识形态

民族主义在中国并非经历着缓慢的原生过程,而毋宁是在一场急剧动荡的内外历史变迁中被"激发"出来的,这一点已为海外汉学中持"刺激—反应(impact-response)"论的一派所认同。而在这一近代史上的痛苦变迁历程中,甲午战争、日俄战争、"二十一条"、五四运动、济南事件、九一八事变乃至八年抗战等一系列的符号性事件,无一不是与日本有关。这正如柯博文(Parks M. Coble)所言,"日本问题"对近代中国政治起着巨大而复杂的影响,它甚至在20世纪30年代构成了中国政治活动的框架,这个问题"促成了更加伟大的民族团

---

[1] 李次山:"世界法系中之中华法系",载《法学丛刊》1930年第1卷第2期,第2—3页。
[2] 同上注,第3页。
[3] 同上注,第4页。
[4] 李次山:"世界法系中之中华法系(续)",载《法学丛刊》1930年第1卷第4期,第1页。
[5] 同上注,第39—42页。
[6] 同上注,第40—41页。这里的"社会主义"与"国家主义"并非是在否定意义上被使用的。

结"。[1] 因此,日本是促进中国民族国家建构中的关键因素,无论是作为"楷模"还是作为"敌人"。而实际上,"楷模"与"敌人"之间的界限也是模糊的:先学习对方,再打倒对方。日本是以这种方式来处理自己同西方和中国的关系,中国也正是这样来处理自己同西方和日本的关系的。

"民族复兴"的话语正是在日本因素的刺激下开始兴盛的。九一八事变前后,面对着日益紧迫的亡国威胁,诚如黄兴涛教授所言,"中国人格外需要一种强劲坚韧的生命意识,一种能打败强敌的顽强信念,一种延续历史文化和民族生存的深沉的使命感与担当精神,而'中华民族复兴'观念和话语的播扬,正是对此种现实精神需求的最好响应"[2]。所以,暂且不论这次话语实践是否受到或在多大程度上受到国民党方面的意识形态操纵,这种话语本身确实活跃于20世纪30—40年代却是一个不争的事实。于是,学术界对"中华法系"的关注也开始不再仅仅满足于其往昔的辉煌,将"中华法系"冠以"复兴"、"建设"、"树立"等字眼并研究该法系之前途(大量学者更是径称之为"新中华法系"或"新中国法系")的话语也开始出现在各类刊物上。

上文已言及的是,1930年创刊的《法学丛刊》在发刊词中就声称其使命之一是"树立中华法系",并随后发表了国内第一篇在标题中明确使用"中华法系"一词的论文。而在此之后,其他法学团体、刊物也陆续响应了这种"使命"号召。同年底,一批身处南京的官员与学者成立了三五法学社[3],该社宗旨之一便是求"新中国法系"与"大陆、英美两系鼎立而立于世界"。而《中华民国法学会基本纲领》的第1条便是:"确认三民主义为法学最高原理,研究吾国固有法系之制度及思想,以建立中国本位新法系。"[4]这句话被印刷在了起自1936年的《中华法学杂志》的封面内侧,这一年该杂志成为中华民国法学会的学术刊物。

就学术作品而言,1930年马存坤发表的《建树新中华法系》是这个时期第一篇此类性质的文章。文章中作者依然坚持了五大法系说,而否定了较新的、由日本学者织田万提出的六法系说。[5] 对于这五大法系的现状,作者承认道:"吾人观今日世界上之法系,印度回教无论矣,我中华法系亦沉默无闻,唯大陆

---

[1] 柯博文:《走向"最后关头"——中国民族国家构建中的日本因素(1931—1937)》,马俊亚译,社会科学文献出版社2004年版,第6、401页。

[2] 黄兴涛、王峰:"民国时期'中华民族复兴'观念之历史考察",载《中国人民大学学报》2006年第3期,第136页。

[3] "三五"之意即为"以三民主义五权宪法研究法学",这在当时是非常时髦的意识形态话语。

[4] 洪兰友:"本刊之使命",载《中华法学杂志》(新编)1936年第1卷第1期,第1页,转引自程燎原:"中国近代法政杂志的兴盛与宏旨",载《政法论坛》(中国政法大学学报)2006年第4期,第9页。

[5] 马存坤:"建树新中华法系",载《法律评论》1930年第7卷第39期,第9页。

与英美两法系,则并驾齐驱,驰骋宇内,可谓盛矣,可以豪矣"。[1]但是作者认为,这两个法系是"个人主义的法系",维护的是资产阶级的利益,而革命后的苏俄则属于"共产主义的法系",也仅维护无产阶级的利益。这几大西方法系无疑都有失偏狭,难以真正实现法治,"实人类社会之敌耳"。[2]在对西方法系进行了意识形态上的批判之后,作者号召建树一个无阶级性、不偏激、而具有世界性的公平正直之法系,亦即"三民主义的新中华法系"。[3]在结论部分,作者驳斥了法律须依靠武力才能扩展的观点,认为罗马法之所以有"千余年之光荣历史",并非在于罗马帝国的武力,而在于罗马法本身的普遍性、适应性。因此,虽然中国没有强大的军事力量以便强行在世界各处推行其法律,但是作者相信:"今吾国以具世界性之三民主义,暨公平正直之道,树一法系,吾人确信将超罗马法而上之,克奏统一世界法律思潮之伟绩,建法治大国之殊勋。"[4]很显然的是,这篇文章的目的不在于"追忆往昔",作者一直在努力使用意识形态话语去诠释未来的"新中华法系",并号召法律学者为实现这一"新法系"而"竭全力以赴之"。

实际上,这种意识形态话语不仅存在于此篇文章中,它在整个的"法系建设"过程中都有所体现。在整个"民族复兴"的话语实践领域,国民政府都在试图将该话语塑造成带有国家意识形态性质的霸权话语,以便服务于其政治军事目的(反共及抗日)。[5]而在作为"民族复兴"话语一部分的"法系建设"话语实践中,更是体现了意识形态操纵下的"官方民族主义"(安德森语)倾向。甚至于中华民国法学会的宗旨之一"建立中国本位新法系",也无疑是受到了当时国民政府提出的"建设中国本位文化"这一口号的影响。因此,该时期许多"中华法系"文献中出现此类意识形态话语,亦即将"新中华法系"的立法精神解释成同"三民主义"思想一致,也就不足为奇了。为了更好地控制住这个为数不多的官方意识形态占主导地位的话语领域[6],国民政府的部分官员甚至亲自上马,撰文支持"新中华法系"(或"新中国法系")建设。例如,时任国民政府司法院院长兼中华民国法学会理事长之职的居正,在抗战胜利后发表了作品《为什么要重建中国法系》,在书中,居正明确强调,建设"新中国法系"应"以

---

[1] 马存坤:"建树新中华法系",载《法律评论》1930年第7卷第39期,第13页。
[2] 同上注,第13—14页。
[3] 同上注,第14页。
[4] 同上。
[5] 黄兴涛、王峰:"民国时期'中华民族复兴'观念之历史考察",载《中国人民大学学报》2006年第3期,第130—131页。
[6] 在文学等领域国民政府就运气欠佳,1930年国民政府试图推行所谓"民族主义"文学,以反对"革命文学"的兴起,这一运动最终以失败而告终。见刘禾:《跨语际实践——文学、民族文化与被译介的现代性(中国,1900—1937)》,宋伟杰等译,生活·读书·新知三联书店2002年版,第272页。

三民主义为最高指导原则"[1]。

当然,意识形态话语的存在,并不意味着作品的学术水平要大打折扣,也不意味着这里面民族主义话语的真实性就值得怀疑。实际上,这个年代正如当代学者所言,是"中华法系学走向兴盛"的时期[2],相关的论著在数量和质量上都有了很大的提高,这其中所体现出来的对"中华法系"的自信也是前未所有的。甚至于在1933年出现了这样一篇文章:《受中华法系支配的日本中古民刑事法》[3]——如果暂时还无法从实力上战胜对手,那么就先尝试在历史和话语中战胜。

丁元普在1931年和1937年先后发表了两篇有关"中华法系"的论文,而其各自发表的年份却又巧合般地体现了学说与民族命运的紧密联系。1931年发表的《中华法系成立之经过及其将来》实际上多为后来的某些文章所模仿,部分学者甚至照搬了丁文中的原话。[4] 文章对威格摩尔的理论做了一个简要介绍,不过作者显然记错了威氏的国籍:"唯英国学者魏穆尔著有《世界法律系统大全》……"[5]与许多同时期学者一样,作者将"法律系统"与"法系"画上了等号:"……从世界历史中,追寻出来约有十六个系统。此十六个系统,其中八种,已成过去之时代,如埃及法系、美索波达米亚法系、希伯来法系、希腊法系、罗马法系、色勒特法系、海上法系、教会法系,至现在均已不复存在。"[6]作者在文中先后从法哲学原理原则的演变以及法典的沿革两个方面对"中华法系之经过"进行了一番介绍,这种模式也被此后的一些"中华法系"文献模仿。在将"中华法系"与"罗马法系"的法典进行比较时,作者承认"我国之刑法,独臻发达",而"罗马式之法典,注重于民法",但又认为两大法系在这方面的差异"各有其历史环境之关系,正不足为诟病也"。[7] 随后是一段法哲学的论证,在这次论证中"罗马法系"显然不如"中华法系":

> 且征之法学之阶梯,凡社会幼稚,民智蒙昧,则先助法(即诉讼法)文化进步。人民法律知识完备,则先主法(即实体法),而助法次之。观罗马之十二表法,首载诉讼,而主法之规定列后,至优帝法典,先人法物法而后

---

[1] 居正:《为什么要重建中国法系》,大东书局1947年版,第88页。
[2] 俞荣根、龙大轩:"中华法系学述论",载《法治论丛》2005年第4期,第33页。
[3] 刘哲:《受中华法系支配的日本中古民刑事法》,载《法学丛刊》1933年第2卷第4期。
[4] 最为典型的一篇文章见王汝琪:"中华法系之复兴",载《复兴月刊》1933年第1卷第10期。
[5] 丁元普:"中华法系成立之经过及其将来",载《现代法学》1931年第1卷第4期,第1页。
[6] 同上。
[7] 丁元普:"中华法系成立之经过及其将来",载《现代法学》1931年第1卷第5期,第23页。

诉讼,此其进化之阶梯,殊属明显。而我国刑律,具为主法,若捕亡、断狱之关于诉讼法之规定,则皆附于篇末焉,足证中华法系之精神,良由吾民族开化最早,文明最古,不特为东亚首屈一指,且为世界之先导也。"[1]

在文章末尾,作者对"中华法系"的现在与未来也同样充满信心:"依据中国国民党之义及党纲所定原则,次第编成法典。其立法之旨趣,不唯中国前此法典所无,即各国法律,亦多未及此[2]。此则新中华法系之改造,其进步殆未可限量。"[3]

而丁元普在1937年发表的文章,其标题本身便清楚地展现了作者眼中"中华法系"与"中华民族"的关系——《中华法系与民族之复兴》。文章中的一些句子也明显体现了作者相较于1931年的文章更为强烈的"民族复兴"情结:"中华民族之复兴,与中华法系之复兴,实为一贯而不可分"(这句话在文章中先后两次出现)[4],"吾中华法系精神之表现,亦即中华民族精神之表现也"[5]。在文章的最后,依旧出现了同上文相类似的话语:"中华法系之复兴,要唯以三民主义之立法,始克告厥成功"[6],作者接着用儒家的"民本思想"解释了三民主义。于是,传统礼治与现代法治在诠释中得以和睦相处,"中华法系"乃至"中华民族"之复兴,便都寄望在"礼治"这一"我国固有之道德"之上了。

在1936至1937年两年间,为了体现"研究我国固有法系之制度与思想"的宗旨,《中华法学杂志》先后刊载了陈顾远先生的三篇有关"中国固有法系"的论文。在其中最为重要的《儒家法学与中国固有法系之关系》一文中,陈顾远认为"中国固有法系"的主要思想是儒家思想,而"儒家法学"的内容可以扼要归结为"礼刑合一"[7]。因此作者认为"中国固有法系之成立与微衰,其功罪应归于儒家之一家,此固不待言也","而儒家思想之合于时代者,亦包括于三民主义之中,固非完全摒除外"[8]。因此,建立"中国本位新法系",应当依照包含儒家思想在内的三民主义这一"法学最高原理"来进行。

很明显,在居正、陈顾远、马存坤、丁元普等人的眼中,建设"新中华法系"

---

[1] 丁元普:"中华法系成立之经过及其将来",载《现代法学》1931年第1卷第5期,第23—24页。
[2] 因此作者不赞成威格摩尔的"'新中华法系'多取罗马式的元素"的论断。
[3] 同前注[1],第24页。
[4] 丁元普:"中华法系与民族之复兴",载《中华法学杂志》(新编)1937年第1卷第7期,第36、43页。
[5] 同上注,第43页。
[6] 同上注,第44页。
[7] 陈顾远:"儒家法学与中国固有法系之关系",载范忠信等编校:《中国文化与中国法系——陈顾远法律史论集》,中国政法大学出版社2006年版,第166页。
[8] 同上注,第181页。

的依据是三民主义。即便是诉诸传统资源,这些资源也必须接受三民主义的检验始能获得合法性依据。求助于传统这一行为本身并非"法系建设"目的和动力,传统实际上有沦为意识形态附庸的危险。在这种语境中,三民主义被视为超越了中国古代家族主义和当时西方个人主义的最佳治国方案,中国文明是主治西方文明缺憾的济世良方,因而中国人有可能建立起一个更具包容性也更具普适性的世界文化。因此,想象中的经三民主义改造后的"中华法系"无疑将是未来世界上最优秀的法系。这是生活在民族国家时代的人们常有的自尊理念。[1]

(三) 杨鸿烈的建构

虽然在"中华法系"研究上,包括程树德、陈顾远等人在内的众多知名学者都曾撰文论述,但在这方面花费笔墨最多的,却是其时正在日本留学的杨鸿烈。因此,这里需要单独开辟一个篇幅来对其著作《中国法律对东亚诸国之影响》(下文或简称《影响》)进行解读。从下文的解读中可以看出,当时的杨鸿烈作为一个身处国外因而远离国内政治喧嚣、并致力于"整理国故"的史学家,其作品中的意识形态色彩明显要少于上文所述诸人,他所做的,是从新史学的角度对"中国法系"做一个完整的学术建构。因此,虽然在是否要建设"新中华法系"问题上与上述学者立场一致,然而在用什么来建设"新中华法系"这个问题上,杨鸿烈显然更倾向于依靠传统资源而非时髦的意识形态。

1937年,上海商务印书馆出版了杨鸿烈的第三部法律史著作《中国法律对东亚诸国之影响》。从书名即可看出,杨鸿烈将在这本书中着力于对中华法系在空间维度上的"横向研究",书中"全书提要"第一句话也清楚表明了作者的意图:"著者九年前曾著《中国法律发达史》一书,为'中国法系'之内包的研究,兹编则从事'中国法系'之外延的研究。"[2] 这实际上更可能是一个"事后追认",因为在1930年杨鸿烈写作《中国法律发达史》时,其头脑中是否有完整的关于"中国法系"的构想尚且十分值得怀疑,在这部两册共1248页的巨著中,"中国法系"四字出现的几率实在是凤毛麟角。[3]

在《影响》第一章(导言)中,开篇第一句话即是:"中国法系者,世界最大法系之一也"[4],随后杨鸿烈按照出现的先后顺序分析了若干种法系划分学说,

---

[1] 参见阮智刚:"论杨鸿烈对'中华法系'的学术建构",参见西南政法大学2007级硕士学位论文,第7—8页。

[2] 杨鸿烈:《中国法律对东亚诸国之影响》,全书提要,第1页。这句话也意味着作者本人的"中国法系"学说尚应包括《中国法律发达史》一书的内容。也有人认为杨鸿烈对"中华法系"的学术建构,体现在其三部法律史著作中,除以上提及的两部外,尚包括《中国法律思想史》一书,参见同上注,第8页。

[3] 此书仅在导论部分出现了与"中国法系"有关的文字,见杨鸿烈:《中国法律发达史》,上海书店出版社1990年版,第1—2页。

[4] 杨鸿烈:《中国法律对东亚诸国之影响》,中国政法大学出版社1999年版,第1页。

穗积陈重的五大法族说显然最受其青睐,"其立说最精当而不移,简而扼要者也",威格摩尔的十六法系说则受到批判:"大而不当,烦琐至极"。[1] 尚有另外几种法系划分学说也受到了批评,因此可以推断出杨鸿烈心目中的法系界定标准应该是:"必须以民族性为标志,既具现实存在性,又有独立性"。[2] 而作为"世界最大法系之一"的"中国法系",在杨鸿烈眼中也正具备了现实存在性和独立性,即便此时国民政府模仿大陆法系惯例而制定的《六法全书》早已存在多年。

杨鸿烈还给"中国法系"下了一个定义:"夫所谓'中国法系'者,盖指'数千年来支配全人类最大多数,与道德相混自成一独立系统且其影响于其他东亚诸国者,亦如其在本部之法律制度之谓也'。"[3] 这也是中国学者首次提出的"中国法系"的完整定义。在论及"中国法系"的范围时,杨鸿烈煞有介事地引用了董康的一段带有夸张意味的话:"尝游英京伦敦,于律师公会,泛论犯罪年龄责任,英分七岁、十二岁、十六岁为三时期,与《周官》同,颇疑英之系统亦出东亚,或即所谓东来法之一欤?由是推之,东亚法系固亦横亘世界,与《罗马法》对峙,不可磨灭之物也。"[4] 当然,重视史料考据的杨鸿烈最终得出的结果是:"中国法系"的空间存在范围应该是中国(母国)、朝鲜、日本、琉球、安南。[5] 英国当然不在"中国法系"的范围内,在某种程度上,引用董康原文或许只是民族主义情绪泛滥的表现。

在随后的几章论证中,杨鸿烈显然是用史学家的眼光来研究法学问题,在这其中,他不厌其烦地罗列了大量的史料,甚至习惯将所论述国家特定时期的法典与《唐律》或者《大明律》逐条进行对比,以证明作者眼中"中国法系"影响的毋庸置疑的存在。[6]

在第六章(结论)中,面对着西方法律在当今世界难以掩盖的强势,作者只能先替"中国法系"做一个略显软弱的辩护:

> 最后则吾人所应承认之事,则过去为东亚表率之文化,皆属于渐进的。(法律固不能为例外)较欧、美近三四百年之跃进者固有愧色,然若以'中国法系'与所谓'印度法系'、'回回法系'之'固步自封'、'完全停滞'者比较,则又稍胜,且现尚保存之中国古代法典与受中国影响摹仿而成立之朝

---

[1] 杨鸿烈:《中国法律对东亚诸国之影响》,中国政法大学出版社1999年版,第2—3页。
[2] 阮智刚:"论杨鸿烈对'中华法系'的学术建构",参见西南政法大学2007级硕士学位论文,第27页。
[3] 杨鸿烈:《中国法律对东亚诸国之影响》,中国政法大学出版社1999年版,第11页。
[4] 董康:《新旧刑律比较概论》,第1页,转引自同上注,第13—14页。
[5] 杨鸿烈:《中国法律对东亚诸国之影响》,中国政法大学出版社1999年版,第17页。
[6] 同上注,第二至五章。

鲜、日本、安南等国诸法典,其自身亦有不可磨灭之价值。[1]

杨鸿烈显然不甘心于把对"中国法系"的评价停留在这个水平,因此又大篇幅地引用了董康、朱方和薛祀光的作品,来证明《唐律》中在现代法制中仍具有合理性的"优点",以及整个"中国法系"能够贡献于世界的"优点"——"法律与道德接近"。[2]而对于号称建立在"社会本位"之上的"新中国法系",杨鸿烈的态度显然并非盲目乐观:"然谓现时吾人已臻此理想境界,则未免言之过早。"不过杨鸿烈的构想看似更加宏大:"著者唯望我东亚法家回顾数千年来我祖宗心血造诣所贻之宝贵财产,不唯不至纷失,且更进一步,力采欧、美之所长,斟酌损益,以创造崭新宏伟之东洋法系,是则著者区区之微意也。"[3]在这里,杨鸿烈看似超越了民族主义,实际上仍然是在诉诸民族主义,因为"东洋法系"毕竟是以中国为主导的。不过,一个无论如何会令杨鸿烈失望的事实却是:直至七十年余后的今天,"东洋法系"依旧停留在纸面上——由法学家、法官和律师超越民族国家范围而在话语和行动中构建一种新的法律秩序连带关系这一理想,在(一种较为狭隘的)民族主义话语长盛不衰的当代东亚尤其显得前途渺茫。

六、学说史反思

(一)研究模式问题

威格摩尔在《世界法律系统大全》的最后一章,给读者介绍了他那个时代"法系"研究的三种思维模式:首先,"我们会对英美法系之外的其他法系的特征、现状进行考察、描述。……因此我们不妨把比较法学的第一种思维模式(第一分支学科)称作法系界定比较学(Comparative Nomoscopy)";其次,"我们会对不同法律制度的运作模式及相应的优点或特点进行比较,以期影响立法。我们把这一分支学科称作立法比较学";最后,"我们会根据各个法系产生、发展的年代顺序和产生原因对各个法系的起源和演变进行比较,我们把这一分支称作法系源流比较学(Comparative Nomogenetics)"。[4]尽管威氏自己把"法系"视作一个生命组织体——如同动物的进化过程一样,"法系"也是自然生成又自我发展起来供法律科学家研究的,从而更青睐于法系源流比较学这一系谱比较方式[5],但他也不得不承认:"当然第一分支——法系界定比较学是为比较法学的研究提供素材最多的一门分支学科。"举例来说,在法国,1869年成立

---

[1] 杨鸿烈:《中国法律对东亚诸国之影响》,中国政法大学出版社1999年版,第536页。
[2] 同上注,第536—543页。
[3] 同上注,第544页。
[4] 参见同上注,第952—954页。
[5] 同上。

了以拉伯莱为会长的比较立法学会并发行了《会刊》(Bulletin),其宗旨是通过考察外国立法来革新法国的法律制度和法学研究方法。[1] 很显然,这种方法论与"法系源流比较学"看来毫不相关。

威格摩尔讨论的是对法系的比较研究所采取的方法,并非对单个法系的研究方法。对单个法系而言,我们可以归纳出两种基本研究模式,即纵的研究模式与横的研究模式。所谓纵的研究模式,即对法系的形成、演变历程(尤其是该法系母国法律的形成、演变历程)的历史性研究模式。而所谓横的研究模式,即对现处于同一法系支配下的各国法律秩序的比较研究模式。实际上这两种模式并非决然对立,而是在大多数情况下被学者结合起来使用的,如艾伦·沃森(Alan Watson)的《民法法系的演变与形成》一书。[2] 任何一本试图完整介绍大陆法系的著作,即使是从法律史的角度来叙述,也至少有三个国家是需要提及的,即意大利、法国和德国。然而,查诸民国时期的"中华法系"(或曰"中国法系")文献,除了杨鸿烈在《影响》一书中自觉地将纵横两种方法有机地结合起来之外,其他学者几乎一致将自己的目光局限在纵的方面——对于"中华法系"在时间维度上的研究。

这种研究取向上的偏好,或多或少是由于受到了威氏的法系研究方法论的影响,即把法系视作一个生命体,从而应该研究其产生、发展乃至消亡的历史。同时正如上文所言,威氏自身思想上的暧昧不清——legal system 在不同的语境下可能有着不同的所指,威氏在使用这个变幻莫测的词汇之时却没有对其多重意义的可能性进行阐明(虽然他可能意识到了这一点)——也加剧了中国学者有关"中华法系"仿佛专属于"中华民族"的印象,从而将自己的目光一致锁定在了单个民族的历史之维。

然而,这种偏好可以有一种更具创见性的解读,这需要将其放置在民族主义语境之中:正如沈松侨教授所言,现在对民族主义的研究表明了这样一种吊诡状况,即尽管"民族"有不容否认的现代性色彩,民族主义者对其自身民族的表述与宣示,却几乎毫无例外地指向渺远的过去。所谓"复兴民族"、"唤醒国魂"等激扬人心的口号,正是民族建构过程中屡见不鲜的叙述策略。[3] 用安德森的话来说,即是:"假设如果民族国家确如公众所认的,是'新的'而且是'历史的',则在政治上表现为民族国家的'民族'身影,总是浮现在遥远不复记忆

---

[1] Marc Accel, "Cent ans de droit comparé en France (1869—1969)", *Livre du centenaire de la Société de législation comparé*, 1969, pp.6—7,转引自李秀清等:《20 世纪比较法学》,商务印书馆 2006 年版,第 29 页。于是 1869 年被许多学者视为比较法学的诞生之年。

[2] 参见艾伦·沃森:《民法法系的演变与形成》,李静冰、姚新华译,中国法制出版社 2005 年。

[3] 沈松侨:"我以我血荐轩辕——黄帝神话与晚清的国族建构",载《中央研究院近代史研究所集刊》2000 年第 33 期。

的过去之中。"[1]一个共同体往往是透过对"过去"的选择、重组、诠释,乃至虚构,来创造自身的共同传统,以便界定该共同体的本质,树立共同体的边界,进而维系共同体内部的凝聚。[2]用沈教授自己的话来表达,即是:"国族化的历史叙述结构,为'国族'本身提供了悠久绵长的谱系,从而掩蔽了国族的建构性本质,为国族'自然化'的过程,奠下一块强固的基石。"[3]这样就很容易理解为何萨维尼和兰克这样的人物身上具备了民族主义与历史主义的双重性格。同样容易理解的是,"中华法系"——作为民族主义语境下被催生出来的同"黄帝"、"孔子"相类似的民族认同符号[4],作为一个"发明出来的传统",以及作为一种用新的话语建构出来的民族历史的一部分,与其他关于民族传统的美好叙事一道,能够激发起安德森所感叹的一种"深刻的、平等的同志爱"[5],于是民族共同体在这种历史叙事中被反复想象。所以,对于"中华法系"的纵向历史研究便成为大势所趋,以至于从事"中华法系"研究的学者经常同时也是法史学家(如程树德、杨鸿烈、陈顾远等人)。而威氏著作正是由于其观点正好契合于这种民族主义对史学研究的需求,才起到了对"中华法系"纵向研究的催化剂作用。

(二)译介中生成的普遍性及其背后

不过,民族主义话语并不代表着全部话语,追求普遍性、使中国融入世界也是长久以来知识分子的一个追求。刘禾教授告诉我们,正如传教士/翻译家破天荒地将英语中的 right 一词翻译成中文"权利"(构成这个新词的两个汉字在古代汉语中都带有否定意味)那样,普遍性(在刘的理论中首先是指"等值关系的喻说",即如同双语词典明白无误显示的那样,对于 A 语言中的一个词,一定能够在 B 语言中找到一个词或词组与其相对应)是在历史中得到建构,而包括翻译在内的跨语际实践正是这种普遍性建构的重要工具。[6]

然而,这种普遍性却呈现出一种单向性。因为在"等值关系的喻说"中,一头是一个西方语言的原词,另一头又是一个西化的(在译介过程中被赋予了新

---

[1] 本尼迪克特·安德森:《想象的共同体——民族主义的起源与散布》,吴叡人译,上海人民出版社 2005 年版,第 11 页。
[2] 王明珂:《华夏边缘:历史记忆与族群认同》,允晨文化出版公司 1997 年版,第 51 页。
[3] 沈松侨:"我以我血荐轩辕——黄帝神话与晚清的国族建构",载《"中央研究院"近代史研究所集刊》2000 年第 33 期。
[4] 在清末的民族建构过程中,曾经有过两套不同的"民族想象",这两套想象分别围绕着"黄帝"与"孔子"这两个人物/符号建构起了两套有关"中华民族"的完整话语体系,从而与当时的种族民族主义(racial nationalism)与文化民族主义(cultural nationalism)思潮相对应。更详细的讨论,参见同上。
[5] 本尼迪克特·安德森:《想象的共同体——民族主义的起源与散布》,吴叡人译,上海人民出版社 2005 年版,第 7 页。
[6] 刘禾:"普遍性的历史建构——《万国公法》与十九世纪国际法的传播",陈燕谷译,载《视界》第 1 辑,河北教育出版社 2000 年版,第 65—84 页。

意义的)汉语词汇,而在对西方理论引进的过程中,更是彻头彻尾以"西学"的形式呈现:从语词、句式,到思维方式,直至价值观。刘禾教授似乎捕捉到了一种译介中的双向性,即反向传递的可能性。比如,她举例说,中文版的《万国公法》出版多年后,传教士丁韪良和他的中国同事编了一个名为"中西字目合璧"的国际法术语中英双语词汇表,并以此作为1903年出版的《公法新编》的附录。在这个词汇表中,和"权利"一词相对应的英语词是 right and privilege。于是,汉语词汇"权利"所含有的超出英语词 right 意义的多余含义("权"所具有的"权力"、"特权"、"权势"的意思)被"反向翻译"回了英语中,刘禾教授对这种现象显然很感兴趣。[1] 然而,值得我们注意的是,这种所谓的"反向翻译"实际上具有空间上的局限性——它仅仅发生在中国的领域内,它的发明者、接受者也都局限在中国范围内,因为这个词汇表是附在一本在中国出版的、提供给中国读者的中文书籍后面的。因此,"反向翻译"出来的信息并没有传递到大英帝国或者合众国读者的眼中,它至多只是一种不具有完整形态的意义反向传递。因此,不管在表面上是否显露出来,从事跨语际实践的中国学者下意识中对一个"想象中的西方"的依赖心态,依旧没有受到过来自更高权威的挑战。

"任何现存意义的关联都来自于历史的巧合,这些巧合的意义则取决于跨语际实践的政治"[2],这实际上是在说,这些巧合的意义取决于谁掌握了话语霸权,说得更明白一点,就是看谁强谁弱、谁优谁劣。所以,普遍性幻象的背后,可以察觉出一种立足于"西方优越"这一命题的傲慢情绪。虽然,在跨语际实践的中间地带,译体语言也在持续地对被译语言进行反抗,为它们之间不可简约之差别决一雌雄。[3] 在斗争中,显性的傲慢(转换到中国那个时代的语境中,便是中国知识分子的显性的自卑)被逐渐排除——对"中华法系"的激烈批判开始减少,然而,隐性的傲慢(在中国知识分子身上与此对应的便是隐性的自卑)却始终弥散在各类文本的字里行间:在一种"你们有,我们也要有"的要强心态的驱使下,政治家被重新诠释成法学家,儒家思想成为中国的"自然法学",皇权在事务上的分工变成了权力的分立。然而,很明显的是,即便是对自己的传统进行描述,也需要借助译介而来的新的权威参照系(例如,一个"好"的"法系"必须有一个发达的法律职业阶层,必须要有完善的现代宪政制度),并努力把自己的过去解释成与西方的现在是一致的,这依旧是一种以西方标准(而且是现代西方标准)来审视自己的眼光。

---

[1] 刘禾:"普遍性的历史建构——《万国公法》与十九世纪国际法的传播",陈燕谷译,载《视界》第1辑,河北教育出版社2000年版,第78页。

[2] 刘禾:《跨语际实践——文学、民族文化与被译介的现代性(中国,1900—1937)》,宋伟杰等译,生活·读书·新知三联书店2002年版,第10页。

[3] 同上注,第115页。

所以，从某种意义上说，"中华法系"学说（这同时也是一次跨语际的话语实践）是一个"自我殖民"的规划，西方成为法学家赖以确定中国法律与中国法学的意义的终极权威。"法系"这一译介中生成的外来词本身即说明了这点，而只有证明一个符合西方参照系的"中华法系"的存在，才能使中国过去和现在的法律在新的时代语境下获得存续之意义。当1918年的卢复在《中国法系论》一文中作出如下论断，即（1）中国自上古之际就拥有完备的成文法典；（2）诸法混合的法典中实际上其内容各具刑法、民法、行政法等现代各部门法的性质；（3）周公是中国最早的法律家，孔孟等虽为儒家，但其要旨却仍与法家相通；和（4）中国自古以来即有司法独立之时[1]，以及当后来的诸多学者将中国古代各家法律思想解释成"神权法学"、"自然法学"、"理性法学"等流派之时，旧传统就被重新整合进新的（西方式的）话语框架中，这些"翻译过来的"法学研究范式就被给予经典化，并使得这样一种想法成为现实，亦即彻底颠覆中国自身的经典作为中国法律与中国法学的意义合法性源泉。在新的想象里，中国的法律（包括古代的和现代的）不再是由律、令、格、式、典、科、比构成，取而代之的，是诸如宪法、民法、商法、行政法等等这些被译介的新范畴。后来被视为中国法律史这一学科的开山人物之一的杨鸿烈在其几部著作中，如《中国法律发达史》、《中国法律对东亚诸国之影响》等，使用的也正是这类新的范畴。

（三）普遍性与特殊性

在赵汀阳教授给我们解读的旧"天下体系"中，"中华"处于天下的中心，同时"中华"也并没有明确的边界。[2]"天下为家而无外"[3]，这是个意味深长的观念，"它非常可能是使得中国思想里不会产生类似于西方的'异端'观念的原因，同样，它也不会产生西方那样界限清晰、斩钉截铁的民族主义。既然世界无外，它就只有内部而没有不可兼容的外部，也就只有内在结构上远近亲疏关系"[4]。"华夷之辩"固然存在，然而这只存在于文化层面，而不是在地理层面。在多数情况下，也不会在血缘的意义上考虑这个问题。而且，所有的界

---

[1] 卢复："中国法系论"，载《法政学报》1918年第1卷第1期，第1—6页。

[2] 有意思的是，这种"天下"观念不仅仅存在于过去中国人心目中，它甚至在被中国人视为"藩属"和"蛮夷"的亚洲其他国家那里遭到了"盗版"。在安德森那本研究民族主义的经典之作的第二版中的第九章（人口调查、地图、博物馆）中，他向我们介绍到：在1850—1910年间，伴随着盗版而来的官方民族主义，泰王国组织绘制的本国地图正经历着一场从"无边界"到"有边界"复杂变化过程。这一次盗版具有浓重的反殖民主义意味，并且，泰王国政府获得了成功。参见本尼迪克特·安德森：《想象的共同体——民族主义的起源与散布》，吴叡人译，上海人民出版社2005年版，第161—164页。

[3] 蔡邕：《独断·卷上》曰："天子无外，以天下为家"；司马迁：《史记·卷八·高祖本纪》亦曰："天子以四海为家"；司马光：《资治通鉴·卷二十七·汉纪十九》引荀况曰："春秋之义，王者无外，欲一于天下也"。转引自赵汀阳："'天下体系'——帝国与世界制度"，载《世界哲学》2003年第5期，第8页。

[4] 赵汀阳："'天下体系'——帝国与世界制度"，载《世界哲学》2003年第5期，第8页。

限——血统、生活、语言、宗教、风俗习惯上[1]——都是模糊的,一个"天下"即已囊括了整个世界。

然而,战争以及伴随而来的跨语际实践的成果——《四洲志》、《海国图志》、《瀛环志略》、《海国四说》乃至于《万国公法》,使原有的地理—文化观念受到了剧烈的颠覆——原来"天下"之外还存在着更强大的文明。一旦发现、并进而承认中国只是世界之一国,而不是"天下"之全部,才可能产生对于"他者"的想象,以及同"他者"进行交流(这里的"交流"不限于和平手段,枪炮同样可以成为"交流"的工具)的想法,才需要跨语际的"等值关系的喻说"与普遍性的建构。因此,普遍性必然以不同语言、文化之间的差异——即异质性为——前提,所以,"世界"是由各个民族国家所构成,隐藏在世界主义话语背后的,是一股潜流——民族主义与民族建构。

对于普遍性与特殊性之间关系这个选题来说,不仅可以做一种哲学上的论证,而且可以将其置于近一百六十余年的全球性与全球化的历史语境中,以便获得更真实的体悟及意义。西方曾经一度以寻求创建普遍性的名义,用枪炮敲开了中国的大门。然而,当清朝政府自觉地寻求普遍性的建构时,西方人却莫名其妙地投之以冷漠、乃至敌意。正当丁韪良及其中国助手齐心翻译完惠顿著作之时,法国使馆代办哥士奇(Klecskowsky)抱怨到:"那个让中国人了解我们西方国际法秘密的人是谁? 杀死他,绞死他;他将给我们带来无数的麻烦。"[2] 其实,这种心态放在帝国主义政策的语境中并不难理解:普遍性的建构权只能掌握在西方国家手中,而一旦非西方国家寻找到了与"文明"国家对等沟通的途径,那么,"文明"与"非文明"这一界分本身即会立刻丧失合法性,于是,以这种界分为幌子因而能够堂而皇之存在的条约、租界、领事裁判权等奇异事物,将被中国人以"文明"而且"合法"的方式扫入历史的垃圾堆。[3]

于是,伴随着普遍性的建立,殖民主义话语的合法性根基正在变得岌岌可危,哥士奇的话充分体现出了这层忧虑。同时,这句话也使西方人的傲慢心态暴露无遗。基于"西方优越"的傲慢——由傲慢导致的对"非文明"国家走向"文明"的过快进度的忧虑——这种忧虑付诸行动,便转化成拒绝给予非西方

---

[1] 这些即是孙中山先生认为的在民族起源和形成上起着作用的五种"力",与当时大多数革命党人的看法相一致的是,他认为其中最关键的一个"力"乃是"血统",见宋庆龄主编:《孙中山选集》下卷,人民出版社1956年版,第592页。

[2] Martin, *A Cycle of Cathay*, p.234,转引自刘禾:"普遍性的历史建构——《万国公法》与十九世纪国际法的传播",陈燕谷译,载《视界》第1辑,河北教育出版社2000年版,第75页。

[3] "中华法系"学说的兴盛是否同废除领事裁判权的呼声有关? 研究"中华法系"的学者是否认识到了领事裁判权这个问题? 杨鸿烈就明显认为领事裁判权严重威胁到了"中国法系"的生存,"自清朝道光时鸦片战争以来,英美各国在中国的领事裁判权确立,于是中国法系的本身就发生空前所未有的打击!"见杨鸿烈:《中国法律思想史》下册,商务印书馆1937年版,第300页。类似的表述,见杨鸿烈:《中国法律对东亚诸国之影响》,中国政法大学出版社1999年版,第12页。

国家一个现代性的身份认同[1]（在马克思主义史学中，这种对中国追求现代性努力的否认，可以转换成如下的表述模式："帝国主义不让中国发展资本主义"），这样一串逻辑却更加激发了中国人对于普遍性、现代性的热忱，并将隐藏在其后的民族主义潜流转变成了20世纪众所周知的中国民族主义热潮。跨语际实践的"中间地带"并不是风平浪静的景象，而是充满了压制与抵抗、暧昧的消除以及暧昧的创造[2]，民族主义话语始终在抵抗着殖民主义话语。

（四）言说中的法律与民族

法律同语言一样，伴随着民族之生长而生长，体现着民族特性或者说"民族精神"，这种萨维尼式的说教在今日中国法学界几近老生常谈。然而，在上世纪初，情况并非如此明显。血缘民族主义对除血缘之外的其他认同标志的排斥，使得法律这一"后天"建构物自然难以被接纳为民族特征之一。法律话语主体（清末法制转型毕竟是由清廷主导）与民族主义话语主体（大部分是汉族革命党人）的分离，更使得有关将"法律"与"民族"联系在一起的想象难以获得生存空间，更有甚者，"法律"成为民族主义者的攻讦目标之一。实际上，在笔者掌握的"中华法系"文献中，首次对萨维尼言论的直接引用已经是1930年的事情了。[3] 只有进入了民国时期，伴随着血缘民族主义向更为包容的文化民族主义的转换，以及法律话语主体与民族主义话语主体的归一（两者都被想象成了一个名为"中华民族"的巨大共同体），才使得萨维尼式的话语得以生成并渐趋稳固。

于是我们可以看到，在"中华法系"的学说建构过程中，民族主义的潜台词正在四处弥散，从"攻法子"对"支那法系"的"已无永久存在之要素"的悲观论调，到杨鸿烈所说的"中国法系者，世界最大法系之一也"，人们可以感觉到一种增长着的自信，亦即一种对中国法律在世界各国法律中所处重要地位的自信——即使中国的法律不是"高于"西方法律，也至少还是可以同它们相提并论（"世界最大法系之一"的模棱两可的提法就体现了这种心态）。反过来，伴随着"中华法系"话语实践的逐步兴盛，对"中华民族"的想象也渐趋稳固——中国民族国家的建构正在成型（尽管多是在话语层面上），抗日战争对这种民族意识给予了空前的强化，而这种意识转换成社会实践上的成就便是：两个意识形态上存在巨大差异的党派（而各党内部还曾经存在着巨大的派系纷争）可以在政治上携手合作；两支不同的军队（甚至这两支军队内部还曾经存在着人

---

[1] 这种对一个现代性中国的拒绝承认依旧在冷战结束后的今日屡次上演，试回忆中国加入WTO的漫漫谈判之路，以及为获得发达国家对其市场经济地位的承认而走过的艰辛历程。

[2] 刘禾：《跨语际实践——文学、民族文化与被译介的现代性（中国，1900—1937）》，宋伟杰等译，生活·读书·新知三联书店2002年版，第115页。

[3] 马存坤："建树新中华法系"，载《法律评论》1930年第7卷第39期，第12页。而且这还并非对萨氏在《使命》一书中关于法律与民族关系的那段脍炙人口的文字的引用。

员、装备以及指挥权上的巨大差异)可以在战场上通力御敌;"救亡图存"也不再仅仅是汉族的任务,"少数民族"也正在自觉地承担。"想象的共同体"不再仅仅是纯粹的想象,它至少在社会行动层面获得了"实体化"(reification)——在一种"深刻的、平等的同志爱"的驱使下,数以千万计的人们甘愿为"中华民族"——这一有限的想象——去战斗、去流血、去从容赴死。

1945年正值抗战胜利之年,正是这一年,张天权在《中华法学杂志》上发表了一篇名为《论中华法系》的文章,文章的内容相较以前有关"中华法系"的研究成果并无太多新意,然而在"民族复兴"呈现出曙光的年份发表这样一篇文章,无疑显得用心良苦与意味深长。作者在文章中非常清楚地写下了这样的话:"建立中华新法系,以法制思想训练民族之精神,更为不得缓焉。"[1]在作者眼中,"中华法系"已经不再单纯是对"中华民族"这个符号的反射,它本身就变成了一个符号,反过来有力促进了民族性的养成与民族国家的话语建构,并最终被用来证成了民族国家这一新的社会整合方式的合法性与必要性。而两年后的居正更是将借"重建中国法系"之机来促进民族国家内部成员进一步整合的场景清楚淋漓地展现出来:由于法律是经纬万端,社会与人事又是繁杂纷纭,公务人员则需要遵照法律条文来执行公务和自治事务,而广大民众生息于法律规范之内,必须受到法律的约束,所以重建中华法系的"伟业",需要的是全国学者、公教人员甚至全国国民的共同不断的努力。"这样切身的问题,我们岂容漠不关心?"[2]

七、结语

《想象的共同体》的中文本译者吴叡人在总结此书作者的思想时,曾经说过:民族和民族主义的核心问题不是"真实与虚构",而是认识与理解。[3] 与此相似的是,面对"中华法系"这一本质上乃近现代民族主义话语建构的产物,本文的目的也不在于对该学说进行解构,而是试图"以逆其惯常之理爬梳历史"(沃尔特·本雅明语),将"中华法系"学说放置在近现代中国民族国家建构这一历史语境中进行解读,从而对其产生的历史缘由、发展过程获致更深刻的认识与理解。在这种解读模式下,清末以及民国时期法学者在当时剧烈的历史变局中面对着中国几千年传统(包括法律传统)所表现出的心态,都洋溢在"中华法系"学说的各类文本中,最初这种心态是迷茫与悲观,后来逐渐演变成了自信与振奋。

---

〔1〕 张天权:"论中华法系",载《中华法学杂志》1945年第4卷第8期(总第38号),第69页。
〔2〕 居正:《为什么要重建中国法系》,大东书局1947年版,第58页。
〔3〕 本尼迪克特·安德森:《想象的共同体——民族主义的起源与散布》,吴叡人译,上海人民出版社2005年版,导读,第17页。

民国时期映入笔者眼帘的最后一篇"中华法系"文献,是曹德成发表在《中华法学杂志》上的《中国法系研究发微——研究的对象与任务》[1],从文章的标题即可看出,这篇文章的内容主要涉及对"中国法系"的研究方法。按照学术研究常识,只有在对某一对象经许多学者进行研究,进而该对象成为某时期学术研究热点的情形下,才有总结研究方法的必要,从中可以看出"中华法系"话语在这个时期的兴盛。我们还能体会到的一种暗示即是:至少在这个时期,民族主义话语一度战胜了殖民主义话语,即便是使用与殖民主义话语相似的范式。

在历经近三十年的学术冷冻期后,自20世纪80年代起,"中华法系"研究重又开始在中国内地兴盛,这个阶段最早出现的与此有关的一篇文献是陈朝璧教授在《法学研究》1980年第1期上发表的《中华法系特点初探》,在文章的第一自然段中,作者这样写道:

> 我们伟大的**中华民族**早在公元前二十一世纪已经从原始社会过渡到以夏王朝为代表的阶级社会。已出土的大量文物,特别是商代遗留下来的以十万计的甲骨文字以及汗牛充栋的历代文献,充分证明:它在四千多年的历史长河中创造了无比丰富多彩的**古代文化**;我们**伟大的祖国**以一个大国巍然屹立于世界文明古国之林;其法律制度和法律思想各自保持着独特的内在联系和不断发展的连贯性,因而形成了一个自成体系而富有民族特色的**中华法系**。[2]

接下来作者讨论了法系的划分标准,随后使用马克思主义的方式叙述了"中华法系"在最近一百多年来的遭遇和演变。然后,在作者即将说明"中华法系"的三个特点之前[3],又做了一段与上述引文相类似的表述:

> 由于我们**伟大祖国**具有悠久的历史,她以一个多民族的统一国家,数千年来巍然屹立在世界的东方,对人类文化宝库作出了宝贵的贡献。在上层建筑方面,劳动人民的血汗在哲学、伦理学、文学艺术等园地中,培育出大量独特的珍贵的花木,结出丰富多彩的果实,在法学园地中也不乏例外。我们现有的大量古籍都是**中国古代法**相当完备的铁证,也是对中国法律采取虚无主义的有力驳斥。历史地对待**古代文化**,就必须承认**中国古代法**相当完备,且有不少值得借鉴的特点,供后人参考。[4](两段引文中的黑体

---

[1] 曹德成:"中国法系研究发微——研究的对象与任务",载《中华法学杂志》1948年第7卷第4期(总第64号),第15—16页。

[2] 陈朝璧:"中华法系特点初探",载《法学研究》1980年第1期,第48页。

[3] 这三个特点分别是:一、重视成文法典;二、以"天理"作为法的理论依据;三、礼、法并重。参见同上注,第50—52页。

[4] 陈朝璧:"中华法系特点初探",载《法学研究》1980年第1期,第50页。

均为笔者所加)

　　这里让人感兴趣的不仅是"中华民族"、"伟大祖国"、"中华法系"等词汇的同时出现,从而给我们清楚地展现出了一个现代中国民族国家是如何在话语中被历史性地重复建构出来的,更值得注意的是,在作者的口吻中,"中华法系"俨然成为"中华文化"或者说"民族文化"的一个子项。这是否在暗示:"中华法系"的话语实践本身就融进了民族建构的语境,有关"中华法系"的美好想象最终被载入了我们的神圣民族史册?

(初审编辑:尤陈俊)

离婚法实践的常规化
——体制制约对司法行为的影响

贺 欣*

Routinization of Divorce Law Practice in China:
Institutional Constraints' Influence on Judicial Behavior

He Xin

内容摘要：基于深入的实地调查和广泛的访谈,文章表明对于具有严重争议的离婚案件,判决已经取代调解和好而成为法院处理此类案件的主要方式。具体而言,对于首次离婚请求,法官通常判决不予离婚。但对于再次离婚请求,法官通常判决准予离婚。这种转变与近来法院系统的司法改革,特别是评价法院及法官的标准有很大关系。文章认为,法院系统的这种评价标准以及其他体制制约极大地影响了法官审判的决策过程,而体制制约的研究进路将开拓性地深化我国司法行为的研究。

关键词：离婚法实践 常规化 司法行为 制度限制

---

* 香港城市大学法学院副教授,美国纽约大学法学院海外教授。原文为英文,即将发表于 *International Journal of Law, Policy and Family*,2009 年第 1 期。中文初稿由香港城市大学法学院博士生(JSD)冯晓川译出。

尽管离婚法实践在我国法律制度中的地位并不显赫,却引起多个学科的中国专家的关注。广泛的共识是离婚法实践不仅例证了民事审判的具体做法,而且彰显了国家、法律与社会之间的关系。这些研究的主题之一是国家深深地渗透到这个社会生活的私人领域。[1] 比如,著名历史学家黄宗智在新近的研究中认为离婚法实践通常涉及法官进行现场调查并进行主动调解,以达到和解离婚纠纷的目的。[2] 他进一步认为在当代中国民事审判中调解和解仍然非常重要。[3]

虽然将新中国大部分历史时期的离婚法实践概括为调解和解并无不当,但如果认为这仍是今天的情况,就很成问题了。进入 21 世纪,不仅社会结构发生了根本性的改变,而且司法制度本身也经历了重大变革。基于作者的实地调查和文献中现有的实证报告,本文将反驳这种认为调解和解今天仍占重要地位的观点。本文认为判决已经成为解决这类纠纷的主导方式,而这种转变是与近来的司法改革、尤其是同种种评价法院和法官的标准分不开的。当"效率"与"公正"正成为司法系统的两大主题时,上诉率和投诉率成为评价法官的标准。为了追求效率,法官常常简化这类案件的处理,只要他们的决定不会遭到上诉或投诉。具体说来,对于首次提出的、具有实质争议而法律没有明确答案的离婚请求,法官通常判决不予离婚。这样一来,法官可以在无须介入夫妻财产和子女监护权分割这些难缠的问题时就迅速结案。即使法官清楚地知道婚姻没有维持下去的可能,并且这对夫妻肯定还会再次到法院申请离婚,这种常规性的处理离婚案件的做法还是形成了。而在当事人再次提出离婚请求时,为了避免遭到投诉和上诉,法官通常会判决准予离婚。虽然这样做公正可能被牺牲,但是依循考核评价标准——在低上诉率和投诉率的同时增加结案数——法官的工作表现提升了。正是如此,法院的考核评价标准即便没有对法官的审判决策过程起着绝对的支配作用,也具有压倒性的影响。

本文将通过分析司法行为所嵌入的体制结构来加深对我国司法行为的理解。到目前为止,相关研究针对的主要是法官的社会学背景变量,试图把法官的办案方式同他们所受的训练、年龄、性别和经历联系起来。例如,有人认为,

---

[1] Neil J. Diamant, *Revolutionizing the Family: Politics, Love, and Divorce in Urban and Rural China*, 1949—1968. Berkeley: University of California Press, 2000; Michael Palmer, "The Re-emergence of Family Law in Post-Mao China: Marriage, Divorce, and Reproduction", in Lubman ed., *China Legal Reforms* (1996), pp. 110—134, Stanford, CA: Stanford University Press; Michael Palmer, "Transforming Family Law in Post-Deng China: Marriage, Divorce and Preproduction", 191 *The China Quarterly*(2007), pp. 675—95.

[2] Philip. C. Huang, "Divorce Law Practices and the Origins, Myths, and Realities of Judicial 'Mediation' in China", 31 *Modern China* 2(2005), pp. 151—203.

[3] Id., p. 171.

有军旅经历的法官倾向于用调解的方式办案,而那些接受过法学院正规教育的法官则更有可能作出正式的判决。[1] 然而,这些基于社会学背景变量的研究忽略了一个明显但却非常重要的因素,那就是法官作出审判决定的官僚环境,特别是在司法改革中实施的激励结构。尽管有很多学者意识到与这些官僚特点相连的一些问题,并且猛烈地抨击这种行政管理方式,[2] 但是很少有人提到这些因素如何影响法官判案决策时的思维。这种忽略累积下来的结果就是让有问题的看法大行其道,掩盖了司法实践中的真实图景,使潜在的相关问题无法解决。

本文的第一部分将简要介绍有关离婚的法律规定。第二部分将论证文献中有关离婚法实践的观点的缺陷,并展示判决不予离婚和判决准予离婚大致上已经分别成为法院处理首次离婚请求和再次离婚请求的常规做法。第三部分将举例说明常规化处理离婚案所带来的后果。第四部分指出这一现象最直接和根本的原因是法院和法官的体制制约。第五部分将进一步探讨在离婚案件以外的其他案件中,体制制约如何影响司法行为。文章结束部分总结了此项研究的意义。

一、离婚法的历史变迁

贯穿整个新中国时期,关于判决离婚最重要的标准是"感情是否确已破裂"。[3] 由于这一标准非常难以衡量,并且随着各个时期的政治、社会环境和国家法律政策的变化,是否准予离婚的界限也随之发生显著的变化。例如,直到20世纪80年代末期,离婚一直是一件非常困难的事情。在夫妻双方将离婚请求提交法院之前,必须事先由他们所在的工作单位、街委会或村委会等作出一系列社区内部调解。即使在法庭上,法庭也主要着力于"调解和好"。[4]

然而,最高人民法院于1989年颁布的"14条",放松了对离婚的限制。[5] 这种对离婚请求限制的放松使离婚率有了明显的提高,有报告显示到20世纪

---

[1] 强世功、赵晓力:"双重结构化下的法律解释——对十名我国法官的调查",载梁治平编:《法律解释问题》,中国政法大学出版社1998年版。

[2] 苏力:《送法下乡——中国基层司法制度研究》,中国政法大学出版社2000年版;贺卫方:"中国司法管理制度上的两个问题",载《中国社会科学》1997年第6期;艾佳慧:"中国法官最大化了什么",载《法律和社会科学》第三卷,法律出版社2008年版。

[3] 马忆南:《婚姻家庭法新论》,北京大学出版社2002年版。

[4] Philip. C. Huang, "Divorce Law Practices and the Origins, Myths, and Realities of Judicial 'Mediation' in China", 31 *Modern China* 2(2005), pp.151—203.

[5] 即《最高人民法院关于人民法院审理离婚案件如何认定夫妻感情确已破裂的若干具体意见》,1989年11月21日。参见, Michael Palmer, "The Re-emergence of Family Law in Post-Mao China: Marriage, Divorce, and Reproduction", in Lubman ed., *China Legal Reforms* (1996), pp. 110—134. Stanford, CA: Stanford University Press。

90 年代末某些地区的离婚率高达 20%。[1] "14 条"于是受到了各种指责:很多人批评说过于自由的"14 条"带来了很多问题,比如家庭关系不稳定和草率的婚姻等。[2] 作为回应,于 2001 年修正并于次年实施的新《婚姻法》把 14 条的规定缩成 5 条。现在,关于离婚的最重要的条款是这样规定的:"人民法院审理离婚案件,应当进行调解;如感情确已破裂,调解无效,应准予离婚。有下列情形之一、调解无效的,应准予离婚:(一)重婚或有配偶者与他人同居的;(二)实施家庭暴力或虐待、遗弃家庭成员的;(三)有赌博、吸毒等恶习屡教不改的;(四)因感情不和分居满二年的;(五)其他导致夫妻感情破裂的情形。"[3]

这一修正案再次留给法官很大的自由裁量权。由于没有对第五款中的"其他情形"给予详尽的解释,新《婚姻法》实际上只规定了四种准予离婚的情形。1989 年最高人民法院颁布的"14 条"中的"一方被判入狱"或者"因疾病而不能过夫妻性生活和生育小孩"等规定被删除。在新《婚姻法》的规定下,这些"其他情形"是否导致夫妻感情破裂完全取决于法官的自由裁量。甚至在法律规定的四种情况中,问题的严重程度同样交由法官来决定。虽然最高人民法院对"家庭暴力"给出了详细的解释,但是并没有对许多诸如"感情不和"、"遗弃"、"屡教不改恶习"等关键词作出明确的解释。

除了离婚标准的用语极其模糊外,修改后的婚姻法还通过保留强制性调解程序——即所有的离婚请求必须经过法官调解——给法官相当大的自由裁量空间。这种强制性的调解程序可能是我国婚姻法的最独特的规定,也长期被吹捧为我国民法实践最鲜明的特征。[4] 具体来说,在处理离婚案件时,法官必须按照法律规定促成夫妻和解,即便该调解努力被证明是徒劳的,法官还是既可判离也可判不离。这样,经必须的调解程序后,有争议的离婚请求可能得到下面四种结果之一:调解和好、调解离婚、判决离婚和判决不离。

---

[1] Michael Palmer, "Marriage Reform and Population Control: Changing Family Law in Contemporary China", in A. Bainham ed., *International Survey of Family Law* (2005), p. 185, Bristol: Jordan Publishing.

[2] 杨学明、曲直:《新婚姻法热点聚焦》,辽宁画报出版社 2001 年版。

[3] 《中华人民共和国婚姻法(2001 年修正)》第 32 条。

[4] Jerome A Cohen, "Chinese mediation on the eve of modernization", 2 *Journal Asian and African Studies* 1 (1967), pp. 54—76; Stanley B. Lubman, "Mao and Mediation: Politics and Dispute Resolution in Communist China", *California Law Review* 55 (1967), pp. 1284—1359; Donald C. Clarke, "Dispute resolution in China", 5 *Journal of Chinese Law* 2 (1991), pp. 245—296; Michael Palmer, "The Re-emergence of Family Law in Post-Mao China: Marriage, Divorce, and Reproduction", in Lubman ed., *China Legal Reforms*(1996), pp. 110—134.

二、当前的离婚法实践

在这种法律和政策的框架下,有学者认为自新中国成立以来,法院调解和好一直是离婚法实践中的主要做法。典型的情况往往是被这样描述的:首先,主管法官会多次到现场调查事实真相,然后,在双方当事人都到场的场合,法官通过灌输家庭和社会稳定的道德和意识形态来批评和教育当事人。于是,在法院调集起来自家庭、公社、官员的巨大压力以及物质刺激的强大攻势下,申请离婚的当事人不得不接受调解。通常他们要向另一方承认自己的错误和无知,然后在法院的安排下与另一方达成所谓的和解。[1] 更为重要的是,这些学者认为这种情况大抵上持续到今天。比如,黄宗智教授指出"即使在'自由的'九十年代,像过去那样驳回单方请求离婚的情形依然大量持续存在;调解和好的案件虽然的确减少了,但数量仍然很大,而判决不准离婚的案件数量在 2000 年(89000 件)同 1989 年(108000)相差无几。在 21 世纪的中国,单方请求的离婚仍然难以获准,而调解和好作为毛泽东时代的遗产仍然是中国民事法律制度的重要特征"。[2]

本节将反驳这一观点。尽管上述概括可能非常准确地反映改革前或者改革初期的情况,但黄文并没有充分论证这种情况仍然延续至 21 世纪。实际上,黄文所引用的所有案例都无一例外地来自改革以前的时期。虽然有法官告诉黄,由于改革前及改革初期的审判模式——即法官到现场调查——费时费力,导致它不能适应 20 世纪 90 年代案件数量增长的压力,而法院处理离婚案件的方式已发生了显著的变化,但是黄只是简单地将这些观点斥之为法院的夸张。此外,黄文还引证了表明调解和好案件数量仍然很多的近期官方数据来支持他的观点。但正如我将在下文详细论述的那样:相关数字本身并不必然表明民事司法中改革前及改革初期的处理方式持续存在。相反,它部分地是由于案件处理的底线已经变成判决不予离婚,即调解和好是当法院几乎肯定要作出不予离婚判决时当事人选择接受的结果。即使它仍然戴着原来的标签,其实质意义发生了改变。下文将对离婚案件的统计数字进行细致考察,并以案件卷宗的考察、现场观察法庭审理以及对法官的采访等材料为依据,证明判决不予离婚已经取代了改革前及改革初期调解和好的模式而成为处理具有严重争议的首次离婚请求的主要方式,而判决准予离婚成为处理再次请求的常规做法。

这种转变首先可以从首次离婚请求的统计数字的分析中窥见。[3] 虽然全

---

[1] Philip. C. Huang, "Divorce Law Practices and the Origins, Myths, and Realities of Judicial 'Mediation' in China", 31 *Modern China* 2(2005), pp.151—203.

[2] Id.

[3] 这些首次离婚的统计资料的欺骗性在于,它们没有把首次请求和再次或多次请求的案件区分统计,因为它们都是第一审而不是上诉案件。但是正如下面将要显示的,对于首次请求和再次(多次)请求这两类案件,法院的处理方式完全不同。

国统计数据清楚地显示大多数的离婚请求的结果是通过调解或判决的方式准予离婚(见表1),但包括黄的研究在内的多项研究都表明大部分的离婚结果其实是基于双方的同意。这些离婚的形成主要是因为申请离婚的夫妻往往对结束婚姻本身不存在严重争议,只是在分割夫妻财产和子女监护权的问题上不能达成一致。在这种情况下,法院除了准予离婚之外别无选择,法官的工作主要是作出有关离婚的具体安排。因而,我们所需要关注的是那些具有严重争议的离婚请求,而它们往往是法院以调解和好或者判决驳回请求的方式而拒绝准予离婚的。

表1 一审离婚案件结果(1988—2005)

年份	结案数	调解离婚	判决离婚	调解和好	判决不离	其他(主要是撤诉)
1988		325645	65690	111597	25854	
1989	747074	376729	88344	125423	34260	122291
1990	809825	388459	110889	122764	40203	147513
1991	873863	397912	131973	121834	48420	167322
1992	897771	402847	131567	128368	53555	181434
1993		436479	137719	129536	51631	
1994		477269	149417	134967	56065	
1995		516687	171018	140661	65724	
1996		544947	194693	139715	76353	
1997		542762	215820	130449	86856	
1998		501551	224039	140912	101893	
1999		488536	235513	118999	106075	
2000		478820	245198	89425	107675	
2001		464153	258316	80163	108490	
2002	1065519					
2003	1060019					
2004	973428					
2005	955643					

资料来源:《中国法律年鉴》,空白处是因为相关数据缺失。[1]
注:很难去猜测为什么这么多年都没有相关的数据;但清楚的是自2002年以后,由于官方统计数据中民商案件合二为一,有些统计口径发生了变化。

从1989年到2001年间,在可以找到全国离婚案件的四种结果的相关统计数据的年份,上表数据都清晰地表明判决不离的案件数量有相当大的增长,而

---

[1]《中国法律年鉴》各有关年份,法律出版社。

调解和好的案件数量则显著下降。正如表1所示,1989年在原告首次离婚请求中未被准予离婚的案件中[1],78.6%的案件是通过调解和好的方式解决的。但2001年这一比例下降到42.5%。2003年广东省某法院不予离婚的案件中调解和好占50%。三年之后,这一比例急跌到26%(见表2)。对湖南省西南部某市法院的调查发现,该院2004年至2005年间受理的301个离婚案件中,调解和好的仅有4件,而判决不予离婚的则是45件。[2] 对某区法院的实证研究表明该院2004年至2007年间审结的100个离婚案件中,调解和好仅有3件。[3] 这种情况在许多其他的实证研究中都得以证实。[4] 同时有报告指出通过调解使夫妻和好在全国上下都已非常困难[5],而对于首次离婚请求,判决不予离婚已经成了常规做法。[6] 简而言之,这些实证的研究表明进入21世纪,判决不离已经取代了调解和好而成为法院处理具有严重争议的首次离婚请求的主要做法。

表2 广东省P法院离婚案件的结果(2003—2006年)

年份	调解离婚	判决离婚	调解和好	判决不离
2003	406	225	48	95
2004	280	236	36	84
2005	215	217	39	97
2006	199	231	25	105

资料来源:作者的实地调查,2007年。

这一变化在本文作者对2000年后有关法院卷宗的考察中得到进一步的证实。2007年的夏天,我访问了广东省的一家基层法院,考察了相关案卷,对相关法官进行了访谈,并旁听了案件的审理过程。我的调查是先从2004年、2005

---

[1] 共计159690件。这个数字来自调解和好和判决驳回请求的离婚请求之和,它们大致上可以认为是具有严重争议的离婚请求。

[2] 争鸣:"对湖南省武冈市人民法院离婚案件的调查分析",http://belawyer.fyfz.cn/blog/belawyer/index.aspx?blogid=113259。

[3] 叶鹏:"对农村离婚案件的调查与分析",http://hi.baidu.com/lunwen518/blog/item/2b59febfc459600819d81fb9.html。

[4] 马文俊:"对湖南省怀远县法院离婚案件的调查",2005年;"佛山和三水法院对离婚案件的调查",来源:广东法院网,http://www.gd148.cn/lovenew050530.htm;"对离婚案件的调查",中华资料网,http://www.zhzl.net/article.asp?articleid=10710;焦维维:"对海口中院受理的新《婚姻法》实施以来离婚案件的调查与思考",引自http://www.hicourt.gov.cn/theory/artilce_list.asp?id=2364。

[5] 刘建国:"关于审理新时期离婚案件的调查",http://www.tjlawyer.net.cn/Article/Class37/Class41/200505/1510.shtml。

[6] 邵新功:"人民法院在处理离婚案件中的一些问题的反思",www.cccv.cn/Article/detail/2006/11/26819.asp。

年、2006年的案件结果是调解和解或判决不离的案件中随机地抽取60件。[1]在考察这些案卷以及找到这类非离婚案件的大致规律之后,我又通过对这些年份里判决离婚的40个案件的调查进一步补充了该数据,以便同那些不离婚的案件进行对比。[2] 在这些案件中,最重要的部分是庭审笔录,而非法院在基层的调查报告。与结果是离婚案件相比,这一模式在非离婚案件中更为明显。尽管案卷中还有其他的证据材料,但它们通常是由诉讼双方而不是由法院提供的。零散的调查报告虽然也有,但它们往往是在诉讼当事人——为了使案件的结果有利于己方——提供调查渠道和便利的情况下作出的。有时这些调查报告是由有关律师来提供的。即使在那些极少的实地调查中,案卷材料也显示调查的目的不是为调解和好铺路,而是为了收集证据来正当化判决不离的决定。

对于那些进行过现场调查的极少数案件,调查报告也非常简短,并且接受法官询问的人很少能为离婚的真实原因提供有价值的信息。这些接受法官询问的人中的大部分是居委会工作人员,但在很多情况下,他们根本就没听说过有关离婚请求。从案卷中看来,他们最多也只能提供一些大致印象,比如夫妻感情、子女、收入和性格等。显然,居委会的工作人员——其中大部分还是退休的老干部——并不了解发生在各个家庭内部的纷争。很难想象法院在这样的过程中能够确定那些对调解和好起关键作用的离婚的原因。

然而这并不是说法官不会有意无意地撞上离婚的真正原因。要点在于他们大致上并不特意去找出原因。至少从案卷看来,他们基本上没有努力去挽救这些正在破裂的婚姻。即使他们无意中撞上一些线索,也不会做进一步的调查来确定深层的原因。尽管他们可能偶尔会劝说当事人维持婚姻,但是在所有我调查过的案卷中没有一件是由法院组织相关各方并在仪式性的场合下促成调解和好的。所有这些均与黄宗智绘制的改革前和改革前期的图景形成鲜明的对比。

此外,这些案卷材料表明:绝大部分案件基本上是遵循《民事诉讼法》所规定的程序来进行的,即审判案件时所依据的证据不是依靠法官去基层收集,而是由诉讼当事人提供。虽然庭审笔录显示法庭调解是审判过程的必经程序,但事实上,这一新型的法庭调解模式完全不同于改革前及改革初期的法庭调解。如上文所示,改革前及改革初期的法庭调解方式要求法官通过深入调查后了解事实真相,然后给予婚姻双方适当的教育和物质刺激以达到和解的目的。但是,正如下面我们将要论述的那样,这种新型的法庭调解仅仅是为了遵守法律规定的程序,并通过有利和便利于法官和法院的方式来处理离婚案件。然而,

---

[1] 得益于该法院的电子案件管理系统,本文作者从案件结果随机抽取了不予离婚(即调解和好和判决不予离婚)的60个案件号。然后从档案室中调出相关案卷。

[2] 取样的方式与上注相同。

这种新型的法庭调解也会产生大量的调解和好——一种与改革前及改革初期法庭调解表面相同但实质内容完全不同的结果。

很难从考察法院的案件卷本身知道这类司法调解是如何进行的。实际上,在绝大多数的案卷中,关于这一阶段只有简单的几个字,说明双方是不是愿意接受调解的结果。为了了解这一过程,本文作者亲自参与的几次庭审。以下是审理法官本人认为比较有代表性的一次庭审过程,生动地展示了这种将法庭调解作为审判的必经程序的审判模式。

案件的事实非常清楚:丈夫在结婚一年后向法院提出离婚诉讼,他声称他的妻子常常去外地打工而且不告诉他她的联络方式。此外,妻子与丈夫及其家庭成员之间也存在一些个人的怨恨和矛盾。庭审时夫妻双方都有8名至10名亲戚陪同,这些亲戚都是租了小客车,从老家跋涉了大约80公里赶到法院来旁听庭审。对于法官提出的问题,无论是原告丈夫还是被告妻子都不时向坐在他们各自身后的亲属寻求建议。显然两方的家庭成员都深深地卷入了这场婚姻纠纷中。所有这些情况与原告在离婚请求书中叙述的简明的事实形成了强烈的对比。几乎到了庭审的最后,原告才说出了令他难以启齿的真相,那就是他的妻子不愿和他过夫妻生活,而她的理由则是她以前得过某种病使得她不能有性生活了。顿时,整个法庭一片寂静,时间仿佛凝固了。

如果这种情况发生在改革前及改革初期,人们会期待法官立即中止庭审。法官应当去证实妻子提到的疾病的真实性。在确定离婚的真正原因之后,法官应当去批评、劝说、教育这对夫妻来挽救这场婚姻。

但是在本案中,这样的处理方式没有发生。法官似乎根本没听到离婚双方对于这个关键问题的辩论,也不向他们询问进一步的问题。法官开始就夫妻双方的婚姻财产提问。在双方都得到了最后的补充机会后,法官说:"法庭辩论到此结束。现在我们进入法庭调解阶段。请被告及其家属暂时离开法庭。"

在只有原告及其亲属在场的情况下,法官说:"正如我在开庭前给你(原告)提到的,你们夫妻双方草率地就把婚给结了,并未建立真正的夫妻感情。此外,被告方明确地表示她不希望离婚。[1] 对于这种情况,我们法院不可能准予你们离婚。我建议你与被告方和解或者自愿撤诉。"

原告立即回答:"我不想和解。我们之间的确没有任何感情了。"

法官说:"那么我建议你(自愿)撤诉,如果你坚持使离婚程序继续下去,到最后结果很有可能是判决不离。如果你撤诉,你可以避免与被告及其家属形成更直接的对抗。你们是夫妻,同时她还希望继续维持这场婚姻。判决不离将会

---

[1] 法官后来告诉我,妻子之所以想保持婚姻关系的原因是虚荣心——她不能接受自己在结婚一年后就离婚的事实。

在你们夫妻双方及两个家庭之间产生更多的矛盾。今天你们的家人都来了;下一次所有的同村人可能都会来。没有必要让矛盾升级。"

然后原告的哥哥问道:"自愿撤诉和判决不离的后果有什么不同?"

"一样的",法官回答,"自愿撤诉和判决驳回请求都将给你们更多的时间去协调夫妻之间的关系。法律允许你们在六个月后再次提起离婚诉讼。到那时这六个月观察期的情况将被作为法院考虑是否准予你们离婚的依据。如果这对夫妻间仍然存在问题,那么法院就很有可能准予离婚。没有婚姻可以建立在强迫的基础上的,对吗?但是,婚姻又是非常严肃的事情:法院不可能在一方当事人一提出离婚请求就草率地判决准予离婚。如果你同意撤诉的话,我就告知被告,经过法庭的努力,你们夫妻双方还想生活在一起。"

在原告的家庭成员几经商量后,原告的姐姐说:"我们先撤诉吧。"

原告接着说道:"我撤诉。"

不同于改革前及改革初期的实践之处在于本案法官并不关心离婚的真正原因。她没有兴趣去证实被告所声称的疾病,也不想花时间去促成双方的真正和解。庭审结束后,我问法官为什么不朝那样的方向去努力。她回答:"我们没有足够的资源去核实每一件事。而且类似那样的问题基本上属于夫妻之间的隐私。更重要的是,对那些问题的进一步询问也没有必要:我需要知道的就是这对夫妻在相互交流上存在问题,这就足够了。特别是像我这样有经验的法官在庭审时就能够知道他们之间问题的严重性。只要知道夫妻之间及他们各自的家庭之间的矛盾还没有严重到不能共同生活的程度,我们就能够这样处理。"

至此,各种各样的实证报告、对案件卷宗的调查、参与式的庭审观察和对法官的访谈都清楚地表明:与改革前的处理方式不同,进入21世纪的法官在调解中扮演了不同于传统意义上积极调解的角色,而是对调解执消极的态度。判决不离已经取代调解和解成为法院处理具体实质争议的离婚案件的主要处理方式。

有人可能会问,尽管调解和好的比例下降了,为什么还是会有大量这样的结果?一个原因可能是采用调解方式对法官有利:调解不需要执行,没有被上诉的风险,甚至不用写判决书。但是以上关于案件的卷宗调查和现场观察提出了更为合理的解释:法院处理案件的方式的转变。当判决不予离婚取代调解和好成为处理具有严重争议的首次离婚请求的主要做法时,大量的调解和好结果仍然会产生。对于那些具有严重争议的、不可能调解和好的离婚请求,强制性调解已经变成了程序化的步骤,并不具有实质意义。法官遵循民事诉讼中的标准程序并告知诉讼双方这一底线——法院不会判决准予他们离婚,而这很可能会让双方接受调解的结果。重要的差别在于接受这一结果并不同于双方真正地达成调解协议。虽然法官不会竭尽全力地去寻求调解,但当有机会得到调解的结果时,特别是考虑到调解会给法官和法院带来的种种好处之后,法官没有理由不希望得到调解的结果。

正如上面庭审过程所展示的,法官明确地向原告传达了法院的底线——判决不予离婚并建议他选择和解或自愿撤诉。她还致力于告知原告自愿撤诉的好处,比如避免和妻子方的正面冲突,并向原告保证他的选择不会影响他重新提出离婚申请时获得离婚的机会。尽管法官从双方庭审的直接对抗中非常清楚地看出这场婚姻已经结束,但是她仍然引导原告自愿撤诉。她甚至还告知原告以后提起新的离婚请求时的可能结果。断言法官操纵这个过程似乎不够公平——毕竟她明确告知原告可以作出他自己的选择。但作为法官,她的建议和对法律的解释对原告的最后决定显然产生了极大的影响。尽管法院的调解程序已经没有太多的强制性和规范性,但法官的角色也远非中立。如果她采取不同的引导方式,最后结果可能完全不同。在本案中原告选择了自愿撤诉,但是很难说这一选择是出于他的内心。他真正希望的就是离婚,这一点他已经明确地在起诉书和调解过程中表达出来;只是在他得不到离婚的情况下,他才不得不接受自愿撤诉,毕竟这不妨碍他下一步得到离婚。他的决定显然是在法院将判决不予离婚的巨大阴影[1]下作出的。

本案的结果是自愿撤诉,但是人们能很容易想象出在类似案件中会出现调解和好的结果。这完全取决于法官如何引导原告。在很可能获判不予离婚时,起诉者往往被劝服接受所谓的调解和好。法院处理案件底线的变化在很大程度上解释了为什么在全国统计数据里仍然存在着大量的调解和好。只是调解和好的实际意义已经发生了重大的变化。需要探究的是这些变化是如何发生的以及变化产生的原因。

三、原因

很多种因素促成了这个底线的改变。第一,在社会环境已经改变的情况下,改革前及改革初期的实践方式很难行得通。作为改革前及改革初期调解方式的主要成分的社区压力,如今要想运用已经变得非常困难。今天,离婚当事人生活和工作的村庄、居委会以及工作单位对这些当事人的家事了解甚少。当人口流动大增,特别是在城市和相对发达的地区,隐私对人们来说变得更为重要,而这些机构已经大体上失去了它们原有的监管功能。大家都很清楚,即使在法院的请求下,公司老板也不愿意因为公司的员工没有正确地处理夫妻关系

---

[1] Robert Mnookin & Lewis Kornhauser, "Bargaining in the Shadow of Law", 88 *Yale Law Journal* 5 (1979), pp. 950—997.

或者有婚外情而批评他们。总的来说婚姻已属于私人问题的范畴。工作单位只有在离婚的夫妻双方希望他们去帮助调解的时候才会介入。法院也许可以说服双方当事人的家庭成员在调解中作出努力,但法院基本上失去了调动社区压力的能力。这同样也是为什么最近很多关于离婚案件的报告均表明已经很难采用传统方式的调解。[1]

第二,随着国家从社会退却,法院也没有足够的道德权威和物质资源来说服或者劝诱离婚双方接受调解。曾经在改革前及改革初期非常有效的意识形态和道德说教,在幸福与金钱当道的今天已经大大地失去了它的吸引力。其他的政府部门也许愿意为一些比如影响社会稳定的重大事件而与法院合作,但它们显然不愿意在这些政治上微不足道的事情上全力支持法院。[2] 法院单靠自身有限的财力和资源无法实实在在地给诉讼双方提供物质刺激。再者,自20世纪90年代初期以来,很多法院,特别是在城市地区的法院,面临快速增长的案件压力[3],而且都重视提高结案率,而让法官进行耗时费力的现场调查已经不太可能了。对于那些没有过多案件压力、特别是地处农村的法院来说,改革前及改革初期的实践方式还有一些运用的空间。但是,这些法院常常资金不足,也更希望处理能够给它们带来财政收入的案件。[4] 由于这些通常只收50元诉讼费的离婚案件一般不能对财政收入有很大帮助,法院是否愿意在这些案件中投入大量的资源自然令人生疑。

这两个因素固然非常重要,但本部分将论证法院内部的激励机制是导致这一变化的最直接和重要的原因,而这一点恰恰在现有的文献中被忽略了。本部分将阐述在法院当前的激励机制下,判决不予离婚是对首次离婚请求精心计算的结果。这种不予离婚的判决结果符合法官包括工作量和工作表现在内的各种考虑。它使得法官可以在无须处理难缠的婚姻财产和子女监护分割问题时就能够迅速结案。在离婚法实践中,这一底线的改变必须在法院的体制情景中去理解。

---

[1] 马文俊:"对湖南省怀远县法院离婚案件的调查",2005年;"佛山和三水法院对离婚案件的调查",来源:广东法院网,http://www.gd148.cn/lovenew050530.htm;"对离婚案件的调查",中华资料网,http://www.zhzl.net/article.asp? articleid=10710;焦维维:"对海口中院受理的新《婚姻法》实施以来离婚案件的调查与思考",引自 http://www.hicourt.gov.cn/theory/artilce_list.asp? id=2364. 争鸣:"对湖南省武冈市人民法院离婚案件的调查分析",http://belawyer.fyfz.cn/blog/belawyer/index.aspx? blogid=113259。

[2] He Xin, Su Yang, "Street as Courtroom: State Accommodation of Social Protests in Southern China", unpublished manuscript。

[3] He Xin, "The Recent Decline in Economic Caseloads in Chinese Courts: Exploration of a Surprising Puzzle," *The China Quarterly* 190 (2007), pp. 352—374;朱景文(主编):《中国法律发展报告》,中国人民大学出版社2007年版。

[4] He Xin, Su Yang, "Street as Courtroom: State Accommodation of Social Protests in Southern China", 同注[2]。

正如许多学者所指出的那样,法院大致是一个行政机构。[1] 法官在招募、管理和晋升时和其他行政机构的工作人员几乎没有分别,他们不享有职务终身制,还可能遭受各种各样的行政处罚。法官的等级制度及各级法院之间的关系都体现了这种行政特征。[2] 因此,基于行政方面的量化标准来评价法官的表现也就不足为奇了。当然,这些标准也随着不同时期的国家目标的改变而发生变化。自20世纪90年代初到21世纪,当最高人民法院院长肖扬推行系统的司法改革,并提出司法工作必须紧紧地围绕着"公正"与"效率"两个主题后[3],评价法院工作的重要标准也相应地变成了结案数、结案率、上诉率、二审发回重审率和投诉率。结案数和结案率是衡量"效率"的标准,因为它们被认为可以显示法院解决的纠纷总数,而上诉率、发回重审率和投诉率则是对纠纷处理的质量的评价,即"公正"。

此外,法院还面临更严格的审察。如果诉讼当事人成功地投诉法院,法院的工作表现就会被大打折扣、甚至受罚。比如,由于社会安定是执政党和政府最关心的问题,一切可能导致社会动荡的因素都将受到严惩。如果法院的某些行为引起集体静坐、示威游行、非正常死亡等"恶性事件",不论法院在其他方面的成绩有多大,法院院长的政治前途都将会被断送。[4]

当这些数量和比率成为评价法院和法院院长标准的时候,它们也很快被用作单个普通法官的工作评定准则。除了《法官法》[5]对法官的一般要求外,全国的很多法院也推出了更为具体的规定,比如错案追究办法。[6] 广东省广州市番禺区人民法院的岗位责任规定中,列举了四项评定法院干警的标准:品格、能力、勤勉和工作表现(第3条)[7]。品格和能力是用诸如是否积极参加政治和职业教育等抽象的标准来衡量的,但对勤勉和工作表现的衡量则有很具体的规定。比如,有关勤勉的第7条第3款规定:"'不粗鲁、不冷淡、不刻板、不推脱';友善的工作态度;没有诉讼当事人及群众的投诉(如果出现了任何被证实的投诉,这一项将不得分,除非投诉是没有根据的或经证实是错误的)占4

---

[1] 贺卫方:《中国司法管理制度上的两个问题》,载《中国社会科学》1997年第6期。
[2] 同上注。
[3] 最高人民法院1999年10月20日发布《人民法院五年改革纲要》,参见《人民法院五年改革纲要》,载《中华人民共和国最高人民法院公报》1999年第6期,第186页。最高人民法院2004年10月26日发布《人民法院第二个五年改革纲要》,《人民法院第二个五年改革纲要》,载《中华人民共和国最高人民法院公报》2005年第12期,第11页。
[4] 《四川年鉴》,成都:四川年鉴出版社2006年版,第85—86页;《番禺年鉴》,方志出版社2006年版;He Xin, "Why Do They not Take the Disputes? Law, Power and Politics in the Decision-Making Process of Chinese Courts," *International Journal of Law in Context* 3(2007): 15—37.
[5] 《中华人民共和国法官法》(2001年修正),第32—35条。
[6] 最高人民法院1998年8月26日发布的《审判人员违法审判责任追究办法(试行)》。
[7] 《广州市番禺区关于岗位责任的规定(试行)》,摘自《广州市番禺区人民法院规章与制度汇编》第一卷,第181—188页。

分。"在满分为100分的全面评定中,工作表现占65分。第8条第1款规定:"审判人员和执行人员的结案率必须分别达到立案庭分配案件的90%和85%(共37分)。如相应的结案率低于90%或85%,则每低一个百分点扣3分,直到这一节的37分扣完为止。"第3款这样规定:"审判和执行的质量应当达到基本要求(20分)。以下情况将被相应扣分:如被上诉的案件中有5%因审判人员的主观原因被改判,扣3分。没有在规定的时间内审结,每个案件扣1分;审判和执行文书不标准,或者有错别字,扣1分。"

这种体制环境自然对法官产生了某种激励,或者更准确地说,是令人生畏的影响。一方面,法官尽可能地简化审判程序。[1] 他们还会积极地调解纠纷和说服原告撤诉,只要那样做不是特别费时费力。但是,从另一方面来看,他们又不能仅仅关注效率。如上所述,法院建立了衡量判案质量的措施,如上诉率、改判率、发回重审率和投诉率。因此,法官要尽力降低这些比率。在审判案件的整个过程中,他们必须极其谨慎地防止投诉和恶性事件的发生。为了降低对他们投诉的可能性,他们当然要尽可能地作出使双方当事人都可接受的决定。

只有在这些评价标准的背景下,才能够理解为什么法官即使知道一些婚姻不再有希望,他们仍然判决不予当事人离婚。对于这个问题,法官们是怎么说的呢?

三十岁出头的李法官说:

> 对于大部分的首次离婚请求,除非当事人自己已经把一切相关问题都处理好了,否则不管感情是否确已破裂,我们都不会准予离婚。为什么呢?如果我准予离婚的话,还要继续分割双方的夫妻财产,有时还要处理孩子监护权的争议。财产分割是特别棘手的问题。有时候你得分割从房子到茶壶的所有财产。完成一个判决离婚的过程所花的时间是作出一个不予离婚判决所需时间的5至10倍。而且,不管法律的相关规定有没有,这些东西都很难分清楚。无论我们怎样分割,或者我们花了多少时间,双方当事人都可能不满意。从我们的角度来看,准予离婚只是提供给他们一个上诉的机会。因此,夫妻财产关系越复杂,法院就越有可能不予离婚。没有理由进入到这一程序里面去。

虽然减少准予离婚的比率确实有助于提高效率,但这样处理案件不是太草率了吗?法官是如何保证他们自身不被上诉或投诉的?当从法学院毕业就直接进入法院工作,处理离婚案件达六年之久的张法官被问及这些问题的时候,她答道:"除了效率,诉讼当事人能否接受我们的决定是另一个主要考虑。对

---

[1] 这种情况发生在司法机构首次建立速裁处来处理事实相当清楚的案件。

于首次请求,被告很难接受离婚的结果。有的诉讼当事人带着农药来参加庭审。如果他(她)自杀了怎么办？如果他(她)杀了另一方当事人或者其他家庭成员或者作出其他过激行为怎么办？但当这对夫妻在第一次不予离婚判决之后还没有和好,再次提起离婚请求时,情况就有所不同了:到那时被告就更有心理准备了。"

在效率之外,张法官的看法还引入了法院判决的社会接受程度和后果[1],但是这种观点同李法官的看法在法院的体制情境下其实是相互补充的。因为当一方当事人对法院的决定不满意时,他(她)通常才会投诉,对效率的追求也就难以实现。确保法院的决定能够被双方接受是避免被投诉的有效方式。对首次离婚请求判不离使被告得到了满足。但是对于原告而言,这也不是绝对的失败。原告可以用这个不予离婚的判决作为以后申请离婚的证据材料,而对于再次来法院申请离婚的夫妻,法院则很有可能准予离婚。当双方当事人对该决定都没有什么不满时,法官被投诉的风险也就降低了。换言之,在"效率"和"公正"的压力下,对于法官,判决不予离婚是最好的策略,因为它在当事人之间找到了平衡点。

可能有人将张法官的观点理解为纠纷解决的实用主义方法,即法官通过运用地方性知识和法律分析来平衡相关当事人的利益。[2] 这种看法不无道理,但同样不能忽视的是法官对自身利益考虑的重要影响。法官显然把自身利益放在非常重要的——如果不是首要的——位置。虽然他们可能会考虑到诉讼当事人的利益,但是他们最关心的还是为了避免可能产生的对他们自身的不利后果。

可能有人会问,原告是否会对没有真正考虑"感情是否确已破裂"这一法律标准而不予离婚的判决提出上诉呢？有两点理由使得法官在这个问题上通常是安全的。第一,在判定感情破裂程度这个问题上,法官有相当大的自由裁量权。因此,只要没有违反法律的明确规定,就很难证明法官判决不予离婚是错误决定。此外,判决不予离婚有利于维持家庭稳定和社会和谐,并符合国家和社会的期望。俗话说得好:宁拆十座庙,不毁一桩婚。第二,司法实践中长期确立的一个法律原则使得大部分原告在这种情况下不会起诉:应当给当事人两审才终局的机会。即使上诉法院认为一审法院不予离婚的判决不适当或错误,它也不能直接判决准予离婚,否则就会让有关财产子女分割方面的问题失去二审的机会。这是因为当上诉法院认为初审法院不予离婚的决定有误而应当准予离婚并直接判决离婚时,它必须分割夫妻婚姻财产和确定子女监护权,因为

---

[1] Richard A. Posner, "What Has Pragmatism to Offer Law?" 63 *Southern California Law Review* (1990), pp. 1653—1669.

[2] 苏力:《送法下乡——中国基层司法制度研究》,中国政法大学出版社 2000 年版。

这是一个初审法院在判决不予离婚时不会处理的问题。但由于上诉法院的决定具有终局性,所以一旦上诉法院作出准予离婚的决定,当事人也就不能再提出上诉。这样一来,当事人就失去了就夫妻财产和监护权进行上诉及二审的机会。所以,当初审法院判决不准予离婚而上诉法院认为应当准予离婚时,上诉法院也不能推翻这个决定并直接准予离婚,而只能将这类的案件发回初审法院或指定不同法院重审,保证有关夫妻共同财产和子女监护权的分割有机会得到二审。这样造成的结果是,尽管一个发回重审的决定对负责该案初审的法官无益,但这个过程通常超过 6 个月。因此,这种做法不值得提倡,因为原告在原审法院判决驳回请求之后只要再等六个月,就可以再次提出离婚,并且对于再次请求法院很可能会准予离婚。毕竟,原告所期待的结果就是离婚,他或她没有理由和法官作对。

考虑到以上的所有这些因素,就可以明白为什么判决驳回请求是法官精心计算的结果了。可是如果法院对他们再次提出的离婚请求总是僵化、固执地不予离婚,这样的结果就不会出现。而尽管驳回请求的判决可能提高法官的工作效率和改进工作表现,但是他们也不能永远这样出牌。否则,原告迟早会投诉该法官或者对不予离婚的判决提起上诉。这也是现实中为什么再次或多次离婚请求通常获准。[1] 虽然此时判决离婚的表面理由是经过法院的审判和教育后双方仍未建立真正的夫妻感情或者夫妻感情未复合,但是更根本的原因在于法官希望降低投诉率和上诉率。这是关键的自我保护的退出战术。这也是为什么在审判过程中,就像在上文的庭审中看到的,法官常常暗示或明示地告知原告再次离婚请求时法院将判决准予离婚。通过让原告知道该怎么样做可以得到他们想要的结果,法官成功地避免了被上诉的风险。换言之,法官可以从有利于他们的角度控制上诉或投诉率。在这个意义上,法律不仅仅是审判的依据,同时也是法官自我保护的工具。

在当前的体制环境下,所有的这些行为都是可以理解的。法官对自身缺乏足够的保护。他们一旦被投诉或上诉,特别是当这些事件被传到法院以外的时候,会给法院院长带来麻烦。毕竟,不管法官有没有出错,院长都要花很多的时间和精力来处理这些投诉。"麻烦制造者"会给院长留下负面印象,进而影响到他们的职业前景[2],法官因此必须防止这类事件发生。再者,法官要处理各种复杂的社会关系,但却缺乏相应的权威性和正当性。[3] 他们因而有理由采

---

[1] He Xin, "The Recent Decline in Economic Caseloads in Chinese Courts: Exploration of a Surprising Puzzle", *The China Quarterly* 190 (2007), pp.352—374.

[2] 艾佳慧:"中国法官最大化了什么",载《法律和社会科学》第三卷,法律出版社 2008 年版。

[3] 傅郁林:"民事审判监督的实证分析",载王亚新等编:《司法过程的实证研究》,中国政法大学出版社 2005 年版,第 199—262 页。

取各种方式来自我保护。当美国的法官宣布判决的时候,所有的人都在聆听:即便认为决定是错误的,当事人和普通民众都会接受法院的决定。[1] 但在我国,法官和法院普遍得不到尊重。无论是诉讼当事人还是广大民众随时都准备向法院的决定"挑战",而且他们不光通过司法系统内部正常的上诉制度"挑战",而且还通过其他外部机制,如信访和个案监督等形式发起"挑战"。[2] 这些外部的机制可能是上级政府和官员收集信息和防止司法腐败的有效渠道[3],但是它们的确影响了法院的权威性,因为它们的存在本身就表明法院并不是案件的最终裁决者。考虑到这些因素,法官在审理案件过程中运用各种合法的或者非法的策略也就不足为奇了。

因此,就像调解和好一样,判决不离的实质含义也发生了重大的改变。在改革前及改革初期,不予离婚是国家不提倡离婚的结果。而今,判决不予离婚已经成了法官最大化个人利益和保护自己而采取的策略。而所有的这些改变都是与它们所处于的体制结构有直接的联系。

所以,今天司法实践中对首次离婚请求越来越多地作出驳回请求的判决与改革前及改革初期传统的延续无关,与新《婚姻法》限制过于自由地离婚的定位无关,与所谓的国家对私人生活的干预无关。否则即使原告一而再、再而三地提起离婚请求,法院也不会准予离婚,而21世纪的情况就应当同20世纪80年代的一样,因为当时法院就是固执、僵化、非理性地判决不予离婚。[4] 但实际情况是,在其他的情况一样时,一旦原告又一次提出同样的离婚请求时,判决准予离婚已经成了常规做法。对首次离婚请求判决不准予离婚和对再次离婚请求判决准予离婚同样服务于同一个目的——增加结案数和降低对法官的不利风险。尽管"感情是否确已破裂"的法律规定可能被忽略、操纵甚至是牺牲,这种常规化的处理还是形成了。

四、后果

上文已经证明由于有关离婚的主要标准必须由处于特定体制下的法官去

---

[1] Tom Tyler, *Why People Obey the Law*? New Haven: Yale University Press, 1990.

[2] 关于对个案监督制的经验研究,参见 Randall Peerenboom, "Judicial Independence and Judicial Accountability: An Empirical Study of Individual Case Supervision", *The China Journal* 55 (2006), pp. 67—94。

[3] He Xin, "Why Do They not Take the Disputes? Law, Power and Politics in the Decision-Making Process of Chinese Courts", *International Journal of Law in Context* 3 (2007): 15—37. Cai Yongshun, "Managed Participation in China", *Political Science Quarterly* 119 (2004), pp. 425—451; Carl Minzner, "Xinfang: An Alternative to Formal Chinese Legal Institutions", *Stanford Journal of International Law* 42 (2006), pp. 103—179.

[4] 表明这种经验的文献很多。具体的例子可参见高尔泰:《寻找家园》,花城出版社2006年版,"杏花春雨江南"。

适用,许多法律之外的考虑不可避免地介入进来。这种体制的分析角度可以准确地看到什么样的后果会产生。最显著的后果是大量的原告会再次提出离婚。重复起诉的原因很简单:当夫妻中的一方决定提起离婚诉讼时,他们之间的冲突肯定已经非常严重了,因此仅是提供6个月的观察期很难使他们和好。一个已经决定离婚的丈夫或妻子不太可能改变他或她对婚姻本身的看法。由于缺乏这方面系统的统计资料,很难知道原告重复起诉的准确比例。但许多我访谈过的法官估计这个比率可能高达85%。最保守的法官也认为这个比例至少有50%。

重复申请离婚无疑使法院要受理更多的案件。虽然大多数发达地区的法院想从沉重的案件负担中解脱出来,但现在的处理方式最终导致许多重复申请案件的出现,而如果对这案件在一审中就按法适当地判决准予离婚的话,它们就不会存在了。但从另一方面来看,因为处理案件的过程已经变得常规化,这些额外的案件并非所有都有实质性的争议,增加的案件数量未必需要法院花费更多的精力。

对于当事人,尤其是那些受家庭暴力威胁的人而言,不予离婚的判决会导致一些不良后果。一封再次申请离婚的诉状这样写道:

> 如果上次申请离婚能够被准予,以下的事情就不会发生:2000年12月28日,另一方(丈夫)的情人在我外出之际进入我家。他们把我的女儿锁在门外,而他们则在屋里做男女之事,全然不顾冬夜的严寒和我们仍是合法夫妻的事实。当我第二天到他工作单位指责他的所作所为时,他用木板打我。我的脖子、腰部和脊背都受到了严重的损伤,我几乎无法站立。甚至在花了两到三万元的医疗费之后,我还是几乎瘫痪了,丧失了工作能力。我现在只想离婚。

当然,很难确切地知道在多大的程度上不适当的不予离婚判决会导致这些事件的发生。但在很多案件中,法官一眼就能看出该婚姻不会因为法院提供6个月观察期而破镜重圆。尽管如此,只要有证据证明夫妻双方仍然能够在一个屋檐下生活,他们就作出不予离婚的判决。虽然其中的一小部分会因为法院的判决得到挽救,但在大多数情况下,这种判决只会进一步恶化已经紧张的夫妻关系,使夫妻间的冲突逐步升级。[1] 毕竟,当原告决定把离婚的问题诉诸法庭解决时,他们之间一定已经进行了很长时间心理斗争。当他们最终克服自己的踌躇,并决定与另外一方对簿公堂时,他们的婚姻几乎没有复原的可能了。正

---

[1] 争鸣:"对湖南省武冈市人民法院离婚案件的调查分析",http://belawyer.fyfz.cn/blog/belawyer/index.aspx? blogid = 113259。

如一份实地调查所显示的,原告在得到不予离婚的判决后对被告更加丧失了信心。[1] 被告因原告提起离婚请求而报复原告的事例并不少见。有些原告故意加剧他们之间的冲突,以便用作再次请求时获判离婚的证据材料。

另一个后果是"会哭的孩子有奶吃"。如上所述,为避免被投诉或防止恶性事件的发生,法官总是试图在相关当事人之间寻求平衡。当一方诉讼当事人有过激的或情绪化的行为时,法官就会更多地考虑他或她的意愿,即使某些法律规定因此未被遵守。我访谈过的一个法官就明确表示如果被告有自杀或者杀人倾向,不论原告提出多少次离婚请求,他都不会准予离婚。与此相似,那些表现强硬或抱怨更多的当事人更有可能获判更多的财产。这样的结果会鼓励当事人的策略行为,因为采取这种行为的人将获得更多的利益。但是更多的策略行为只能增加双方庭内或庭外和解的难度。[2]

五、不仅仅是离婚案件

看来体制制约深刻地影响着当代法官进行审判决策的过程;其实,这个论断不仅限于对离婚案件的处理。在其他类型的案件中,法院决定也同样受体制制约的影响。逸闻证据已经表明这种"会哭的孩子有奶吃"的现象在法院判决中很普遍。[3] 比如,在处理医疗事故纠纷的案件中,即使证据证明医院完全没有责任,法官也会让医院至少承担部分责任。毕竟,受害方在治疗的过程中遭受了痛苦,很可能成为哭闹的孩子:如果他们在诉讼中什么都得不到,他们就很有可能上诉或投诉。另一方面,医院通常拥有更多的资源:要求其承担部分责任还不至于使它们上诉或投诉。因此,作出令双方都能接受的判决就在双方的利益之间找到了平衡。当然,法官也从中获益:因为他们不仅解决了纠纷,还避免了可能出现的责任。这种解决问题的方式还常见于以下的纠纷解决中:涉及交通事故的纠纷、拖欠工人工资引起的纠纷以及涉及农村妇女向原村委会要求土地补偿的外嫁女纠纷等。[4]

尽管法律影响和社会影响相结合已经成了司法系统的陈词滥调,但是它向我们传达的真正信息是这与体制制约有很大的关系。在我访谈过的法官中,有的甚至明确地表示控制上诉率的一个有效方式就是提高上诉的成本。即使没有任何法律依据,也要判给败诉方一些好处。当败诉方得到某些利益后,其上

---

[1] 争鸣:"对湖南省武冈市人民法院离婚案件的调查分析",http://belawyer.fyfz.cn/blog/belawyer/index.aspx? blogid=113259。

[2] Robert Mnookin & Lewis Kornhauser, "Bargaining in the Shadow of Law", 88 *Yale Law Journal* 5 (1979), pp. 950—997.

[3] 来自作者在2007年夏天对广东地区几位法官的访谈。

[4] He Xin, "Why Do They not Take the Disputes? Law, Power and Politics in the Decision-Making Process of Chinese Courts", *International Journal of Law in Context* 3(2007):15—37.

诉的动机就会减少。[1] 毕竟,上诉的目的通常就是为了获得某些利益。如果这一目标提前达到,他们也就不会进一步提起上诉。从这个意义上讲,在当代中国,"有权势者"可能不是总占上风。[2] 同菲律宾[3]和以色列[4]的情况类似,我国法院处理纠纷的平衡手段与合法性和意识形态的考虑有关,但与体制制约有更为直接的关系。

当面对法律规定中没有明确答案的重大和复杂的案件时,法官常常向上级法院寻求指示,对这种现象的传统解释是国家和上级法院想完全地控制司法系统,大都不加批判地把它的注意力放在来自法院内外的不当影响上。他们往往认为,在各种各样的压力下,法官在决策过程中是被动的。但是,从体制制约的角度看,下级法院法官寻求上级法院指示的原因是为了避免解答这些法律上的疑难问题而可能引发的责任。同样的道理,当近年来单个法官开始独立审判案件,法院和法官却更多地采用内部指引的方式:把法院、执政党或政府领导的讲话,甚至高层官员参加的会议记录当作决定法律疑难问题的依据。当法官无法获得这些资源时,他们甚至试图依赖上级法院的判例[5],或者依赖其他地区法官的判决[6],即使他们知道这些判例不具有任何正式的法律效力。他们认为这些判例能提供某种庇护,使他们可能避开批评或审查。出于同样的原因,法官倾向于刻板地解释和适用法律条文来处理新情况而不考虑立法意图,即使这样做是有很大疑问。他们也不倾向于适用抽象的法律原则,因为这样做没有明确的法律条文的支持,因而可能被认为是错案。很难知道在拥有更多独立审判权和自由裁量权后,法官是否会依照法律的规定更加独立地适用法律;但非常清楚的是他们会采用各种各样的自保措施。在法院工作人员的行为模式中根深蒂固的是体制制约的逻辑:法官享有越大的裁量权,他们就越有可能屈服于来自体制评价标准的压力。

法院的许多地区性差别进一步强化了这个论点。比如,在案件数量不多,也就是在不以"效率"作为当地法院的迫在眉睫的目标的地区,高调解率再次成为评定法院干警表现的重要标准。于是,这些地区的法官和法院调动了一切

---

[1] 来自作者在2007年夏天对广东地区几位法官的访谈。

[2] Marc Galanter, "Why the 'Haves' Come Out Ahead: Speculations on the Limits of Legal Change", 9 *Law & Society Review*, (1974), pp.95—126.

[3] Stacia L. Haynie, "Resource Inequalities and Litigation Outcomes in the Philippine Supreme Court", 56 *Journal of Politics* (1994), pp.752—772.

[4] Yoev Dotan, "Resource Inequalities in Ideological Courts: The Case of the Israeli High Courts of Justice", 33 *Law & Society Review* 4(1999), pp.1059—1080.

[5] Id.

[6] Benjamin Liebman, & Tim Wu, "China's Network Justice", 8 *Chicago Journal of International Law* (2007), p.257.

可能的资源,采用各种策略一而再、再而三地促使离婚的夫妻达成和解。[1] 离婚请求的底线又回到了调解和好:除非这对夫妻达成和解协议,法院不愿作出判决。法院用这种方式处理离婚案件不是因为他们真的关心这对夫妻的将来或者社会和谐,最根本的是为了追求他们自己的利益:调解有助于降低被起诉、审查、上诉或投诉的风险。[2] 此外也有逸闻证据表明在预期的工作作风是"忙碌"的法院,法官倾向于作出更多的离婚判决,因为离婚判决涉及更多的工作,会使他们很忙碌,至少看上去很忙碌。[3] 在某些法官工资待遇低同时又缺乏有效遏制腐败的途径的法院,判决准予离婚也成为许多法官的一个选择,因为判决离婚给了他们分割夫妻财产,从而获得更多寻租的机会。[4] 因此当"公平"和"效率"成为官僚化的司法系统的两大主题时,法院判决成为很多因素的函数,而这些因素中结案数、结案率、上诉率和投诉率均扮演着重要的角色。这些地区差别进一步印证了在某些激励结构下,个人私利支配着法官的行为,自我保护或自我保存是司法系统的一大主题。

六、意义

通过考察现实中法官如何处理具有严重争议的离婚请求,本文证明了传统的调解和解已经大大地失去了影响力;取而代之的是,判决不离和判决准离已分别成为处理首次和再次请求的常规做法。传统认识的缺陷很大程度地是由于对法官和法院的体制制约关注不足。这些制约对处理离婚的影响尤其显著,而这只是因为在这个领域内法官享有广泛的自由裁量权。它在处理其他类型的案件中同样存在,尽管可能是通过一种更微妙的和更不引人注意的方式存在。

通过体制制约的视角,本研究有助于加深对司法推理过程的理解。它为美国宪政中的制度保障的重要性提供了一个反证:只有在分权的制度结构下,才能认为理性行动理论在预测司法判决的作用是有限的。[5] 当这些激励机制被废除或改变时,个人私利支配行为就变得再清楚不过了。因此本研究对个人私利的理论提供了进一步的支持:当外部的制约不适当地加到法官身上时,法律

---

[1] 高其才、周伟平:"司法调解的方式与方法",载《法制与社会发展》2006 年第 1 期。

[2] 同上注。

[3] 来自与西南政法大学徐昕教授的交谈。

[4] 来自作者在 2007 年夏天对广东西部地区某法官的访谈。

[5] Richard A. Epstein, "The Independence of Judges: The Uses and Limitations of Public Choice Theory", *Brigham Young University Law Review* (1990), pp. 827—856; Gregory C. Sisk, Michael Heise, & Andrew P. Morriss, "Charting the Influences of Judicial Mind: An Empirical Study of Judicial Reasoning", 73 *New York University Law Review* 5 (1998), pp. 1377—1500; Mark A. Cohen, "Explaining Judicial Behavior, or What's Unconstitutional about the Sentencing Commission", 7 *Journal of Law, Economics and Organization* (1991), p. 183.

判决即使不被歪曲,也会受到影响。而通过这种方式,法官会最大化他们自身的利益。此外,更多的司法独立和自由裁量权并不能保证法官像某些经济学家预测的那样,会依照法律的原旨或原意来审判案件。[1]

除了增进对我国法官和法院的运作逻辑和行为模式的理解,本文还对我国法律和法制建设的未来发展提出问题。我国法院的体制制约是如何影响法制改革?在过去的十年里,专家们讨论了应当通过移植西方法律、借鉴本土资源[2]或是将两种方式相结合起来[3]进行法制改革。但无论是从西方引入的还是从本土资源提炼出来的法律原则或规则,很快就被深受某些体制制约的司法体制吸收同化了。这些法律原则和规则可能变得面目全非。如果不考虑法院的体制约束及其对司法判决的影响,关于法制发展长达十年之久的争论很可能会迷失。本文的研究表明,为了确保法律原则或规则达到预定的结果,首先应当考察法院的体制制约。现在看来,那些过于简单的"效率和公平"激励标准似乎用错了地方:它们导致法官常规化地处理有争议的离婚案件。重温这一争论并从新的研究视角出发,本研究提出更现实和有效的研究议程:简化这些司法系统的激励机制是否会带来更多的社会利益?这种评判机制会带来什么样的后果?在法官问责性[4]和各种评价标准所带来的压力之间寻找平衡?国家是否有足够的兴趣在依法行政的浪潮中建立一支精英的法官队伍?依照司法系统的激励机制而作出的平衡判决是否就不符合国家的利益?如果国家对法律改革的最高目标是维持社会稳定,国家是否有足够的兴趣去大修司法系统现有的体制制约?对这些问题的回答肯定会开拓性地加深对我国司法及其发展的认识。

(初审编辑:艾佳慧)

---

[1] Richard A. Posner & William Landes, "The Independent Judiciary in an Interest Group Perspective", *Journal of Law and Economics* (1975), p. 875.
[2] 苏力:《法治及其本土资源》,中国政法大学出版社1996年版。
[3] Philip C. Huang, "Whither Chinese Law?" in 33 *Modern China* 2 (2007), pp. 163—194.
[4] Ting Gong, "Dependent Judiciary and Unaccountable Judges: Judicial Corruption in Contemporary China", 4 *China Review* no. 2 (2004), pp. 33—54.

司法过程中的"协调"
——一种功能分析的视角

吴英姿[*]

"Coordination" in Judicial Process:
A Perspective of Function Analysis

Wu Ying-zi

内容摘要：协调在本质上是一种规避正式制度的非制度化行为，是法官对调解制度的变通运作。正式制度的缺陷、当事人和法官的理性选择、司法机能不足以及司法与其他纠纷解决机制分工不明等，是促使法官运用协调方式处理案件的主要原因。法院正积极推动协调的正式制度化。协调具有使司法介入公共政策制定、刺激制度创新、导致公权力的可交易性、司法与行政界限模糊化、使非正式制度进入司法过程等潜功能。而为了控制协调的负功能，应当将之置于正式制度之下。

关键词：协调　正式制度　非制度化　非正式制度　潜功能

---

[*] 中国人民大学博士后工作人员，南京大学法学院副教授。电子邮箱：wuyingzi2002@sina.com。

引子：关于"协调"

本文所说的"协调",是指通过法官的斡旋,当事人就案件处理方案达成和解,从而结束司法程序的做法。这并非"协调"的一个严格的定义,因为协调不是法律上的术语,而是法官在实践中"发明创造"的一个口头用语。从手法上看,协调与诉讼中的调解并无二致,但在本质上协调是一种制度外的案件处理方式,是法官在程序外进行的调解,其结果往往是原告撤回起诉,卷宗里没有任何协调过程的记录。协调通常发生在法律规定不允许调解的阶段(如行政诉讼、执行程序等),或者虽然可以使用调解,但案件处理结果可能超越法律规定,或者法律对案件的处理无能为力的情形。换句话说,法官是在不得不采用调解手段处理案件,但又不能获得正式制度认可的情况下,出于避讳,转而使用"协调"一词来指代"调解"。这就是该词的来源。从内涵上看,协调有的时候大大超过调解的范围,比如参与协调的主体不限于当事人,主持协调的人不限于法官,协调的事项不限于当事人的诉讼请求等。本文无意——不可能也无必要——给协调下一个严格的定义,只是想关注被法官称之为"协调"的司法现象,并就其对司法活动的影响进行观察与分析。

对于某些案件,协调在"解决问题"方面具有明显的优势,因而得到一些法院和地方党政领导人的肯定,公开鼓励法官运用之,部分法院甚至制定内部规定,试图推动协调的制度化;但协调的手段和过程是在没有程序规则约束的状态下运作的,实际运作过程中出现了许多问题,也引来尖锐的批评。在毁誉参半的背景下,协调的运作"半地下"地、忽隐忽现地存在于正式制度的大门外,法官用"犹抱琵琶半遮面"、"能做不能说"来形容协调在司法中的状况,不接触司法实践的人甚至很难察觉它的存在。然而,协调在司法实践中的运用是如此频繁,促使我思考这样一些问题:它为什么存在？它对正式的司法制度有何影响？它是否可能成为正式制度？

一、协调的运作样式

（一）哪些案件需要协调

1. 行政诉讼案件。基于公权不可处分的原理,行政诉讼法明确禁止法院适用调解的方法处理行政诉讼案件。但调解在行政诉讼实践中早已是公开的秘密,只不过这种调解工作"能做不能说",更不能反映在卷宗上,于是,协调处理的结果之一是原告撤回起诉,记入卷宗的结案方式是"裁定准予撤诉"。出于避讳,法官们用"协调"作为代用词。多年以来,行政诉讼中的协调非常活跃,撤诉率高因此成为行政诉讼保持的一个特点。[1]

2. 群体诉讼案件。常见的如:企业改制引发的劳资争议案件、农村土地征用补偿纠纷案件、城镇房屋拆迁补偿纠纷案件、环境污染侵权纠纷案件、教育培训合同纠纷案件、种子质量问题纠纷案件等。群体性纠纷容易引发集体上访,且由于人数较多而出现集体无理性和集群性情绪激动。这样的案件如果按照正式制度处理通常或者是受到权力的干预而处理不下去,或者是处理结果诱发新的社会问题,或者导致矛盾激化,出现自杀事件、当事人集体围攻法院、政府等。这时协调就非常必要。对矛盾比较激烈的群体性纠纷案件,法院往往要派行政级别比较高的人(比如分管院长或庭长)亲自出面协调,协调的对象不仅是当事人,正如高见泽磨所言,更重要的是说服周围群众和村长等"有力人物"。[2]

3. "涉府"案件。这里所谓"涉府"案件也是一个约定俗成的词语,没有一个严格的定义,法官用它来指称指当事人一方是政府的非行政诉讼案件,或者当事人一方有"政府背景"的案件,包括民事诉讼案件和执行案件。其中需要协调的主要是执行案件。由于政府始终把法院当作自己的一个职能部门,所以在"涉府"案件中,法院的角色十分微妙,法官明白不能像对待普通当事人那样对待作为一方当事人的政府。用法官的话说:"我们吃政府的饭、用政府的地,人事问题也掌握在政府手中,如果不打个招呼就发传票、就判政府承担责任或者采取强制执行措施,政府会认为我们不给情面。"在这类案件中,协调已经是不成文的规则。

4. 涉及与法律相冲突的风俗习惯的案件。社会生活中调整人们行为、形成社会秩序的规范不仅仅是法律,也永远不会只是法律,还有约定俗成、世代相传的风俗习惯。这些风俗习惯都有自己特定的文化、经济与社会意义,当法律与风俗习惯发生冲突时,法官发现,无视这些风俗习惯对当事人社会关系的实质意义,单纯用法律来评价当事人的权利义务,往往遭到当事人乃至其所在社区民众的一致反对。协调在这些案件中也频频扮演重要角色。

(二) 法官协调的动机

1. 解决当事人的实际问题。法院处理行政诉讼案件,只能就行政行为的

---

[1] 1995—1997年连续三年的撤诉率超过50%,个别年份撤诉率高达57.3%。详细数据可查阅历年最高人民法院公报中的"全国法院司法统计公报"。据报道,有个别地方法院2007年半年来的行政诉讼案件100%撤诉。当然,行政诉讼中当事人撤诉的原因是多种多样的,单从撤诉率上看不出因法院协调导致原告撤诉的案件比例。从实地调查、法官撰写的论文、公开的报道等几个方面的信息表明:撤诉多数是法官协调的结果。如果把在诉讼中法院采用过协调方式但最后以判决结案的也考虑在内,那么协调的比例会更高。

[2] 高见泽磨:《现代中国的纠纷与法》,何勤华、李秀清、曲阳译,法律出版社2003年版,第1页。

合法性作出认定,并撤销违法的行政行为,不能直接纠正、改变某种行政行为。行政相对人并不能通过法院判决直接达到促使行政机关改变行政行为的目的,而新的行政行为仍然具有不确定性。当事人往往期待的是更直接、更有效率的改变。所以,法院协调的动机之一就在于促成行政机关改变行政行为,满足或部分满足相对人的要求。在涉及第三人利益的情形,协调还为了一并解决当事人与第三人之间的权利义务问题,起到"一案结数案"、"案结事了"的效果。比如拆迁纠纷案件,此类案件不仅是被拆迁者与拆迁部门之间的冲突,往往还涉及政府多个部门:拆迁许可部门、城市规划部门、建设立项部门等多个行政主体之间的关系。由于关系错综复杂,绝非单纯判断当事人双方的权利义务能够解决问题,法院不得不出面在各个部门之间协调。这可以解释城市房屋拆迁纠纷案件、农村土地征用补偿纠纷案件等成为协调"高发"案件的主要原因。

2. 避免矛盾激化。当事人力量对比悬殊是协调案件的共同特征之一,在一方属于社会弱势群体的情况下更是如此。弱势群体是权利生态十分脆弱的阶层。他们的权利内容不确定,权能空洞化,权利状态不稳定,权利诉求能力低下,救济途径狭窄。[1] 在权利受到侵犯的时候,弱势群体经常发现自己在正式制度中缺乏表达和追求利益的能力,明显无力与对方抗衡。弱者在走投无路的情况下会被迫使用"最后的武器":信访、上访,甚至自杀。在城市房屋拆迁纠纷中屡屡发生的恶性事件(如被拆迁户南京翁某、安徽朱某某因拆迁纠纷而自焚等)中,双方力量的严重失衡给人们留下深刻印象。诉讼过程中,如果当事人采取极端手段,将导致矛盾集中在法院爆发。而法院认为这是自己无法承受的,也是司法无力改变的格局。在法院无法收场的时候,还得求助于政府出面,这势必严重削弱法院在政治上的地位,而且在社会中威信扫地。在这类案件中,法官协调的重点放在避免矛盾激化上。

3. 解决法律适用难题。转型时期的立法远远赶不上法律实践的需要。比如在行政管理领域,由于立法空白太多,各政府部门在管理实践中形成大量的没有法律依据的"习惯做法"。行政机关与相对人因为没有法律依据而产生纠纷的并不鲜见。法院在处理这类纠纷案件时,如果简单以法无明文规定为由,认定行政机关具体行政行为无权、越权,可能背离行政管理的现实需要;但以

---

[1] 以农村土地权为例,对农民个人来说,农村土地集体所有制的意义首先就是否定农民个人对土地享有所有权,所以很少有农民拥有土地所有权的权利意识。其次,集体对土地的权利也是不稳定的,或者说不是永恒性的,因为国家有权征用土地。尽管国家在征用土地时也给予补偿和安置,但是因为土地价格并不通过市场确定而是由国家单方决定,因此,农民在面对"命根子"即将失去的时候,却没有与国家讨价还价的能力。当农民认为国家所支付的费用不足以补偿其代价,不能够满足其基本生活需要和未来生存的保障,试图向国家提出利益要求时,却发现自己的要求因缺乏权利的支撑而成了"无理取闹"。由于没有平等对话的空间,也没有权利诉求的依据,农民的不满和要求往往被压抑。而且对于这样的纠纷,农民可以选择的解决途径是很少的。

"存在即是合理"为由支持行政机关的行为,有难免背离行政法"依法行政"的原则。此其一。其二,我国采取的是"部门立法"的立法模式。立法者各自为政,更有本位主义作祟,部门利益夹带其间,加上法规数量众多,难得顾及与相关的其他部门规范之间的和谐一致问题,各规范相互之间的冲突、重叠和疏漏在制订时很难发现,一般是透过具体纠纷才显现出来。比如,破产案件的处理涉及的不仅仅是一部破产法,而需要同时使用劳动法、公司法、土地法、民法等,承办法官对各部门法之间的相互冲突、脱节与操作性不强感受颇深。案件的处理仅靠法官解释法律远远不够,更需要那些"法外功夫"。法官不得不游走于各个机关部门之间,填补法律调整不及的细节,弥合法律整合不到的空隙,平衡法律关系不能涵盖的"关系",关照各个部门法,还要设法琢磨出切实可行的操作步骤。案件处理中起关键作用的不是那些法律条文,而是各种关系的平衡和关键人物的推动。此时,更多的不是需要会严谨的法律思维、喜欢独立思考的法官,而是善于协调技巧,勤于请示汇报的"联络人"。

(三) 怎样协调

从协调的过程和法官的技术看,协调与调解并无二致。"庭前调解"、"背靠背做工作"、"抓住当事人的麻筋"、"让当事人觉得法官在为自己着想"等调解常用的策略[1],也是协调常用的方法。不过,走到协调的背后,我们还是可以看到一些有别于调解的东西。

1. "案结事了"的"摆平"逻辑。协调一般是在双方对立比较激烈,矛盾激化,法院又迫于某种压力无法作出裁判的情况下采取的措施,其中"摆平"逻辑比调解更加明显,更强调没有"后遗症"。G市法院2002年受理了一起12名学生诉某技工学校教育培训合同纠纷案件。原告以被告没有履行招生时许诺的义务(开设国家规定的课程,保证师资,提供毕业实习,毕业后负责安排工作单位等),请求法院判令被告退还两年的学费,并分别赔偿损失1万元。案件受理后,法院院长很快接到市教育局局长的电话。王局长表示:"此案的影响面较大。如果判学校败诉,其他在校生可能群起效仿,不仅影响到教学秩序,而且可能危及学校的生存。"请法院"从维护社会稳定考虑,妥善处理"。而学生家长已经多次到市政府上访,反映学校办学不规范的情况。按照诉讼法规定的程序,法院的处理结果无非"判决支持原告请求"、"判决驳回诉讼请求"和"裁定驳回起诉"三种,但是法院发现,无论哪种都有"后遗症":如果判决驳回诉讼请求或裁定驳回起诉,其可能的后果是学生家长的申诉信访。如果法院判决学生胜诉,固然鼓励了其他学生"为权利而斗争"的信心,法院可以照样判决其他学

---

[1] 关于法官调解的策略,参见吴英姿:"法院调解的'复兴'与未来",载《法制与社会发展》2007年第4期。

生胜诉,但是随之而来的是执行问题——学校赔偿能力非常有限,12个学生的权利可以实现,120名学生的权利也可能可以实现,但是200名呢?300名呢?一旦执行不了还是会把矛盾引向法院。于是,以解决问题为目标的协调成了唯一出路。审判委员会讨论后,决定以本案不属于法院主管范围为由,裁定不予受理。裁定尚未作出,党的"十六大"召开了。而学生家长果然利用这个敏感的时期上访,希望通过政府给法院施加压力。党的十六大后面紧接着还有"两会"和换届选举,各级党政领导、法院院长就怕在这个"节骨眼"上出事,尤其是群体性上访这样的不和谐音符,影响政绩和连任。市委书记责成法院院长迅速解决。分管民事审判的副院长亲自主持协调。在法官的斡旋下,此案以原告撤诉、被告用"经济补助"的名义退还学生部分学费告终。[1] 原告获得了经济利益的满足,学校避免了更多的诉讼,法院不必对敏感问题表态,避免了因当事人上诉、信访可能带来的政治风险,这正是各方所希求的最好结局。

2. "两头强劝"。在协调中,法院对当事人有比在调解时更多的"强制性",当事人自愿的成分更少些,是否协调、何时协调、怎样协调、协调方案的提出等各个环节,法官的组织、主导地位更为明显,"全程协调"、"反复协调"、用"如果判决你一定败诉"施加压力、连哄带骗劝说当事人妥协等手段被更多地运用。协调的成功表面上依赖于当事人的合意,但在根本上归功于法官推动下当事人达成的博弈均衡。

3. 主动协调。如果认为案件有必要协调,法官通常会主动进行而不征求当事人意见。为准备协调,法官需要调查案件事实,了解纠纷产生的前因后果,为当事人预测案件处理结果,"言明利害关系":对原告则反复解释其诉讼请求中不合理的成分,指出纠纷解决的其他渠道,促使其打消诉讼念头;对作为被告的行政机关则主动向其领导汇报,指出其具体行政行为不妥的地方,分析诉讼可能发生的法律后果,建议或暗示其改变具体行政行为,落实整改措施,对当事人的损失作出一定的补偿,以换取对方的谅解并息诉,等等。此外,对那些有人大代表身份或者其他"有背景的"企业厂长经理等当事人,法官也会主动沟通,必要时还会多跑几趟,让这些特殊的当事人感到法院的确在为自己考虑,而且为自己的案件付出了很多劳动,如果不配合法院工作不仅是不给法院"面子",而且不符合自己的身份与形象。事情走到这一步就好办得多。

G市法院执行局局长龚某在院里被公认为最擅长于"涉府"案件的协调工作。在他当S法庭庭长期间,法庭与地方政府的关系非常融洽,地方政府对法庭工作十分满意。当问及他与政府协调的"诀窍"时,他说:

---

[1] 文中有关G市法院的实证资料,来自笔者2002—2003年在该法院的实地调查。该案详细情况,参见吴英姿:"民事诉讼程序的非正式运作",载《中国法学》2007年第4期。

我的策略是主动。案子来了我先找上门去,讲述我的观点,解释法律后果等。这样一来,政府可能要提出的不合法的要求就不好意思说出口,而且产生这样的印象:法院对我们工作很支持。反之,等他对案件的处理有了想法找到你,你以不合法为由不按他的想法办,他就会认为你法院不支持他的工作。

4. "双扩大"协调法。遇到双方当事人矛盾较尖锐、纠纷涉及面比较广,或者涉及地方稳定的重大敏感性行政诉讼案件时,法官策略是扩大协调主持人、扩大协调参与人的所谓"双扩大"工作方法:庭长及分管副院长亲自主持协调,或争取党委、人大等领导主持协调,或邀请有关上级主管部门、利害关系人、行政相对人的亲朋好友参与到协调之中。

如东法院总结的协调经验:

> 一是依靠上级协调。主动与人大、地方党委汇报、沟通,必要时请他们支持协调,推动矛盾解决。2007年上半年,有5件案件通过上级协调得以妥善解决。
>
> 二是社会支持协调。该院注重与行政机关的联络,引入社会资源,促成各方协调一致。与县级多个有行政执法权的行政机关建立日常行政执法工作联络机制,不定期举行座谈会,探讨解决行政审判和行政执法中出现的新问题。必要时还邀请当事人所在地的基层组织、社会团体、社会中介组织等社会力量主持或参与协调。[1]

松滋市法院的协调经验:

> 松滋市法院建立双轨制协调模式,对于重大行政诉讼案件和行政行为不适当或违法的行政诉讼案件,松滋市法院除发挥自身力量主导协调外,还积极向党委汇报,争取支持,实行法院主导、党委支持的双轨制协调格局,促使行政机关主动纠错,动员原告依法撤诉。……第三种是社会力量参与协调模式。松滋市法院在协调模式的创新和完善等方面还借鉴和参考了民事调解的一些做法和经验,其中成效最为显著的一条就是借助社会力量参与协调的方法。

邵阳大祥区法院的协调经验:

> 工伤认定案件中劳资双方的矛盾相对行政相对人与行政机关间的矛盾更加突出,而由于工伤认定不仅涉及劳动者利益而且牵涉到用工单位支

---

[1] 江苏法院网南通讯:"如东法院推行行政诉讼'协调四法'有力促进社会和谐",http://www.jsfy.gov.cn/,加入时间:2007-08-03。

付工伤赔偿问题,一些用工单位特别是一些小型煤矿利用劳动部门在程序上的一些瑕疵,通过诉讼程序来拖延时间,一旦企业破产、无法经营就可少付或不支付赔偿费。邵阳大祥区法院在审理不服工伤认定的行政案件时,推行庭外协调前置工作,要求必须先行组织劳动部门、用工单位及劳动者进行协调。通过推行诉讼协调,有 10 件案件的用工单位与劳动者达成和解协议,依法履行了赔偿义务。[1]

协调参与者范围的扩大,使诉讼程序变成一个集合党政和社会各方面力量共同解决纠纷的过程。

二、协调的制度化动向

从协调的运作样式可以看出,协调的本质就是调解,只是它出现在法律规定不得调解的案件(行政诉讼案件)或环节(执行程序),或者它的运作过程不能纳入诉讼程序过程(比如对当事人以外的人做工作、强制性的调解、法官以外的人主持调解等),法院最终也不能像调解那样把处理结果用法律文书固定、宣示而已。就调解是为法律所确认的正式制度而言,协调实际上是正式制度的非制度化的运作,即法官对调解的变通操作。

由于协调在实践中表现出来的有效性,法院强烈要求将协调上升为正式制度。首先是法院领导人在公开场合肯定和鼓励协调的做法。最高人民法院院长肖扬在 2006 年全国高级法院院长座谈会上的讲话中明确指出:"要积极探索和完善行政诉讼和解制度,在不违反法律、不损害国家利益、公共利益、他人合法权益和坚持自愿原则的前提下,尽可能采取协调的方式促使当事人和解。"在 2007 年 3 月召开的第五次全国行政审判工作会议上,肖扬再次提出:"人民法院要在查清事实,分清是非,不损害国家利益、公共利益和其他合法权益的前提下,建议由行政机关完善或改变行政行为,补偿行政相对人的损失,人民法院可以裁定准许行政相对人自愿撤诉。"之后一段时间,各类媒体上有关法院在行政诉讼中实施"协调"的宣传报道明显增多,法院之间相互进行协调"经验交流会"。各法院抽调法官进行专题研究,论证协调的合法性与合理性。[2] 最高人民法院把"行政协调"作为本系统的重点调研课题,还积极设法将自己的观点影响学界,再通过学者之口影响立法者。[3] 与此同时,许多地方法院已经在

---

[1] 张玲:"大祥区法院大力推行行政诉讼协调机制",中国法院网,发布时间:2007-06-19 16:03:58(现已删除)。

[2] 比如在行政诉讼协调方面已经有大量的法官撰写的文章,观点基本趋同——主张把协调作为制度加以规范。

[3] 常见的手段是:召开专家论证会或专题研讨会,确定会议的主题和基调,收集法官论文,邀请专家参加并点评。出于礼貌和面子,专家多半不会激烈反对,甚至顺应主办方的意思进行论证。

尝试制定内部规范。在某种意义上,协调已经成为法院内部的准正式制度。如上海市高级人民法院制定了《关于加强行政案件协调和解工作的若干意见》,南通市海安区人民法院制定了《行政诉讼协调制度实施办法》,等等。[1]

三、协调的成因

(一) 正式制度的缺陷

从本质上说,协调是规避正式制度的行为。通过协调让当事人达成和解、原告撤诉,可以规避诉讼法关于调解的禁止性规定,或者采取一些在法律上没有依据的处理办法解决案件。哈耶克指出,建构秩序是人们刻意创造出来的,服务于创造者的目的。[2] 把建构秩序视为完美的秩序需要一种预设,即存在全知全能的建构者或者计划者。然而从知识论的角度来看,人的全知全能是不可能的。在某些情况下,建构秩序或正式制度的不足导致行动者规避制度或者变通操作制度的行为。所有需要协调的案件基本上有一个共同的特点,那就是当事人的权利主张触及的是法律制度的空白,或者是已有制度本身固有的缺陷,用它处理案件非但不能解决纠纷,反而可能导致矛盾激化。

如前所述,破产案件,特别是大中型国有企业的破产,涉及土地使用权、国有资产、职工安置等计划经济体制下形成的产权制度与劳动用工制度,改革把这些制度推入了旧制度解体、新制度创生的阶段,立法者尚束手无策,法官和司法制度何以能"依法裁判"?再比如农村土地征用补偿、城市房屋拆迁等引发的纠纷,无一例外遭遇土地制度固有的缺陷:土地价格没有市场化,掌握定价权的是国家(更准确的说是代表国家的各级地方政府),而政府在征用和拆迁中又是直接受益者,在制定土地价格(补偿标准)的时候不可能完全中立,于是大量地出现补偿标准偏低等显失公平的政策。被征用拆迁者虽然感到被剥夺,却几乎没有谈判能力。当他们采取诉讼手段寻求救济时,法院很快发现,一方面是由于经济体制转型带来的深层的体制矛盾,另一方面是法律制度缺陷:土地使用权和房屋所有权的法律保护不足、开发商与被拆迁人法律地位不平等、补偿标准不合理、拆迁程序不完善,等等[3],司法却无力挑战这些拥有正式制度面孔的法律与政策。协调于是在这里获得了运作空间。在一定程度上,协调是法官利用正式制度的缺陷与缝隙,帮助弱小者与力量强大的对方谈判,争取一点利益。所以 G 市法院副院长杨某这样来给我解释协调与调解的区别:

---

[1] http://gov.eastday.com/renda/gonggao/node2524/node8854/node8855/node8859/u1a1362349.html, http://www.hapf.gov.cn/fzjs/112043154.html.

[2] 哈耶克:《致命的自负》,冯克利、胡晋华译,中国社会科学出版社 2000 年版,第 36 页。

[3] 参见冯玉军:"权力、权利和利益的博弈——我国当前城市房屋拆迁问题的法律与经济分析",载《中国法学》2007 年第 4 期。

> 协调与调解,法官的心态不同:调解时,法官是在双方当事人之间均衡利益;而协调时,我理解就是帮弱者从强者手中多"扒"些来的心理。

对于主张权利的一方来说,接受协调方式意味着妥协,降低原先所设定的利益目标水平。这种妥协之所以可能发生,大多是在法官"做工作"后,当事人认识到其权利要求的理想与现实的距离,基于目前的社会条件不可能完全满足权利要求,坚持诉讼不仅不可能获得利益的完全实现,而且有可能"竹篮打水一场空",而妥协让步至少可以保证利益的部分实现——退而求其次便成为最好的选择。

(二)当事人与法官的"合谋"

当事人和法官都愿意选择协调的方式处理案件,是因为其结果比正式制度的结果对自己更为有利。苏力曾经通过分析一个规避法律的私了案件,论证当事人规避国家制定法而偏好"私了"并不必定是不懂法,而是利用民间法和国家制定法的冲突所作出的一种理性选择。[1] 协调实际上也是一种"私了",只不过是在法官主持下的私了。同样的,协调并非法官和当事人不知法的结果,相反,它是法官和双方当事人在权衡守法与不守法所产生的后果的可能性之后作出的理性选择,是各自根据成本和收益的算计,追求在既定条件下最大限度地、最高效地实现预期目标的行动策略。法官与作为被告的行政机关的关系非常微妙:行政机关掌握着包括衣食住行的资源分配权,决定了法官对行政机关的依赖关系。信访制度、每年的"行风评议"、"人民满意"等评选活动,强化了这种单向度的依赖关系。于是在诉讼中,法官当然要顾及行政机关的面子。同时,法官在面对谈判能力弱小的行政相对人时,良心又促使其不能对其利益要求视而不见。当然,协调仅仅依靠法官的实践智慧和偏好是不够的,它还要获双方当事人的默认与配合。行政诉讼案件当事人之所以愿意接受协调,是因为行政管理关系是反复多次博弈关系,行政相对人一般不愿意与管理者交恶,否则即便是胜诉也很可能是"赢了一阵子,输了一辈子";行政机关接受协调则跟其内部考核机制有关,许多行政机关将被诉及败诉纳入考核范围,有的提出"无撤销、无败诉"的政绩目标,规定了相应的败诉责任追究机制。因为协调不受正式制度条条框框约束,"背靠背"做工作、没有记录、不必发裁决书等,即便行政机关承认了错误、做了让步,也能够保存体面,避免留下错误记录。因此,协调撤诉是皆大欢喜的:从法院的角度,以撤诉方式结案既可保持与行政机关的良好关系,也可以避免被发回和改判的风险,减少当事人缠诉缠访,还能省却写判决书和执行的麻烦,提高审判效率;从原告的角度,与被告和解既可快速实现利益诉求,也可避免弄僵与行政机关的关系;从被告的角度,原告撤诉避免了

---

[1] 苏力:《法治及其本土资源》,中国政法大学出版社1996年版,第59页。

己方败诉的结局,可以规避考核等。协调的结果不仅仅是为法院"抹掉"一个棘手的案件,而且为当事人双方关系的维系消除了隐患。在这个意义上,协调是建立在当事人与法官三方"合谋"的基础之上的[1],是参与协调的各方主体的理性选择。

(三) 司法机能不足

司法在现代社会扮演的角色,要求它发挥社会控制和规约政治权力等机能。改革开放二十余年,我国社会经济结构的市场化引发了社会控制机制的根本转型,社会控制机制从以单位、村社控制加意识形态控制为主逐步转向以法律和司法控制为主,政治的制度化程度不断提高。但在总体上,司法的社会与政治机能的发挥是不充分的。在社会控制方面,司法结构的社会控制功能与变化了的社会不相适应,出现社会控制功能障碍,表现为法律的理性化程度不够,还没有扎根于社会土壤中获得社会广泛正义观念的支撑,没有独立的司法制度做保障,法官的司法经验与技术远未成熟,一些领域还存在司法救济真空,法律和司法的权威频繁受到司法腐败的挑战等;在规约政治权力方面,司法及其功能均严格依托于官僚等级制,加上司法审查的范围十分有限,司法权在制约同级党政权力方面的有效性不足。[2]

行政诉讼案件、(非行政)涉府案件、群体诉讼等案件常常涉及司法与行政的关系、个人利益与公共利益的平衡、公权力与私权利的冲突、国家政策与法律的关系等,其处理结果与社会稳定等政治目标的实现又有直接影响,因此是考验司法的社会政治功能的试金石。由于司法机能的不足,使得法院在处理这些案件时明显感到力不从心,协调因此被频繁使用。以协调的方式处理案件,法官可以灵活地游走于法律与政策之间,沟通司法与行政的微妙关系,避免在重大利益冲突上的直接判断,在各方的妥协与让步中平息纷争,避免冲突的扩大和升级。

(四) 司法与其他纠纷解决机制的分工不明

转型时期社会纠纷多发,而且呈现出现实性与非现实性纠纷交错的特点,与此同时,社会纠纷解决机制的有效性不足,特别是社会自我消解纠纷的能力不强,大量纠纷涌向法院,司法超负荷运作,法院处理了大量本来可以通过其他社会纠纷解决机制化解的纠纷,而司法途径往往不是这些纠纷最好的解决方式。另外,法院还承担了不少本不属于司法处理的社会矛盾化解任务,受理了一些在当前法律和司法尚无力解决的纠纷,比如因国家政策变动引发的矛盾纠纷(以农村土地流转纠纷为代表);再比如涉及社会公共政策的纠纷等。在国

---

[1] 何海波指出,行政诉讼中的撤诉实际上是原告、被告和法院"合谋"中止诉讼。何海波:"行政诉讼撤诉考",载《中外法学》2001年第2期。

[2] 程汝竹:《司法改革与政治发展》,中国社会科学出版社2001年版,第221—229页。

家层面,司法仍然被当作社会综合治理结构的组成部分,与其他社会纠纷解决机制的界限模糊。对于这些本不需要司法途径解决、本不属于司法途径解决的纠纷,法院只能用协调的方式暂时"糊过去"或者"抹掉"。

四、协调的功能分析

对协调的功能分析可以从显性功能和隐性功能(或潜功能)两个层面来分析。按照默顿的定义,显性功能是指系统调节或适应所产生的客观结果,这些结果是系统的参加者希求并知道的;隐性功能则是指那些既未被希求也未被认识到的结果。[1]

协调的显性功能与其成因联系在一起,表现在:其一,在一些个案中,成功的协调有助于维系当事人行政管理关系的和谐,所以在一些官方报道中,诉讼协调被誉为"官民矛盾"的消防栓和减压阀,"可以减少和降低行政相对人与行政机关的对抗,增进相互理解与信任,维系和谐的行政关系"。其二,协调在一定程度上可以弥补正式司法制度在社会控制方面的功能欠缺。就解决个案纠纷的有效性而言,协调在一定意义上弥补了正式的司法制度在社会控制能力方面的不足,扩大了司法机能。其三,协调在一定程度上具有使正式制度合法化的作用。某种制度具有合法性意味着公众对该制度的支持,协调及其结果借助于"当事人合意"使得法院的司法行为取得不违反正式制度的外观,正式制度也因此得到当事人的容忍而获得(至少暂时获得)合法性。

功能分析更有意义的是发现研究对象的潜功能,指出它不为行动者预期的,甚至不为实施者发觉的,但事实上已产生的意料之外的效果。协调的潜功能主要有:

(一)司法卷入公共政策制定

表面上看,在行政诉讼中的协调是法院放弃了按照法定程序评判行政机关的行为与责任,但这种放弃却使法院拥有了另一种权力和资源:基于互惠或者交换,法院获得了建议权,即从司法外的途径,通过对行政机关或其他相关部门提出改进工作方式、完善规章制度、增减有关规定等方式,悄然影响着公共政策和部门规章制定过程。且看几则报道:

> 结合审判,针对行政机关执法中存在的问题发出司法建议,是南京法院预防"官民"纠纷的其中一项措施。去年,该市两级法院共发出司法建议近30条,较好地规范了行政执法行为。去年11月,玄武法院在审理冯某诉南京市工商行政管理局玄武分局不履行职责一案中,发现工商玄武分

---

[1] 罗伯特·金·默顿:《论理论社会学》,何凡兴、李卫红、王丽娟译,华夏出版社1990年版,第157页。

局与南京市玄武区卫生局在对冯某申诉的食品中添加药品的事项,都认为没有调查处理的职能。玄武法院认为,食品管理事关重大,不应当在政府的管理过程中出现真空地带,故向南京市食品药品监督管理局发出司法建议,建议加强工作协调,理清类似问题的监督职责。南京市食品药品监督管理局高度重视,很快召开相关部门的协调会,使该类问题得到解决。[1]

另一则:

在审查非诉执行案件过程中,旬阳市法院主动与行政机关沟通协调,对裁定不准执行的案件,指出被诉具体行政行为的违法性,并提出司法建议,促使其改变被诉具体行政行为,落实整改措施。在审查申请强制执行征收社会抚养费的大量案件中发现征收社会抚养费工作存在几个方面的问题和不足:一是征收社会抚养费的主体存在问题。征收社会抚养费的行政行为都是以乡镇政府的名义作出的,其行为没有法律法规依据。二是申请强制执行征收社会抚养费案件的主体存在问题。大多数案件都是以乡镇人民政府的名义向法院申请的,其行政诉讼主体没有法律法规依据。三是征收抚养费的标准存在问题。各乡镇人民政府的征收标准很不一致,有的以自己上报的统计基数为准,有的是以县级统计数据为准。四是具体实施行政行为的过程中有违反程序法和实体法的问题存在。出现只有一名工作人员进行调查处理的现象;送达文书不规范,有邮寄、代收的现象;制作的征收社会抚养费决定书中没有引用法律法规具体条文。五是部分乡镇政府没有按规定期限向人民法院申请强制执行。为促进行政机关依法行政,规范社会抚养费征收工作,旬阳法院在进行专题研究后,针对征收社会抚养费工作中存在的上述几类问题向计生局提出司法建议,并决定对申请强制执行征收社会抚养费的案件逐步实行听证制度。该建议引起了该县政府的高度重视,在认真研究的基础上采纳了全部建议,迅速出台了《关于进一步规范计划生育社会抚养费征收工作的通知》,并对法院支持行政机关依法行政表示感谢。[2]

(二) 制度创新

在社会控制机制逐渐转向法律和司法控制的过渡时期,由于作为控制手段的法律和司法程序并非原生于社会机体自身,全新的社会控制机制面临大量的制度创造问题。与完全摧毁旧体制创建新体制的激烈式社会革命不同,渐进式

---

[1] "构建和谐的'官民'关系——南京法院开展行政诉讼协调纪实", http://www.yfzs.gov.cn/gb/info/XXDT/2007-03/14/1650468715.html。

[2] 黄强:"旬阳法院行政审判重协调促和谐见效果", http://www.xycourt.gov.cn/ShowArticle.asp?ArticleID=319。

的社会变革的制度创造的路径是多元的:既有从旧体制蜕变来的,也有从其他社会移植而来的,还有从全新的体制中自创生的。各种背景的新制度均有各自的价值,相互之间也难免存在冲突与排斥。移植来的制度需要在社会结构转型过程中解决排异反应,与社会相融合;新的制度需要通过点滴积累,逐步成熟。以规避法律为目的的非制度化行为往往是刺激制度创新的催化剂,它使得制度的制定者不得不重新审视现有制度的问题,进而调整修改制度,弥补制度漏洞,使制度更具有操作性。[1] 苏力曾经阐述过法律规避与制度创新的关系,他认为法律规避的行为是国家制定法与民间法之间沟通、理解,在此基础上相互妥协、合作的过程,并指出,这种合作与妥协将是解决国家法与民间法之间博弈关系的"囚徒困境"和制度创新的一个重要途径。[2]

另一方面,非制度化行为的实践本身也可能促成新规则的形成,逐渐取代旧规则,或者填补规则空白。非制度化行为在应对具体问题上所表现出来的高效率、低成本、适应性等优势,也会产生制度经济学上的"适应性效率规则"作用,激发着实践者敢于"冒险"、不断尝试新做法的信心。[3] 前面的实证资料表明,司法过程中的协调在促进立法者和政府各部门反思和完善法律与政策方面的确发挥了重要作用。此外,协调随机应变的灵活性,使得法律和司法以柔软的面孔适应着社会的需要,在局部获得社会的认同与支持的效果十分明显,加上由此带来的效率等实惠刺激着行动者进一步扩大协调的适用范围,创造适用协调的条件,在协调中建立新的行为规则,无意中推动了原生性法律和司法制度的创生。

(三) 公权力的可协商、可交易性

协调的实质是行政机关变通行使其行政权。公权力的不可协商性和不可交易性的原则建立在公共利益的原理上。比如行政管理事务多涉及公共政策,事关不特定多数人的共同利益,故法律禁止行政机关任意处分或与个别的行政相对人协商处分其行政权。行政自由裁量权与民事处分权有很大差异。法律对于民事主体的处分权基本不作限制,而对行政机关的自由裁量权则严格加以制约。行政法上有关行政机关自由裁量权的规定是关于裁量权的幅度与范围的限定,即便是行政合同等基于管理双方合意而发生的行政关系,行政机关的裁量权中也没有多少"自由"的含义,更多强调的是与其职权相应的责任。协调却使得行政机关脱离法律的限制"处分"了行政权力,而且相对人得以借法

---

[1] 这种制度创新在破产法的出台、婚姻家庭法律制度和家事诉讼制度的演变、群体诉讼代表人制度的反思和行政诉讼调解的创新等方面均有表现。
[2] 苏力:《法治及其本土资源》,中国政法大学出版社 1996 年版,第 62—66 页。
[3] 制度经济学认为,适应性效率规则能够为获取知识和学习提供激励,能够诱导创新、鼓励冒险和创造性的活动。

官之口与行政机关讨价还价,形成公权力与私权利事实上的交易关系。

(四) 司法与行政的界限模糊化

一方面,由于党政领导参与一些案件的协调,不仅使诉讼程序变成一个集合党政和社会各方面力量共同解决纠纷的过程,而且增加了行政介入司法的新路径。另一方面,在某些领域因为需要协调的问题反复出现,使得有关政府部门和法院均认为有必要在宏观层面进行整体的沟通与合作,共同讨论处理办法,达成一些共识。比如劳动争议案件,因为事先要经过劳动局仲裁,涉及工伤赔偿的,还有工伤认定等鉴定环节,因此法院在审理劳动争议案件方面必然经常与劳动局打交道。而劳动局毕竟是政府职能部门,处理劳动争议时不可避免更多地要考虑劳动管理政策,更多考虑社会稳定等治理要求,因此在受理、裁决案件时的思路与方式与法院常存在差异。而当事人向法院起诉后,这种差异往往成为当事人不服判决的重要因素。近年来大量因企业改制引发的劳资争议,多以集体争议的形式出现,劳动局为了维护稳定,一般采取斡旋、调解的方式处理,原则上不受理仲裁申请,结果被当事人以行政不作为推上被告席。为解决这些问题,法院经常与劳动局进行协调。为一揽子解决一些共性的问题,也为了减少同类案件处理上法院与劳动局做法不同而产生的矛盾,法院会不定期地与劳动局召开专门问题协调会。类似的还有,法院就涉及金融机构的案件专门召开由工商、金融管理机构参加的协调会等。借助这些沟通与合作机制,司法与行政在某种意义上结成共同体。在纠纷解决与行政管理两个方面,司法与行政的界限均趋于模糊化。

(五) 非正式制度[1]进入司法过程

协调的结果,使得意识形态[2]、民间规范等非正式制度进入司法过程。

1. 意识形态的影响

意识形态"是一整套逻辑上相联系的价值观和信念,它提供了一幅简单化的关于世界的图景并起到指导人们行动的作用"[3]。作为文化现象,意识形态

---

[1] 制度由正式制度和非正式制度构成。正式制度,在组织行为学中被称为正式结构(formal structure),是在理性规范和制度安排下人为建立的组织中的人的固定工作关系形式,是人们有意识创造的一系列约束人们行为的规则,通常表现为由一定的组织机构发布和实施的行为准则,包括各种组织的章程、协议、纪律,国家的法律、政策、条例等政治规则、经济规则和契约,以及由这一系列规则构成的一种等级结构。非正式制度,也称非正式结构(in-formal structure),指在理性规范和制度安排外自发形成的组织中的人的自由交往关系形式。非正式制度经常伴随正式制度而存在,并与正式制度分别在不同的层面发生约束人们行为的作用,包括价值信念、伦理规范、道德观念、风俗习惯和意识形态等。

[2] 意识形态是具有符号意义的信仰和观点的表达形式,它以表现、解释和评价实现世界的方法来形成、动员、指导、组织和证明一定的行为模式或方式,并否定其他一些行为模式或方式。《布莱克维尔政治学百科全书》,中国政法大学出版社1992年版,第345页。

[3] 詹姆斯·艾德森:《公共决策》,唐亮译,华夏出版社1990年版,第20页。

从根本上说是受制于一定的生产力发展水平和经济社会关系,但它一经产生即具有相对的独立性,影响和制约着制度变迁的方向和性质,尤其是对于以制度改良为目的的自上而下的变革来说,意识形态的指导功能起着决定性的作用。[1] 中国社会转型时期社会矛盾的多发与特殊性,给社会整合带来新的课题。随着市场经济的发育,政治意识形态在社会政治和日常生活中的直接控制力大为减弱,意识形态多元化的趋势成为不可逆转的发展方向,对社会整合起作用的因素越来越趋向于各种文化所共有的一些价值成分,如自由、公正、人权等。但从另一个角度看,主流政治意识形态因为融合了其他思想体系的文明价值不断得到充实和发展,在当前的社会整合结构中仍然发挥着不可忽略的作用。[2] 特别是最近一段时期,面对社会矛盾和纠纷的压力,为了遏制两极分化可能带来的社会不稳定,中央提出"和谐社会"价值观来指导和促进社会发展,确保社会变革沿着既定目标有序推进。意识形态对司法的影响,一方面体现在"和谐社会"的价值观成为指导法院工作的基调,而避免当事人矛盾激化、预防和减少当事人上访(特别是群体性上访)事件的发生往往成为法官处理具体案件的直接目标;另一方面体现在"和谐社会"的价值观通过协调进入到具体案件的司法过程中,改变着案件处理的方式和结果。

中国法院网讯为进一步统一以和谐为目标的办案思想,南京法院以社会主义和谐社会的理论为指导,开展更新司法理念的讨论,强化法官使命责任。记者采访了解到,南京两级法院在行政审判中,坚持做到对于行政机关的具体行政行为无过错的案件,不是简单一判了之,而是深入了解当事人诉讼的真正目的,尽力解决当事人的实际困难;对于行政机关具体行政行为存在过错的案件,也不是简单下判,而是指出行政机关存在的问题,给出一定时间让其自行纠正,取得相对人的谅解……[3]

在协调过程中,"和谐社会"的价值目标为当事人与其环境达成"协议"提供了一条捷径,"和谐"意识形态所内含的"维护稳定"、"大局意识"等相关的道德评价,既是一种压力也是各方达成价值共识的基础。它的存在扫除了妥协的障碍,有助于缩减当事人在相互对立的理性之间进行选择时所耗费的成本和时间。正因为如此,协调在司法过程中具有高度的合法性。最高法院副院长江必新在一次全国行政审判工作会议上明确提出:"对于法律政策界限把握

---

[1] 意识形态对制度变迁和社会整合的作用主要是通过两种功能实现的:一种是通过对现存社会制度和秩序的合理性辩解,抵制有损于主流文化的意识形态,以保持社会制度的连续性和稳定性;另一方面,则是通过对现有秩序的批判、政治经济制度的安排,以指导和适应制度变迁。刘永高:"中国渐进式体制转型的非正式制度分析",载《湖北社会科学》2007年第1期。

[2] 程汝信:《司法改革与政治发展》,中国社会科学出版社2001年版,第273页。

[3] "构建和谐的'官民'关系——南京法院开展行政诉讼协调纪实",http://www.yfzs.gov.cn/gb/info/XXDT/2007-03/14/1650468715.html。

不准,可能产生较大负面效应的案件,要慎之又慎,不能贸然行事,要多做协调工作。"[1]不仅法院内部鼓励法官多用协调处理敏感类纠纷,也得到地方各级人大、党政的高度支持。

2. 民间规范的影响

转型时期社会结构多元、经济发展不均衡,以及文化的传承等,造成的法律多元现象已经为学者普遍承认。一些在社会长期发展中衍生的、为当地人们普遍接受的规则,其文化意义、经济意义和社会意义具有实在性,仍然在特定区域内对人们发挥着行为规范的作用。民间规范中关于应当与不应当、正确与不正确、有理与无理的界定,很难用法律上的权利义务来化约。于是在因婚姻、继承、赡养、相邻关系、禁忌等引发的纠纷中,国家法律与民间规范之间的冲突屡见不鲜。按照民间规范主张"权利"的一方很容易获得道德力量的支持。如果对方当事人坚持按照法律来解决纠纷,由于概念的不统一,更因为价值标准的差异,双方很难沟通,纠纷解决往往陷入僵局。随着纠纷持续时间的延长,双方当事人感情因素投入不断增加,甚至将周围的人也牵扯进纠纷中来,最终使因琐事而起的纠纷向非现实性纠纷转化。法官深知,对这类纠纷只按照法律"简单下判"的后果往往是非但不能解决纠纷,反而会激化矛盾,适当考虑民间规范的要求进行协调成为不能不考虑的出路。于是,民间规范进入司法过程,与法律一起、有时甚至单独成为厘定当事人权利义务的规准。

五、(代结语)正式制度阴影下的协调

应当承认,制度的运作并非总是循规蹈矩的。正式制度并不能解决组织所遇到的所有问题,人们规避正式制度、采取非制度化的方式处理问题的情况比比皆是。在某些情况下,非制度化的操作策略还可能带来比正式制度更高的效率和更好的效益。但是,对协调等非制度化行为的评价不能对它的负功能视而不见。无论在显性功能层面还是隐性功能层面,协调的消极作用都是不可忽视的。

首先,因为协调本身的无程序,甚至反程序特征,使得它在运作中带有顽固的恣意性,即便人们设法在法律上规定一些原则与限制,但不可能是刚性的。同时,法院的主动性使协调很容易打上法院利益偏好的烙印,包括便利审判权运作、提高审判效率、降低审判风险等。而行政机关为规避内部考核而接受协调,可能给当事人对诉讼的预期产生不切实际的影响,有的相对人利用行政机关的这个"软肋"相要挟,漫天要价,不仅削弱了行政权的刚性,而且可能导致公共利益受到损害。

---

[1] 江必新:"在2003年全国行政审判工作会议上的讲话",转引自赵雪雁:"行政诉讼撤诉制度与现实的冲突及整合",http://www.yfzs.gov.cn/gb/info/ZTHD/gclt/tjlw/2005-07/05/1437008319.html。

其次,因为协调的频繁适用,为非正式制度进入司法过程敞开大门,致使司法过程中存在大量的不确定因素。具体的司法过程总会存在一定的不确定性,但这种不确定性是在相应的事实和法律基础上产生的,一旦超越了这一基础,各种非制度化的不确定因素必然使司法的结果成为不可预测的,导致人们对司法的信任危机,进而削弱司法的社会控制功能。从理论上讲,司法的可预测性是社会秩序生成的重要机制,司法的可预测性高,法律规范对行为的影响就大,人们的行为趋向于遵守法律规范的程度就高;反之则不然。[1] 尽管如前所述,协调在个别案件中可能有助于司法获得某种合法性,但这种合法化作用不是百试百灵的。因为协调追求的不是确立普适性的规则和示范效应,相反,它的运作逻辑是"摆平"当下的矛盾,满足当事人的特别需要,是建立在当事人之间特殊关系上的合法性,用帕森斯的概念来描述,就是"特殊主义"的。[2] 协调立足于个案的"案结事了",使正式的司法制度在当事人面前带上了"特别考虑"和人性化面具,因此为司法制度提供的是一种"特定支持"的合法化作用。[3] 因为协调的"背靠背"、不公开,行政相对人难免猜疑法官是否存在"官官相护"的动机,因而削弱了信任感。更令人担忧的是,如果不对规避制度的行为保持应有的警惕并予以严格的限制,久而久之,规避制度的行为可能催生某种非正式制度[4],有的甚至激发产生出对抗正式制度、继而导致正式制度失败的非正式制度。[5]

---

[1] 程汝竹:《司法改革与政治发展》,中国社会科学出版社2001年版,第224页。

[2] 在帕森斯构建的社会系统模型中,他设计了特殊主义与普遍主义这一对概念来描述社会行为模式,前者凭借的是与行为者之属性的特殊关系而认定对象身上的价值至上性,而后者是独立于行为者与对象在身份上的特殊关系而制定的规则。T. Parsons and E. Shills, *Toward a General Theory of Action*, Cambridge: Harvard University Press, 1950, p.82.

[3] 公众对某种制度的支持包括"特定支持"和"散布性支持"。前者指因特定的制度绩效带来的受惠者的支持,其带来的支持是特定的,因而是不长久的;后者是正式制度的理性价值和结构所传播的"善意"情感,它构成了一个巨大的长久的"支持蓄积",甚至能够使民众容忍那些不合理的、与其利益相悖的东西。程汝竹:《司法改革与政治发展》,中国社会科学出版社2001年版,第259页。

[4] 20世纪30年代,美国哈佛大学的梅奥教授在"霍桑工厂"进行了一系列的实验研究,发现计件工资对工人产出的影响远不如群体压力和归属感、安全感等因素对工人产出的作用大。他将这些因素定义为"非正式结构",即组织中存在的因其成员之间的人际交往需要而自发产生的人际关系形式。贝雷威在研究芝加哥机器公司工人们的行为时发现一种他称之为"应付游戏"(game of making out)的非正式结构。工人们超额完成了正式的生产定额100%时,能够得到奖金,超额越多,奖金越多。但是,工人们给自己的定额是完成140%。因为他们认为,如果他们的产量总是多于140%,老板会增加他们的正式定额标准。工人们经常能生产超过140%的零件,但是报工作量时总是报140%,超出的部分被留下来,当完不成正式定额时再拿出来。这种现象在我国基层公安机关应付"破案指标"的策略中也有出现。

[5] 比如,杨福泉在考察了纳西族的"殉情"风俗后发现,丽江地区普遍的殉情现象并非纳西族自古就有的习俗或现象,是在清政府"改土归流"、大规模推行"以夏变夷"的强权政治和强制性风俗变革,带来纳西族传统自由的性爱观、婚姻观与封建包办婚姻制度的剧烈冲突后出现的,是社会制度的一种产物,被人们用作一种对抗国家法律、抵制不自主地婚姻、维护爱情和做人的尊严的权利主张和实现方式。参见王启梁:"非正式制度的形成及法律失败——对纳西族'情死'的法律人类学解读",载《云南民族大学学报(哲学社会科学版)》2006年第5期。

在不同的组织结构中,正式制度与非正式制度的关系不尽相同。在有的领域,非正式制度发挥作用的空间还可能大于正式制度。[1] 但在司法领域则不能容忍这样的情况出现。正式制度是程序规则的固有属性,协调必然要在这些正式制度的阴影下发生作用。在正式制度的控制下,协调等制度规避现象像一只风筝,一端掌握在正式制度手中而不至于失控。在这层意义上,苏力关于法律规避的见解是有启发性的,他认为"当法律规避不可避免或有必要的情况下,法律规避也许并不那么可怕,因为规避的存在本身就表明规避者意识到国家制定法是一种权威的存在。当他们努力规避国家制定法时实际上也正是在一定程度上接受国家法律的规则。"[2]所以,试图推动协调成为正式制度的想法是值得商榷的。如果将协调正式制度化,实体法与程序法约束的双重软化将比调解制度有过之而无不及。[3] 就协调在制度创新方面的作用而言,如果任由法官偏好在新制度中弥散,其结果必然是导致法律从一出生就带上鲜明的审判权本位主义胎记。更重要的是,失却了必要的制度约束,协调的作用很有可能是负功能大于正功能,其结果能否达到法律效果与社会效果的统一将主要依靠协调者——法官——的素质、技巧与自律。这是很危险的。

总之,协调必须在实体法律与程序规则等正式制度的阴影之下,才能够最大限度地发挥其正功能、限制其负功能。对待协调的态度不是指向正式制度化,更适当的应该是分析使协调发挥作用的根本原因,检视正式制度的不足,在正式制度约束下谨慎适用协调,并利用它与正式制度的紧张关系促进新制度创生和旧制度改良。

(初审编辑:刘哲玮 艾佳慧)

---

[1] 制度经济学研究发现,即使在最发达的经济中,正式制度安排也只是决定选择的总约束的一小部分,人们生活的大部分空间仍然是由非正式制度安排来约束的。
[2] 苏力:《法治及其本土资源》,中国政法大学出版社1996年版,第69页。
[3] 李浩曾经论述过法官裁判在调解中出现的实体法与程序法的双重软化现象。参见李浩:"论调解不宜作为民事审判权的运作方式",载《法律科学》1996年第4期。协调比调解有更多的强制性和主动性,可以想象,一旦把协调变为正式制度,这种"双重软化"的程序将更加明显。

现代性危机与政治实践:托克维尔的历史救赎

凌 斌

Crisis of Modernity and Political Politics:
A Tocquevillean Redemption

Lin Bin

内容摘要:现代性危机是马克思、恩格斯和托克维尔那代思想家面对的共同问题。托克维尔政治社会学思想的独特性在于:他不是从现代社会本身寻求对现代性危机的症结所在,而是将这一危机的原因、结果以及解救之道放入了几个世纪以来法国乃至欧洲的"旧制度"传统之中。通过对法国旧制度与大革命之间潜在关联的深入剖析,托克维尔向我们表明,现代性危机的根源在于公民政治空间的萎缩和政治日常实践的缺失。

关键词:现代性危机 旧制度 大革命 自由 日常实践

> 想懂得政治学的人还要具备政治经验。……在每个领域中,只有经验

---

* 感谢"星期五"读书小组的各位老友章永乐、泮伟江、郭瑞、张敏、毕竞悦在讨论中给予本文的珍贵启发。一如既往,本文由本人负责。
** 北京大学法学院讲师,法学博士。

丰富的人才能正确地判断作品,才能理解这些作品是因何与如何而得到完成。[1]

一、现代性危机:同时代人的同样问题

> 我认为我们目前正睡在火山口上。[2]
> 让统治阶级在共产主义的革命面前发抖吧。[3]

这是托克维尔和马克思、恩格斯面对同一场革命的相同征兆、在几乎相同的时间(1848年一二月间)里,所作的截然不同的反应。

那年,托克维尔43岁,已经出版了《论美国的民主》并成为法兰西学院院士的他,正在法国政坛施展抱负。[4] 这位昔日的贵族凭着其政治敏感,在新年伊始向法国的统治阶级敲响了警钟[5];一个月后,1848年革命爆发。法兰西再度处于风雨飘摇之中,最终,1852年,共和国被颠覆,路易·波拿巴复辟帝制。被深深震撼和刺痛了的托克维尔记了整整一大本日记[6],并且在此后的十几年间不断地思考从1789年革命直至1804年拿破仑一世称帝到1848年革命直至1852年拿破仑三世称帝这段法国人刻骨铭心的历史。[7] 1856年,他的最后一部著作《旧制度与大革命》(第一部)出版。到1859年去世前,他仍在准备这部书的第二部。[8]

1848年对于马克思和恩格斯更是不寻常的一年。1848年2月,震撼世界的《共产党宣言》出版,世界历史开始了一个新的纪元。从那时起,马克思和恩

---

〔1〕 Aristotle, *Nicomachean Ethics*, translated by Terence Irwin, Hackett Publishing Company, 1985, 1181a10, 1181a20.

〔2〕 托克维尔:《论美国的民主》(下卷),董果良译,商务印书馆1997年版,第918页,"在讨论答复王室讲话的方案期间1848年1月27日于众议院的发言"。

〔3〕 马克思、恩格斯:《共产党宣言》,载《马克思恩格斯选集》(第一卷),人民出版社1975年版,第285—286页。

〔4〕 任芒什省议员和议院外非洲事务委员会委员。参见雷蒙·阿隆:《社会学主要思潮》,葛志强、胡秉诚、王沪宁译,华夏出版社2000年版,第176—177页。

〔5〕 同上注〔2〕。

〔6〕 Alexis de Tocqueville, *Recollections*: *The French Revolutions of* 1848, edited by J. P. Mayer and A. P. Kerr, with Introduction by J. P. Mayer, with a new Introduction by Fernand Braudel, New Brunswick, 1986.

〔7〕 参见托克维尔1850年12月15日给路易·德·凯尔戈尔莱的信,26日给居斯塔夫·德·博蒙的信,以及《旧制度与大革命》的前言。以上文本均见于,托克维尔:《旧制度与大革命》,冯棠译,桂裕芳、张芝联校,商务印书馆1992年版。还可以参考,Tocquevillean, *The Old Regime and the French Revolution*, translated by Stuart Gilbert, Doubleday & Company, Inc. 1955。

〔8〕 参见雷蒙·阿隆:《社会学主要思潮》,葛志强、胡秉诚、王沪宁译,华夏出版社2000年版,第177页。

格斯从资本主义的自由批判者开始成为无产阶级革命的导师。[1] 围绕着法国革命的进程,马克思和恩格斯写下了诸如《六月革命》、《巴黎〈改革报〉论法国状况》、《1848年至1850年的法兰西阶级斗争》、《路易·波拿巴的雾月十八日》、《去年(1851年)十二月法国无产者相对消极的真正原因》[2]和《法兰西内战》[3]等一系列名篇。

然而,这并不意味着我们只能在他们之间看到差异。他们的共同点更多,尤其是他们都对法国有着深切的关注。[4] 当然,把他们联系在一起的,并不是地理因素,而是历史因素,是法国在18世纪末至19世纪下半叶上演的那场轰轰烈烈、延绵不断的"大革命"[5]的历史实践和由此引发的他们共同关切的理论主题。法国,是这一时期世界历史的心脏,因此也是各种理论学说的主战场。托克维尔和马克思、恩格斯如此关注这场革命都并非偶然。托克维尔(1805—1859年)和马克思(1818—1883年)、恩格斯(1820—1895年)是同时代的人,他们共同面对着一个不同于以往的新时代。

伏尔泰的小说中写过这样一个故事:和善可亲的巨人米克罗曼加(Micromegas)送给人类一件礼物,是一本哲学书;他说,人类一切问题的答案尽在其中。书当着人们的面打开了:每一页都空无一字。如果米克罗曼加的话是真的,那么,这本无字的书就确实容纳着一切问题的答案:要找到它们,只要把它们写进去就行了。[6]

这个寓言说的,正是托克维尔和马克思、恩格斯所处的那个不断创造、不断更新的资本主义时代:自然不再是一本需要解读的大书,而是供我们"自由"涂写的白纸。《圣经·诗篇》中所罗门国王的箴言"太阳底下无新事"已经再也无法从耳际深入心灵,"日新月异"成为每一代人的追求。"新大陆"的发现不仅是一次地理大发现,而且是一个崭新的世界历史的曙光。随之而来的是思想上的激发,期望能够作出前所未有的事业,就必须运用前所未有的方法。[7] "新

---

[1] 尤其是第四部分"共产党人对各种反对党派的态度",载《马克思恩格斯选集》(第一卷),人民出版社1975年版,第285—286页。

[2] 以上文章参见《马克思恩格斯选集》(第一卷),人民出版社1975年版。

[3] 《马克思恩格斯选集》(第二卷),人民出版社1975年版。

[4] 托克维尔的祖国是法国,而马克思从1844年寓居法国直到逝世,一直在关切着法国,那是他思考和战斗、学习和批判的地方,那是他在自己的著作中最常提及的国度之一。法国也是马克思和恩格斯友谊开始的地方。参见卡尔·柯尔施:《卡尔·马克思》,熊子云、翁廷真译,重庆出版社1993年版。

[5] 在本文中,"大革命"的意思并非通常的对于1789年法国革命的狭义理解,而是按照托克维尔的界定,作了广义的理解:"自1789年至今这个大时段"。在1850年给朋友的信中,他写道:"我把自1789年至今这个大时段继续称为法国大革命"(托克维尔致凯尔戈尔莱的信,见托克维尔:《旧制度与大革命》,冯棠译,桂裕芳、张芝联校,商务印书馆1992年版,第3页)。

[6] 参见诺拉:"民主抑或不解之谜",林猛译,载《社会理论论坛》1998年第5期,第43页。

[7] 培根:《新工具》,许宝骙译,商务印书馆1997年版,第8页。

工具"(培根)、"新公民科学"(霍布斯)、"新科学"(维柯)成为"天才世纪"的思想家们的普遍追求,新思想层出不穷。[1] 资产阶级把求"新"求"变"灌注到了时代精神之中。

对于这样一个时代,马克思和恩格斯概括说,"一句话,资产阶级按照自己的面貌为自己创造出一个世界。"这多么像是《圣经·创世纪》啊,如果把"资产阶级"换成"上帝"!的确,资本主义时代就是一个"上帝死了"而资产阶级取代上帝位置的时代。这一时代里人们崇尚的不再是上帝的恩典,而是资产阶级的自由。一切创造和变革都是以自由的名义进行的;而且"自由"就是这个多灾多难的世界里呼唤的"我主之名"。

与自由主义思想家的欢欣雀跃不同,托克维尔和马克思、恩格斯都非常冷静地审视着这样一个新的世界。他们看得更深,一直看到了这个新世界的根基,他们看到了那根基是流沙:"生产的不断变革,一切社会关系不停的动荡,永远的不安定和变动,这就是资产阶级时代不同于过去一切时代的地方。"[2] 人毕竟不是上帝;自由并不能赐福。资产阶级可以创造一个新的世界,却没有创世后的"礼拜日",它永远不得休息和安宁。在自由主义思想家眼中可以通过"看不见的手"自动获得秩序的资本主义社会,时刻处在衰败堕落和风雨飘摇之中。这正是马克思、恩格斯洞悉和揭示的资本主义命运:"资产阶级除非使生产工具,从而使生产关系,从而使全部社会关系不断革命化,否则就不能生存下去。"[3]

这是马克思和恩格斯向世界历史和全人类提出的一个根本性的问题:现代性(资本主义)危机。既然资本主义开启的时代,"一切固定的古老的关系以及与之相适应的素被尊崇的观念和见解都被消除了,一切新形成的关系等不到固定下来就陈旧了。一切固定的东西都烟消云散了,一切神圣的东西都被亵渎了。"[4] 那么,资本主义自己难道能够逃脱"烟消云散"的厄运么?换句话说,"不断革命化"的资产阶级和资本主义因此始终要面对的,不正是自身的灭亡么?"生存还是毁灭?"这不正是资本主义的哈姆雷特问题么?作为培根的同时代人,莎士比亚莫非是在预言,砍了路易十六国王头的自由女神,也会像杀了苏格兰国王的麦克白夫妇一样,白天做着噩梦,午夜时拼命地洗手?难道资本主义就是这样一场噩梦,人类从此再也逃不出"西西弗斯的神话"?噩梦会醒来么?

---

[1] 维柯:"英译者的引论",载《新科学》,朱光潜译,商务印书馆1997年版,第34—35页。
[2] 马克思、恩格斯:《共产党宣言》,载《马克思恩格斯选集》(第一卷),人民出版社1975年版,第254页。
[3] 同上注。
[4] 同上注。

托克维尔看到的和忧心的,也正是这样一个噩梦:法国大革命以"自由"为口号,掀起了一浪接一浪的"革命"风潮。从1789年到"今日法国",这段争取自由的历史获得的标记就是"革命":为自由而革命。然而,这一连串的革命和变乱的结果却并不是自由,而恰恰是自由的反面:专制。革命的火焰在照亮天际的同时,也烧毁了大地——人类的家园;盗火者普罗米修斯的同胞兄弟(厄庇默透斯)打开了潘多拉之盒。[1] 法国在"不到60年里经历了七次大革命(其中还不包括许许多多小的、不太重要的动乱)的变化不定"[2]。而人们经受了动乱的代价却并没有换来幸福、伟大和强盛。相反,"在这样的社会中,没有什么东西是固定不变的,每个人都苦心焦虑,生怕地位下降,并拼命向上爬;金钱已成为区分贵贱尊卑的主要标志,还具有一种独特的流动性,它不断地易手,改变着个人的处境,使家庭地位升高或降低,因此几乎无人不拼命地攒钱或赚钱。不惜一切代价发财致富的欲望、对商业的嗜好、对物质利益和享受的追求,便成为最普遍的感情。……如果不加以阻止,它很快便会使整个民族萎靡堕落。"[3] 我们只有和他一样看到了和忧心于这样一个噩梦,我们才能理解托克维尔在他的最后一部著作《旧制度与大革命》中阐述的政治思想。

因此,托克维尔不断地问自己和周围的人,"革命究竟是好事呢,还是一件坏事?"[4] 对"自由"的追求无疑是美好的,但是否应当以"革命"的方式呢?虽然1848年革命失败了,一度建立起了托克维尔向往已久的共和政体,但是,正如马克思所说的,"工人被击溃了,但真正被打败的是他们的敌人。暴力取得暂时胜利的代价是:二月革命的一切幻想和空想的破产,一切旧共和政党的瓦解"[5],"在这些失败中陷于灭亡的不是革命。陷于灭亡的是革命前的传统的残余"[6]。其后的一系列事件、尤其是法兰西第二帝国的建立,使托克维尔万分沮丧,"因为这场革命向他表明了,至少在当时是最终证明了:法国社会是不可能有政治自由的"[7]。他在日记中写道:"为了自由我倾注了毕生的激情,我感到失去了自由我是永远也得不到宽慰的,而我却必须放弃它。"[8]

---

[1] 参见斯威布:"普罗米修斯",载《希腊的神话和传说》,楚图南译,人民文学出版社1958年版。

[2] 雷蒙·阿隆:《社会学主要思潮》,葛志强、胡秉诚、王沪宁译,华夏出版社2000年版,第189页。

[3] 托克维尔:《旧制度与大革命》,冯棠译,桂裕芳、张芝联校,商务印书馆1992年版,第35页。

[4] 同上注,第188页。"几天后,托克维尔写道,他比以往任何时候都深信1848年的革命是一件坏事。"(前书,同页)

[5] 马克思:"六月革命",载《马克思恩格斯选集》(第一卷),人民出版社1975年版,第299页。

[6] 马克思:"1848年至1850年的法兰西阶级斗争",载《马克思恩格斯选集》(第一卷),人民出版社1975年版,第393页。

[7] 雷蒙·阿隆:《社会学主要思潮》,同上注[2],第174页。

[8] 同上注,第188页。

作为同时代的人,托克维尔和马克思、恩格斯面对着同样的问题。而且,就理论家本身的态度而言,他们都对现代性危机,尤其是资本主义的命运和资产阶级自由民主制进行了冷静的观察和深刻的批判;都对自由主义思潮持有深深的怀疑。并且,他们都通过冷静的观察和深刻的思考断定,要解救和超越现代性危机,必须反对和超越"自由主义"。

马克思和恩格斯以《宣言》和论战的方式向世界公布了答案,而托克维尔则保持沉默。但这不意味着他没有答案。如同马克思、恩格斯通过考察历史提出了阶级斗争和无产阶级世界革命的政治方案,托克维尔也将自己的目光投向了历史,从政治社会学的角度思考这一问题,并且将自己生命的最后光阴献给了一本书的写作:《旧制度与大革命》。

二、历史哲学:现代性危机的一种救赎

通过对托克维尔所处时代和同时代人的考察,我们得以把握了写作《旧制度与大革命》一书的意图。因此,我们必须明确的是,虽然也是在处理历史材料,但托克维尔的作品并不属于"历史学",而属于"历史哲学"。他同马克思、恩格斯一样,不是历史编纂的学究,不是仅仅关注法国大革命的史料以及历史本身,而是通过理解大革命的历史实践来思考"当代"问题;而且,无论是理解历史还是理解当代,他都从没有局限在历史事件本身,而是从一个更为宏观的视角进行考察。以历史哲学思考现代社会,这正是托克维尔政治社会学的独特之处。

《旧制度与大革命》的读者往往忽略了这一至关重要的问题。他们很容易形成这样一种印象:这本书研究的,要么是"旧制度",要么是"大革命",更大的可能是"旧制度"与"大革命"的关系。这些都很容易在托克维尔公开的宣称中找到。[1] 但是,在其私下的言语中,托克维尔却清楚地说明了,无论是旧制度还是大革命都已成为历史,因此都只是他通向自己目的地的桥梁,或者用他自己给朋友的私人信件中的话说:"为我提供一个手段,把事实与思想、历史哲学与历史本身结合起来。"[2] 或者如尼采所指出的,对于历史的关注在于使之服务于人生。[3] 其实,托克维尔在本书的一开始就已经告诫:"无疑我要指出史实,要遵循史实的线索;但我主要的事不是讲述史实";"这部书绝非一部法国大革命史……本书是一部关于这场大革命的研究"。[4] 也就是说,他要做的,

---

[1] 参见托克维尔:《旧制度与大革命》,冯棠译,桂裕芳、张芝联校,商务印书馆1992年版,第29—31页。

[2] 托克维尔致博蒙的信,载托克维尔:《旧制度与大革命》,同上注,第1页。本文引文中的着重号均为笔者所加。

[3] 尼采:《历史对于人生的利弊》,姚可崑译,商务印书馆2000年版。

[4] 托克维尔:《旧制度与大革命》,同上注[1],第4、29页。

不是把对象当目的的、后来备受尼采批评的那种历史学[1]，而是他在给朋友的信中反复提到的他的"历史哲学"。

托克维尔书写的是历史，但真正的关切，是"今日法国"[2]。他说："我只能考虑当代主题。实际上，公众感兴趣我也感兴趣的只有我们时代的事。……但是选择哪一个当代主题呢？最为新颖、最适合我的智慧禀赋与习惯的主题，将是对当代进行思考与观察的总汇，是对我们现代社会的自由评断和对可能出现的未来的预见。"[3]而对于他们那代人而言，"当代问题"就是"现代性问题"，也就是马克思和恩格斯所说的"资本主义和资产阶级的问题"。

理解了这一点，也就触及了这本书以及托克维尔思想的核心所在。因为我们接下来必然要问：既然托克维尔的目的不是记述历史本身，既然托克维尔的目的在于"当代主题"，他又为什么要把公众从"当今世界呈现的雄奇景象"拉到历史中去呢？[4]为什么关心"今日法国"的他要将自己的最后生命奉献给对"大革命"和"旧制度"的理解？为什么说"从1789年至今"的这段历史都是大革命呢？为什么"若要充分理解大革命及其功绩，必须暂时忘记我们今天看到的法国，而去考察那逝去的、坟墓中的法国"呢？[5]一句话，"旧制度"、"大革命"和"今日法国"之间是一个什么样的关系呢？这些疑问也正是把握托克维尔书写本书之意图的关键所在。答案散落在他公开的或私下的作品之中，但全然可以在《旧制度与大革命》这本书中寻到。

用历史来处理当代的政治问题，这是托克维尔不同于同时代人的一个非常重要的特点，将历史叙述与历史哲学结合在一起，正是托克维尔的特点；正如用诗（戏剧）的形式来书写哲学是柏拉图的特点一样。对此，托克维尔在私下里给朋友的信中这样说道："当我去找同类主题的焦点，主题产生的所有思想彼此相遇相连结的那一点时，我却没有找到。我看到这样一部著作的各个部分，却看不出它的整体；我抓住了经纱，但是没抓住纬纱，无法织成布。我必须找到某个部分，为我的思想提供牢固而连续的事实基础。我只有写历史才能碰到它。"[6]

这在今天看来也是多少有些奇怪的。一般来说，学者往往是为零碎的事实寻找一个统一的理论，而托克维尔正相反，是用事实来连缀理论；至少他还可以如他同时代的人那样，通过哲学而不是历史将部分连接为整体，而他没有。或许是因为，托克维尔"把哲学看作'一切胡言乱语的本质所在'，是'人们自己找

---

[1] 参见托克维尔：《旧制度与大革命》，冯棠译，桂裕芳、张芝联校，商务印书馆1992年版，第29—31页，还可以参见福柯："尼采、谱系学、历史学"，苏力译，载汪民安、陈永国编，《尼采的幽灵》，社会科学文献出版社2001年版。
[2] 这是托克维尔的用法，本文中的"今日法国"都确定的是指托克维尔的这一用法。
[3] 托克维尔致凯尔戈尔莱的信，托克维尔：《旧制度与大革命》，同上注[1]，第3页。
[4] 同上。
[5] 同上注，第28页。
[6] 同上注，第3页。

罪受。'……纯粹是政治上的失败才有了政治哲学的产生。……缺乏政治实践,缺少政治生活,是导致政治哲学产生的唯一因素"[1]。而"政治实践"和"政治生活",载于历史而不载于哲学;根基在于"事实基础",而不在于"理念"。托克维尔甚至说过,"完成一部好作品,对于治理人民,对于实际事务的处理而言,是一种有害的经历,哪怕它谈的是政治和其他相关的题目"[2]。

那么,托克维尔自己为什么还要写作呢?为什么他在谈及写作这本书时说,"我思量再三,假如我要在这世界上留下一点印记,立言比立功更好"?[3]无论是书写历史,还是书写本身,都构成了问题。正如我前面说的,这里正是托克维尔之为托克维尔的地方。如他所说:"最使我伤脑筋的难题是历史本身与历史哲学相结合。"[4]虽然托克维尔没有交代自己的方法论,但他留下了作品,留下了最好的范例和证据。

历史材料不是随随便便选择的,他的私人通信中透漏了他选题的慎重。在经过了长期的反复斟酌之后,托克维尔选择了"大革命"。而之所以选择了"大革命",是因为"潜心研究一个时代,对它的叙述使我有机会刻画我们时代的人与物,使我能把所有这些零散的画构成一副画面。只有法国大革命这出长剧能够提供这样一个时代"。只有大革命,才能满足他的要求——"为我的思想提供牢固而连续的事实基础"[5]。

而"大革命"只是阶梯,他迅速地跨过了大革命本身,进入到大革命之前的那个王朝的故纸堆中。对此,他开宗明义地说:"我始终认为,在这项独特的事业中,他们(大革命时期的法国人——笔者)的成就远较外人所想象的和他们自己最初所想象的要小。我深信,他们在不知不觉中从旧制度继承了大部分感情、习惯、思想,他们甚至是依靠这一切领导了这场摧毁旧制度的大革命;他们利用了旧制度的瓦砾来建造新社会的大厦,尽管他们并不情愿这样做。"因此,尽管"1789年,法国人以任何人民所从未尝试的最大努力,将自己的命运断为两截,把过去与将来用一道鸿沟隔开",但是托克维尔则从头到尾反复强调:他的研究表明,大革命的一切原因来自传统的旧制度,并且,旧制度通过大革命这个总爆发,改头换面,仍然活在今天,活在今人的心中。因此,"法国革命对于那些只愿观察革命本身的人将是一片黑暗,只有在大革命以前的各个时代才能找到照亮大革命的灯火"[6]。

---

[1] 诺拉:"民主抑或不解之谜",林猛译,载《社会理论论坛》1998年第5期。
[2] 同上注。
[3] 托克维尔致博蒙的信,载托克维尔:《旧制度与大革命》,冯棠译,桂裕芳、张芝联校,商务印书馆1992年版,第1页。
[4] 托克维尔致凯尔戈尔莱的信,载托克维尔:《旧制度与大革命》,同上注,第5页。
[5] 同上注,第3页。
[6] 同上注,第29、241页。

然而，如果我们还没有因为如此多的疑问交织在一起而头昏眼花、坠入雾中，我们就会由此发现一个最大的吊诡：如果说，大革命真的没有斩断旧制度中的传统，那么托克维尔为什么还要花费如此之多的篇幅来向大众强调"不管大革命怎样激进，它改变的远比人们认为的少得多"呢？[1]

也许答案就在这个吊诡的不言而喻之中：是不是是因为"大革命"已经斩断了"旧制度"同"今日法国"在人们的"集体意识"中的联系[2]，所以托克维尔要大声疾呼？否则，为什么他无论在公开的宣言还是在私下的通信中都分外强调"公众关心"；一定要选择"公众感兴趣的主题"？[3] 为什么一向对于写作深表疑虑甚至反感、并且恨不得"焚书坑儒"的他，却说"立言比立功更好"？

其实，托克维尔在一段往往为人们所忽视的话中，已经表明：对大革命的考察不仅将他引向了旧制度，而且进而将他引向了"今日法国"，使他看到了"昔日法国"和"今日法国"竟是同一条河流的不同河段："随着这项研究的进展，我惊异地在昔日法国处处看到许多今日法国突出的特点。从中我发现许多原以为源于大革命的感情，许多我一直认为只可能来自大革命的思想和只产生于大革命的习惯；我时时碰到深植于这片古老土壤中的当今社会的根系。……旧制度有大量法律和政治习惯在1789年突然消失，在几年后重又出现，恰如某些河流沉没地下，又在不太远的地方重新冒头，使人们在新的河岸看到同一水流。"[4]

大革命就像一次火山爆发。只有爆发才能打破陈腐的表层，让人们看清楚其所掩盖的鲜活的血肉，也只有爆发才能升腾出火焰，照亮这些血肉的脉络筋骨。火山喷发的壮丽的确引人注目，但是托克维尔不是盲目的看客，他是煞费苦心的(这一点在他给朋友的两封信中体现得再清楚不过)。无论他怀有什么样的心情，他需要的都不是一张大革命火山喷发的全息图像，而是要借助大革命的喷发和火焰的照耀，看清楚深埋的地脉，看清楚"深植于这片古老土壤中的当今社会的根系"，看清楚那些一直在暗处支配着"今日法国"的传统。书写《旧制度与大革命》的原因就在于，旧制度和大革命都活在今天。

书写《旧制度与大革命》本身最为直接的作用，正是通过把"大革命"同"旧制度"衔接在一起，而将被"大革命"斩断的"旧制度"同"今日法国"重新衔接在一起，从而将久已分崩离析的旧制度、大革命和今日法国这三者重新融入了一个传统之中。也只有从这一点上，我们才能够理解，终生对书写保持着警惕，

---

[1] 托克维尔：《旧制度与大革命》，冯棠译，桂裕芳、张芝联校，商务印书馆1992年版，第60页。
[2] 借用托克维尔的后辈、同样是深受大革命影响并深切关心大革命遗产的法国社会学家涂尔干的概念。参见涂尔干：《社会分工论》，渠东译，生活·读书·新知三联书店2000年版。
[3] 托克维尔致凯尔戈尔莱的信，载托克维尔：《旧制度与大革命》，同上注[1]，第2页。
[4] 托克维尔：《旧制度与大革命》，同上注，第31页。

并且决心要运用"全新的政治科学"应对这个"全新的世界"的托克维尔[1],人生中所作的最后一件重要的事情,是写一本讲述和剖析历史的书。

1789年以来的法国人,用文学和哲学,总是要把自己同过去(先是旧制度,而后是大革命)彻底决裂;而1856年的这个法国人,用一本书写历史的专著,要把自己和同胞用一种无法割断的方式同过去连在一起。托克维尔用法国的历史和自己的笔在作抵抗现代性噩梦的最后一搏。他在历史中寻找的是什么呢?他要怎样为今天的法国续回传统呢?

三、传统与自由

面对同样的现代性危机,托克维尔的政治社会学找到的是与马克思、恩格斯不同的另一条出路。虽然他们的启示都是来自历史,但托克维尔听从的并不是以革命来惊醒不断革命的噩梦,而是要让不断革命的噩梦在历史中沉睡。在他看来,惊醒了"不断革命"这一噩梦的革命本身,也许就是一个噩梦。

这是因为,如他自己所说,他太爱自由了;而革命无疑会、至少是一度地摧毁自由。与马克思、恩格斯坚定地要用无产阶级革命来终结历史、彻底地拯救世界不同,托克维尔对于"自由"与"革命"的问题犹疑不定。他既清醒地看到了资本主义的不断革命在一步步毁灭自由,又渴望用自由来疗救革命留下的创伤和疾病。虽然他这个从前的自由派、而今的共和派不得不再次生活在帝制之下(并且直到去世,这对于他是多么悲惨的结束啊),但他就像他的那些生活在帝制下的先辈一样,在专制的时代呼喊自由的救赎:"只有自由才能在这类社会中与社会固有的种种弊病进行斗争,使社会不至于沿着斜坡滑下去。事实上,唯有自由才能使公民摆脱孤立,促使他们彼此接近。……只有自由才能使他们感到温暖,并一天天联合起来。……只有自由才能使他们摆脱金钱崇拜,摆脱日常私人琐事的烦恼,使他们每时每刻都意识到、感觉到祖国高于一切,祖国近在咫尺;只有自由能够随时以更强烈、更高尚的激情取代对幸福的沉溺,使人们具有比发财致富更伟大的事业心,并且创造知识,使人们能够识别和判断人类的善恶。"而且,他还不止一次的告诫,要爱自由本身,而不是爱自由带来的福利:"谁在自由中寻求自由本身以外的其他东西,谁就只配受奴役。"[2]

如果我们能够将全书的细节和整体一一把握,我们就会看到,这本题为《旧制度与大革命》的书不仅在写作目的上文不对题,而且在内容上也是。如果说本书的一个明显的主题是,"大革命"如何从旧制度中一步步产生;那么一

---

[1] 托克维尔:"绪论",载《论美国的民主》(上卷),董果良译,商务印书馆1988年版,第8页。

[2] 托克维尔:《旧制度与大革命》,冯棠译,桂裕芳、张芝联校,商务印书馆1992年版,第35—36、203页。

个暗藏的主题就是,"自由"如何从旧制度中一步步失去。让我们逐篇逐章地来看。

在"前言"的后半部分,也就是简述了大革命与旧制度以及今日法国的关系之后,托克维尔讨论的主题就是"自由"。确切地说,他也不是经常谈及自由,相反,他谈得最多的是失去自由、是不自由——专制:有"三条非常明显的真理。第一条是,今天,举世的人都被一种无名的力量所驱使……去摧毁贵族制度;第二条是,世界上所有社会中,长期以来一直最难摆脱专制政府的社会,恰恰正是那些贵族制已不存在和不能再存在下去的社会;最后,第三条真理是,没有哪个地方,专制制度产生的后果比在上述社会中害处更大"。因此"在此类社会中是绝对见不到伟大的公民,尤其是伟大的人民,而且我敢肯定,只要平等与专制结合在一起,心灵与精神的普遍水准便将永远不断地下降"。而托克维尔接下来的几段气势磅礴的批判,无非是在控诉:专制使公共生活萎缩,政治沦丧、社会离散。他的慷慨陈词,无非是在告诉世人:专制的恶,只有自由才能疗救;而且,自由也存于人的天性之中。[1]

托克维尔以对专制的控诉和对自由的讴歌结束了本书的前言,同时也是拉响了本书的序曲。传统同自由这两个主题也就这样连接在一起。如果我们读完全书,我们还会进一步发现,托克维尔把最后的篇章同样留给了对专制的控诉和对自由的讴歌(第三编第八章);那是对法兰西这个独一无二的热爱自由的民族的何等赞颂啊!他甚至问,"请问世界上有过这样一个民族吗?"因而,通过历史来讨论专制的源头,或者说,通过历史来思考传统与自由的问题,也就成了托克维尔留给我们的阿里阿德涅线头。[2]

那么,托克维尔所要续回的传统究竟是什么呢?他所一再讴歌的自由究竟是什么意涵呢?是像许多知识分子所声称的那样,他是一个自由主义的吹鼓手么?他的"自由"是所谓的"积极自由"、"消极自由"么?如果是,那么,大革命不是发表了《人权宣言》,法律不是赋予了公民基本的权利和平等的地位了么?为什么还要呼喊自由?为什么自由反倒是在旧制度中而不是在新制度呢?自由同传统(旧制度)究竟是什么样的关联呢?问题是从托克维尔的这本书中来,答案也在那里。

本书的第一编是对"前言"的充实和论证:大革命不像人们想象得那么新(第一章),它并不是要消灭宗教和政府,而是要建立"新的生活方式和新的习俗",即一种新的政治生活(第二章);为此,它进行了一场以宗教革命为形式的

---

[1] 托克维尔:《旧制度与大革命》,冯棠译,桂裕芳、张芝联校,商务印书馆1992年版,第32—36页。
[2] 参见斯威布:"忒修斯和米诺斯",载《希腊的神话和传说》,楚图南译,人民文学出版社1958年版。

社会革命和政治革命,最终,"大革命本身成了一种新宗教",致力于创造普世的新人类(第三章);而这一革命得以成功,不在于新的理念和方法,而在于,中世纪的欧洲制度已经建立起了彼此相似的制度,到了18世纪,旧制度已经从腐朽中生长出新的王权和行政机构(第四章);大革命的目的——增加中央政权的权力和管辖,废除贵族封建制度,建立起以平等为基础的政治秩序和社会秩序——已然在旧制度中一步步的实现,大革命真正改变的微乎其微,其功绩在于迅速地实现了长久以来继续的变化(第五章)。

显然,重视传统的托克维尔并不赞同柏克(Burke)[1],他并不是一个保守主义者。[2] 他要将今日法国同昔日法国连接在一个传统之中,但他绝不认为传统是不变的而且可以支配一切。承认传统不意味着否认变革,变革恰恰是传统的不断积累。他要说明的只是"新"生自"旧",但绝不认为应当拒绝"新";他认为当代问题的根源在历史传统之中,但绝不认为传统本身就好。他在书中恰恰同时说明了,自由的土壤在传统之中,专制的土壤也在传统之中。他既反对启蒙以来自由主义者无视传统的、试图"无中生有"的创新,也反对保守主义者只要传统的、试图"墨守成规"的守旧。他是一个稳健的改革派,他承认现代性浪潮下变革不可避免,但是他希望在稳中求变。因为,专制正是在剧烈变革中形成的。

而这,正是他在第二编要说明的内容。第一章,托克维尔劈头问道:"为什么封建制在法国比其他任何国家更使人民憎恶?"他的分析恰恰表明,革命是在中世纪制度残余保留得最少的地方爆发的,而不是相反。恰恰是因为法国的封建制度比其他国家缩小的更快,因此"它激起的仇恨反倒更大……摧毁一部分中世纪制度,就使剩下的那些令人厌恶百倍"。接下来的第二章到第九章,都是在表明,法国如何一步步从封建制变为了中央集权制("专制"的合法表达),政治生活如何一步步萎缩:行政权力日益集中(第二章),父爱式政府笼罩法国(第三章),行政法院夺取了司法权(第四章),旧机构被架空(第五章),行政方式官僚化(第六章),首都巴黎吸取全国精华(第七章),人们彼此相似、贵族丧失了统治权、地方独特的政治生活消失(第八章),各阶级离散隔阂,政治精神日益衰微(第九章)。托克维尔不厌其烦的叙述和分析这些情况的目的,要在下文得以明了。

第十章承上启下,标题本身点出了核心问题:"政治自由的毁灭与各阶级的分离如何导致了几乎所有使旧制度灭亡的弊病。"从内容上看,本章讨论的不是政治,而是经济。但是,托克维尔对财政问题的描述只是手段,真正的目的

---

[1] 参见柏克:《法国革命论》,何兆武、许振洲、彭刚译,商务印书馆1997年版。
[2] 参见托克维尔:《旧制度与大革命》,冯棠译,桂裕芳、张芝联校,商务印书馆1992年版,第60—61页。

是为了使人们看到,"城市整个体制怎样被人们搞乱,不是出于政治目的,而是企图给国库捞钱"。而正是这些原因,导致了"政治自由的毁灭与各阶级的分离",一步步滑向了专制和革命:"国民的内心深处被灌进这种对职位的普遍欲望,这种欲望后来成为革命与奴役的共同源泉。"也是"这种阻止国民索还自由、只向国民索钱的愿望不断地促使各阶级彼此分离,使它们在共同的反抗中最终既不能彼此接近,也不能取得一致,以至政府在每个时期要对付的只不过是单枪匹马的寥寥数人"。[1]

而在题为"旧制度下自由的种类及其对大革命的影响"的第十一章的头一段,托克维尔就说,"如果有人读这本书到此释手,那他对旧制度政府只得到一个很不完全的形象,他就理解不了产生大革命的那个社会"。的确,只有从这里开始,才能更好地理解前文中所描述的那个旧制度下封建制衰落、行政权集中的过程,才能理解专制和革命何以产生,才能理解,对于政治自由的讨论是本书的真正核心。

四、自由政治的日常实践

在接下来的部分,托克维尔一反前文的风格,不再描绘步步紧逼的专制,而是开始展现旧制度下法国人的自由、比"今日法国"更多的自由。正是通过这种对比,托克维尔的政治社会学将日常政治实践作为救赎现代性危机的关键所在。

托克维尔先是努力纠正人们的错误认识:不要以为旧制度下没有自由,相反,那时的自由比今天为多,爱自由的人也比今天为多。接着,他考察了政府,进而考察了三个等级各自的自由状况以及他们为了保有自由而"在屈从中抗争"[2]。

托克维尔进一步说:"因此,如果认为旧制度是个奴役与依附的时代,这是十分错误的。那时有着比我们今天多得多的自由:但这是一种非正规的、时断时续的自由,始终局限在阶级范围之内,始终与特殊和特权的思想连在一起,它几乎既准许人违抗法律,也准许人对抗专横行为,却从不能为所有公民提供最天然、最必需的各种保障。这种自由,尽管范围狭小、形式改变,仍富有生命力。在中央集权制日益使一切性格都变得一致、柔顺、暗淡的时代,正是自由在大批个人心中,保留着他们天生的特质,鲜明的色彩,在他们心中培育自豪感,使热爱荣誉经常压倒一切爱好。我们行将看到的生机勃勃的精灵,骄傲勇敢的天才,都是自由培育的,他们使法国大革命成为千秋万代既敬仰又恐惧的对象。

---

[1] 参见托克维尔:《旧制度与大革命》,冯棠译,桂裕芳、张芝联校,商务印书馆1992年版,第142—144页。

[2] 同上注,第146—154页。

要是在自由不复存在的土地上,能成长譬如此雄健的品德,这才是怪事。但是,如果说这种不正规的、病态的自由为法国人推翻专制制度准备了条件,那么,这种自由使法国人比其他任何民族也许更不适于在专制制度的遗址上,建立起和平与自由的法治国家。"[1]这些病态的自由既是大革命的条件之一,也为今日法国的政治生活提供了可能。托克维尔诉诸传统的原因也正在于此。那个生长出专制的旧制度的土壤中,有今天已然衰落的、但却可能拱翻专制大厦的自由的种子。

由此,托克维尔进一步指出,从各阶级离弃农民,到各个阶级彼此分崩离析,使人们既难以察觉大革命的到来,也无法控制大革命的走向。于是,"当资产者与贵族彼此完全孤立,农民与贵族、与资产者也彼此隔离,当与此类似的现象在各阶级内部继续发生,各阶级内部就会出现特殊的小集团,它们彼此孤立,就像各阶级之间的情况一样,这时可能构成一个同质的整体,但其各部分之间再也没有联系。再也组织不起什么力量来约束政府;也组织不起什么力量来援助政府。最后,作为其基础的社会一旦动摇,这座君主的宏伟大厦顷刻之间就会全部毁灭"。而大厦倾覆之后,人民继承的便只有奴性。[2]

自由必须有公共生活的政治基础,或者说,托克维尔的"自由"就是指作为政治生活的日常实践的自由。正是因为封建制的衰落和行政权力的集中,使得政治空间和日常政治实践濒于灭亡。也正是因为这一点,大革命就成了法国人唯一的归宿。在接下来的第三编中,托克维尔通过对大革命前以及大革命中的一个个历史现象和历史实践的分析,向世人表明:因为政治空间的萎缩和缺乏自由的日常实践,法兰西不可避免地要走向专制和革命。也就是说,没有政治的日常实践,就不可能获得自由。

因为缺乏政治的日常实践,整个法兰西民族都陷入了"文学政治":作家、贵族、资产阶级、甚至行政人员;不懂政治的文人却变为了"政治领袖"。灾难可想而知。(第一章)

因为缺乏政治的日常实践,法国人陷入了革命的疯狂。一方面,昔日的法国人比今日的法国人更有激情,"他们从不怀疑他们的使命是要改造社会,使人类新生。对于他们,这些情感和热情已变成一种新宗教"。因而他们拥有自由。但是,另一方面,这种缺乏政治实践的激情与自由陷入了疯狂:"人类精神完全失去了常态……他们的勇敢简直发展到了疯狂。"(第二章)

因为缺乏政治的日常实践,法国人"先要改革,后要自由"。"在为大革命作准备的所有思想感情中,严格意义上的公共自由的思想与爱好是最后一个出

---

[1] 参见托克维尔:《旧制度与大革命》,冯棠译,桂裕芳、张芝联校,商务印书馆1992年版,第156页。
[2] 同上注,第171—172页。

现,也是第一个消失的。"于是,"由于国民们已经不再运用政治自由,他们对政治自由的兴趣以至观念也已消失"。于是,法国人在打倒了君主专制之后,选择了另一种专制:民主专制。于是,"从这个时刻起,这场彻底的革命就不可避免了,它必然使旧制度所包含的坏东西和好东西同归于尽。没有充分准备的人民自行动手从事全面改革,不可能不毁掉一切。"[1](第三章)

因为缺乏政治的日常实践,路易十六这个旧君主制最繁荣的时期,反而加速了大革命的到来。社会从一种几个世纪以来的"麻木状态"中突然苏醒,亢奋淹没了审时度势。于是,"一场浩劫怎能避免呢? 一方面是一个民族,其中发财欲望每日每时都在膨胀;另一方面是一个政府,它不断刺激这种新热情,又不断从中作梗,点燃了它又把它扑灭,就这样从两方面推促自己的毁灭。"[2](第四章)

因为缺乏政治的日常实践,政治缺乏审慎和自知之明,统治者拼命的为自己挖掘坟墓。辛辛苦苦改革税制、减轻负担的统治者,让人民以为他们所有的苦难都源于这些统治者和他们代表的旧制度;通过抨击税制而叙述他们的苦难,实际上激怒了人民。"正是无私的信仰和慷慨的同情感动了当时有教养的阶级,使他们投身革命,而使人民行动起来的是满腔的痛苦怨恨和要改变地位的强烈欲望。前者的热情终于点燃并武装了后者的怒火和贪欲。"[3](第五章)

同时,也是因为缺乏政治的日常实践,路易十四以来的国王可以变着花样地盘剥人民,以公共利益的目标为由,损害不动产、遗嘱、粗暴干涉市场价格。也正是这样一个过程,使人们逐渐失去了对抗国家的信心,进一步养成了奴性。(第六章)

最后,因为缺乏政治的日常实践,巨大的行政革命成为政治革命的先导。行政上的突然改革——总督负责的行政一夜间被议会的集体权力所取代——最初看来是"微小的特殊波动",但大革命的一击让人们看到,这恰恰是动乱的根源。因为,行政代替政治的结果是,两者都败坏了。"公共生活这时候近乎中断。"人们不知所措。权力出现了真空,政治传统和经验被行政和官僚代替。而以行政的方式处理政治的结果,就是人们最终用政治的方式打破行政:"既然国家的各个部分没有一处保持平衡,最后一击便使它整个动摇起来,造成了前所未有的最大的动荡和最可怕的混乱。"[4](第七章)

---

[1] 参见托克维尔:《旧制度与大革命》,冯棠译,桂裕芳、张芝联校,商务印书馆1992年版,第193、199、201页。
[2] 同上注,第213页。
[3] 同上注,第220页。
[4] 同上注,第234页。

而在第八章、也就是本书的最后一章的前半部分,托克维尔深刻地刻画了法国的所有阶级都退出了政治生活:贵族、国王、教会,更不用说平民,全都置身于政治之外。"法国是很久以来政治生活完全消失的欧洲国家之一,在法国,个人完全丧失了处理事务的能力、审时度势的习惯和人民运动的经验……""由于不再存在自由制度,因而不再存在政治阶级,不再存在活跃的政治团体,不再存在有组织、有领导的政党,由于没有所有这些正规的力量,当公众舆论复活时,它的领导便单独落在哲学家手中,所以人们应当预见到大革命不是由某些具体事件引导,而是由抽象原则和非常普遍的理论引导的;人们能够预测,不是坏法律分别受到攻击,而是一切法律都受到攻击,作家设想的崭新政府体系将取代法国的古老政体。"[1]

这就是法国在1789年以后陷入不断革命的噩梦和遭受专制的奴役的根本原因。因此,虽然"旧制度已拥有晚近时代的整套规章制度,它们丝毫不敌视平等,在新社会中很容易就能确立,然而却为专制制度提供特殊方便"。一旦"当发动大革命的精力旺盛的一代人被摧毁或丧失锐气时——这种情况通常发生在进行类似事业的整代人身上,当对自由的热爱按照这类事件的自然规律,在无政府状态和人民专政中被挫伤而软弱无力时,当慌乱的民族摸索着寻找他的主人时,专制政府便有了重新建立的极好机会"。于是"从那以后人们多少次想打倒专制政府,但都仅仅限于将自由的头颅安放在一个受奴役的躯体上"。[2]

托克维尔无比清醒地看到了现代性危机的悲剧性,并且和马克思、恩格斯一样,不愿意接受这一现代性命运。他要接续自由的传统,他要通过他的写作让人们看到,在那段岁月中,法国人如何逐渐地远离政治生活,法国人如何一步步丧失自由的空间,法国人如何最终走向以巴黎为中心的中央集权,法国人如何甘心地沦为奴隶,法国人又如何必须用革命的方式来解放自己,法国人又如何陷入革命—专制的怪圈。托克维尔因此向他的同胞、也向我们展示了一个逐渐丧失了政治空间和缺乏自由的日常实践的民族,不可避免地要以一种革命的方式、以一种"自由"的呐喊,把自己变为"不自由"的专制国家。

五、结语

托克维尔刻画所有这一切悲剧,都不仅是法国大革命的悲剧,而正是现代性危机的悲剧所在。正是通过揭示现代性危机的悲剧性,通过表明公共生活空间和政治日常实践之于自由的滋养和之于专制的阻挡,托克维尔形成了其独特

---

[1] 参见托克维尔:《旧制度与大革命》,冯棠译,桂裕芳、张芝联校,商务印书馆1992年版,第236页。

[2] 同上注,第239—240页。

的政治社会学理论。在托克维尔看来,现代人和法国人的相同悲剧在于,他们以无比的激情想象着和渴望着自由,正是因为他们不愿过一种自由的生活。他们爱财富甚于自由本身,他们爱口号甚于生活本身,他们爱产品甚于工作本身,那么,他们就只能受专制的奴役。他们爱变革甚于效果本身,他们爱新奇甚于正确本身,他们爱激情甚于理性本身,那么,他们就必然在动荡和混乱中苟延一生。

因此托克维尔的政治社会学理论的核心,实质是一种政治自由教育。他的著作告诉我们,自由,是一种生活习性,只存在于自由的传统之中;而今天的法国人已经几乎丧失了这个传统。虽然他们一次次地通过革命和鲜血来追求自由,但他们却最终一次次地走向奴役。自由的根只能生长在自由的传统中,而不能从革命中凭空得来;自由不能从明天寻找,只能在昨天发现。没有政治的空间和政治的日常实践,就没有自由。"毕竟,自由不是理由,而是问题。自由不是用来为我们任性放肆进行的辩解,而是要我们力为笃行作出的回答。真正的自由并不是口号、激情和写在纸上的法律权利,不是自由主义鼓吹的可以带来福利的自由,而必须是植根于公民的心中,植根于古老的传统中,植根于年复一年、日复一日的工作和生活中。自由是一种生活方式。因此,要不失去这样一种生活方式,就必须天天过这样的生活,而不是天天想象这样的生活。自由,只能是每个人自己在每日每时的日常生活中给出的人生答案。"[1] 人因此才是自己的主人。主人,意味着不是"不要统治",而是"自己统治",通过自己亲身参与政治、制定法律、调整和巩固秩序,来让自己过一种自由的生活。这样,自由才会成为,如托克维尔所衷心期望的,一种外人可以辨识而自己茫然无知的民风(mores)。[2]

因此,尽管他看到了政治革命向整个社会革命的转变,但他不认为资本主义的固有矛盾是无法通过政治方式解决的;因此,他也许会承认,他所谓的自由不过是统治阶级的自由,但他不会认同,无产阶级要获得自由,"只有用暴力推翻全部现存的社会制度才能达到",要解放自己,必须解放全人类。[3] 在他看来,现代性的危机必须通过前现代来疗救,自由稳健的政治生活可以通过日积月累的改善而避免突然的和时断时续的革命与动乱,从而拉住那个脱缰的野马,摆脱专制的宿命。

然而,无论我们从托克维尔和马克思、恩格斯那里发现的不同是什么,我们

---

[1] 凌斌:"自由与法律——《鲨堡救赎》与《阿甘正传》的一个法哲学思考",载《清华法学》2008年第3期。

[2] 这是托克维尔从书写《论美国的民主》时就格外关注的,参见《论美国的民主》(下卷),董果良译,商务印书馆1997年版。

[3] 马克思、恩格斯:"共产党宣言",载《马克思恩格斯选集》(第一卷),人民出版社1975年版,第285页。

无疑都从他们作品中看到了历史意义的相通之处。历史并没有成为"历史"，依然是"现代"问题。因为正如一位思想家说的，现代，是所有时代的同时代。如同托克维尔是马克思、恩格斯的同时代人一样，他(他们)也是我们的同时代人。因而，如同托克维尔和马克思始终通过阅读历史来试图理解和解决当代问题一样，我们同样可以始终怀着对自己国度的关切和对自己人生体验的反思，来阅读历史，阅读托克维尔的这本阅读历史的典范。

只是，我们必须始终牢记作者的告诫，不要把关于自由实践的政治社会学理论当作自由实践本身，不要把政治思想当作政治本身。从事并献身于政治实践，而非仅仅谈论或沉思政治理论，不论对马克思、恩格斯还是托克维尔而言，都是他们在其伟大写作中所致力于保有和提升的人性中的真正美德。

(初审编辑：刘晗)

司法变奏的历史空间
——从晚清大理院办公场所的建筑谈起

韩 涛[*]

Historical Space of the Judicial Variation:
From the Perspective of the Building of the Supreme Court in Late Qing Dynasty

Han Tao

内容摘要：大理院的设立，是晚清推行预备立宪的初基，实行司法独立的肇端。与司法制度层面的无形变革相适应，作为司法设施的器物——大理院办公场所也在外观上发生着有形的嬗变。大理院办公场所的筹设经历了一个曲折而艰难的过程，与晚清大理院司法独立的实践相始终。而且，这座建筑此后还为中华民国北洋政府大理院和新中国建立初期中华人民共和国最高人民法院、最高人民检察院所继续使用，在某种意义上可以说一直是近代司法活动的历史空间，也是近代法制变迁的物化见证。回顾大理院办公场所的建筑过程、基本格局、建筑原因及历史命运，可以为透视晚清预备立宪背景下法律观念的变迁

---

[*] 北京大学法学院2005级博士研究生，电子邮箱：hantef@sina.com。感谢我的导师李贵连教授对本文初稿的审阅和对我的鼓励，感谢初审编辑和匿名审稿人的辛勤工作及审读意见。当然，文中所有可能的错误，均由我自己负责。

和近代司法独立的艰难开端提供一个新的视角。

关键词：大理院　办公场所　建筑　司法独立

光绪三十二年九月二十日（西历1906年11月6日），清廷颁布官制改革上谕，其中规定："刑部著改为法部，专任司法；大理寺著改为大理院，专掌审判。"[1]这一上谕，拉开了晚清司法改革的序幕，引发了近代司法领域中的一系列重大变革。作为这一上谕的直接产物，专门的全国最高审判机关——大理院得以设立。这是中国近代意义上最早的最高法院，它的设立，标志着传统司法体制的解体和近代司法体制的发轫，在中国法律史上具有极其深远的影响。

一百年后（2006年），新开放的首都博物馆展出了一件复制品，那就是曾经辉煌一时、而今却鲜为人知的晚清大理院的办公场所建筑模型。这是一幢欧式大楼，建筑雄伟壮观，观者无不惊叹。即便以专业的眼光视之，这幢建筑也具有非常重要的价值，在中国建筑史上占有一席之地——建筑大师梁思成先生曾誉之为"我国政府近代从事营建之始"[2]。然而，奇怪的是，对于这样一幢无论在中国法律史，还是在中国建筑史上，都颇具意义的重要建筑，不唯法学界鲜为言及[3]，即使是建筑学界，也是语焉不详。甚至对于它何时最终建成，都没有定论。[4] 这不能不说是一件令人遗憾的事情。遗憾之余，仔细想来，也觉正常。"百年世事三更梦，万里江山一局棋"。历史是无情而善忘的，岁月的河流往往肆无忌惮地冲刷掉一切人类活动的痕迹，即便多么辉煌显赫的东西，最终都难免风流云散——无论是物质的，还是精神的。今天，除了学习法律的人外，很多人尚且不知形而上的制度层面的大理院为何物，更遑论关注大理院的办公场所建筑这种看似形而下的具体而微的"器物"了。

---

[1] 故宫博物院明清档案部编：《清末筹备立宪档案史料》（上册），中华书局1979年版，第471页。

[2] 梁思成：《中国建筑史》，百花文艺出版社2005年版，第501页。

[3] 张从容博士的《部院之争：晚清司法改革的交叉路口》（北京大学出版社2007年版）第71页对大理院办公场所的确定过程有所涉及，但并未言及大理院新式办公场所的建筑。

[4] 关于晚清大理院的建成时间，出生于晚清的梁思成先生已经难以确定，在《中国建筑史》（百花文艺出版社2005年版，第501页）中只笼统地说"清宣统间，建大理院于北京"，而未明确说是宣统几年。王世仁、张复合、村松伸、井上直美等先生主编的《中国近代建筑总览·北京篇》（中国建筑工业出版社1993年版，第241页）中说是宣统二年（1910年）；李学通先生的《近代中国的西式建筑》（人民文学出版社2006年版，第46页）说"该院的办公楼建于1910年"；杨秉德、蔡萌先生的《中国近代建筑史话》（机械工业出版社2004年版，第43页）也说是1910年。张复合先生的《北京近代建筑史》（清华大学出版社2004年版，第118页）中对大理院建筑的介绍比其他著作都为详细，并说是"在1911年左右建成"，但是首都博物馆似乎并没有采纳这种观点，在其展出的大理院模型（首都博物馆三层"D古都北京·城建篇"）的简介中仍说："宣统二年（1910年）在今司法部街建造大理院衙署。"

然而,形而上的宏大制度必须有形而下的具体器物来承载,"官非署不立"[1],设立官署是任何权力机关存在的先决条件。在中国法律史上,大理院办公场所的建筑绝非无关紧要的"细故"[2]。百年前,作为预备立宪过程中新分离出的专门权力——司法权[3]的重要载体和运作空间,大理院办公场所的建筑,一直是晚清筹备宪政进程中被屡屡提及的重大事宜。尤为重要的是,这座办公场所建成不久,清朝即告覆灭,民国成立,这里旋即成为北洋政府大理院的办公场所,新中国成立之初,最高司法机关亦进驻于此。[4] 所以,这里可以说一直是近代中国的司法中心,它所在的这条街也因之得名"司法部街"。倘若我们同意"建筑是凝固的音乐"、"建筑是石头的史书"[5]这样的论断,那么,每幢建筑都谱写着一个故事。而在这幢建筑里,则发生了太多的故事,它经历了晚清、中华民国以至中华人民共和国三个不同时期司法变革的风雨沧桑,在某种意义上可以说是近代法制变迁的见证者。因此,也许可以说,回顾大理院办公场所建筑的历史,也就是回顾近代那段法制变迁的历史。本文拟通过回顾大理院办公场所的建筑过程、基本格局、建筑原因及历史命运,来透视预备立宪背景下法律观念的变迁和近代司法独立的艰难开端。

一、晚清大理院办公场所的建筑过程

大理院是在晚清官制改革中首度出现的新衙门。光绪三十二年九月二十日,清廷颁布官制改革上谕,将大理寺改为大理院,专掌审判。从此,司法权作为一种与传统行政权力不同的专门权力,开始逐渐脱离传统行政权力的母体,日益独立出来。而大理院办公场所的建筑过程,则与这一司法独立的过程相伴始终,可以说是这一过程的外化。

(一)大理院办公场所的确定

大理院虽然由大理寺改设而成,但旧日大理寺到了晚清,已经由三法司之一沦为形同虚设的闲曹,"沿袭既久,名实渐乖,讯谳已等虚文,会听祗循故事。

---

[1] (清)嘉庆敕撰:《全唐文》,卷六百七十六,《许昌县令新厅壁记》。
[2] 大理院在《奏筹备关系立宪事宜摺》和《奏陈明出入款项拟定办法摺(并单)》中屡次强调大理院建筑的重要性,指出大理院为"中外观瞻所系",建筑法庭事关国体,"非细故也"。
[3] 需要指出的是,晚清官制改革中政界对司法权的认识和表达存在着歧义,对"司法"和"审判"的关系的认识也与今天有所不同。按照张从容博士的分析,当时,晚清官员在三种含义上使用司法权:司法权=审判权;司法权=司法行政权+司法审判权;司法行政权=司法权(审判权)+行政权(参见张从容:《部院之争:晚清司法改革的交叉路口》,北京大学出版社2007年版,第48—52页)。如无特别说明,本文采用第一种含义,即"司法权=审判权"。
[4] 尹西林:"人民大会堂座下的造街巷——司法部街旧事",载《纵横》2001年第10期,第57—60页。
[5] 李学通:《近代中国的西式建筑》,人民文学出版社2006年版,第3页,"引言"。

重以经费支绌,振作难期,虽有贤能,末由展其尺寸。官之失职,有自来矣"[1]。"办公经费,岁止六百金,皂役津贴银两,岁不过数十金,按季由部库拨给,为数至微,无裨实用。"[2]在这种情形下,大理寺的办公条件可想而知。而这种寒酸的办公条件,与新成立的大理院的功能和地位不相符合,远远不能满足大理院的需要。因此,大理院成立后的当务之急就是筹建办公场所。

早在光绪三十二年九月二十五日——官制改革上谕颁布后的第五天,大理院筹建办公场所的新闻就见诸报端:"大理院因大理寺地方狭小,拟与某部商量交换。"[3]九月二十七日,大理院就与法部会奏,要求"赏给衙署及公所,以资办公"[4]。在得到正式办公场所以前,大理院部分办公场所先在刑部署内改设:"闻新设之大理院专司裁判事宜,现已就刑部署内改设,所有监狱处所均毋庸改定,以便易于措置。"[5]

时值官制改革,很多新设部院都在寻求地址修建衙署。查阅当时的报纸,各部院筹建衙署的报导不绝于书。由于工部裁并,大理院、法部、邮传部、农工商部等新设部院都盯着这所衙署,企图收归己用。当时《申报》上对此也多有传闻:"新设之邮传部现尚无衙署,因工部已裁归并农工商部,故邮传部有暂假工部衙门办公之说。"[6]"工部裁并后农工商部欲将工部衙署改为内城工艺局,嗣大理院正卿沈子敦欲改为大理院,因于日前函索。"[7]由于沈家本见机得早,终于捷足先登,提前奏准得到了工部衙署。"讵沈京卿已先于前一日奏请改建,并将颐和园工部公所一并归并大理院,奉旨:依议。旋沈正卿函复农工商部请作罢议,并请挪移工部节慎库款项以资大理院各项经费云。"[8]

对于大理院办公场所的确定,《大公报》的报导则是另外一个版本。不仅过程比《申报》所言曲折复杂得多,而且最终结果也与《申报》的说法颇为不同。光绪三十二年十月初二日《大公报》报导说:"大理院拟请旨将工部衙署拟归大

---

[1] (清)朱寿朋编:《光绪朝东华录》(第五册),张静庐等校点,中华书局1958年版,总第5586页。

[2] 同上注,总第5609页。

[3] 《大公报》大清光绪三十二年九月廿五日,西历一千九百零六年十一月十一号(礼拜日),第一千五百六十四号,第四版,"商议民政"。

[4] (清)朱寿朋编:《光绪朝东华录》(第五册),同前注[1]。

[5] 《申报》大清光绪三十二年十月初三日,西历一千九百零六年十一月十八号(礼拜日),第二版,"新官制事宜三志(京师)"。

[6] 《申报》大清光绪三十二年十月初一日,西历一千九百零六年十一月十六号(礼拜五),第三版,"新官制事宜汇志(北京)"。

[7] 《申报》大清光绪三十二年十月十五日,西历一千九百零六年十一月三十号(礼拜五),第二版,"大理院与农工商部之交涉"。

[8] 同上。

理院,为改建新署之用,已于本值日入奏。"[1]十月初四日又报导说:"邮传部现已于麻线胡同设立公所,集议一切应行事宜。外间所云以工部旧署改为邮传部之说,虽出有因,然各堂之意实未决定。"[2]十月初五日则接着报导说:"邮传部之衙署,闻拟用东安门外锡拉胡同之北洋公所。"[3]十月初七日则又说:"大理院[4]与法部相近,其中仅隔数家小户。现在已由大理院将里面拆通,合为一处,作为大理院新署。其法部新署则移在法部街北头工部署内。"[5]十月初八日则又说:

> 顷得确实消息,法部、大理院二署办事权限刻已由各堂会议划清。嗣后凡有关司法之事,均归法部,其一切行法事宜,统归大理院管理。其法部衙署则以工部旧署改充,大理院衙署即占刑部之官廨也。部院各堂已决意照此举办矣。[6]

同日,又说:"大理院并法部、大理寺为一处已志前报,兹悉该处因变更衙署清理卷宗甚为繁杂,故现在暂假宣武门内象坊桥法律馆为办公之处。"[7]十月二十一日则又报导说:"农工商部以工部虽并本部所有,一切档案均需澈底清查。该衙门既经奏准赏给法部,唯工部旧存稿案及一切库储势难即日迁移,拟请暂缓三个月再行移交法部等语。前已附片奏请,奉旨允准。"[8]果然,经过三个月左右,光绪三十三年正月十八日《大公报》又报导说:"本月初十日工部旧署已经法部派委员三人验收接管,开印后即定期修茸,改为法部公署。"[9]二月初五日又报导说:"工部旧署现已改归法部所有,海甸工部办事公所亦由法

---

[1]《大公报》大清光绪三十二年十月初二日,西历一千九百零六年十一月十七号(礼拜六),第一千五百七十号,第三版,"大理院拟建新署"。
[2]《大公报》大清光绪三十二年十月初四日,西历一千九百零六年十一月十九号(礼拜一),第一千五百七十二号,第三版,"设立公所"。
[3]《大公报》大清光绪三十二年十月初五日,西历一千九百零六年十一月廿号(礼拜二),第一千五百七十三号,第三版,"邮传新署"。
[4] 根据后注《大公报》大清光绪三十二年十月初八日,第三版,"假地办公"可知,此处的"大理院"应为"大理寺"之误。另,参照光绪三十四年《详细帝京舆图》,也可得到印证。
[5]《大公报》大清光绪三十二年十月初七日,西历一千九百零六年十一月廿二号(礼拜四),第一千五百七十五号,第四版,"部署迁移"。
[6]《大公报》大清光绪三十二年十月初八日,西历一千九百零六年十一月廿三号(礼拜五),第一千五百七十六号,第三版,"划分司法行法权限"。
[7]《大公报》大清光绪三十二年十月初八日,西历一千九百零六年十一月廿三号(礼拜五),第一千五百七十六号,第三版,"假地办公"。
[8]《大公报》大清光绪三十二年十月廿一日,西历一千九百零六年十二月六号(礼拜四),第一千五百八十九号,第三版,"缓交衙署"。
[9]《大公报》大清光绪三十三年正月十九日,西历一千九百零七年三月二号(礼拜六),第一千六百五十五号,第四版,"法部公署将开"。

部接收,刻已派员将该公所酌量修葺,以备办理公务。"[1]二月十二日又报导说:"颐和园工部办事公所刻已移交法部,戴尚书特饬司员前往该处量为修理,须至月底方可竣工。"[2]

可见,当时报纸上,关于大理院的办公场所众说纷纭:一是说,工部旧署及颐和园公所归大理院;二是说,工部旧署及颐和园公所归法部;三是说,工部旧署归法部,刑部旧署和大理寺一起归大理院。这种种传闻,固然不排除新闻传播过程中信息偏差的因素,但是,从另一个侧面看,也表明了大理院办公场所确定过程中的多样化方案,从深层次上反映了官制改革初期中央各新设部院——尤其是法部与大理院——之间对办公场所的激烈争夺和彼此间的利益妥协。

总之,经过一番争夺和交涉,法部和大理院最终公同商酌,将工部旧署和颐和园公所奏准归大理院使用,大理院的办公场所由此基本确定。光绪三十三年二月二十二日,大理院督饬奏调司员将印信文卷各项迁入工部旧署,开始在此办公。[3]对于大理院的办公场所,曾经任职工部的大理院推事孙宝瑄在日记中有详细的描述,可以作为确证:"大理院旧工部署,余重莅,不胜今昔感。入门迤北土地祠,今为典簿厅。"[4]此外,他赴颐和园公干的一篇日记,形同一篇优美的游记,读之可以领略到大理院颐和园公所的风情:

---

[1]《大公报》大清光绪三十三年二月初五日,西历一千九百零七年三月十八号(礼拜一),第一千六百八十一号,第四版,"接收公所"。

[2]《大公报》大清光绪三十三年二月十二日,西历一千九百零七年三月廿五号(礼拜一),第一千六百八十八号,第四版,"法部设立公所"。

[3]关于大理院迁入工部旧署的具体时间,北京大学图书馆古籍特藏室所藏《司法奏底》第21册《谨奏为臣院迁入工部旧署谨将筹拟大概布置情形恭摺具陈仰祈圣鉴事》中说:"窃臣等于本月十七日会同法部奏明拟将大理院移入工部旧署以资布置等因,奉旨:知道了。钦此。臣等遵于本月二十二日督饬奏调司员将印信文卷各项敬谨迁入。……查工部旧署既无羁禁罪犯之区而案既交收亦未便寄禁于法部。臣等再四筹商,拟将本署房室酌量改用,爰亲历履勘,见署内旧有大库一所,约可容男犯六七十人;旧有彩绸库一所,约可容女犯二三十人。当饬动工修葺,略具规模以后,男女罪犯暂由此两处分羁看管。"由于奏底中没有载明具体时间,所以到底文中"本月"是何年何月,并不能直接得出。根据《司法奏底》第15册《谨奏为臣院接办现审罪犯罚赎银两拟拨充恤囚费用藉资补助恭摺仰祈圣鉴事》记载:"窃臣等前以接办现审应讯人犯须有羁禁之地,拟在臣院设立看守所一区收系罪犯,用便研讯。恳请由部按季拨给仓米三百石散放口粮以资养赡而宏矜恤等因,于光绪三十三年二月十七日具奏。奉旨:依议。钦此。嗣臣院迁入工部旧署,因本署房室与看守所制度未合,拟俟接收銮仪卫衙署后相度地势另行请款建造,声明目前权宜之计,暂就旧有大库及彩绸库动工改造,略具规模以后,男女罪犯由此两处分羁看管。当将大概布置情形并接收现审开庭审判日期于二十七暨本月初四日先后奏陈,均已仰邀圣鉴。"可知,大理院迁入工部旧署的具体时间当在光绪三十三年二月十七日和二十七之间。因此,《司法奏底》第21册中的"本月二十二日",应为光绪三十三年二月二十二日。对照《司法奏底》第17册《谨奏为法部现审案件业交臣院接收审办恭摺仰祈圣鉴事》所载:"窃臣等于上月二十七日会同法部具奏现审案件定期移交摺内声明,拟自三月初一日起,不分奏咨,各案陆续酌提,其未经移提以前尚可画供定稿者,仍由法部办理。"也可以得到印证。

[4](清)孙宝瑄:《忘山庐日记》(下),上海古籍出版社1983年版,第1115页。

十八日,黎明起,登车赴湖。连日多风,是早晴明,纤尘不动。出城未数里,日已高,天色蔚蓝,林峰如画。俄至大理院公所,即工部旧屋,不胜今昔感,盖为余旧游地也。与同僚等徘徊宫门外,横额曰颐和园,为今上亲笔书。规模壮丽,左右相向皆朝房。钟九鸣,旨始下,大理所奏皆依议。因往白长官,已即回车。一路多水田,蛙声不绝。回望高阁琼宇,俪绮丛峙,山色甚明,唯水光在长垣内,不可见耳。[1]

(二) 大理院新式办公场所的筹建

获得工部旧署仅仅是大理院筹设办公场所的第一阶段,虽然暂时获赏了工部旧署作为办公场所,并于光绪三十三年二月二十二日奏准迁入办公,但"工部衙署本由裁并之太常寺改造,约计房屋一百五十余间而零星分布,仅敷当日工部四司之用。"[2]此后虽然在旧有基础进行了部分改建,但是"工部旧署既无羁禁罪犯之区,而案既交收亦未便寄禁于法部"。[3] 因此,大理院经过筹商,

> 拟将本署房室酌量改用,爰亲历履勘,见署内旧有大库一所,约可容男犯六七十人;旧有彩绸库一所,约可容女犯二三十人。当饬动工修葺,略具规模以后,男女罪犯暂由此两处分羁看管。至臣院应设之看守所,俟臣等接收銮仪卫衙署后另行请款建造。[4]

实际上,大理院也一直不满足于这种办公场所。获得工部旧署,不过是创设初期的权宜之计,大理院自有其理想中的办公场所蓝图。关于筹设新的办公场所、建筑新衙署的奏折和努力,一直贯穿于此后大理院存在的整个过程中。

光绪三十三年大理院奏请将銮舆卫旧署拨归本院应用,同时,开始准备建筑新的办公场所(包括法庭和监狱)。

> 臣院开办以来,第就工部原有司堂分庭办事,而地基既隘,规制亦卑,观审之众庶,报馆之载笔无地可容,故未能用正式开庭公判。自光绪三十三年奏请将銮舆卫旧署拨归臣院应用,臣等即拟从新建筑,饬令曾经游学外国之司员周览地势,绘具图式,撙节估计,此项工程约略估计需款颇钜,而臣院男女看守所系就工部旧库权宜改设,其监狱制度未为周备,亦应从新修造,饬估此项工程亦属要需。[5]

---

[1] (清)孙宝瑄:《忘山庐日记》(下),上海古籍出版社1983年版,第1185页。
[2] 北京大学图书馆古籍特藏室:《司法奏底》,一函二十二册,第21册(铅笔编号),《谨奏为臣院迁入工部旧署谨将筹拟大概布置情形恭摺具陈仰祈圣鉴事》。
[3] 同上。
[4] 同上。
[5] 《大理院奏陈明出入款项拟定办法摺(并单)》,载政学社印行:《大清法规大全·财政部·卷一·清理财政》,第8—11页。

在宣统元年（西历1909年）三月初八日奉旨的《大理院奏筹备关系立宪事宜摺》中，大理院明确把修建办公场所列为筹备立宪的三件重要事项之一，要求将工部衙署和銮舆卫沟通重建，并于院内另建一区，仿外国未决监法改造附设之看守所，而宪政编查馆也认为"该院所奏建筑法庭、练习人才两端，均属切要之图，应令该院按照前后所陈认真办理"[1]。同日奉旨的《大理院奏陈明出入款项拟定办法摺（并单）》也把建筑法庭作为需要款项的大宗。"臣院将来应需之款，则以建筑法庭及改良看守所为大宗。"[2]

对于新的办公场所的筹建，大理院是非常重视的，"唯工程经始最关紧要，使筹画未当，布置失宜，则他日工成追悔无及"[3]。因此，大理院慎之又慎，"饬令曾经游学外国之司员周览地势，绘具图式"[4]，"饬令游学归国人员就本衙门及銮舆卫旧署相度形势，并按照外国法庭监狱规模绘具图样"[5]。并详细调查搜集东西各国大理院法庭规制和建筑式样的资料，"迭经分咨出使各国大臣，将东西各国大审院最新图式咨送到院，藉供参考"[6]。"详考规制，估计作法，力求撙节，并经臣等分咨出使各国大臣，将现在大审院法庭及未决监图式详细贴说，迅速寄京，以资参考。一俟图式汇齐，斟酌尽善，并度支部拨到款项，再行定期开工。"[7]甚至，借派员参加在美国举行的万国刑律监狱改良会的机会，让与会的金绍城等人顺便调查各国法庭规制，"臣院列入筹备宪政内，为建筑法庭与练习审判人才二端。拟令该员等就便将各国法庭规制、审判办法，详细调查，确实报告"[8]。"俟会事告竣，再往欧洲各国并至日本调查法庭规制、审判办法，均于回国后确实报告，用备参考。"[9]

为了更好地筹备建筑办公场所事宜，大理院在署中专门设立了工程处，奏调因丁忧开缺的前民科推丞周绍昌总办工程，遴派廉干员司帮同办理，并访知熟悉工程的候选知府马莘充当顾问官，以资商榷。周绍昌"精明廉干，前曾督

---

[1]《宪政编查馆会奏核覆各衙门九年筹备未尽事宜缮单呈览摺（并清单）》，载政学社印行：《大清法规大全·宪政部·卷四·筹备立宪一》，第19—22页。

[2]《大理院奏陈明出入款项拟定办法摺（并单）》，载政学社印行：《大清法规大全·财政部·卷一·清理财政》，第8—11页。

[3]《大理院奏建造法庭开工日期并呈进图式摺》，载《政治官报》，台湾文海出版社1965年影印版，第44册，第47—48页。

[4]《大理院奏陈明出入款项拟定办法摺（并单）》，同前注[2]。

[5]《大理院会奏筹拨建筑法庭及改良看守所工程银两摺》，载《政治官报》，同前注，第23册，第191—192页。

[6]《大理院奏建造法庭开工日期并呈进图式摺》，同前注[3]。

[7]《大理院奏遵章预陈次年筹备实情摺》，载《政治官报》，台湾文海出版社1965年影印版，第30册，第121—122页。

[8]李振华辑：《近代中国国内外大事记》，台湾文海出版社1979年版，第1388页。

[9]《大理院奏美国举行万国刑律监狱改良会派定会员起程日期摺》，载《政治官报》，同前注，第36册，第309页。

造法律学堂,于工程素有经验"[1],在他的主持下,工程处对建筑法庭方方面面的事宜进行了周密、详尽的研究,"凡建筑之利病,材料之良楛,绘图贴说,精审识别,意在规模务臻完备而工费力戒烦多。累月研求,具有端绪"[2]。同时,他们还和外国著名工程师进行反复讨论,并报大理院堂官慎重审核,最终才确定方案:"复慎择外国著名工程师与之往复讨论,核实估计,详具作法,密绘细图,呈由臣等一再审核,方始定议。"[3]并将大理院"法庭正图一幅、分图四幅,装潢成册,恭呈御览"[4]。一切规划确定后,在宣统二年大理院与外国建筑公司公易洋行(A. H. Jagues & Co.)订立了合同[5],由其承建,并于宣统三年正月十九日举行了开工典礼,确定"春融当即赴期兴工"[6]。

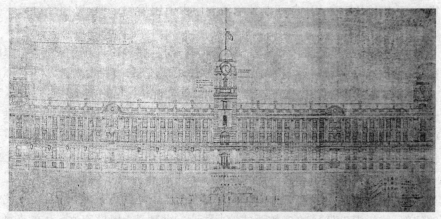

图1 晚清大理院办公场所建筑立面图[7]

在筹建新办公场所的同时,大理院旧署并没有完全拆除,"仍暂酌留房舍以便办公"[8],同时,大理院购买了附近的一些房舍,扩大了规模。而对于原来拟定改建的大理院附设的看守所,则决定"拟俟法庭地基划清后再行量度兴筑"[9]。

在晚清财政困难的情况下,大理院的建筑可谓需款甚巨。宣统元年六月初

---

[1]《大理院奏建筑法庭要工调员经理摺》,载《政治官报》,台湾文海出版社1965年影印版,第23册,第374页。
[2]《大理院奏建造法庭开工日期并呈进图式摺》,载《政治官报》,台湾文海出版社1965年影印版,第44册,第47—48页。
[3] 同上。
[4] 同上。
[5] 张复合:《北京近代建筑史》,清华大学出版社2004年版,第118页。
[6]《大理院奏建造法庭开工日期并呈进图式摺》,同前注[2]。
[7] 图1、3、4、7,系采集自张复合:《北京近代建筑史》,清华大学出版社2004年版,第119—120页。感谢袁文峰先生在采集时提供的帮助。
[8]《大理院奏建造法庭开工日期并呈进图式摺》,同前注[2],第47—48页。
[9] 同上。

七日,大理院"会同度支部奏陈法庭工程并看守所工程共计银二十八万余两,分两年拨交,俟第一年经费领齐,即行定期开工"[1]。后来经过极力缩减,仍需二十五万余量,"统计此项法庭工程,竭力撙节,实需工料银二十四万四千两"[2],"购买左近民房酌给屋价及收回官地、民房量与迁费,计一万余两"[3]。为了节省费用,大理院对"在事各员祗给车马费,均不支薪水,以节糜费"[4],并且废物利用,将旧署拆卸下的废料进行招商变卖,"至旧署拆卸废材,拟招商变价,稍助工款之不足"[5]。同时,还于宣统三年二月二十一日请求对于使用的进口材料和本地材料免税。三月十一日度支部和税务处核议奏准:"此次大理院建筑法庭所需各种材料如系来自外洋者,自应完纳税项,以符奏案。至购运土货,既系建筑法庭之用,自可准其免税。应由该院发给运照,以便经过关卡查验放行。"[6]

大理院不仅在开工前精心筹备、周密布置,而且在开工后也严密监督、跟踪监察。"督同承办各员将建筑事宜加意研究,认真监察,以期工坚料实,款不虚糜。"[7]正是在这种认真负责的态度指导下,大理院的建筑才能够规模宏伟、工程坚固,不仅为晚清,而且为此后中华民国、中华人民共和国的司法活动提供了重要场所。倘若不是1958年为了兴建人民大会堂而拆除,说不定这座建筑至今仍旧能够发挥作用。而且,这种精心筹备,也使得大理院在近代建筑史上占有一席之地,与预备立宪和官制改革时期那些"由外国或中国的非建筑师工程人员绘图、中国营造厂承建,总体轮廓和基本式样虽是西方古典的,但构图比例不够纯熟,式样混杂"[8]的多数西式官厅相比,大理院"规模宏大,为文艺复兴式。虽非精作,材料尤非佳选,然尚不失规矩准绳,可称为我国政府近代从事营建之始"[9]。

二、晚清大理院办公场所建筑的基本格局

晚清大理院旧办公场所是原来的工部衙署,根据《大清会典》规定的传统建筑规则,清朝各部院衙署格局基本一致,都是正常五间的工字厅,两侧建若干

---

[1] 《大理院奏建造法庭开工日期并呈进图式摺》,载《政治官报》,台湾文海出版社1965年影印版,第44册,第47—48页。

[2] 同上。

[3] 同上。

[4] 同上。

[5] 同上。

[6] 《税务处会奏议覆大理院建筑法庭所需华洋材料分别征免税项摺》,载《政治官报》,同前注[1],第371页。

[7] 《大理院奏建造法庭开工日期并呈进图式摺》,同前注[1]。

[8] 张复合:《北京近代建筑史》,清华大学出版社2004年版,第111页。

[9] 梁思成:《中国建筑史》,百花文艺出版社2005年版,第501页。

院落。"其制均筑围墙一重,门二重,前堂五间,左右分曹,两庑列屋,穿堂三间,后堂三间,左右政事厅各三间,基高二尺,门柱饰黝垩,栋梁施五采。"[1]详而言之,

> 各衙署廨宇、院落布局基本一致。一般衙署正门(又称大门)为三开间,正门中央上挂书写衙署名称的匾额。大门内先是影壁,然后是大门院落,再往前是第二重正门,通常又称仪门,仪门内的院落称大堂院落。正堂都为五间工字厅,大堂上悬挂御赐之匾。大堂是衙署堂官处理公务的正厅,大堂之后堂官的办公之处称二堂,二堂之后的屋舍常为各衙署的库房。此外,正堂两侧或各有庑廊或另有院落,为衙署属官的廨署。[2]

大理院迁入工部旧署后,虽然经过局部改造,但是并不能从根本上改变传统衙署的基本规制。

新建的大理院办公场所,则是一幢在考察东西方大审院规制的基础上设计而成的新型建筑,为"典型的哥特式建筑风格,而从整体外形样式上又采用了巴洛克式的风格"。[3] 那么,这座新式办公场所的规制如何呢?目前的官方记载似乎并不多见。好在,我们可以从遗留的历史照片和复原的建筑模型中领略它当年的风韵。

图2 晚清大理院办公场所建筑模型正面图[4]

大理院新的办公场所位于刑部西街,整个建筑坐西朝东。东、南、北三面是

---

[1] (清)允祹撰:《大清会典》,清文渊阁四库全书本,卷七十二,《工部》。
[2] 史玉民:《清钦天监衙署位置及廨宇规模考》,载《中国科技史料》第24卷,2003年第1期,第58—68页。
[3] 于含书:《近代中国西洋建筑》,吉林大学2007级硕士学位论文,第28页。
[4] 图2、5、6拍摄自首都博物馆三层"D古都北京·城建篇"。感谢门旭清女士在拍摄时提供的帮助。

铁栅栏做成的围墙——建立在低矮的水泥墙基上，象征性地将办公场所与外界空间隔开，形成一个半开放式的院落。透过这道围墙，院内风光一览无余，绿树、草坪、喷水池等庭院景观历历在目。这些颇具现代性的建筑元素似乎至少在形式上昭示着这样一种信息：这座办公场所已经不是以往那种"八字朝南开"的"衙门"，也不是以往那种一字既入而"九牛拽不出"的深不可测的"公门"。它转变了方向，敞开了围墙，以一种全新的姿态，去迎接中外官民、华洋人士的目光。

从远处来看（参见图3），大理院办公场所的标志性造型是中央那座高耸的钟楼和南北两端转角处的两座等高塔楼——钟楼和塔楼顶部均做成半圆拱顶，每个拱顶的顶端都立着一根笔直的塔尖——三者构成一个巨大的"山"字形，巍巍矗立在建筑的顶层。在"山"字形的覆盖下，顶层的轻灵和主体的凝重相得益彰，整座建筑显得巍峨挺拔，恢宏大气。

图3　晚清大理院办公场所建筑远景

从近处看（参见图4），大理院办公场所外形呈欧洲古典主义风格，主体建筑高3层（包含地下室则是4层），中央入口处和两端转角处高5层，钟楼和塔楼分别建在上面。共分三个入口，除中央入口外，南北两侧对称位置各有一个入口。

图 4　晚清大理院办公场所建筑中部入口

从侧面来看(参见图5),大理院办公场所的建筑平面呈"日"字形,相对封闭,走廊设在里面,各楼之间可以互相通行。

图 5　晚清大理院办公场所建筑模型侧面图

从背面来看(参见图6),大理院办公场所主要造型类似于逆时针平躺的"山"字,正面的中央和南北两端建筑在背面各有延伸部分,仍旧是对称分布。背面没有入口,但有一排排的窗户。窗外是一个宽阔的开放式草坪——草坪中疏疏落落地分布着常青的树木,通过水泥砌成的林间小道,外界得以从背后接近这个外观上有全新气象的衙门。

图 6　晚清大理院办公场所建筑模型背面图

那么,在外人眼中,大理院究竟是什么样子呢? 让我们看看当时来华的洋人的记载:

> 大理院——最高法院——同其他一些欧式的官厅建筑在北京形成了重要的景观。它位于西城刑部西街,离前门半英里。正面长四百五十英尺,立面的主要造型是中间有一座一百一十英尺高的钟楼,南北两端各有一较小的塔(每座高约九十英尺)。[1]

在这幢雄伟的建筑中,分布着大理院当时的基本职能部门。

> 首层有两个供刑事犯人候审的内院、两个供民事犯人候审的内院。围绕着这四个内院设审判厅、合议厅、礼堂、法官办公室、律师办公室、调查办公室以及法律图书室等。第二层为高等法院,设有首席法官、检察总长、法官及其秘书用房,以及接待室、阅览室、餐厅等。[2]

如果说这座建筑风格基本上全部是欧化的话,那么唯一还有一丝中国传统味道的东西,则是围墙内外三个入口处的三对石头狮子。在大理院铁栅栏围墙的中间,南北各有两个侧门,正对着大理院办公场所的南北侧门,每个侧门的前方左右各有一间小屋,靠近门旁则是一对石头狮子,另外一对则雄踞在大理院办公场所的中部入口。作为具有浓郁中国传统气息的装饰,威武的石头狮子,

---

[1] Morton, W. H. -Cameron ed., *Present Day Impressions of the Far East and Prominent and Progressive Chinese at Home and Abroad*, London: The Globe Encyclopia Company, 1917, pp. 243—245。转引自张复合:《北京近代建筑史》,清华大学出版社 2004 年版,第 118 页。

[2] 同上。

象征着中华帝国的传统权威,坚定地显示着中国传统文化在这幢完全欧化的建筑面前的存在。

图7 晚清大理院法庭内景

这,究竟是一种传统与近代的对接,还是一种西方文明冲击下的东方因素的痕迹？抑或是在这座完全接受西方建筑风格外形的办公场所中不经意间流露出的设计者潜意识中深深埋藏的中国传统内在精神的象征？

清朝灭亡以后,北洋政府继承并发展了晚清法律改革的成果,北洋政府大理院不仅基本上留用了晚清大理院的司法人员,而且接收了晚清大理院的这座办公场所。新中国成立前夜,废除了国民党的六法全书,驱逐或者改造了旧的司法人员,彻底与旧的法律传统决裂,但这幢承载了旧的司法历史的建筑却仍然被继承下来,略加改造,即成为新中国建立初期最高人民法院和最高人民检察院的办公场所。

从曾经在这座大院里生活的尹西林先生满怀深情的回忆中,我们可以窥见当时这幢建筑的风采和格局。

听说高法、高检大楼是北洋年代盖的,楼高四层,南北长百十余米,东西宽近60余米。大楼朝东。楼的中央镶着一块大钟表;大楼南、北两端各有一座圆顶塔楼,像回回的清真寺。北面塔楼离西长安街不到百米,是国庆、五一节时机关干部观礼的绝好地方。鸟瞰高法大楼,呈标准日字型;楼内两个开阔的天井,每个足容下两个篮球场。……高法大楼共有8个门,正面3个,南北各一个,楼背后正中是地下室出口。……主楼的中厅门前上面有座巨形华盖,当年敬爱的董必武院长,每天就从这里走下汽车,步入二楼中央大厅办公。……高法大楼中厅门前有一喷水池,四周种着鲜花。

> ……大院东面和南面沿街院墙,是用铁制的矛形栅栏构成,涂着绿色油漆,是典型的西欧式的围墙。……放学路上,我常凝视着高法大楼出神:在瑰丽的晚霞里,塔楼和大钟表边缘像镶了一道金色光环,如同三尊护法之神屹立于天边。[1]

对于这幢在记忆中留下深刻烙印的建筑,尹先生赞叹不已:"高法大院如此独具匠心布局和设计,实在令人叹服。……在我离京戍边的20余载,还没见过有如此大气魄的西式建筑。"[2]

然而,十年后,在1958年,为了国庆十周年献礼,天安门广场进行扩建。一年后,在横扫一切障碍的基础上,一幢举世闻名的建筑拔地而起,这座苏联式建筑是如此巍峨辉煌,以至于掩盖了它基座下的所有曾经有过的历史的光芒。此后,中国大规模学习苏联,在政治、经济、文化各个领域,苏联风格完全取代了欧美风格。自然,中国的法学理论和实践也开始了学习苏联的历程。耐人寻味的是,在新中国最高人民法院、最高人民检察院接收这座办公场所以后,门前这对代表了中国传统权威的石狮仍然存在:"大楼门口,一对巨大的石狮傲视东方,威武的解放军警卫持枪肃立,给这条古老的大街平添了一派庄严肃穆的气氛。"[3]甚至直到今天,这种石狮都仍然屹立在中华人民共和国最高人民法院和其他许多国家机关的门前——作为一个象征符号,以其顽强的存在,在透露传统法制观念烙印及其生命力的同时,无言地诉说着传统与现代的兴替交融,诉说着历史与权威的沧桑变化。

三、晚清重视建筑大理院办公场所的原因

晚清财政支绌,在各部院筹备立宪的奏折中一再出现"撙节"字样。大理院的开办经费也是再四乞求,甚至连审判人员的工资都不能全数拨给,财政困难可想而知。但是在如此困难的财政状况下,为何还要拨出二十多万两巨款将大理院建设成规模宏大的"豪华建筑"呢?这虽然看似一个细枝末节的问题,但是却又绝非一个小问题,其背后折射出大理院对自己地位和角色的认识以及当时人们的司法独立观念,大有分析的必要。

英国著名哲学家伯特兰·罗素曾说:

> 建筑,从最早的时代起,就有两个目的:一方面,纯粹是功利主义的,即御寒暑、避风雨;另一方面,是政治性的,即借沉沉巨石所表达出来的荣耀,

---

[1] 尹西林:"人民大会堂座下的造街巷——司法部街旧事",载《纵横》2001年第10期,第57—60页。

[2] 同上。

[3] 同上。

给人以一种想象。前一个目的,作为穷人的居所已绰绰有余,但是天神的庙宇和帝王的宫殿,设计得要激起对天上的权力和对他们地上宠儿们的敬畏。[1]

晚清大理院建筑之所以不惜重金采用如此豪华的格局,目的大致也不外乎这两个方面。一是形而下的作为"器"的方面的需要,更主要的则是形而上的"道"的方面的需要。

(一) 政治目的

首先,"尊上国之法权",显示国家对于司法机关和司法权力的尊重。作为光绪三十二年官制改革中新设的"专掌审判"的衙门,大理院对自己在政治格局中的角色的特殊性和重要性有着清醒认识:

> 方今环海交通,强邻逼处,商约群争进步,教会遍布华洲,愚民每激而内讧,利源遂因之外溢。且复藉口于我之裁判法制不能完善,日谋扩张其领事裁判权。主权不伸,何以立国? 故欲进文明之治,统中外而纳于大同,则大理院之设诚为改良裁判、收回治外法权之要政。[2]

"改寺为院,明定责成,储裁判独立之精神,为宪法执行之基础。职司重要,迥非丽法议狱之常。"[3]"此举为变法之发轫,立宪之基础。"[4]大理院是全国最高司法机关,是按照立宪国家"三权分立"理论分立出来的司法权的代表,是推行宪政的重要部门。这样重要的政治地位,决定了在办公场所上必须采用与其地位相适应的体制,以恢宏肃穆的建筑外形显示国家对于司法权力的尊崇,寄托立宪国家尊重法权的精神。"窃维法权之尊重,实国体所攸关;形式之完全,亦精神所由寄。"[5]而且,大理院建筑气象崇闳也是世界通例:"东西各国皆以大审院为全国最高之裁判所……其大审院法廷规模严肃,制度崇闳,监狱精良,管理有法。"[6]因此,作为预备立宪中新设立的"推行宪政之初基"的重要部门,无论从国内传统的礼制而言,还是从国际流行的惯例而言,大理院都必须有

---

[1] B.A.W. 罗素:《罗素文集》(第三册),靳建国等译,内蒙古人民出版社1997年版,第315页。

[2] 北京大学图书馆古籍特藏室:《司法奏底》,一函二十二册,第14册(铅笔编号),《谨奏为院务重要酌拟大概办法恳恩饬部拨款以资开办恭摺仰祈圣鉴事》。

[3] 北京大学图书馆古籍特藏室:《司法奏底》,同上注,《大理院谨奏为旧日大理寺应办事宜酌量裁并暨应领常年经费暂行停支恭摺具陈仰祈圣鉴事》。

[4] (清)朱寿朋编:《光绪朝东华录》(第五册),张静庐等校点,中华书局1958年版,总第5587页。

[5] 《大理院奏筹备关系立宪事宜摺》,载政学社印行:《大清法规大全·宪政部·卷四·筹备立宪一》,第17页。

[6] 北京大学图书馆古籍特藏室:《司法奏底》,第14册,《谨奏为院务重要酌拟大概办法恳恩饬部拨款以资开办恭摺仰祈圣鉴事》。

相应的宽敞壮观的办公条件,以显示国家对法权的尊重。

其次,餍中外之视听,向国内外人士显示中国司法改良的形象和文明的程度。大理院职掌最高审判权,是国家司法权的载体和象征,也是东西方列强窥测中国政治动向尤其是司法状况的着眼点。因此,大理院的办公场所不仅不是一幢无足轻重的建筑物,而是承载着具体政治职能的物理空间。"臣院即为全国最高裁判之地。编制之当否,措置之得失,海外列强将于此属耳目焉,不仅为国人之观瞻所繫也。"[1]"臣院掌全国最高审判,法庭之规制繫中外之观瞻。"[2]只有采用崇闳的体制,才可以使得"不唯国人奉令承教无敢起玩忽之心,即外人来观国是者亦且生其敬惮。用能民志益奋,主权不挠,国势日臻于强固"[3]。

最后,在形式上获得东西方列强认同,为收回领事裁判权创造条件。《申报》明确地说:"建筑法庭与收回领事裁判权至有关系,必须博考各国制度,择善而从。"[4]大理院也举出日本的例子为证:"日本变制之初,首从事于建筑法衙,需费无虑钜万,一时君臣上下,震动恪恭。不十余年,各国撤回领事裁判权,遂收司法统一之效。"[5]

> 臣院为全国最高审判衙门,自开办至今,日本之游历来华者,入院参观,络绎不绝;奉天等省,亦复派员来院考查。若犹是因陋就简,苟且目前,不唯无以尊上国之法权,亦恐不足餍中外之视听。倘异日欲自治其域内侨民,或人尚多所藉口。[6]

可见,大理院认为自己是最高审判衙门,法庭规制不仅为中外观瞻所系,而且是各级审判庭的模仿对象。所以,必须和西方各国一样有崇隆的外观,才可以让中外人士看到中国司法审判改良的情况和文明的程度,从而为收回领事裁判权创造条件。如果仍在工部旧署中因陋就简,那么不仅有失国体,而且容易贻外人以口实,不利于收回领事裁判权。

总之,正如大理院所言:"各国建造法庭,大都气象崇敞,规模宏敞,其大者

---

[1] (清)朱寿朋编:《光绪朝东华录》(第五册),张静庐等校点,中华书局1958年版,总第5586页。

[2] 《大理院奏建造法庭开工日期并呈进图式摺》,载《政治官报》,台湾文海出版社1965年影印版,第44册,第47—48页。

[3] (清)朱寿朋编:《光绪朝东华录》(第五册),张静庐等校点,中华书局1958年版,总第5586页。

[4] 《申报》,大清宣统二年庚戌正月廿一日,西历一千九百十年三月二号(礼拜三),第一张,第五版,紧要新闻一,"大理院注意建筑法庭练习审判"。

[5] 《大理院奏筹备关系立宪事宜摺》,载政学社印行:《大清法规大全·宪政部·卷四·筹备立宪一》,第17页。

[6] 同上。

至能容千人以上,所以系众庶之心思,耸外人之观听,匪细故也。"[1]大理院办公场所建筑作为最高审判权力的运作空间,其规制是中外观瞻所系,它所展示出来的姿态代表着一国司法审判的精神面貌。大理院建筑风格壮丽崇隆,对内可以向国人显示对于法权的尊重,对外可以向东西列强表达改良法律的决心,塑造与"中国律例与东西各国改同一律"的外在形象,为收回领事裁判权创造条件。因此,从政治意义上而言,大理院办公场所的筹建,绝对不是细枝末节的事情,而是关乎宪政推行的大事,是关乎收回领事裁判权的大事。"尊上国之法权——餍中外之视听——收回领事裁判权",这样的内在逻辑,显示了大理院力图通过形式上的器物的改变,向中外人士展示中国司法审判在制度层面的变化,以便获得东西各国列强的认同,从而收回领事裁判权的努力。

(二) 实用目的

大理院重视筹设办公场所,除了主观上的政治目的外,也是出于客观上的实用功能的考虑,是由于自身性质和职掌所决定的办公机构设置的需要。

首先,根据奏定官制,大理院分为详谳处、四个刑科审判庭、两个民科审判庭、典簿厅、看守所等机构。同时,由于实行审检合署,大理院内还需要设立总检察厅。而工部旧署地方狭小,仅够当日工部四司之用,从客观条件上不能满足大理院办公的需要。

其次,根据1910年颁布的《法院编制法》的规定,大理院要实行公开审判,"窃维臣院掌全国最高审判,法庭之规制繫中外之观瞻。自法院编制法颁布实行,审判正待公开",因此,"斯法庭之观成倍亟"[2]。可是,工部旧署的办公条件狭窄,虽然经过改造,但是仍没有足够的空间适应审判活动的要求,满足民众和媒体观审的需要。"臣院开办以来,第就工部原有司堂分庭办事,而地基既隘,规制亦卑,观审之众庶,报馆之载笔无地可容,故未能用正式开庭公判。"[3]受办公条件的制约,《法院编制法》关于公开审判的规定一直不能真正施行。

最后,根据监狱法制,东西各国监狱大都分为已决监和未决监两类,"未定罪名人犯皆归未决监,使之守候质讯"[4]。这也是无罪推定原则的体现和司法文明进步的反映。大理院既然职掌审判,办理现审,那么在案件审判完毕之前,涉案人员都属于未决,因此,必须设有未决监狱羁押未决人犯,以便随时传讯。

---

[1]《大理院奏陈明出入款项拟定办法摺(并单)》,载政学社印行:《大清法规大全·财政部·卷一·清理财政》,第8—11页。

[2]《大理院奏建造法庭开工日期并呈进图式摺》,载《政治官报》,台湾文海出版社1965年影印版,第44册,第47—48页。

[3]《大理院奏陈明出入款项拟定办法摺(并单)》,同前注[1]。

[4] 北京大学图书馆古籍特藏室:《司法奏底》,第14册,《谨奏为审判及检察各法关系重要拟饬臣院调用司员开会研究以资练习而维法权恭摺仰祈圣鉴事》。

"臣院职司审判,传质人证皆系未定罪名,是宜特设看守所一区以资约束。"[1]"若夫现审案犯,其人既未定罪名,其事又未便取保,势必有羁禁之所,以便法庭之提讯。"[2]可是,大理院却没有专门的监狱,以前曾经向法部借用,"大理院与法部移借监狱事情现已议结,法部允将南所监狱借给大理院"[3],但是大理院接收现审案件以后,法部已经不负责现审,无论出于制度规定还是办公方便考虑,未决人犯都不便再寄禁于法部。于是,只好利用工部旧署大库进行改建。遗憾的是,由于客观物质条件限制,当时改建后的监狱条件非常简陋,地势狭小,环境恶劣,以致得到报纸上的批判和讽刺。光绪三十三年七月初一日《大公报》"要闻"一栏,曾有一篇名为《请看大理院之监狱》的文章,对大理院新监狱进行了激烈的批判和辛辣的讽刺:

> 大理院新监狱虽有天窗、电灯,稍为改良,然而地势狭隘,积案累累,多至七八十起,以致秽气熏蒸,十人九病。日前竟连毙巡捕二名、所役一名,其余病势沉重者尚不乏人。按某侍郎所陈监狱改良之说,何等精美,不意实施竟至如此。所役、巡捕不过往来照料,竟至染秽而死,则囚犯可知。此所谓改良乎?[4]

可见,简陋的规制和办公条件已经严重影响了法律的实施,制约了大理院功能的发挥,影响了大理院的司法形象。客观的物质条件,制约了法律的实施,也许这也是"器物"影响"制度"的体现吧?

四、结论:道变中的器变

历史从来都是在特定时空中发生的事情,它不仅有时间维度,而且有空间维度。作为历史发生发展的空间维度,建筑有着鲜明的历史特征和深刻的时代印记。"建筑不光是建筑问题,也是社会问题,建筑是对一个时代身份的表述。"[5]尤其值得注意的是,建筑与权力有着直接的密切的关系,"建筑是一

---

[1] 北京大学图书馆古籍特藏室:《司法奏底》,第14册,《谨奏为审判及检察各法关系重要拟饬臣院调用司员开会研究以资练习而维法权恭摺仰祈圣鉴事》。
[2] (清)朱寿朋编:《光绪朝东华录》(第五册),张静庐等校点,中华书局1958年版,总第5675页。
[3] 《大公报》大清光绪三十三年二月廿八日,西历一千九百零七年四月十号(礼拜三),第一千七百零三号,第三版,"大理院移借监狱议结"。
[4] 《大公报》大清光绪三十三年七月初一日,西历一千九百零七年八月九号(礼拜五),第一千八百二十四号,第三版,"请看大理院之监狱"。
[5] [英]迪勒·萨迪奇:《权力与建筑》,王晓刚、张秀芳译,重庆出版集团、重庆出版社2007年版,封底所载艾未未评论。

种权力的雄辩术"[1]。"政治的影响力无处不在,在建筑问题上显得尤为突出。"[2]因此,考察一幢特定历史阶段中与政治有密切关系的官厅建筑——大理院的办公场所建筑,在某种意义上,不仅可以领略晚清当时的时代特征,尤其可以折射出晚清政治生活中的重大事件——司法独立的历史过程和政治影响。

晚清是一个穷劫巨变的时代,中国社会遭遇"三千年未有之变局"。国门洞开,西学东渐,中西文明剧烈冲突,传统与现代参差互现,在欧风美雨的吹拂下,社会生活奇变跌起,光怪陆离。在这个大变局中,变化最大的则是法制:"清季迄今,变迁之大,无过于法制。"[3]自1901年清政府下诏变法修律,在沈家本的主持下,以"折中各国大同之良规,兼采近世最新之学说,而仍不戾于我国历世相沿之礼教民情"[4]为基本原则,在十年间,晚清社会大规模吸收和移植西方法律文化,在法律思想、法律制度、法律设施和法律艺术诸方面,都发生了空前未有的变化,基本上完成了从传统到现代的转型。倘若说法律思想、法律制度和法律艺术的变化作为思想和制度层面难以直接看到的话,那么作为它们的直接载体和直接外化的器物层面的法律设施的变化,则是直观而显而易见的。因为,法律设施的引进,本身就是法律文化传播的重要途径之一。大理院就是这种法律设施,它的建筑风格的变化正是法律思想和制度变动的最鲜明的体现。

在极端尊崇天人合一哲学、重视堪舆风水之学的古代,建筑作为等级尊卑秩序的外在特征,作为宇宙秩序的一种体现,必须有其规矩和法则。从《周礼》以来,中国古代建筑一直都有严格的规制。尤其是官厅建筑,更是具有森严的礼制来规范。因为官厅建筑是权力的外观,体现着统治者对自己权力形态的塑造。建筑法则的打破,则至少表明了社会观念的变迁,而官厅建筑规制的变化,也是政治思维方式和价值标准的改变的反映。

晚清官厅建筑的洋化,是晚清新政和仿行西方预备立宪过程中社会观念变迁的体现。"今者皇太后皇上采择宪政,以臣院专司审判,凡一切组织机宜,必符各国立宪之精神,乃成一代完全之制度。"[5]大理院办公场所建筑上的西方风格,其实是社会政治制度和思维方式西方化的反映。它表明了当政者愿意按照西方的价值标准改变自己,示西人以改革的姿态和文明的形象,企图在这个"观瞻所系"的建筑场所,让国人,尤其示外国人看到中国的形象,这是中国统

---

[1] 迪勒·萨迪奇:《权力与建筑》,王晓刚、张秀芳译,重庆出版集团、重庆出版社2007年版,封底所载尼采名言。
[2] 同上注,封底所载《出版家周刊》评论。
[3] 柳诒徵:《中国文化史》(下),蔡尚思导读,上海古籍出版社2001年版,第924页。
[4] (清)朱寿朋编:《光绪朝东华录》(第五册),张静庐等校点,中华书局1958年版,总第5809页。
[5] 同上注,总第5674页。

治者潜意识中希望表达给西方的一个形象,也是一种积极主动渴望认同的心态。诚如周锡瑞(Joseph W. Esherick)所言:"咨议局等的西方建筑不仅是形式上的'欧化',作为新政治的场所,它也表现了内容与形式上的统一。"[1]

对大理院而言,打破传统的建筑法则,一如打破了传统的法制形象一样,新的建筑的法则和新的反传统的法律制度,互为表里,一起体现出全新的气象。作为近代司法权的载体和运作空间,大理院一开始便积极主动地"参照东西各国大审院图式"进行建设——这也是晚清修订法律中"折中各国大同之良规"原则的自觉体现。大理院办公场所建筑的洋式和欧化的风格,以全新的开放姿态把近代最高司法机关的形象呈现在外国人眼前,在形式上为中外百年法律冲突勾画了一个缓和的坡度和缓慢的句号。

(初审编辑:尤陈俊)

---

[1] 周锡瑞:"孙中山的时代——从义和团到辛亥革命",载中国孙中山研究学会编:《孙中山和他的时代——孙中山研究国际学术讨论会文集》(上),中华书局1989年版,第136页。

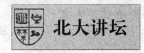

从宪法角度看社会行动者对国家决定的影响[*]

菲利普·库尼希[**]

卢白羽[***] 译 王世洲[****] 校

Constitutional Aspect of Social Actor's Influence upon State's Decisions

Philip Kunig
translated by Lu Bai-yu
proofread by Wang Shi-zhou

内容摘要：本文在通过分析"社会"、"国家决定"和"宪法立法"的概念，通过德国法学思想区分国家和社会两个概念的历史，在当代德国宪法确立的国家和社会相分离的基础上，讨论了社会行动者对国家立法、行政、司法三方面决定

---

[*] 本文是德国柏林自由大学教授菲利普·库尼希先生在2007年3月30日至4月1日北京大学德国研究中心主办的题名为"从市民社会到公民社会"（Von der buergerlichen Gesellschaft zur Zivilgesellschaft）国际研讨会上的讲演稿。

[**] 菲利普·库尼西教授（Prof. Dr. Philip Kunig），1951年生于德国奥斯纳布吕克，曾于1992年至2000年间任柏林州宪法法院法官，2002年至2004年担任柏林自由大学法律系主任，现为柏林自由大学教授，校学术委员会委员，主要研究领域是宪法、行政法、环境法和国际法。他发表了大量文章和数部专著，并担任多种公法和国际法学术期刊的主编，在德国学界享有较高声誉。

[***] 卢白羽，北京大学外语学院德语专业硕士研究生。

[****] 王世洲，北京大学法学院教授、博士生导师。

的影响,着重从规范和政治评价的角度,分析了与这些影响密切相关的机会和风险,表明宪法在维持机会和风险之间平衡具有不可或缺的地位。本文作者希望德国的经验对中国建设法治国家有所帮助。

关键词:社会行动者　社会　国家决定　宪法立法

一、前言

哲学与历史,尤其是社会史,迄今为止仍然是我们会议的中心。史实以及关于史实的思考构成了培植法律的土壤。法律是一种反应性的现象,它的产生以及产生它的目的,是为了强化现有秩序,或者是为了改变现有秩序。法律给政治提供活动空间,限制它的活动范围,同时也是政治的工具。不管怎样,法律依赖于特定历史环境下的各种因素,需要从政治哲学的运用角度进行事先性的思考。就像恩格斯说过的那样,法律是上层建筑现象。这位思想家尽管比马克思更关注法律,但是在整体上却低估了法律。在这里,我是这样谈论关于现象的上层建筑的,也就是从其他学科的角度出发来探讨这些现象的。

从法学角度看,什么是社会? 在"社会行动者"中包含的"社会"这一概念,以及在我的报告标题中使用的另外两个概念,"国家决定"和"宪法立法",将在第二部分加以简要说明。然后,在第三部分中,我会转向介绍德国法学思想中把国家和社会的概念加以区分的起源。在第四部分中,在这个问题的基础上,说明当代德国宪法为什么建立在国家和社会分离的根基上。随后,在第五部分中,我将讨论社会行动者对国家决定的影响,并且区分国家的三种功能、领域,或者说是权力,也就是立法、行政、司法。最后,在第六部分中,我想不再仅仅从规范的角度出发,而是也从政治评价的角度出发,谈谈与这些影响密切相关的机会和风险,并且表明,为了建立这些机会和风险之间的平衡,宪法是不可或缺的。后者,也就是宪法在引导和驯化对国家决定的社会影响方面具有不可或缺的性质,是我的论点。我主张,虽然我是使用德国的例子发展出这个论点的,但是,这个论点的重要性绝不仅限于德国。我认为,我们在这里处理的问题是每一个法治国家都面临的,尽管对这些问题的回答会有所不同。因此,随之而来的问题就是,对于目前中国这种类型的社会主义法治国家来说,什么样的答案才是合适的。

二、关于三个概念的解释

对于我们举办的这种跨学科交流来说,确定基本概念特别重要。正是在人文和社会科学中,人们常常各自使用一些相同的概念来表示一些不同的现象,这种情况并不罕见。有些时候说的相似的东西,却不是相同的东西。因此,这样的跨学科交流,就会与跨语言交流一样困难。在这里,如果允许我这样比喻下面的讨论,那么也可以说,我们虽然是在语义学领域中进行交流,但是使用的却常常是不同的术语。

我不想对不同学科中的不同术语进行比较,那会离题太远。我仅仅想把我的话题局限在一位德国法学工作者在我报告的中心概念下所能理解的那些东西之上。

(一)社会行动者

社会行动者就是任何这样的人,他没有担任国家公职,不代表国家,也就是不属于政府或者不隶属于政府的行政机构,不是立法机构的成员,也没有接受国家司法机关的任何委托。所有不是国家公职承担者的人,我们都称之为公民。在这个意义上的公民,不仅是自然意义上的和肉体意义上的人,也可以是多个人、法人,只要其地位是根据私法确立的。由此,同时可以得出这个结论:公民也就是社会行动者可能是完全不同的,可能是以股份公司形式出现的与国际有着密切联系的庞大企业,也可能是没有受过教育的失业人员。

重要的是,一个个人可以同时既是国家的行动者也是社会的行动者。公务员总是自然人。只有他们才能代表公职。他们并没有由于自己公务员的特殊性质就丧失自己作为公民的地位。不过,他们在不同的领域内行为,他们的行为要服从不同的法律规范,包括他们可以做什么,以及他们行为会产生什么结果这些方面。

(二)国家决定

国家决定是指由各种国家机构作出的决定,这些国家机构包括立法、行政、司法所有三种国家权力的表现形式。这些决定以不同的形式出现,例如法律、行政行为(作为对具体案件有法律约束力的决定)或者条约。它们主要出现在公法领域内,但并不局限于此。国家也可以使用私法的形式,例如购买或者租赁,总的说来:在经济领域内像一名社会行动者那样进行活动。此外,国家还要服从宪法的约束,但是这并不适用于社会行动者。这样看来,国家具有双重身份。

(三)宪法角度

德国法律制度的一个重要特点是它严格的规范等级制。宪法位于这一等级制的顶端。宪法对于其他法律来说具有至高无上的地位。不能与宪法保持一致的法律均为无效。如果允许一条简单的法律具有多重意义,那么宪法就是一种解说的标准:简单法律的解释和应用必须永远符合宪法,也就是与宪法保持一致的解释。除此之外,宪法还规定了所有其他法的产生规则。因此,宪法具有实质的和形式上的意义。

重要的是:在德国,宪法直接适用于所有国家权力的承担者。立法、行政、司法都直接受宪法的约束。宪法不仅是宪法法院的,而且也是所有法院的判决标准。

还有一点也很重要:宪法也渗透进私法之中了。虽然社会行动者不受宪法的约束,但是,与社会行动者有关的法律必须由各种法院,也包括民事法院在符合宪法的情况下加以解释和运用。因此,宪法的价值性判决也全新地体现在诸如劳动法、租赁法之中,也就是全新地体现在社会行动者典型地以各种完全不同的社会力量组织起来的一切领域之中。

三、国家和社会在概念上分离的起源

在德国宪法思想中,国家与社会相分离的思想在君主立宪时期就形成了。人们称这个时期为过渡期,因为它一方面标志着对国家权力形成了法治的控制,同时另一方面又继续存在着一种君主制的、对民主的萌芽只能部分容忍的制度。国家统治与公民的个人自治之间,国家主权与自由之间,公共空间与私人性之间,都是对立的关系。宗教信仰、科学与教育,甚至经济领域都渐渐地失去国家的意义了。在这些方面,德国的发展明显与其他欧洲的宪法制度不同,强调的是另外一些重点。例如在英国,法治(the rule of law)的形成同时就意味着市民的共同统治和共同确定,以及他们对国家事务的参与。与此相反,德国的市民运动基本局限在促进私人自由空间的发展上,国家仍然潜在的保持着全能。按照这样的理解,立宪就意味着君主自愿进行自我约束,而市民性形成仍局限于社会领域。

用今天的眼光看来,与其他地方的民主运动相比,这些起源会使国家与社会的分离显得陈旧而过时。不过,这么说在今天却无论如何是不对的。早在魏玛宪法中出现的国家思想,以及在联邦德国建立之后的那种国家思想,就已经跨越了阻碍市民对国家领域发挥影响的屏障。今天,国家与社会的区分就产生了特别的自由特征,并且标志着与专制的国家形式的区别。在这里,这种区别一方面要求,国家对公民自由的影响总是需要特别的合理性(legitiamtion),也就是必须能够根据符合比例性这个基本原则加以正当化;另一方面,这种区别要求,对国家行为施加的影响必须是在社会范围方面,因此,社会各阶层都可以参与国家的决定过程。

国家与社会的关系从来不是抽象的,而总是只能在一个真实存在的制度框架内,在其具体的实现方式中加以理解和评价的,因此,接下来要探讨的就是,《德国基本法》为国家与社会的关系赋予了哪些具体的形态。

四、《基本法》与国家和社会的分离

关于国家与社会分离的思想财富在德国宪法思想中的发展,如前所言,具

有理论的特点,并且,不可能在成文宪法的一条独立法律条文中找到有关的表述。这也适用于现行的德国宪法:1949年的《基本法》。这部《基本法》首先从三个方面表明其对国家与社会分离传统的尊重。对此,我用三个关键词来加以概括:合理性、基本法制度和政党。

（一）合理性

德国宪法要求,所有国家行为都要遵循社会合理性。不能回溯到这样一种合理性的国家机构的行为,就是违反宪法的。宪法本身并没有这样的明确规定,而只是规定了形成这种合理性的程序,也就是在选举联邦或各州的议会,以及在选举社区性的地方政权中对民主的有效性的要求。这种通过选举获得合理性的要求,以及由此获得其他国家机构的合理性,也就是通过社会获得行政机关和司法判决的合理性,都是符合民主原则的。《基本法》在法治国、社会国和联邦国家之外,把民主原则上升为它的主要原则。作为最高行政机构的政府,以及与其一起的整套行政机器,就间接地获得了它们的合理性,这是这样实现的:议会决定谁作为政府首脑,然后,政府决定谁隶属于行政机构。法院的合理性,以人民的名义说什么是法律[1],同样也是基于议会以及政府的决定,在这里,细节应当由复杂的规则来规定。重要的是:这种合理性行为仅仅涉及法官的任免,而不包括职务行为的内容。法官一旦任职,就获得了独立性,不遵从任何指示,只受法律的约束。

（二）基本权利

德国宪法中的基本权利是作为公民面对国家的权利来构建的。这个方案同样也是以国家和社会在领域上的分离为条件的。但是,这些基本权利也包括了对国家决定的影响权,至少包括了那些通过其使用可以影响国家决定内容的个人权利的位置。这特别清楚地表现在,例如,言论自由和集会自由上。这些因此也可以标志为民主的基本权利。还有,结社自由,作为建立自治性联合的基本权利,也处于这个联系之中。联邦宪法多次强调了社会舆论的形成对于民主进程的重要性,即使这些基本权利完全不意味着公民可以要求国家机构必须与自己的意见保持一致。然而,定期选举的必要性,保证了各种国家机构,尤其是政府,但是也包括议会,必须考虑社会的舆论。只有在法律留给行政机关的政治性裁量空间这个范围之内,行政机关才能够这样做。

（三）政党

作为公民联合体的政党,以通过选举议会来获得政治影响为目的,也是社会行动者,而不是国家机构。然而,政党具有双重立场。一方面,它是私人权利

---

[1] 在德语中,"法"与"正确"是同一个词"Recht"。因此,也可以把这个句子翻译成"以人民的名义说什么是正确的"。——译者注

的团体,另一方面,通过《基本法》,通过把在人民形成政治性意志的过程中共同发挥作用作为自己的任务,它又突出地表现出与其他团体的区别。从这种宪法规定的任务性指示中,可以得出各种法律后果,从而使得各个政党靠近国家机构。这些政党基本上就是这样,通过自己在议会中建立的议会党团来对议会中的决定过程发生影响的。这些政党是担任国家职务的政治人物的预备团队。它们的活动资金部分地靠国家提供,以便使它们能够履行宪法赋予的职责。除此之外,政党在宪法法院中,在特定的情形下,还可以受到像国家机构一样的对待。

可以这么说,政党在德国宪法中的地位,恰好是国家与社会相分离的证据,同时,这也证明了清楚区分两者的困难。我打算在这里停止对政党的讨论,不再深入,因为德国和中国的政党情况十分不同,对两国的政党制度进行比较没有很大的意义。另一方面,人们不应当忘记:在一党制中也存在着一些社会矛盾,这些社会矛盾不能由独立的政党加以表达,但是经常可以在这个党的内部得到表达,例如在党内的一些独立委员会(比如在中国的情况)中存在的那样。由于这个原因,一党制还是多党制这个问题的意义,就明显地具有局限性了。在两种制度中都可能有民主,但是,民主不能仅仅通过政党的存在就得到实现。

五、社会行动者对国家决定影响的种类与形式

由于所有国家决定都涉及立法、行政或者司法,因此,必须分别对这三个领域加以讨论。社会行动者对所有三个领域都会发生影响,只是程度有所不同。在所有三个领域中,都能够区分出正式的和非正式的影响,同样,这些影响都只是在程度上有所不同。正式的影响是指正式的,也就是由法律规定的影响。非正式的影响是指那些虽然发生在法律规定之外,但并不因此就必然是违法的影响。更准确地说,对非正式的影响在法律上是否被许可的判断,取决于这类影响涉及的是国家决定的哪些方面。

(一) 立法

在德国,联邦可以立法,在16个州的层面中,对局限于地方事务的对象方面,例如建筑规划或者自然保护,以及对于社区层面的事务,也可以立法。关于社区层面的立法,沃尔曼(Wollmann)先生将会谈到。

议会负责联邦和各州的立法,在议会通过法律授权的范围内,政府也可以立法;这种法律必须在对象和内容上严格加以限制,以便使行政及其立法都局限在议会所允许的范围之内。

关于立法的决定,是在不同国家机构的相互作用中作出的。在联邦层面中,这样的机构是作为议会的联邦议院和代表各州利益的联邦参议院。对此,宪法本身并不承认任何社会行动者的参与。不过,社会行动者对规范的确立的

确具有重要的影响,这不仅体现在法律草案的草拟上,而且反映在立法程序的过程中。

立法由国家机构提议,或者由议会自己提出,或者由联邦参议院提出,在多数情况下,是由政府提出草案的。在所有这些情况下,政党都发挥了重要的作用。不过,如果没有其他社会行动者先前的参与,尤其是没有社团作为社会各环节利益的代表进行的参与,那么,法律是绝不会得到准备的。作为社会各环节利益代表的社团经常也在政治上发挥决定性的推动作用,例如行业协会,各种雇主社团,各种工业、手工业和农民的社团,或者各种自然保护组织。政党与社会各界代表举办针对具体立法的各种大会,甚至各级政府自己也举行这样的讨论会。它们搜集各种意见,征求立法建议,建立各种委员会和专家小组。这种过程之所以被称为是非正式的,是由于它不受进一步的法律约束——除了少数例子之外;这种过程是或多或少透明地公开进行的,尤其会成为媒体批评的对象。在这个过程中包括在政治性决定中去国家化的趋势。我在后面还要对此继续进行讨论。

(二) 行政

政府下属的行政,首先是对具体案件作出决定。行政执行法律,但在其中却经常拥有裁量权范围。结果,行政法的法律规范仅仅会在一些情况下才能准确地适用于一个具体案件,但是,更经常的是为可能的决定留下一个幅度,同样,这些决定也要保持在法律范围之内。在这个方面,最重要的在法律技术上的形成工具是衡量,还有不确定的法律概念。行政法的许多规范都允许多种和谐一致的合法决定存在,或者使用一些需要具体化的法律概念,比如"公共利益"这样的概念。执法性行政的事情,就是在多种决定的可能性之中作出选择。在这里,经常涉及在当前各种社会行动者相互冲突的利益之间进行权衡。这就导致,在作出行政决定之前,这些社会行动者会要求行政机构注意自己的利益。

行政程序法对这种情况作出了反应。它为社会行动者提供了在行政决定的准备阶段清楚地说明自己利益的机会。在这里,我们必须处理的是正式影响的情况。

这样,德国法在行政决定的案件中为这种有关人员提供了表述的机会,这不仅涉及行政与具体案件的决定接收者之间的法律关系,也涉及第三者的利益。在这里,我们谈论的是一种多极的法律关系。建筑法和环境法,以及其他法律领域对此提供的事例,是行政实践每天都要决定的。当一项建筑计划或是一个设施的运行需要得到批准时,时常会牵涉第三者的利益。在许多这样的行政决定中,这名第三者会正式参加到程序中来。如果没有为第三者提供参与的可能性,那么由此就有可能发生诉讼。

这个基本原则已经在普通的行政程序法中加以规定了。除此以外,在许多专门的法律中,还有一些特殊的规定。一项大型工程可能涉及几百甚至几千个行动者。在多数情况下,参与的都是单独的个人,通常,这些个人都会组织成各种团体。例如,在自然保护法中,就有非常强烈的社团参与特征。因此,作为国家机构的行政并不是对各种社会要求进行单方面和主权式的决定;更准确地说,这些社会要求在行政决定的框架中会得到清楚的表达,也就是说,在一定程度上,会一直伴随着行政,直到作出决定为止。

特别是在对具有基础性影响的措施所作的决定程序中,不仅会有个人的,也就是公民利益的书面请求书,而且还经常有讨论会的日期,届时这个行政机构会与利益相关公民就决定的内容进行讨论。这种交流的形式,从心理原因看来,就已经从单纯的交流转变成为各个参与人的共同决定了。

(三)司法

前面已经提到,司法是不接受政府的指示的,并且在实质上是独立的。其他权力对司法的影响,仅仅局限在对司法人员的任免发挥共同影响这个方面。然而,社会行动者会对党派政治的影响发挥作用。这首先涉及联邦和各州的宪法管辖权,对这方面人员的挑选在事实上掌握在各个政党的手中。还有,确定的法律规范对于法庭的合适判决应当是什么这样的问题,需要参考社会范围中的观点,也就是需要参考公民的意见时,也是这种情况。因此,各个法院就必须查明社会的意见情况。这对于"公共秩序"这个概念具有十分重要的作用。这个概念作为行为构成的特征,是由法律规范作为规范的构成加以定义的,绝大多数公民都认为,遵守这些规范是绝对必需的。在这个范围内,社会框架中合乎道德的感受,就对法律的应用发挥了作用。

具体到联邦宪法法院在讨论一部法律是否符合宪法的问题时,经常会征求社会行动者的意见。这样做的背景是,联邦宪法法院对于一个法律规范的合宪性问题,经常会依赖于并且必须依赖于对其符合比例性的判断,也就是说,特别要考虑其对实现一种特定目标的适当性和适度性的判断。"合适"和"适度"这些概念,必须以价值为条件。因此,联邦宪法法院在这样的案例中,就会了解社会范围中的评价。

六、机会与风险

正如我所指出的那样,在处于三种权力领域内的国家决定过程中,在国家的代表和社会行动者之间经常会进行一种交流。社会行动者会提出自己的利益、愿望和观点。这些就带着机会,但是还有风险,与国家决定的质量紧密联系起来了。

这里出现的机会与一项决定所具有的实际恰当性有关。如果作出决定的机构能够考虑自己决定的全部后果,那么这个决定就基本上具有实际恰当性。

作出决定的机构所获得的信息状况,是一项决定所具有的质量的条件。不仅在立法程序中而且在行政程序中,社会行动者的参与都会发挥这样的作用:完善行政机构的业务知识,避免忽略一些重要的方面。

除此之外,国家与社会之间的交流还赢得了有关公民对一项国家决定的接受。一个人在一项决定作出之前,如果有机会表达自己的观点,那经常就更有可能接受之后作出的决定。同时,在作出一项国家决定时,如果没有考虑在此之前提出来的那些利益,在那些根据衡量作出决定的行政机构那里,这项决定就很容易是一个法律错误,从而导致这项决定会在事后被法院加以改正。

另外,国家和公民之间的交流还有可能使国家估计,自己是否以及在何种程度上必须在自己的决定方面考虑需要由法院提供法律保护的必要性。这一点非常重要,尤其是对那些明显可能面临多种法律保护的决定,也就是那些对许多单个公民提供了这种法律保护可能性的决定,更是这样。这里的典型例子就是大型规划的案件,还有那种会给许多公民增加负担的法律。国家在作出决定时,经常会对在这项决定的准备期间提出的利益,提供比原来打算的更大的空间,以便避免在不同情况下可能出现的长年累月的诉讼。

社会行动者对国家决定的正式和非正式的影响,在这些积极方面之外,也存在着消极方面。国家可能会受到误导,而去走那条反对意见最少的道路。在立法时,也会存在这样的情况,国家最可能做的是同时考虑许多甚至是相互冲突的利益,结果就无法作出明晰的决定,而只能颁布一些毫无内容的妥协性法律,从而必须由法院来将这些法律加以具体化。可以想象的还有,这同样也与立法和行政有关,那些特别知道持久地表达自己意见的人能够引起国家的特别注意。社会力量的组织经常也是一个财政方面的问题。专家咨询意见,还有法律咨询意见,都需要钱。如果国家只与那些能够有效表达自己利益的群体进行交流,那么,弱势群体的利益,财力较弱的社会环节,就有被忽视的危险。

特别引人注目的是对大型工程所做的行政决定。如果国家在做决定时,仅仅与那些同一种特定决定具有积极或者消极利益的群体进行交流,那么,这个决定对整个社会的影响,就有被忽视的危险。

在有待通过经验进行观察的积极方面,需要谈论的是,社会行动者对国家决定发挥影响的种种现象应当得到保留。不过,与之相连的风险却还要求标志出界限和采取预防措施,以避免发生公然越界和被禁止的情况。

这种界限是由宪法划定的,根据的是法治国和民主的原则。法治国原则要求维持现有的法律,要求法院对违法决定采取法律保护的可能性,最重要的是,要求保护个人的基本权利。在当前情况下,民主原则对这些要求进行了补充,也就是像前面的引言中所说的,要求国家决定的合理性,更确切地说,要求作为个人来履行国家决定的那些人,国家的代表人所具有的合理性。

两者共同作用,禁止国家的决定者即使是在事实上把自己的决定权转让给社会行动者。前面提到的各种交流的途径也不允许导致这样的结果,国家仅仅在形式上作出了一个决定,而在实质上和真实情况中,却是一个社会行动者的决定。这就要求国家与社会之间必须保持一定的距离。国家仅仅对共同利益负责。它必须有能力作出必要的决定,即使这个决定会伤害到大量的相关利益。我们在德国发现,这一能力并不总是存在的。这种丧失就威胁了那种决定的合理性。

在这个方面,德国行政机构的决定行为需要服从全面的法院控制。这也是法治国的一个特征。但是,这绝不意味着法院替代了或是可以替代行政的位置。一旦这种权力属于行政机构裁量范围,法院就必须尊重这种裁量权。如果行政单方面地或者党派性地向特定的利益开放,那么,这种做法就需要服从法院的控制。

从法院方面说,这个法院只能受到其他法院的控制。在德国,这通常是这样表示的:有多种法院的审级可以使用,它们的决定又经常要服从宪法法院的控制。在必要的情况下,宪法法院的决定还可以提交给欧洲人权法院,不过迄今为止,这基本还停留在理论层面。

还有,立法也可以控制宪法法院的管辖权,这在事项上是很全面的,但是在内容上,却要受到必须尊重立法者的行为裁量范围的限制。

与此相反,国家的政治性决定却不受法院的控制。对政治性决定的控制是以另一种方式进行的,也就是通过社会特有的权利——选举。这也显示出法治国和民主的互补性。这种权利使国家在愿意的情况下,具有广泛的可能性来疏远社会行动者整体的意志。但是,国家的这种权力却受到时间的限制,只能延续至下一次选举。在对社会利益作出各种政治决定之上,悬挂着这把掌握在人民手中的利剑,也就是在下届选举中失败的风险和由此产生的丧失民主合理性的结果。在这里,德国的宪法制度容忍了人民在选举决定中可能产生的非理性后果。这个制度不接受一个精英阶层具有更好的判断力的思想,也就是这个精英阶层能够作出客观的、在科学上可以把握的认知,而这些认知在一个特定的历史情况下是正确、适度的,也就是在一定程度上"合法的"[1]。这个制度信任的是这个社会在选举决定时的决定力量,通过宪法限制了那些为了在社会上具有合理性的国家而产生的各种行为选择的可能性,并且也保障了社会行动者不依赖于选举就能够参加国家决定的过程。

(初审编辑:于佳佳)

---

[1] 原文是 gesetzmäßig,也可以翻译为"符合法则的"。——译者注

编 后 小 记
CSSCI 后的《北大法律评论》:回想与展望

　　上一期《北大法律评论》定稿将印之际,传来消息说《评论》已经正式被南京大学主持的中国人文社会科学引文索引(CSSCI)认定为新一批的来源集刊。换句话说,中国最权威的"学术核心刊物名录"中算是有了《评论》的一席之地。

　　我们认为这是件好事,是对刊物进一步发展的一个很好的契机。因为虽然《评论》的编辑十年来都是以一种乐观的理想主义精神在不懈的努力,但《评论》也一直生活在现实中。而现实就是,作为国内学术界重要组成部分的中青年学者:教授、副教授职称的申请人,往往只有在若干"官方认证"的刊物上发的文章,才能被纳入评职称考核依据。甚至教授承接的课题,也往往要在指定刊物上发表才能被认可结题。

　　故而,尽管《评论》仍然维持着较好的口碑,却往往只能换来对方爱莫能助的目光。尽管由于一些作者的慷慨和编辑的争取,《评论》仍然始终能多样化地刊发着各个学校、各类学者的高质量的文章,但人非草木,如果真的因此影响作者的"功名",我们又何尝不会有一丝歉疚?

　　所幸现在问题似乎在一定程度上得到了缓解。而且可以告慰所有爱护着《评论》的前辈和朋友的是,这不仅是一个可以令他们高兴的结果,其过程也是同样如此:

　　正如一位建言《评论》要"永不核心期刊"的学者所言,学生编辑是"最无竞贿资源和意欲"的(详见《评论》第六卷第二辑),他说的这一点至今仍然是《评论》的"立身之本"和"编辑伦理"。但在 CSSCI 申请过程中,《评论》付出的只是我的一次电话咨询、一份申请表的下载填写和一套样刊的平邮。其评选过程或许有很多步骤,但我们这些学生编辑所做和所能做的也的确只是如此简单。回想之余,都不免有些感慨,这一方面是对孜孜认真做事的学生编辑和《评论》诸多可敬的作者的一种肯定,因为历年的引证数据都在为我们做无声而雄辩的论证;另一方面也可谓是转型中国在许多领域愈发走上正轨的一个例证吧。

但这并不是说我们就可以有些许自满或松懈了。在今日各类刊物百舸争流的情况下,十年《评论》即使在 CSSCI 法学类核心集刊中可以名列第一,但也显然不会因此自动享受名家大牌、青年俊彦稿件泪泪而来的待遇,集刊和期刊相比也依然多少面临着集体性的"身份歧视"问题。我们这个"民营企业"可以期望得到的,只是一个更为公平的和"大国企"、"小国企"进行竞争的市场环境,而尤其在高端市场,始终存在着激烈的竞争。

更何况从某种程度上,我们也必须审慎关注着学者稿件可能的大量增加,因为当我们的刊物的品牌价值被外界在一定程度上认可的时候,我们这些无名的学生手中也许进一步拥有了某种无形的"权力"。曾经无名分的《评论》可以自居为只是有志于研究的人们之间单纯的交流纽带,所以我们真诚地感谢着那些作者不计稻粱谋地为我们提供优美的稿件,也曾同样屡屡真诚地退回他们的稿件或者请他们作大幅度修改。但有了一点点名分的《评论》会不会忽然面临着外部可能的寻租压力以及随之而来的种种"关系"问题呢?

我们希望对这个问题的答案是可以令人满意的。因为《评论》薪火相传的精神更多地是来自于人们心中的热忱和对学术真善美的执著追求,它们不会因为外部的条件变化而轻易地产生波折。在北京大学建校 110 周年和《评论》创刊 10 周年之际,我们可以欣慰地说,《评论》的经历虽然不像北大的百年沧桑那样波澜壮阔,但也始终努力地保持着自信、坚韧、正直和高尚的品格。所以,我们也完全有理由期望和相信,在这所中国最为宽容与自由的学府的怀抱下,《评论》未来智慧、勤奋和勇敢的编辑们将会化解种种烦难,使我们的刊物继续扬帆破浪,顺利地驶向远方!

最后,谨祝北大的未来更美好,《评论》的未来也更美好,在北大的千秋基业中像一株挺拔的青松那样始终谦虚地矗立!

缪因知　代

经《北大法律评论》编辑委员会讨论通过

2008 年 5 月

《北大法律评论》主题研讨
（第1卷至第8卷）

1卷2　（1999-5）

主题研讨：中国的审判委员会制度
- 苏　力　基层审判委员会制度的考察及思考
- 贺卫方　关于审判委员会的几点评论
- 朱　晖　不可预约的正当性
- 陈瑞华　正义的误区
　　　　——评法院审判委员会制度
- 鲁智勇　关于审判委员会制度的思考

2卷1　（1999-12）

主题研讨：中国乡村社会的法律
- 张　静　乡规民约体现的村庄治权
- 王亚新　围绕审判的资源获取与分配
- 苏　力　农村基层法院的纠纷解决与规则之治
- 赵旭东　互惠、公正与法制现代性
- 陶　榕　论中国农业税收制度的非法律主义特征
- 杨　柳　模糊的法律产品

2卷2　（2000-5）

主题研讨：法律与社会
- 李　猛　导言

邓正来　社会秩序规则二元观
　　　　——哈耶克法律理论的研究
卢　曼　法律的自我复制及其限制（韩旭译　李猛校）
福　柯　法律精神病学中"危险个人"概念的演变（苏力译　李康校）
布迪厄　法律的力量
　　　　——迈向司法场域的社会学（强世功译）
季卫东　从边缘到中心：20世纪美国的"法与社会"研究运动
图依布纳　现代法中的实质要素和反思要素（矫波译　强世功校）
马考利　法律与行为科学：他言之有物吗？（徐旭译　郑戈校）

5卷2　（2004-4）

主题研讨：财产权专题
高全喜　休谟的财产权理论
陈端洪　排他性与他者化：中国农村"外嫁女"案件的财产权分析
沃尔特　宪法上的财产权条款：在保障和限制间达致平衡
翟小波　对 Hohfeld 权利及其类似概念的初步理解

6卷1　（2005-1）

主题研讨：转型社会中的司法过程
王亚新　实践中的民事审判
　　　　——五个中级法院民事一审程序的运作
傅郁林　中国基层法律服务状况初步考察报告
　　　　——以农村基层法律服务所为窗口
陈瑞华　无偏私的裁判者
　　　　——回避与变更管辖制度的反思性考察
易延友　司法权行使的正当性
　　　　——由回避制度看刑事诉讼程序之弊病
侯　猛　最高法院司法知识体制再生产
　　　　——以最高法院规制经济的司法过程为例

6 卷 2 （2005-6）

主题研讨：死刑专辑
- 陈兴良　关于死刑的通信
　　　　　受雇用为他人运输毒品犯罪的死刑裁量研究
- 梁根林　死刑控制四大论纲及其实施
- 周光权　死刑的司法限制
- 汪明亮　死刑量刑法理学模式与社会学模式

7 卷 1 （2006-1）

主题研讨：法律的社会科学研究
- 王绍光　导言
- 贺　欣　转型中国背景下的法律与社会科学研究
- 伊恩·艾尔斯　罗伯特·格特纳
　　　　　填补不完全合同的空白：默认规则的一个经济学理论（李清池译）
- 斯图尔特·马考利　商业中的非合同关系：一个初步的研究（冉井富译）
- 成　凡　社会科学"包装"法学
　　　　　——它的社会科学含义
- 侯　猛　最高法院公共政策的运作：权力策略与信息选择

8 卷 1 （2007-1）

主题研讨：人民陪审员制度
- 贺卫方　导言
- 刘晴辉　对人民陪审制运行过程的考察
- 曾　晖　王　筝　困境中的陪审制度
　　　　　——法院需要笼罩下的陪审制度解读
- 彭小龙　陪审团审理中的微观机制考察
　　　　　——一个分析实证的视角

8 卷 2（2007-6）

主题研讨：反思转型社会中的刑事程序法失灵

陈瑞华　导言：研究刑事程序失灵的意义与方法
季卫东　拨乱反正说程序
刘　忠　作为一个偶然地区性事件的正当程序革命
杨小雷　规则建立过程的知识考察：以"刘涌案"事件为空间
珍妮弗·史密斯　迈克尔·冈波斯
　　　　实现正义：公平审判权在中国的发展（唐俊杰译　张建伟校）

注 释 体 例

援用本刊规范：

苏力："作为社会控制的文学与法律——从元杂剧切入"，载《北大法律评论》第 7 卷第 1 辑，北京大学出版社 2006 年版。

一、一般体例

1. 引征应能体现所援用文献、资料等的信息特点，能（1）与其他文献、资料等相区别；（2）能说明该文献、资料等的相关来源，方便读者查找。
2. 引征注释以页下脚注形式，每页重新编号。
3. 正文中出现一百字以上的引文，不必加注引号，直接将引文部分左边缩排两格，并使用楷体字予以区分。一百字以下引文，加注引号，直接放在正文中。
4. 直接引征不使用引导词或加引导词，间接性的带有作者的概括理解的、支持性或背景性的引用，可使用"参见"、"例如"、"例见"、"又见"、"参照"等；对立性引征的引导词为"相反"、"不同的见解，参见"、"但见"等。
5. 注释中重复引用文献、资料时，若为注释中次第紧连援用同一文献、资料等的情形，可使用"同上注，第 2 页"以及"Id. ,p. 2"等。
6. 作者（包括编者、译者、机构作者等）为三人以上时，可仅列出第一人，使用"等"予以省略。
7. 引征二手文献、资料，需注明该原始文献资料的作者、标题，在其后注明"转引自"该援用的文献、资料等。
8. 引征信札、访谈、演讲、电影、电视、广播、录音、未刊稿等文献、资料等，在其后注明资料形成时间、地点或出品时间、出品机构等能显示其独立存在的特征。不提倡引证作者自己的未刊稿，除非是即将出版或公开的。
9. 引征网页应出自大型学术网站或新闻网站站方管理员添加设置的网页，并且有详细的可以直接确认定位到具体征引内容所在网页的链接地址。不提倡从 BBS、博客等普通用户可以任意删改的网页中引证。
10. 外文作品的引征，从该文种的学术引征惯例。
11. 其他未尽事宜，参见本刊近期已刊登文章的处理办法。

二、引用例证

中文

1. 著作
   - 朱慈蕴：《公司法人格否认法理研究》，法律出版社 1998 年版，第 32 页。
2. 译作
   - 孟德斯鸠：《论法的精神》（下册），张雁深译，商务印书馆 1963 年版，第 32 页。
3. 编辑（主编）作品
   - 朱景文主编：《对西方法律传统的挑战——美国批判法律研究运动》，中国检察出版社 1996 年版，第 32 页。
4. 杂志/报刊
   - 许实敏："我国券商风险防范与管理"，载《证券市场导报》1999 年第 5 期。
   - 刘晓林："行政许可法带给我们什么"，载《人民日报》（海外版）2003 年 9 月 6 日。
5. 著作中的文章
   - 宋格文："天人之间：汉代的契约与国家"，李明德译，载高道蕴等主编：《美国学者论中国法律传统》，中国政法大学出版社 1994 年版，第 32 页。
6. 网上文献资料引征
   - 梁戈："评美国高教独立性存在与发展的历史条件"，http://www.edu.cn/20020318/3022829.shtml.

英文

1. 英文期刊文章　consecutively paginated journals

   Solomon M. Karmel, "Securities Markets and China's International Economic Integration", 49 *J. Int'l Affairs* 525, 526 (1996).

2. 文集中的文章　shorter works in collection

   Lars Anell, *Foreword*, in Daniel Gervais, *The TRIPS Agreement: Drafting History and Analysis*, London Sweet & Maxwell, 1998, p.1.

3. 英文书　books

   Richard A. Posner, *The Problems of Jurisprudence*, Cambridge, Mass: Harvard University Press, 1990, p.456.

4. 英美案例　cases

   New York Times Co. v. Sullivan, 76 U.S. 254 (1964).（正文中出现也要斜体）

   Kobe, Inc. v. Dempsey Pump Co., 198 F.2d 416, 420 (10th Cir. 1952).

5. 未发表文章　unpublished manuscripts

   Yu Li, *On the Wealth and Risk Effects of the Glass-Steagall Overhaul: Evidence from the Stock Market*, New York University, 2001 (*unpublished manuscript, on file with author*).

6. 待出版文章　forthcoming publications

   Solomon M. Karmel, *Securities Markets and China's International Economic Integration*, 49 J. Int'l Affairs (forthcoming in 1996) (manuscript at 525 *on file with author*).

7. 信件　letters

Letter from A to B of 12/23/2005, p. 2.

8. 采访　interviews

Telephone interview with A, (Oct 2, 1992).

9. 网页　internet sources

Lu Xue, *Zhou Zhengqing Talks on the Forthcoming Revision of Securities Law*, at http://www.fsi.com.cn/celeb300/visited303/303_0312/303_03123001.htm?